日本古代の歴史空間

渡里恒信

清文堂

日本古代の歴史空間

目次

第一編　古代の氏族と人物

装幀／寺村隆史

日本古代の歴史空間

第一編　古代の氏族と人物

第一章　大日下王と日下部
―名代成立論への一視角―

はじめに

名代・子代と呼ばれる王族奉仕集団（部民）[1]の成立時期・経緯については、今日二つの説がある。

一つは、記紀の名代・子代設置伝承を重視し、その王族の当代（多くは五世紀代）に設けられたとするものである。[2]

このいわば旧説に対し、一方では部民制が確立し、他方で皇統譜（原帝紀）が整備されたとされる六世紀、すなわち継体・欽明朝頃に、帝紀の中の王名を適宜選んで部集団に付与し、これを皇子女の経済基盤とするようになったという説[3]が現在では有力とされている。この説はまた、継体新王朝が、後嗣がなく絶えた五世紀の前王朝を記念し、その継承を正当化するために名代・子代を置いたとも説かれる。

たしかに、部称の成立を五・六世紀の交とする通説によれば、それ以前に名代としての某部は存在しないのであり、この説はもっともらしく思われる。しかし、五世紀段階で記紀に見える有力な王族が実在したとすれば、その経済基盤は必ず必要であり、小規模なものにせよ存在したはずである。したがって、記紀が名代の設置を基本的にその王族の当代に置いているのは、それをその名代の源流（前身）とみるならば、必ずしも不当な加上や虚構などではないと思われる。その場合の某部という表記は「潤色」と考えられる。[4] 他方ではまた、そのように「五世紀前半から六世紀末までの歴代の王ごとに名代・子代が設置された事情」は「まさにヤマト王権による全国的な服属化の過程の産物として位置づけること」[5] もできよう。

もっとも前者（旧説）も、記紀の伝承をほとんどそのまま史実と受けとるだけで、個々についての具体的な検証がなされているわけではない。そこで本章では、旧説とも少し異なるが、日下部を一つの事例として、[6] その初源（前身）は日下宮に居した大日下王（大草香皇子）の当代にあり、かつ文字通りの名代部としての日下部も、その成立は六世紀ではなく、雄略朝頃に遡ることを論証してみようと思う。

一　大日下王殺害事件の史実性

大草香皇子（大日下王）とその殺害事件の経緯、その後日談を紀はつぎのように記す。

①仁徳紀二年三月条

妃の日向髪長媛は大草香皇子・幡梭皇女（若日下王）を生む。髪長媛は諸県君牛諸井（牛諸・牛とも）の女（応神紀十一年条）で、天皇がその美形を聞いて日向から召し、桑津邑に「安置」した。ところが大鷦鷯皇子（仁徳）が恋情をみせたので、天皇は媛を皇子にめあわせた。

②允恭即位前紀

反正の没後、大草香皇子は仁徳皇子として、雄朝津間稚子宿祢皇子（允恭）とともに後継候補であったが、允恭が即位した。

③安康紀元年二月条

天皇は、大泊瀬皇子（雄略）に大草香皇子の妹幡梭皇女をめあわせようと、坂本臣祖根使主を使者として大草香にその旨を伝えさせたところ、大草香はたいそう喜んで承諾し、押木珠縵という「私宝」をそのしるしに根使主に託した。しかしその珠縵の美しさに目がくらんだ根使主は、これを横領し、天皇には、大草香は折角の縁談を無礼な言葉を吐いて断ったと報告した。この讒言を信じた天皇は、兵を起こし大草香の家を囲んでこれを殺した。この時に難波吉師日香蚊父子は大草香皇子に仕えていたが、主人が無実の罪で死んだのを悼み、父子三人自ら首をはねて殉死した。「軍衆」はみな涙を流して悲しんだ。天皇は、大草香の妻中蒂媛を皇后とし、また幡梭皇女を大泊瀬皇子にめあわせた。

④同三年八月条

中蒂媛が生んだ大草香皇子の遺児眉輪王によって、天皇は殺害された。

⑤雄略即位前紀

天皇が眉輪王によって殺されたことに大泊瀬皇子は驚き、兄たちを疑って、まず八釣白彦皇子を詰問したが黙っていたのでこれを殺し、つぎに坂合黒彦皇子を問い詰めたが、これまた白彦皇子と同様であった。そこで眉輪王を殺すつもりで天皇を殺した理由を問いただしたところ、皇位を求めてはいない、父の仇を報いただけだと答えた。黒彦は深く疑われることを恐れ、密かに眉輪王に語らい、すきをみて、いっしょに円大臣宅に逃げ込んだ。天皇は大臣に二人の引き渡しを求めたが、大臣は死罪になっても命令は聞くつもりはない、自分の女韓媛と「葛城宅七区」を献じて罪をあがないたいと言った。天皇は許さず火を放って宅を焼き、大臣と黒彦皇子・眉輪王はともに焼き殺された。この時、坂合部連贄宿祢は皇子の遺骸を抱いて焼き殺されたため、遺骨を分別できず、一つの棺に入れて新漢擬本南丘に合葬した。

⑥同十四年四月条

「呉人」を饗応する場で、皇后（幡梭皇女）により根使主の旧悪が露見し、天皇は大いに怒って根使主を責め、使主は逃げ隠れたが、ついに日根で「官軍」のために殺された。天皇は「有司」に命じて根使主の「子孫」を二分し、一方は「大草香部民」として皇后に封じ、もう一方は茅渟県主に与えて「負嚢者」とした。また難波吉士（師）日香香（蚊）の子孫を求めて姓を与え、大草香部吉士とした。

以上は紀であるが、他方、記には大日下王兄妹や事件と後日談について以下のように記す。

まず仁徳段に、大日下王兄妹については同様に記すが、紀と異なり、とくにその名代にについて、

亦、為㆓大日下王之御名代㆒、定㆓大日下部㆒、為㆓若日下部王之御名代㆒、定㆓若日下部㆒。

とする。

また安康段では、事件の内容を紀③とほぼ同様に記すが、皇子に殉死した難波吉師日香蚊のことは一切見えない。事件の後日談においては、紀⑤と異なり、白日子（白彦）・黒日子（黒彦）はそれぞれ単独で殺され、目弱王（眉輪王）も都夫良意美（円大臣）の家に逃げ入ったが、天皇の軍によって囲まれ窮した意美によって殺され、意美もすぐ自殺したとし、坂合部連贄のことは一切見えない。紀③は難波吉士氏の、紀⑤は坂合部連氏の伝承を採ったと考えられるが、記は、そうした紀のもとになった伝承を簡略に記したものと思われる。(7)

さて、事件の考察にもどると、この事件については『日本書紀私記甲本』（弘仁私記）安康天皇条に貴重とすべき記事がある。粕谷興紀氏は、その記事の性格をつぎのように考察・評価した。(8)

問題の個所は、本文とその傍書から成るが、「帝王紀」から引く傍書は音訓交用体であり、これを漢訳したものが漢文体の本文である。「帝王紀」は、書紀編纂の資料となった帝紀の一本と考えられる。転写の間に生じた

と思われる誤字・脱字・錯乱を整理すると、「帝王紀」の文はつぎのように推定・復原される。

(a)　苅り茸く日下の宮に草枕淫婦の如く聞こゆる日香香は（蟷螂の卑し人すなはちその頤を引き）仰ぎし頸下を咋ひて殺しき。

(b)　血酔ひて寝せる獦鱠の首切る如く日香香が首切らむ。

そのうえで粕谷氏は、(a)・(b)を「その内容・ひびき（韻律）ともに後世の作りごととは到底考えられないなまなましい迫力」をもっており、天皇がさし向け大草香皇子の家（日下宮）を包囲した「軍衆」から発生したものとする。ただし、ここには書紀にみる日香香の忠臣ぶりとは正反対の人物像が描かれている。書紀の所伝の成立には、日香香の子孫の難波連大形（旧姓草香部吉士）が加わっており、それが日香香像の潤色や祖先顕彰（大草香部吉士賜姓）に関わっていると氏はいう。

この『私記甲本』安康条に引く「帝王紀」は逸文であり、ここには大草香皇子自身は見えない。しかし、日下宮での事件であるから、私見においても粕谷氏と同様に難波吉師日下蚊は実在した人物であり、紀に伝えるような事件がそのままでなくとも、基本的に史実として存在した可能性は大きいと考える。

さらに以下に記すことも、大草香皇子と日下宮の実在、またその事件の史実性の傍証となろう。

『新撰姓氏録』（河内国皇別）大戸首条には

阿閇朝臣同祖。大彦命男比毛由比命之後也。謚安閑御世。河内国日下大戸村造二立御宅一。為レ首仕二奉行一。仍賜二大戸首姓一。日本紀漏。

とある。大戸首は、すぐ前条の日下連、すぐ後条の難波忌寸とも同祖で、また摂津国皇別の吉志は難波忌寸と同祖であり、いずれも難波吉士一族であった(9)。察するに大戸御宅は、かつての日下宮がなんらかの意味で継承されたもので(10)、それゆえ日下宮縁りの難波吉士一族がその管理に当たったものと思われる。

　また藤原宮跡から

　　（河内国河内）日下里人大戸首末呂戸諸方薦一枚

と記した木簡が出土している。[11]ここで注意されるのは、大戸首の戸口におそらく同姓で「諸方」という名の人物が見えることである。これは大戸御宅の前身日下宮が、大草香皇子の母方、日向の諸県氏と因縁が深かったことを物語っている。[12]

二　河内の日下部

　以上により、有力な王族として大草香皇子とその居住する日下宮が実在したとすれば、皇子とその宮に奉仕する集団（日下部、当初は部を称さなかったかも知れないが、その前身）が、まず宮のある河内に置かれたはずである。このことを検証してみよう。

　まず『新撰姓氏録』（以下『姓氏録』）によって日下部に関わる氏族を挙げてみる。

①日下部宿祢（山城国皇別）開化天皇皇子彦坐命之後也。日本紀合。
②日下部宿祢（摂津国皇別）出レ自二開化天皇皇子彦坐命一也。日本紀合。
③日下部連（河内国皇別）彦坐命子狭穂彦命之後也。
④日下部（同）日下部連同祖。
⑤日下部首（和泉国皇別）日下部宿祢同祖。彦坐命之後也。
⑥日下部（同）日下部首同祖。

⑦日下部（摂津国神別）阿多御手犬養同祖。火闌降命之後也。
（参考）阿多御手犬養（右京神別下）同神六世孫薩摩若相楽之後也。この「同神」は前条の坂合部宿祢（同）の火闌降命を指す。
⑧日下部（河内国神別）神饒速日命孫比古由支命之後也。
⑨日下部首（未定雑姓、摂津国）天日和伎命六世孫保都祢命之後也。

このうち、河内にあって日下部を管掌していたのが③日下部連で、日下部連の中で、天武十三年に宿祢を賜姓されたのが①②の日下部宿祢（賜姓時の表記は草壁）である。この三者のうち、最も成立が古いのは河内の③かと思われる。日下部連・宿祢がなぜ開化天皇皇子彦坐命ないしその子狭穂彦命を祖先とする伝承を掲げるのか、これについては最後にふれよう。ともかく河内に③日下部連がおり、その統属下にあったのが④と⑧の日下部であろう。

日下の地（東大阪市日下町）は河内国河内郡に属するが、『続日本紀』神護景雲二年（七六八）二月庚辰条によれば、河内国河内郡人日下部意卑麻呂が日下部連を賜姓されているから、時代を遡って、③日下部連―④日下部（さらにその前身）が日下宮の近くに居住していたことは想定できよう。

雄略記によると、雄略が日下にいた若日下部王（若日下王）に妻問いした時の歌謡に

日下部の　此方の山と　畳薦　平群の山の　彼方此方の　山の峡に（以下略）

とあるが、これも日下の地に名代日下部が置かれていたことを示唆しよう。(13)

ここで重要なのは、この地のこうした日下部の源流として、諸県氏の息のかかった隼人系住民の来住が想定されることである。(14)

物部氏同祖とする⑧日下部については、日下の地から少し離れるが、河内郡の西、若江郡から渋川郡にかけて

の一帯が物部氏の拠地であったことに留意される。渋川郡には物部守屋大連の「阿都別業」（用明紀二年四月条）があり、またこの一帯には物部氏系の式内社、矢作神社（若江郡）・弓削神社（同）・栗栖神社（同）・跡部神社（渋川郡）もある。[15]⑧日下部は、この地域に置かれたとみてよいのではなかろうか。

他方この地には、室町中期の隼人正中原康富の『康富記』によれば、隼人司領萱振保（八尾市萱振町）があった。萱振町には『延喜式』神名帳若江郡加津良神社（祭神不明）、その南、小阪合町には同坂合神社（祭神ニニギ命・彦火々出見命）がある。[16]

ところで、大和国宇智郡の吉野川流域（五條市）には阿田・オオスミや阪合部・犬飼など隼人関係の地名があり、隼人居住地と想定されるが、[17]ここ八尾市域にも小阪合・坂合神社のほか、小阪合町のすぐ西南の石清水八幡宮領「掃守別宮」（八尾市南本町・高美町）に南条犬甘里の地名があった。これらのことから、若江郡萱振を中心とする地は隼人移配地と考えられる。加津良神社の社名も火遠理命が赴いた綿津見宮の香木（カツラ）を思わせる。[18]

坂合部について『姓氏録』は以下のように記す。


ⓐ坂合部首（大和国皇別）阿倍朝臣同祖。大彦命之後也。

ⓑ坂合部（摂津国皇別）同大彦命之後也。允恭天皇御世。造二立国境之標一。因賜二姓坂合部連一。

ⓒ坂合部宿祢（左京神別下）火明命八世孫邇倍足尼之後也。

ⓓ坂合部宿祢（右京神別下）火闌降命八世孫邇倍足尼之後也。

ⓔ坂合部（和泉国神別）火闌降命七世孫夜麻等古命之後也。

ⓕ（逸文・阿智王率いた七姓漢人のうち）次皀郭姓。是坂合部首。佐大首等祖也。


坂合部氏には大別して、阿倍氏系ⓐⓑ、隼人系ⓒⓓⓔ、渡来系ⓕがあった。このほか、神武記には神八井耳命を祖とする坂合部連が見える[19]。

ここでの問題は、ⓒとⓓにおいて、火明命と火闌降命というように、その始祖だけが異なることである。どちらかが本来の伝承で、他はそれをすげ替えたものであろう。さきに述べた宇智郡・若江郡両地でサカヒ（べ）地名と隼人居住（想定）が重なることに注意すると、ⓓが本来の伝承であったと思われる。そのうえでⓒのような尾張氏系とみられる伝承が生じた理由はのちに述べるが、ともかくⓒⓓの坂合部は隼人系であり、また邇倍足尼は雄略即位前紀の坂合部連贄（以下、ニヘという）と明らかに同一または関連性があり、当然後者も隼人系人物ということになろう。

大草香殺害事件の後日談（雄略即位前紀）で、黒彦皇子と眉輪王とがいっしょに葛城円大臣宅へ逃げ込んだというが、これは黒彦・眉輪王両者が以前から親しく、かつ両者または一方が葛城氏とも親しかったことを示唆している[20]。

さらに問題は、いっしょに焼き殺された黒彦・眉輪王それにニヘの三者の関係である。ニヘは坂合部連（天武十三年宿祢賜姓、この時の表記は境部）であり、「抱二皇子屍一」と親密な様子が語られているから、坂合黒彦皇子の養育者であったと考えられる。ⓓ坂合部宿祢（連）やニヘは隼人系であったから、日下王家や眉輪王とも旧知の間柄であった可能性が強い。黒彦と眉輪王の親しい関係もニヘによるところが大きいと思われる。萱振から小阪合にかけての地の隼人系集団も、ⓓ坂合部宿祢（連）の管掌下にあったのではないだろうか。

⑧日下部もこの地に置かれていた。日下部連が隼人系氏族と密接な関係があったことは、顕宗即位前紀の、「帳内」日下部使主とその子吾田彦に示唆されている。これは、日下部連が「阿田」に象徴される隼人系集団を統属下に置いていたことを意味するのではなかろうか。

この点から、またさきに述べた隼人系坂合部集団が同地に居住していたことから、⑧日下部もまた隼人系集団ではなかったかと憶測される。

崇神紀十年九月条では、武埴安彦と妻の吾田媛が「反逆」をはかり、夫は山背から、妻は大坂（穴虫越）つまり河内側から大和へ侵入しようとしたという。武埴安彦は、孝元記紀によると妃の河内青玉（繋）の女埴安媛の所生だが、吾田媛はその系譜が一切見えないところから、その人物像は河内にいた隼人系集団から造型されたものと考えられる。

萱振町からほど近い八尾市久宝寺遺跡では、五世紀中頃とみられる南九州型の竪穴住居跡と成川式土器が出土しており、この一帯に隼人系集団が比較的早くから移住していたことが確認される。[21]こうした集団が、この地の日下部の源流になったと考えられよう。

三　日向の日下部

諸県君牛諸井や髪長媛の本貫日向にも日下部が置かれていた。『三代実録』貞観八年（八六六）正月八日乙酉条には

日向国人従七位下日下部清直授二借外従五位下一。


とある。

また、『延喜式』神名帳日向国児湯郡都万神社（西都市妻）の社家は代々日下部氏であった。[22]すでに承和四年（八三七）、同社は「妻神」として、子湯郡都農神・宮崎郡江田神・諸県郡霧嶋岑神とともに「官社」に預かっている。[23]同社家に関わる「日下部姓之系図」[24]に見える、文書による裏づけのあるもっとも古い部分は久貞―尚守―

盛平で、いずれも十二世紀の人物で、権介日下部宿祢を名乗っている。したがって、都万神社社家日下部氏は、日向国（国衙は児湯郡三宅郷で、同社の隣接地）の在庁官人であり、その淵源は古代に遡ると想定される。

建久八年（一一九七）「日向国図田帳写」[25]にも、六名の在庁官人が署名するが、うち四名は権介日下部盛直・同行直・同重直・同盛綱である。このうち「日下部姓之系図」に見えるのは盛綱のみであるが、他の三名は「直」を通字とするから、三百年以上の時を隔ててはいるが、あるいは貞観年間の日下部清直の系譜に連なるものかも知れない。

児湯郡の南に接して日向国南西部を大きく占め、西は大隅国、北は肥後国球磨郡に接する諸県郡は、文字通り諸県君・髪長媛の本拠地である。この地にも日下部が置かれていたとみられる。

おそくとも平安末期、諸県郡には真幸院（えびの市）があり、真幸の地名は『延喜式』兵部省真斫駅にまで遡る。『薩隅日地理纂考』（鹿児島県教育会、一八九八年）は、諸県郡真幸郷の項で

サテ真幸ノ郡司ハ火闌降命ノ末裔大隅薩摩隼人等ト同姓ニテ後ニ氏ヲ日下部ト号シ世々郡司ヲ承襲ス日向国図田帳ヲ調進セシ日下部宿祢盛綱モ同族ナルヘシ建久ノ初メ真幸太郎日下部重兼領主タリ重兼ヨリ五代貞房ニ至リ（以下略）

と述べるが、文治二年（一一八六）正月十五日「草部重兼注進状案」[26]には、日向国真幸院郡司草部重兼が確認される。またこのほか、元弘三年（一三三三）七月「草部行房申状」[27]には、真幸院鎮守三宮高牟礼大宮司草部行房とある。

真幸院の範域に属するえびの市島内には、南九州独特の墓制である地下式横穴墓（五世紀前半から六世紀後半）が一三一基確認されており[28]、当然これはこの地域に置かれた日下部の源流が隼人系であることを示唆するものであろう[29]。

ただし、日向南部の首長系譜の墳墓とみられる大型前方後円墳を主体とする古墳群のほとんどは、令制諸県郡域から外れて立地している。児湯郡域にある西都原古墳群（都万神社・国府から約二km西方）では、三世紀後半から四世紀初頭頃に古墳が造られはじめ、五世紀前半頃に九州最大の男狭穂塚（全長一五三m）、女狭穂塚（全長一七四m）が築造される。とくに後者は、古市古墳群のほぼ同時期の仲津媛陵古墳との築造規格の近似が指摘されている(30)。その被葬者は、諸県君牛諸井あるいは髪長媛である可能性も少なくない。

諸県君とは、「南部九州に所在する諸々の県の代表権者(31)」すなわち広域首長連合の盟主とみれば、その墳墓が諸県郡ではなく児湯郡にあるとしても肯けよう。さきに述べたように、日下部は、諸県郡域と児湯郡西都原古墳近傍とに分布していた。このことは、同古墳群に諸県氏が関わっているとする想定と整合的であろう(32)。

四　畿内とその周辺の日下部

1　播磨国賀茂郡

『播磨国風土記』揖保郡日下部里条では、地名の由来を「因㆓人姓㆒為㆑名」とするから、この地は日下部氏が居住していたとみられる(33)。他の地域においても、日下部の地名があればむろんのこと、クサカという地名もかなり特殊なものであるから、この地名のある地にも日下部氏が居住ないし縁をもっていたとみてよいのではなかろうか。

そこで注目したいのは、同風土記賀毛郡山田里条に見えるつぎの記事である。

猪養野　右　号二猪飼一者　難波高津宮御宇天皇之世　日向肥人　朝戸君　天照大神坐舟於　猪持参来進之可レ飼所　求申仰　仍所レ賜二此処一　而放二飼猪一　故曰二猪飼野一

ここでいう日向肥人（クマヒト）のクマとは、古く隼人やそれに類する南九州の住民を一括して熊襲（クマソ）と呼んだ場合のクマである。西海道風土記では球磨噌唹と表記し、球磨は日向・大隅に接する肥後国球磨郡、噌唹は大隅国曽於郡を指す。肥人にはこのほか阿太肥人床持売（天平五年「右京計帳」『大日本古文書』一）が見えるが、日向肥人は本来球磨郡地域の住民で、日向や阿太の隼人などと雑居するようになった人々の称と考えられる[34]。

また、ここに見える「猪」は、瀧川政次郎氏によると、華南から南九州に伝わったブタ（トカラ豚）とのことであるが[35]、隼人など南九州から畿内に来住した人々が猪飼に従事していた微証は他にもいくつかある。

安康記には、父を殺されたオケ・ヲケのちの顕宗・仁賢が逃避行の際に、「山代苅羽井」で「面黥ける老人」に粮を奪われ、何者か尋ねたところ、老人は「我は山代の猪甘なり」と答えたという。苅羽井は樺井で木津川左岸に位置し、かつて樺井渡があった[36]。そのすぐ西は綴喜郡大住郷で隼人の移配地の一つであったから[37]、この「猪甘」の老人も隼人とみてよかろう。

仁徳紀十四年十一月条に

為二橋於猪甘津一。即号二其処一曰二小橋一也。

とあるが、猪甘津は旧猪飼野村（大阪市生野区桃谷・鶴橋・勝山・田島・中川など）に比定される[38]。これより先、髪長媛が日向より召されて「安置」された桑津邑は、東住吉区桑津に比定されるが、猪甘津も桑津も上町台地東側にあった港津で、東は河内湖を隔てて日下江に対する。両津は南北に二kmほどしか離れていない。猪甘津付近にやはり南九州から来住した猪飼集団がいて、その縁で髪長媛が近くに「安置」されたのではなかろうか[39]。

さて、『播磨国風土記』猪養野は兵庫県小野市大開町付近に比定され、そのあたりは草加野（ソウカノ）と呼ばれるが[40]、この地名は明らかに本来クサカノ（日下野）ではないだろうか。

河内の日下の地は、西方の難波（たとえば仁徳高津宮）から見ると、朝、生駒山系から太陽が昇る時、ちょうどその真下に当たる。そのため地名クサカを日下と表記するようになったと考えられる[41]。日下が日神信仰の地であったことは、神武東征伝承や雄略の妻問い（若日下部王）伝承などからもうかがわれる[42]。播磨の猪養野が日下野であれば、この地に「天照大神の坐せる舟」すなわち日神伝承が伝えられているのも不思議ではあるまい。南九州からこの地に来た猪飼にたずさわる集団も、王権によって日下部（その前身）として把握されていたのではないだろうか[43]。

現地は加古川中流の左岸である。応神紀十三年三月条分註には

一云、日向諸県君牛仕二于朝廷一年既耆耉、不レ能レ仕。仍致仕退二於本土一。則貢二上己女髪長媛一。始至二播磨一。時天皇幸二淡路嶋一而遊猟之。於レ是天皇西望之、数十麋鹿浮レ海来之、便入二于播磨鹿子水門一。（中略）使者至見、皆人也。唯以二著レ角鹿皮一、為二衣服一耳。問曰、誰人也。対曰。諸県君牛。（中略）是以時人号二其著レ岸之処一曰二鹿子水門一也。（以下略）

と記す[44]。このように、加古川河口（鹿古水門）に諸県君牛に関わる伝承があることも、その中流域に置かれたことが想定される日下部と関係あろう[45]。また大開町から直線距離にして一〇㎞ほど北西の、やはり加古川流域にある上滝野・宮ノ前遺跡から日下部と記す木簡が二点出土しているが[46]、これも以上の伝承とかかわるかも知れない。

2　難波大隅嶋

安閑紀二年九月条に見える難波大隅嶋は、「大隅」の地名のある大阪市東淀川区一帯に比定される。[47] ここは淀川河口に位置し、かつ大和から河内（辻子谷越）を経て西摂地方へ向かう交通路が通じていた。[48] そのような水陸交通の要衝であったことから、応神天皇の大隅宮（応神紀二十二年三月、四十一年二月条）の伝承もある。

森浩一氏は、こうした地理的条件と「大隅」地名から「大隅島は、近畿地方に散在する隼人集団にとっての海への拠点的な役割の土地[49]」とする。他方、平林章仁氏も、さきの安閑紀の記事に、

別勅㆓大連㆒云、宜㆑放㆔牛於難波大隅嶋与㆓媛嶋松原㆒。冀垂㆓名於後㆒。

とあることに着目し、平城宮跡から出土した日向国貢進の牛皮の荷札木簡や同国に牛牧が三ヶ所（『延喜式』兵部省）もあったこと、また諸県君牛らの人名などから、隼人らが牛の飼育に密接に関わっていたとして、大隅嶋の地は「早くに大隅隼人の移住した地のひとつではなかったか[50]」と推測する。

以上に加えて注目されるのは、時代は降るけれども、この地に「草苅」の地名が存在したことである。建長五年（一二五三）年十月二十一日の近衛家所領目録（近衛家文書）の中に、「散所」として、淀・山崎などと並んで「草苅」が見える。散所雑色と呼ばれる住民は、摂関家に隷属して、その物資などを輸送・保管するなど淀川の水上運輸にたずさわっていた。草苅散所の成立も淀・山崎の散所と同様、おそくとも平安末期まで遡るものと考えられる。このほかにも十三世紀の文書に「草苅村」「くさかり」などが散見される。『摂津志』では、「草苅里」を南大道村（現在の東淀川区大道南・大隅など）付近に比定する。[51]

ところで、この「草苅」は、日下（草香）と同一でその同音異表記である。[52] ちなみに後世の史料ではあるが、

『参考保元物語』（国書刊行会、一九一四年）の巻第一には

清盛ニ相従フ人々ニハ、（中略）河内国ニハ草刈部十郎大夫定宣（草刈部、杉原本作二草壁一）（以下略）

とある。「苅り葺く日下の宮」（『私記甲本』）というように、日下にかかる枕詞が「苅り葺く」であれば、日下（草香）に草苅（刈）という異表記があるのも肯けよう。[53]

以上のことから、難波大隅嶋にはクサカの地名があり、ここにも日下部が置かれたことが想定される。この地の日下部は、第二節の⑦日下部（摂津国神別）ではないだろうか。これは祖先伝承から見て隼人系である。[54]たしかに摂津の他の地域にも日下部が置かれていた。『続日本紀』天平神護二年九月壬申条に摂津国武庫郡大領従六位上日下部宿祢浄方、『日本後紀』弘仁五年八月甲子条に同郡人日下部土方、『三代実録』貞観六年二月五日壬戌条に同郡人日下部連氏成売、また同豊嶋郡北条赤穂村に草部時末が見え、[55]それに同有馬郡には日下部村があったが、[56]これらの地に隼人集団がいた形跡はない。

五　日下部成立の諸画期

日下部が設置された地は多いけれども、[57]以上では（1）河内国河内郡の日下宮付近、（2）同若江郡・渋川郡、（3）日向国児湯郡・諸県郡、（4）播磨国賀茂郡猪養野、（5）難波大隅嶋をとくにとり上げ、この五つの地域に日下部が設置されたことを推定した。それらの集団が最初から日下部を名乗っていたとは限らないが、集団そのもの（淵源）の成立時期はどう考えられるか。

まず（1）は日下宮に直接奉仕する集団であって、その実態・構成は河内在地の住民だけでなく、さきにふれた

ように諸県氏が南九州から呼び寄せた人々も含まれていた可能性が大きい。いずれにせよ、この集団の成立時期は日下宮の成立とほぼ同時期であろう。とすれば、諸県氏の日向在地に置かれた(3)の集団も、やはり日下王家のために諸県氏の主導によって設置されたとみなさなければなるまい。日下宮からやや離れた(2)の地域には、すでに述べたように、五世紀中頃には隼人が居住していた形跡がある。かれらが日下部の源流になったと考えられ、その集団の形成には諸県氏・日下王家の関与も想定されよう。

(4)については、伝承上仁徳朝に日向肥人がこの地に置かれたというが、この時期は日下宮の成立時期である。日向肥人らが日下部(その前身)として編成されたとすれば時期が合う。ここから近い加古川河口に諸県氏の伝承があるので、その編成には同氏が関わっていたという想定も可能である。

(5)についても、安閑紀の大隅嶋伝承さらに応神の大隅宮伝承からみて、「大隅」地名はきわめて古いと思われることから、隼人の早期移住が想定される。日下宮は河内湖東岸に位置するが、大隅嶋は大阪湾から河内湖への入口にあたる重要な地である。この地の隼人集団が日下部(その前身)として編成されたのは、やはり日下宮が存在した時期である蓋然性が大きい。

以上、日下部の前身・源流となる集団(当時部称が未成立であったことに配慮して、以下「初源の日下部」「原日下部」などという)は、大日下王・日下宮に奉仕する集団として、その外祖諸県氏も関わって、隼人など南九州の住民や、南九州から畿内とその周辺に移住した人々をもとに編成されたであろうことを述べた[58]。

平林氏は、六世紀に日下部が設置されたとし、「日下部の設置に際しては日下宮・大日下王・若日下王に縁りの集団が最初に対象となったであろう[59]」という。であれば、その「縁りの集団」は、日下宮・大日下王の時代すなわち五世紀に成立していたことになる。これが私見にいう「初源の日下部」であるが、文字通りの名代部としての日下部も、その成立が六世紀まで降るとは限らない。

日下部の成立について、なおいくつかの問題点が浮かんでくるので、以下それを説明しよう。

一つは、雄略紀十四年四月条に、根使主誅殺後、その「子孫」(根使主の私民と解される)を二分し、一分は「大草香部民」として皇后(幡梭皇女、記では若日下〈部〉王)に封じたとあることである。だが記では、大日下王には大日下部、若日下(部)王には若日下部がそれぞれ「御名代」として定められたとするから、明らかに記紀間では伝承にくいちがいがある。ここから「雄略紀の記事が本来的なもので、「日下部」は雄略の后妃の為に設けられた名代[60]」との説も出された。

これについて、私見では以下のように考える。

「大草香部民」は、あくまで大草香皇子のために定められたもので、事実上日下部である。したがって、根使主の私民を割いて設け、皇后に封じられた「大草香部民」も日下部であり、大草香皇子当代に設けられた初源の日下部に対しては、その二次的設定・増益と考えられる。

日下部という名代は、全国各地に置かれており、きわめてその数は多い。それら(の前身)がすべて大日下王当代に設けられたとはとても考えられない。前之園亮一氏は、刑部や多治比部を例として、これらの名代はまず当該の王族や王宮の周辺に設けられ、それが当該の名代の「起原・元本」であって、つぎに第二段階として諸国に設定・増益されていったという[61]。一般論としては納得できる説であり、大日下王没後の、雄略皇后のための日下部も、その二次的設定の例と考えてよいのではなかろうか[62]。

ところで、根使主は坂本臣祖とされるが、伝承に茅渟県主が出てくることも考慮すると、坂本臣は和泉を本貫とする『姓氏録』(和泉国皇別)坂本朝臣(天武十三年朝臣賜姓)に該当しよう。したがって、おそらく雄略皇后のための日下部(「大草香部民」)は、第二節の⑤日下部首(和泉国皇別)・⑥日下部(同)であろう。和泉監大鳥郡大領日下部首麻呂(天平二年書写「瑜伽師地論」)が見えるほか、大鳥郡には、『延喜式』に日部神社(神名帳)・日部駅(兵部省)、『和名抄』『行基年譜』には日下部郷がある。以上から、日下部の二次的設置と考えられるこの伝承は大筋で事実とみてよかろう。

もう一つの問題は、日下部のほかに大日下部・若日下部が存在(少数だが出土木簡により確認される)し、記ではもっぱら後者を記しているということであるが、これはどのように理解すればよいだろうか。私見は以下の通りである。

大日下王・若日下王という称は、おそらくかれらの在世時のものではなく、日下王・幡梭王が本来の称であったのだろう。のちに、この仲の良かった同母兄妹を帝紀(の一本)でやや物語風に大・若の冠称を付して、ペアとして呼んだのではなかろうか。紀におけるこの兄妹の初出記事(仁徳紀二年三月条)には、大草香皇子・幡梭皇女とあり、これが本来の呼称に近いであろう(63)。

大日下王・若日下王という称が帝紀ではじめて出来たのであれば、大日下部・若日下部こそ、六世紀段階で帝紀の中にあった王名を付与されて成立したものではないだろうか。とすれば、日下部(〝日下王〟という名は帝紀にはなかったと思われる)は、帝紀以前の成立と考えられる。仁徳記の大日下部・若日下部設定伝承は、正確にいえばのちの加上であって、ここで定められたのは初源の日下部のみということになる。同様に大草香皇子の「大」も、帝紀に大日下王が見えることによる加上であろう。

以上のように考えてくると、名代の六世紀成立説もかなり疑問視されよう。

初源の日下部、そして二次的設定(本格的成立)としての和泉の日下部のように、その成立時期を判断できるケースは少ないが、その少ない例の一つとして尾張の日下部をとり上げよう。

『和名抄』には尾張国の愛智郡と中島郡とに日部郷(日部は日下部の二字化)がある。このうち前者について『尾張国風土記』逸文に

同国愛知郡　福興寺（俗名二三宅寺一南二去郡家一九里十四歩在二日下部郷伊福村一）平城宮御宇（天璽国押開桜彦命）天皇　神亀元年　主政外従七位下三宅連麻佐　所レ奉レ造也

とある。

三宅連は、ミヤケの管理にあたった氏族で、その系譜には、旧姓三宅吉士系（天武十二年連、同十三年宿祢賜姓）とアメノヒボコ系（『姓氏録』右京諸蕃下・摂津国諸蕃）とがある。しかし、諸国の三宅連は、これらの一族とは限らない(64)。

愛知郡は尾張氏の本拠地で、ここには同氏奉祭の熱田神宮、その近くには尾張最大の断夫山古墳がある。『続日本紀』和銅二年（七〇九）年五月庚申条に愛知郡大領外従六位上尾張宿祢乎己志とあるように、ここでは尾張氏が断然大きな勢力を有していた(65)。それを考慮すると、ここに見える三宅連麻佐は、「尾張氏の族」で「当国の屯倉を掌りし氏(66)」とみるほうが妥当と思われる。尾張の屯倉といえば、間敷・入鹿屯倉（安閑紀二年五月条）が知られているが、これらは愛知郡に所在したのではないようである。麻佐という人物は、その氏寺を建てた日下部（日部）郷を本拠としていたとみられるから、この「三宅」は、この地に置かれた名代日下部の現地管理施設と考えたほうがよいのではなかろうか(67)。

ではこの地の日下部はいつ設置されたのだろうか。

ここで継体妃目子媛（安閑・宣化の母）の父である尾張連草香に注目したい。草香は、断夫山古墳（六世紀前半頃）の被葬者にも比定される人物である。この草香という名は、おそらく尾張氏一族が日下ないし日下部となんらかの密接な関係をもっていたことにより命名されたのだろう。その契機は、本拠地愛知郡に日下部が設定され、尾張氏一族がその管掌に当たったことではなかったかと思うのである。

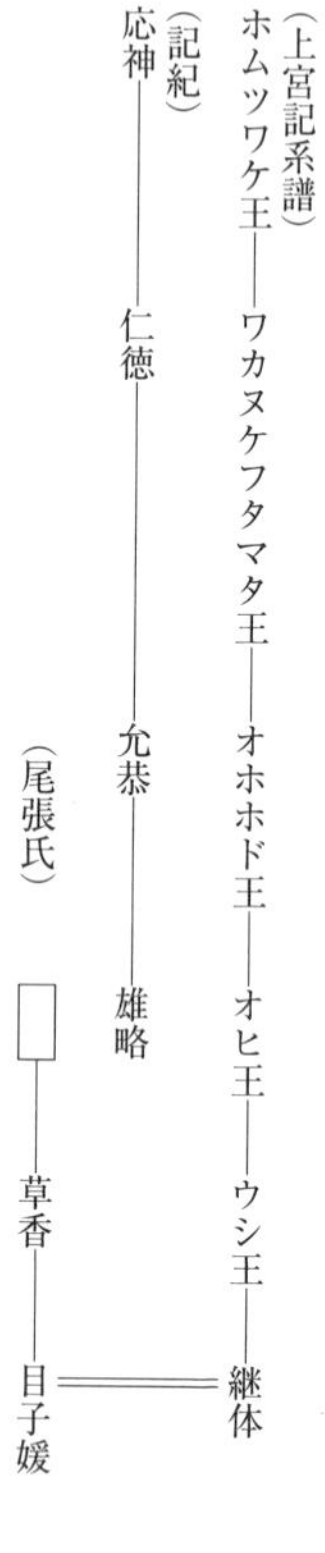

その設定時期は、右の世代対照図からみて、草香の父の時代すなわち雄略朝頃の可能性が強い。これは、さきに述べた雄略皇后のために日下部が設定された時期〈雄略十四年〈四七〇〉〉に近い。

尾張には隼人集団が居住していた形跡はない。しかし第二節で、坂合部宿祢にⓓ火闌降命系〈隼人系〉とⓒ火明命系〈尾張氏系〉とがあることと、河内国若江郡において、どちらも隼人系とおもわれる坂合部と日下部とが重なり合う可能性を指摘した。ⓒの祖先伝承は、ⓓ隼人系坂合部宿祢が、尾張に設定された日下部を通路として、のちに獲得・仮冒したものではなかろうか。尾張氏の側から積極的に隼人に接近していく必然性はないように思われる。

図1　日下部の成立時期・画期

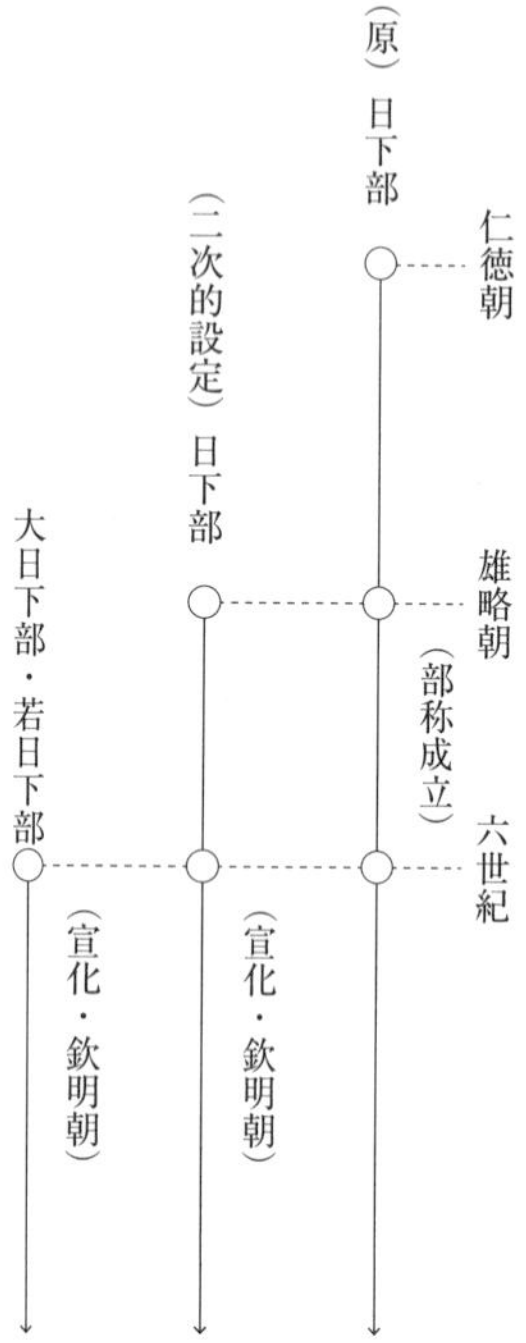

おわりに――若干の補足――

本章では、主としてつぎの二点を説いた。

(一)日下部は大日下王の名代であって、その源流となる集団は王の当代に、王宮日下宮の周辺や、王に縁りの日向在地に、南九州から来住した人々や在地の住民をもとに編成・設定された。これがいわば初源の日下部である。

(二)こうしてひとたび成立した初源の日下部は、つぎの段階で二次的に各地に設定・増益されていった。文字通りの日下部の成立(本格的成立)の画期は雄略朝頃であった。

以上の私見と、現在有力な部民とりわけ名代の六世紀成立説とを対照させると以下のようになる。部称は百済の部司制(その整備は五世紀末から六世紀初め頃と推定)に由来する可能性が強く、部の確実な所見は、六世紀後半築造と推定される出雲の岡田山一号墳出土大刀銘の「額田部臣」である。[68]このように部称の成立を一応五世紀末頃から六世紀前半頃とし、欽明皇子女に額田部などの呼称が見えることを勘案すると、名代としての部の成立は六世紀に入ってからと考えられる。これが現在有力とされている説である。

これに対して(一)で説いたのは、大日下王やその王宮に奉仕する集団(部称のない当時、それを何と呼んだか不明)の成立であり、日下部の初源(〝原日下部〟)である。たとえば、額田部は額田部皇女と呼ばれた推古を「起点」とするという説[69]は明らかに非である。もしそうだとすれば、推古は額田部ではなく、額田皇女でなければならない。欽明朝以前から置かれていた額田部を資養基盤としたからこそ額田部皇女と呼ばれたのである。額田部の初源は額田大中彦（応神皇子）としなければならない(70)。

さて、もとは大日下王のために置かれた集団〝原日下部〟も、部称の成立とともに文字通り日下部と呼ばれるようになったであろう。埼玉稲荷山古墳出土の鉄剣銘「辛亥年」「杖刀人首」から、辛亥年を四七一年（雄略十五年）とすると、当時宮廷組織はまだ人制の段階にあり、部制は成立していなかったと説かれることが多いが(71)、雄略朝では王権に奉仕する集団の一部がすでに部を名乗りはじめていたことも考えられる(72)。

原日下部も、この頃から正式に日下部を名乗りはじめたのではなかろうか。（二）において、原日下部に対する二次的設定とした日下部（和泉・尾張）も、最初から部を称していたとも考えられる。

名代の初源は、あくまでも当該王族の在世時に置かれたとみられ、記紀にもそのように記されているが、この点で一つだけ例外的な史料がある。それは穴穂部（安康の名代）について、雄略紀十九年三月条に「詔置二穴穂部一」とあることである。安康没後二十年近くも経たこの時期に初めてその名代が置かれたとすれば不審なことである。これは、おそらく安康在世時すでにそのための奉仕集団が置かれていて、それが没後のこの時期（ちょうどこの頃部称がはじまる）に、あらためて名代部とされた、つまり穴穂部を名乗るようになったと解するのが妥当ではないだろうか(73)。

以上に述べたように、日下部の部としての成立は雄略朝頃であったが、むろんその後も日下部は王権の拡充とともに各地に新設されていったと考えられる。ちなみに『豊後国風土記』日田郡靫編郷条には、欽明朝に「日下部君等祖邑阿自」が「靫部」として仕奉し、この村に住んだと伝え、また『肥前国風土記』松浦郡鏡渡条では、宣化朝に大伴狭手彦が篠原村の「日下部君等祖」弟日姫子と「成婚」したという。これらの伝承は、それぞれ欽明朝・宣化朝頃に該地に日下部が設定されたことを示唆している(74)。

最後に、名代日下部の伝領について、憶測ながら若干ふれておこう。

名代の伝領については、かつて薗田香融氏が、忍坂大中姫の名代刑部の伝領に、その外戚氏族である息長氏が密接に関わった可能性を指摘されたことがある(75)。

私見では、日下部の伝領について現在のところ、ほぼ次のような見通しをもっている。

鷺森浩幸氏が、記の日子坐王(彦坐命)系譜、『姓氏録』日下部氏の皇別系譜からみて、「日下部は和珥氏の影響下にあったことが観取され」、「和珥氏は、日下部の所有者と密接な関係をもち、その管理などに従事していた」と推測・提起している(76)。

この提起と、史料に見えるつぎのこと、

①日下部を伝領した雄略皇后には子がなかった。しかし、雄略妃には、春日―ワニ氏系の童女君(紀)・袁杼比売(記)があり、春日大娘皇女(紀)・春日大郎女(記)を生み、これが仁賢皇后になった。その子が武烈と継体皇后手白髪皇女である。

②顕宗・仁賢兄弟には、ワニ氏系譜に連なる日下部連使主・吾田彦父子が「帳内」として仕えていた。

③仁賢・武烈ののち、継体・安閑・欽明・敏達の代々には春日―ワニ氏系后妃がある。

などとを勘案すれば、以下のことが指摘できる。

本章では、日下部はその初源においては、日下王家の外戚である日向の諸県氏が主導的に関わって設置されたことを説いたが、眉輪王や雄略皇后が没して日下王家が廃絶したのちには、中央における諸県氏の影響力は失われたとみられる。それに代わって日下部の管理に関わったのがワニ氏と想定され、名代日下部は、春日―ワニ氏系后妃ないしその縁者たる王族に伝領された可能性がある(77)。

しかし、そのように考えるには、ワニ部・春日部との関係如何という課題もあって、現在、その具体的検証の用意はなく、ここではその可能性の指摘のみにとどめておきたい。

本章の主題は名代日下部の成立過程であったが、それだけでなく付随して、日下王家の周辺や畿内の隼人の様相などについて、後代の史料まで援用して多くの推測を述べた。いずれも今後の研究への問題提起として受け止めていただければ幸いである。

註

（1）名代・子代の語義や両者が同一かどうかなど多くの議論があるが、名代を「王族所有の部」したがって王族奉仕集団とみることについては、諸説ほとんど一致している。名代・子代の研究史については、篠川賢「部民制とは何か」（『争点日本の歴史』二、古代編一、新人物往来社、一九九〇年）参照。

（2）太田亮『日本上代に於ける社会組織の研究』（磯部甲陽堂、一九二九年）。
井上光貞「部民の研究」（『同著作集』四、岩波書店、一九八五年、初出一九四八年）。

直木孝次郎「部民制の一考察」（『日本古代国家の構造』青木書店、一九五八年）。

狩野久「部民制」（『日本古代の国家と都城』東京大学出版会、一九九〇年、初出一九七〇年）。

このほかにもこの立場からの多くの論考があるが、ごく最近のものでは
告井幸男「名代について」（『史窓』七一、二〇一四年）。

（3）津田左右吉「上代の部の研究」（『日本上代史の研究』岩波書店、一九四七年）。
原島礼二「部民制の再検討」（『日本古代王権の形成』校倉書房、一九七七年）。

山尾幸久『日本国家の形成』（岩波書店、一九七七年）。

平林章仁「名代・子代考」（『龍谷史壇』七九、一九八一年）。

他にもこの立場からの論考は多いが、ごく最近のものでは
仁藤敦史「古代王権と「後期ミヤケ」」（『古代王権と支配構造』吉川弘文館、二〇一二年、初出二〇〇九年）。

なお、名代と子代が同一かどうかについては、ここでは一応、両者は若干ニュアンスを異にしながらも同一実態で、王族王宮奉仕集団を指すとしておく。

（4）雄略朝頃より前の某部表記は潤色である。誤解のないように念のためにいうと、加上・虚構と「潤色」とは混同されがちだが、まったく異なる。前者はその実体のないもの、後者は存在した実体に対して、後世の用語で修飾したもの。たとえば、ワカタケル大王（雄略）を紀が「天皇」としたのは後者である。

（5）狩野、註（2）前掲論文。

（6）日下部についての専論には、管見ではつぎのものがある。
井上辰雄「日下部をめぐる二、三の考察」（『日本歴史』四八八、一九八九年）。

鷺森浩幸「名代日下部の成立と展開」（『市大日本史』三、二〇〇〇年）。

平林章仁「日下攷」（『龍谷大学論集』四七六、二〇一〇年）。

このうち平林論文は、日下部六世紀成立説に立つ。また井上論文は、日下部を雄略皇后若日下部王の部民とし、その地方分布を中心に論述する。他方鷺森論文は、日下部は日下宮に居する大日下王・若日下王のために設定されたとし、その管掌氏族に焦点を当てて考察する。いずれも本稿とは結論または視点を異にする。

（7）塚口義信「小山田遺跡についての二、三の臆説」（『つどい』三二六、二〇一五年）。

（8）粕谷興紀「大草香皇子事件の虚と実」（『皇學館論叢』十一—四、一九七八年）。

（9）佐伯有清『新撰姓氏録の研究』考證篇第二（吉川弘文館、一九八二年）四一〇～四二四頁。

（10）平林、註（6）前掲論文も「日下宮王家が五世紀後半に亡んでのち、六世紀初頭に日下宮王家縁りの地に屯倉（御宅）が設定された」として、それを示唆する。

（11）『木簡研究』三（木簡学会、一九八一年）。

（12）氏姓名（職掌名、地名などによる）がその氏族のあり方を表すことはよく知られているが、個人名も、その属する氏族のあり方を何らかの意味で反映する場合があることも否定できない。
たとえば、前田晴人「人名からみた古代の難波」（『古代王権と難波・河内の豪族』清文堂、二〇〇〇年、初出一九九七年）参照。
(13) 土橋寛『古代歌謡全注釈』古事記編（角川書店、一九七二年）三二〇〜三二二頁。
(14) 平林章仁「日向の駒」（『日本宗教文化史研究』一六―二、二〇一二年）は、「五世紀中葉から後葉にかけて河内の日下でも馬が飼われ（中略）、諸県君氏の本貫である日向南部地域や彼の配下にあった隼人の間に馬匹文化が濃密であったことを思えば、「日下の馬」と「日向の駒」（中略）両者の間に密な関係があったとみるのが順当」と指摘する。日向から日下へ「馬」だけが来るわけはなく、当然「人」も来ていたであろう。であれば、その人々がこの地の日下部の源流になったという想定はきわめて蓋然的である。その画期は五世紀である。
(15) 『式内社調査報告』四（皇學館大学出版部、一九七九年）。
(16) 岩本次郎「隼人の近畿地方移配地について」（『日本歴史』二三〇、一九六七年）なお、これらの祭神については、註(15)前掲書参照。
(17) 森浩一「近畿地方の隼人」（日本古代文化の探求『隼人』社会思想社、一九七五年）。
平林章仁「大和国宇智郡の隼人」（『古代文化』二八―一〇、一九七六年）。
(18) 岩本、註(16)前掲論文。
(19) 坂合部（境部）については
加藤謙吉「境部の職掌について」（『大和政権と古代氏族』吉川弘文館、一九九一年、初出一九八四年）参照。
(20) 景行紀四年二月条に、妃の日向髪長大田根が、日向襲津彦皇子を生むとある。この女性は、実在の可能性の強い髪長媛を二重写しにした存在で、『日本地理志料』によると、日向国諸県郡太田郷に関わる人物と思われる。それがまた、葛城襲津彦を連想させる襲津彦皇子を生んだということは、諸県氏と葛城氏との親密な関係を示唆する。
(21) 『日向・薩摩・大隅の原像』（大阪府立弥生文化博物館、二〇〇七年）六〜七頁。
(22) 西岡虎之助「古代土豪の武士化とその荘園」（『荘園史の研究』下巻一、岩波書店、一九五六年、初出一九四四年）。
『式内社調査報告』二四（皇學館大学出版部、一九七八年）。
(23) 『続日本後紀』承和四年八月壬辰条。

(24)『宮崎県史』史料編古代(同県、一九九一年)日下部姓郡司系図・同湯浅系図。
(25)『鎌倉遺文』古文書編二、九二二号。
(26)同古文書編一、三七号。
(27)同古文書編四一、三二四三号。
(28)『南九州とヤマト王権』(大阪府立近つ飛鳥博物館、二〇一二年)八五〜九四頁。
(29)中司照世「古墳時代の同一工房製小型銅鈴」(『日本書紀研究』三〇、塙書房、二〇一四年)は、この遺物が島内一一三号地下式横穴墓からも出ており、この地域の隼人勢力は、「この種の同一工房品の分布から見て、既に五世紀には倭軍の一翼を担う形で朝鮮半島出兵に動員されたものとみて大過あるまい」という。
(30)註(28)前掲書　三八〜五二頁。
(31)北郷泰道『西都原古墳群』(同成社、二〇〇五年)一六二頁。
(32)井上辰雄「大和王権と日向の豪族」(『古代を考える』四七、一九八八年)で指摘するように、男狭穂塚・女狭穂塚という名称が、河内の日下部連・日下部の狭穂彦命の後という祖先伝承と符合することは興味深い。
(33)日本古典文学大系『古事記』(岩波書店、一九五八年)二八八頁頭註。
(34)肥人と隼人との密接な関係については
中村明蔵『隼人の盾』(学生社、一九七八年)一九四〜二〇二頁。
平林、註(14)前掲論文。
(35)瀧川政次郎「猪甘部考(上)」(『日本歴史』二七二、一九七一年)。
(36)『大日本地名辞書』二、山城綴喜郡。
(37)岩本、註(16)・森、註(17)前掲論文。
(38)『大阪府の地名』I(平凡社、一九八六年)六四六頁。
(39)坪井恒彦「日向髪長媛と猪甘(飼)津」(上田正昭監修『ニッポン猪飼野ものがたり』批評社、二〇一一年)。
(40)井上通泰『播磨国風土記新考』(大岡山書店、一九三一年)四六〇〜四六四頁。

(41) 谷川健一『白鳥伝説』(集英社、一九八六年)四三頁。
(42) 塚口義信「神武伝説解明への一視点」(『堺女子短期大学紀要』三〇、一九九五年)。
同「五世紀のヤマト政権と日向」(『古文化談叢』六六、二〇一一年)。
平林、註(6)前掲論文。
(43) 難波にも日向系と想定される猪飼集団がいたことを考慮すると、播磨の賀毛郡猪養野の集団も、日下宮や難波宮への猪肉などの貢納に当たっていたと思われる。
瀧川、註(35)前掲論文。
(44) 『淡路国風土記』逸文にもほぼ同様の伝承が見える。
(45) 立場は異なるが、平林、註(14)前掲論文も同様に指摘する。
(46) 『木簡研究』一二(木簡学会、一九九〇年)。
(47) 註(38)前掲書、六〇四頁。
(48) 和田萃「行基の道とその周辺」(上田正昭編『探訪古代の道』三、法蔵館、一九八八年)。
(49) 森浩一『考古学と古代日本』(中央公論社、一九九四年)二六八頁。
(50) 平林、註(6)前掲論文。
なお、私見では、難波には大隅嶋だけでなく、さきにふれた猪甘津から桑津邑にかけての地など、隼人居住地がいくつかあったと思われる。隼人が難波地域と深い関係をもっていたことは、『続日本紀』文武四年六月庚辰条の肝衝難波という人名からもうかがわれる。これは、のちの大隅国肝属郡の在地豪族であろう。また同じ難波を本拠地とする吉士一族が日下王家に仕えていたのも、こうした難波における隼人との地縁が背景にあったからではないだろうか。

それに加えて、応神の大隅宮伝承も、応神妃に日向泉長媛があり、また髪長媛も当初は応神妃として迎えられたことなどを考慮すると、この地における隼人居住と関連があると思われる。
(51) 註(38)前掲書、五九六頁。

(52) 太田亮『姓氏家系大辞典』二(角川書店、一九六三年)「日下部」の項。
(53) 註(38)前掲書(五九六頁)によると、正治三年(一二〇一)正月の「紀利包草庭売券」(勝尾寺文書)において、この地の「草苅」は「くさかり」とも訓まれていた。しかし、『保元物語』は、むろんそれ以前の保元の乱(一一五六年)のことを記したものであり、そこで河内在住の草刈部＝草壁(日下部)とされていることは無視しえない。
(54) 一般に難波大隅嶋は、大隅隼人系の居住地とみられるが、ここに居住を想定する⑦日下部は阿多隼人系である。両系は、ここに雑居していたとみてよい。隼人の居住地とされる綴喜郡大住郷においても、同郷のものと推定される「国郡未詳計帳」(『大日本古文書』一)には、大住忌寸・同隼人に混じって阿多君が見える。また同じく宇智郡吉野川流域においても、阿田の近くにオオスミ地名がある。このように畿内の隼人居住地では、大隅や阿多、おそらく諸県の出身者なども雑居していたと考えられる。
(55) 養和元年(一一八一)十月七日「草部時末田畠売券」(『平安遺文』古文書編十一、補四〇〇号)。
(56) 『兵庫県の地名』Ⅰ(平凡社、一九九九年)一三九頁。
(57) データは少し古いが、井上、註(6)前掲論文の分布表参照。
(58) 塚口義信「神武東征伝説とヤマト政権」(『応神天皇の実在性と五世紀政権』「トンボの目」編集室、二〇一四年)は、応神陵の伝承がある誉田御廟山古墳の陪塚とみられるアリ山古墳・盾塚古墳から、日向で発達した二段刺突の鉄鏃が多く出土していることから、おそくとも五世紀初頭には、王権と日向との密接な関係があり、隼人集団の畿内移住も想定されるという。さきの中司、註(29)前掲論文とともに興味深い指摘である。
(59) 平林、註(6)前掲論文。
(60) 薗田香融「皇祖大兄御名入部について」(『日本古代財政史の研究』塙書房、一九八一年、初出一九六八年)。井上、註(6)前掲論文。
(61) 前之園亮一「刑部と宍人部・猪使部」「多治比部」(『「王賜」銘鉄剣と五世紀の日本』岩田書院、二〇一三年、前者の初出一九九八年)。
(62) 記では、若日下王は仁徳段に二個所、安康段に一個所、雄略段に二個所出てくるが、安康段の一個所を除いて他はすべて若日下部王(命)とする。この「部」を平林、註(3)前掲論文は、「衍字」とする。しかし、私見ではつぎのように考える。

雄略段の「若日下部王」は、若日下王(幡梭皇女)に「大草香部民」すなわち日下部が封じられたこと(紀の伝承、これが史実に近い)を示し、安康段の「若日下王」は、まだ未婚で日下部を与えられていなかった段階を表すものであろう。むろん、仁徳段の「若日下部王」は、総記的に同王の最終的立場を記したものと思われる。

なお、平林氏は同論文で、顕宗即位前紀分註に引く「譜弟」の忍海部女王(飯豊女王の亦名)の「部」も「衍字」とする。

同女王は、同紀五年正月是月条では忍海飯豊青尊と「自称」したといい、また清寧記では、忍海郎女(亦名飯豊王)とする。こうした史料のあり方も、同女王が忍海部を与えられる以前と以後(「譜弟」はその性格上、同女王の最終的立場を示している)とを区別しているように思われる。同女王以前に「忍海」を名乗る王族は見えないから、同女王のために名代忍海部が創設されたと考えられる。

そもそも、若日下部王と忍海部女王のような異なる人物にかかる同じ「部」字が、まったく別の文献においてそれぞれ「衍字」となるものであろうか。この「部」字には積極的な意味があるとみるのが妥当である。

(63)　ただし、大草香皇子の「大」ものちの加上と考えられる。

たとえば、雄略は大長谷(若健)命(記)・大泊瀬幼(稚)武(紀)で、その外孫に当たる武烈は小長谷若雀命(記)・小泊瀬稚鷦鷯(紀)である。武烈記に、「定二小長谷部一」とあり、当時部称もほぼ成立していたから、小長谷部は武烈が在世時に置かれたとみられる。武烈が「小長谷」と呼ばれたのは、外祖父雄略の「長谷」に対してであろう。雄略がその在世時から「大長谷」などと呼ばれるわけはなく、本来は「長谷」であったと考えられる。とすれば、「大長谷」の「大」は、のちに武烈の「小」に対して「長谷」に加上されたものと思われる。「大」などという冠詞は、在世時実用されたものではなく、帝紀のような後世の編纂物に現れる称ではなかろうか。また史料に〝大長谷部〟がなく、確認されるのは長谷部のみということは、長谷部(雄略の名代)が帝紀から採用されたのではなく、それ以前から、おそらく雄略在世時から存在していたことの一証とも考えられよう。

(64)　佐伯有清『新撰姓氏録の研究』考證篇第五(吉川弘文館、一九八三年)二六九頁。
(65)　新井喜久夫「律令国家以前の名古屋地方」(『新修名古屋市史』一、同市、一九九七年)。
(66)　太田亮『姓氏家系大辞典』三(角川書店、一九六三年)「三宅」の項。
(67)　孝徳紀大化二年三月壬午条の、天皇の皇太子中大兄への下問の中に「(前略)子代入部、皇子等私有御名入部、皇祖大兄御名入部(分註略)及其屯倉」とある。子代入部はともかくとして、御名入部は名代であるから、名代には屯倉が付属していたと考えられる。
(68)　森公章「五世紀の銘文刀剣と倭王権の支配体制」(『東洋大学文学部紀要』史学科篇三八、二〇一二年)。
(69)　同「額田部の研究」(『国立歴史民俗博物館研究報告』八八、二〇〇一年)。
(70)　告井、註(2)前掲論文。
(71)　森、註(68)前掲論文。
(72)　鈴木靖民「反正天皇雑考」(『国学院雑誌』百十二―十一、二〇一一年)。
私見では、たとえば雄略紀十年九月・十月条には養鳥人とあるに対して、同十一年十月条には鳥養部と見え、この頃人制から部制へ移行しつつあったと考える。
(73)　平林、註(3)前掲論文では、安康没後の雄略朝における穴穂部の設置記事を「名代号にあらわれた人物と名代の所有者が別であった可能性」を示す例としている。しかし、その議論以前に、この記事は、同氏の名代六世紀設置説に反することは明らかである。穴穂部設置が、なぜこの時期に係けられているのか説明が必要であろう。
(74)　平林、註(6)前掲論文。
(75)　薗田、註(60)前掲論文。
(76)　鷺森、註(6)前掲論文。
(77)　名代日下部は刑部と並んで膨大な所領である。刑部が中大兄皇子に伝えられた(薗田、註(60)前掲論文)とすれば、日下部もまた有力な王族に伝えられた可能性がある。ただし、日下部を名乗る王族は、のちの天武皇子草壁に至るまで史料には見えない。

第二章　三重采女をめぐって
―重層する物語と歴史―

はじめに

『古事記』雄略段に「天語歌」を含む「伊勢国之三重婇」（以下「三重采女」と表記）の説話がある。これに対応する話は雄略紀にはなく、三重采女は一応物語的存在とみられるが、その背後には、もとになった一定の歴史的原像があることが予想される。本章では、その原像を明らかにするとともに、その上で、三重采女説話が記テキストに定着した意味を考えてみようと思う。

一　三重采女の歴史像

三重采女は、雄略記のこの個所に現われるだけで、他の古典的文献には一切見えない。最初に三重采女と歴史との接点を求めようと試みたのは、おそらく御巫清直（一八一二～九四）の「伊勢式内神社検録」であろう。その河曲郡大鹿三宅神社の項では、大略以下のように説かれている。

『延喜式』神名帳伊勢国河曲郡に大鹿三宅神社が見え、敏達記に、又娶二伊勢大鹿首之女、小熊子郎女一、生御子、布斗比売命、次宝王、亦名糠代比売王とあり、敏達紀四年正月条にも、次采女伊勢大鹿首小熊女曰二菟名子夫人一、生三太姫皇女更名桜井皇女与二糠手姫皇女一更名田村皇女とある。さらに『続日本紀』天平勝宝元年四月甲午朔条に、伊勢大鹿首部波可二治賜一人止自弖奈母簡賜比治賜夫、また『新撰姓氏録』（未定雑姓・右京）大鹿首条には、津速魂命三世孫天児屋根命之後也とある。

その後も『太神宮諸雑事記』治暦三年十二月条に河曲神戸預大鹿武則、『吾妻鏡』文治三年四月廿九日条に載る同三月卅日付文書に、介大鹿俊光、散位大鹿兼重、惣大判官代散位大鹿国忠などと大鹿氏の人々が見える。

また『神宮雑書』建久三年八月注進状に、「山辺御園二宮給主散位大鹿国忠当御園内大鹿村号二国分寺領一」と見えるが、山辺御園とは河曲郡山辺村（現鈴鹿市山辺町）で、その北に国分村（同国分町）がある。国分村の南に大鹿塚という「大塚」があり、その他「小塚」も多数散在するが、これは「大鹿氏ノ族ヲ葬埋」したものであろう。奈良時代には、ここに国分寺が建立され、その跡には古瓦が散乱する。

これらのことから「今ノ国分村即チ古ノ大鹿村ニテ、大鹿首ノ累代居住ノ地タリシ事察知セラル。（中略）サレハ大鹿ノ氏人其祖神ヲ祀ル祠ヲ大鹿三宅神社ト称セシニコソ。（中略）今国分村ノ産神北西ノ天神山ニ在テ、（中略）其本社ノ天神ハ北野天満天神ニハアラス。大鹿ノ氏祖ノ天神天児屋（根）命ヲ云フ天神ナリ。」

雄略記の「伊勢国之三重婇」については、「倭名鈔ニ三重郡采女卯祢倍ノ郷ヲ載ス。今猶采女郷ト称シテ采女、古市場、清水谷、南小松、北小松、羽木、貝下ノ七村アリ。其采女村ヨリ出タル故ニ采女ヲ以テ郷村ノ名トスト謂ヘリ、今本社ニ塡ル国分村天神社ノ北位ニ隣比咫尺シテ恰モ同郷ノ如シ。サレハ上世鈴鹿三重河曲ノ郡界ヲ今ノ如ク建ラレサリシ時ハ、大鹿モ采女モ一里ニテ、雄略帝ノ朝ヨリ敏達帝ノ御代ニ至ルマテ不絶此地ヨリ出テ采女ニ奉仕シ、小熊女ニ至テ栄ヲ極メシナランカ。」

以上の考説は、着眼鋭く、かなり説得力を感じるが、若干不審な点もある。

その一つは、『和名抄』さらに、つぎにみるように奈良時代においても采女郷は三重郡に属する一方、大鹿三宅神社の鎮座地は、御巫の比定が妥当とは思われるが、『延喜式』ではあくまで河曲郡に属することである。のちにみるが、大化二年正月の「改新の詔」以降、令制に至るまで采女の貢進は郡(評)単位であり、采女の呼称も原則として郡(評)名＋采女であった。(1)

「郡界ヲ今ノ如ク建ラレサリシ時」とは、いつ頃のことなのか、むろん雄略・敏達朝頃はそうだが、その下限はどうか。

三重郡采女郷(現四日市市采女町)の初見は、天平十九年「大安寺伽藍縁起并流記資財帳」の、聖武天皇により天平十六年に施入された墾田地九百九十四町のうち伊勢国六百四十四町の中にある次の記載である。

同郡(三重郡)采女郷十四町

開二町五段。未開田代十二町五段。

四至東公田。南岡山。西百姓宅。北三重河之限。

この中の「北三重河之限」に注意すると、これは三重河(現在の内部川に比定)が采女郷を過っていたことを意味しよう。(2)『和名抄』三重郡に〝三重郷〟はないが、同郡の中心的邑落は采女郷であったと思われる。そうすると、景行記において、ヤマトタケルが疲れてたどり着いたという「三重村」も采女郷と同地であろう。(3)さらに、つぎの壬申紀に見える「三重郡家」もここに想定される。(4)

天武紀元年六月条では、大海人皇子の東国行の途中をつぎのように記す。

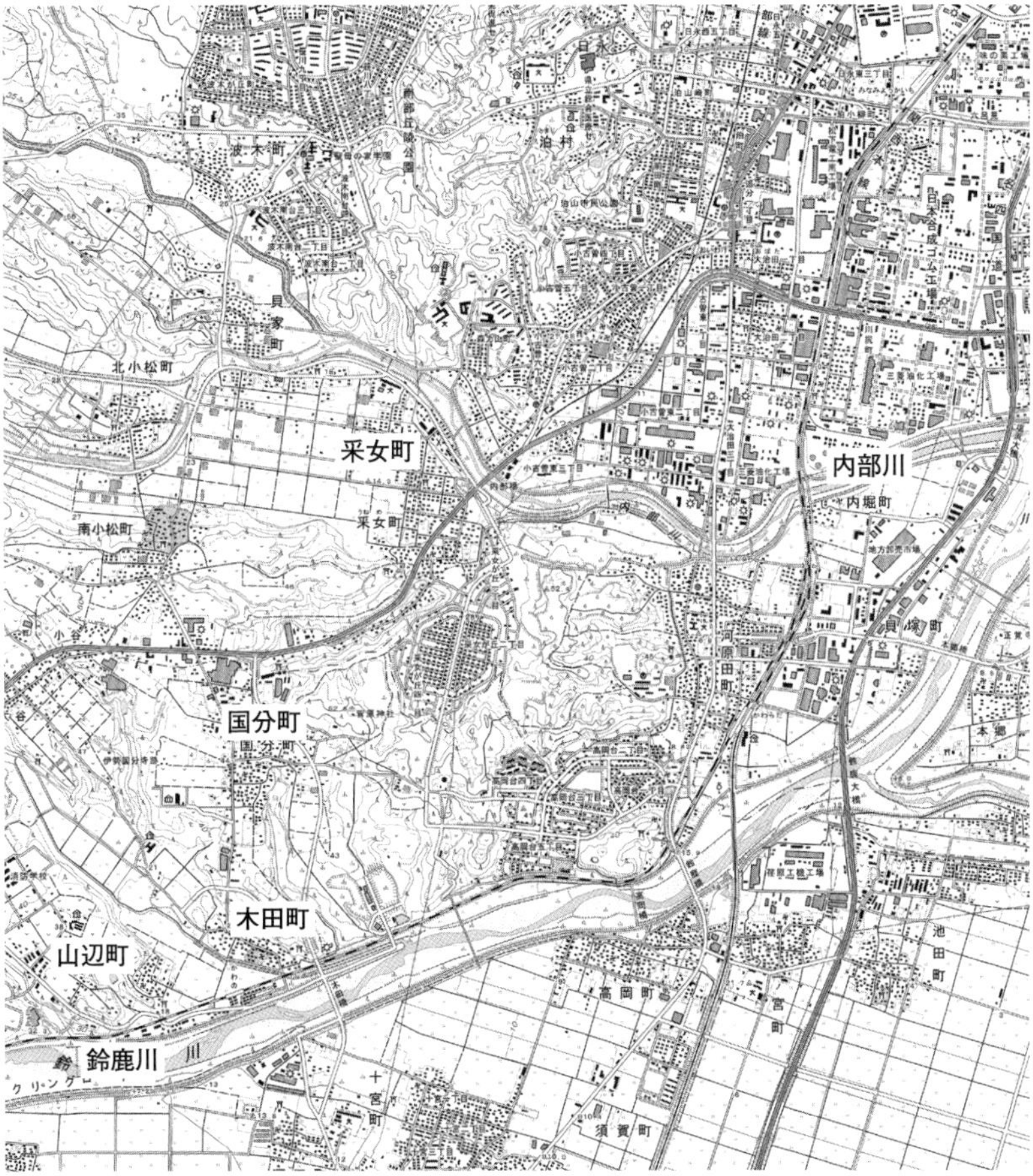

図1　采女郷の推定位置
国土地理院地図　鈴鹿、四日市西部（1：25,000を2分の1に縮小）

越二大山一、至二伊勢鈴鹿一、爰国司守三宅連石床（中略）等参二遇于鈴鹿郡一。（中略）到二川曲坂下一、而日暮也。以二皇后疲一之、暫留レ輿而息。然夜曀欲レ雨。不レ得二淹息一而進行、於レ是寒之雷雨已甚。従駕者衣裳湿、以不レ堪レ寒。乃到二三重郡家一、焚二屋一間一、而令レ熅二寒者一。

ここでいう「川曲坂下」はどのあたりに比定されるか。

一行がこの後、三重郡家（采女郷）を目ざしたことを考慮すると、「川曲坂下」とは、鈴鹿川左岸に続く台地の南下か北下であろう。北下だとほとんど采女郷に接するので、ここに記する状況に合わず、台地の南下つまり現在の鈴鹿市山辺町または木田町の鈴鹿川左岸沿いの地と考えざるを得ない。

ところで、河曲郡家は現在のところ、国分町の国分寺跡のすぐ南、狐塚遺跡と推定されている。[5] とすれば、「川曲坂下」から河曲郡家まで指呼の間であるから、「川曲坂下」で日が暮れ、「皇后」も疲れたのであれば、「暫留レ輿而息」のではなく、郡家に入って休息・宿泊すればよい。大海人一行は東国行の途中、しばしば群家・駅家に立ち寄っている。だが、まもなく降り出した雨と寒さの中を三重郡家まで強行したということは、当時河曲郡家がここに存在しなかったことを意味するのではないだろうか。もちろん、当時河曲郡内の他の地に郡家があった可能性も皆無ではない。しかし、同郡内には大鹿氏以外に有力氏族は見えないことから、河曲郡家が存在したとすれば、それは同氏の本拠たる国分町付近を措いて他には考えにくい。

面積において三重郡は河曲郡の少なくとも三〜四倍、河曲は三重の東南に付加したような形で、采女郷と接する。また『和名抄』によると、三重は五郷、対して河曲は六郷（東急本では八郷）、式内社では三重の六座に対して、河曲は二十座である。

以上のこと、すなわち壬申年（六七二）頃河曲郡（評）家は存在しなかったこと、河曲が三重よりずっと狭小であるのに人口はかえって大であったこと、三重郡の中心的邑落たる采女郷が同郡の最南端に位置することなどを勘案すると、少なくとも壬申年まで河曲郡の地域は三重郡(評)に含まれていて、のちに郡(評)として分立したのではないかと推測される。その分立の時期は、さきにふれた狐塚遺跡の年代からみると七世紀末ということになる。以上により、壬申年以前から河曲郡分立までの間、同郡地域から出た采女が三重采女と呼ばれたとしてもそれは当然であろう。

御巫の説でもう一つ、やや不審な点がある。それは、采女郷という地名の由来を「此地ヨリ出テ采女ニ奉仕シ」たことに求めている点である。しかし、これまで説いてきたように、采女が出たのは伊勢大鹿首の本拠地で、正確にいえば現在の国分町付近、『和名抄』河曲郡駅家郷かと思われる。[6]

ところで、大化二年正月の「改新の詔」は全四条から成るが、その第四条に仕丁・采女の資養法がつぎのように規定されている。

凡仕丁者改下旧毎二三十戸一一人上、以二一人一宛レ廝也。而毎二五十戸一一人以二一人一宛レ廝也。以宛二諸司一。以二五十戸一宛二仕丁一人之糧一。一戸庸布一丈二尺、庸米五斗。凡采女者貢二郡少領以上姉妹及子女形容端正者一。従丁一人、従女二人。以二一百戸一宛二采女一人糧一。庸布・庸米、皆准二仕丁一。

この規定は、従者を除けば、仕丁の場合、「毎五十戸」つまり一里毎に一人を出し、その資養物もその仕丁を出した里から送るのに対し、采女の場合は郡(評)から一人を出すのであるから、その資養物を出す一百戸すなわち二里は、郡(評)内の特定された二里と解するのが妥当であろう。[7] このように考えると、采女郷は、河曲郡分立以前の三重郡(評)において、采女の資養物を負担する二里のうちの一里であったとみることができる。[8] 同郷は伊勢大鹿首の本拠地に隣接するため、そのように定められたのではなかろうか。采女郷は、三重・河曲両郡が分かれる際に、なんらかの事情で三重側に属することになった。現在の国分町など河曲郡側は台地上であるに対し、采女郷以北は低地であるという地形的特徴がその理由であったかも知れない。

二　伊勢大鹿首氏と聖武天皇

伊勢大鹿首氏は、御巫がふれているように、記紀には敏達妃として見えるほかに、国史にはもう一個所『続日本紀』天平勝宝元年四月甲午朔条の宣命の中に出てくる。(9)

この日、聖武天皇は東大寺に行幸して、まず左大臣橘諸兄が大仏の前に陸奥国からの黄金産出を報告・感謝する宣命を述べた後、続いて中務卿石上乙麻呂が以下のような宣命を述べた。

宣命は長文で前後二段に分けられる。

まず前段では、天皇は大仏造立にあたっての産金という「貴き大瑞」を「朕一人」だけでなく「天下共に」受け賜わりたいとして、年号(天平)に文字(感宝)を加えることを宣布する。

後段(「辞別きて宣りたまはく」以下)は三項に分かれ、(10)「天下」の各方面へ施行する恩典を述べる。

〔第一項〕(1)大神宮以下の諸神及び祝部への恩典　(2)諸寺や僧綱・僧尼への恩典　(3)陵戸への恩典　(4)代々朝廷に仕えてきた臣下の墓所への配慮

〔第二項〕王と大臣の子孫の処遇

〔第三項〕(1)三国真人・石川朝臣・鴨朝臣・伊勢大鹿首らへの処遇　(2)県犬養橘大夫人の子孫に対する処遇　(3)大臣の子らのうち女子に対する配慮　(4)大伴・佐伯両氏の子孫への処遇　(5)五位以上の子らへの処遇　(6)六位以下の官人、造東大寺司の官人、正六位上の官人の子らへの処遇　(7)五位以上、皇親の十三歳以上、無位の大舎人、諸司の仕丁らへの賜物　(8)高齢・困窮者・孝子ら及び「力田」に対する恩典　(9)罪人への恩赦　(10)「壬生」

「知物人」らへの処遇　（11）黄金発見者と陸奥国の国司・郡司・百姓への恩典　（12）天下の百姓への恩典

さらに、このうち第三項も(1)～(4)と(5)以下とにグループ分けできそうである。(5)以下は、東大寺関係者、陸奥国産金関係者を含む一般の廷臣から百姓万民にいたるまでが網羅されていると思われるが、(1)～(4)はいかなる性格のグループであろうか。

まず(2)は、内命婦県犬養橘宿祢三千代（当時は故人）とその子孫らである。三千代が、藤原不比等（聖武外祖父）の室、光明皇后の生母であり、累代後宮に仕えて「忠誠」を賞されたことは周知のことである。

つぎの(3)においても、大臣の女子らが内命婦として後宮に奉仕することが奨励されているといえる。

(4)は、大伴・佐伯氏が、古来天皇に近侍的トモ「内の兵」として仕えてきたことを語っている。

要するに(2)～(4)は、天皇に近侍する、ないしはそのように観念される「内廷」・後宮のグループと考えられる。であれば(1)もその線で考えるべきであろう。

(1)の四氏が、なぜ、いかなる資格でここに登場するのか、かねてから問題となってきた。

早く本居宣長は「続紀歴朝詔詞解」において、「件の氏々の人を、殊に治メ給ふ等は、いかなる故由ならむ、知りがたし、もしくは御乳母などのたぐひにもやあらむ」とするが、その根拠を特に挙げていない。その後『帝室制度史』六（研究社、一九四五年）が引く「聖武天皇御名考」は、「共にこのみかどの御乳母など仕奉し人たちにて、すなはちこの大鹿氏の骨をとりて首とはつき給へりしにぞあらむ」とするが、これはその根拠の一部を示したものとして注目される。

皇子女の乳母が後宮の一員であったことは、後宮職員令親王及子乳母条に

凡親王及子者。皆給二乳母一。親王三人。子二人。所レ養子年十三以上。雖二乳母身死一。不レ得二更立替一。其考叙者。並准二宮人一。自外女堅。不レ在二考叙之限一。

とあることに示されている。

『文徳実録』嘉祥三年五月壬午条に「先朝之制、毎㆓皇子生㆒、以㆓乳母姓㆒、為㆓之名㆒焉。」とあるように、皇子女の名は、平城朝頃まで乳母のうちの一人の姓をもって命名するのが慣例であった。ただし、やや変則的な例もあり、聖武（首皇子）の場合は乳母伊勢大鹿首のカバネ「首」をとって名づけられた。これはおそらく、外祖父不比等（史）の名が養育者田辺史大隅（『尊卑分脈』）のカバネ「史」により命名された例にならったものであろう。首皇子に対する不比等の期待がいかに大きかったかがうかがわれる。

以上に加えて、宣命の第三項⑴の四氏が乳母（養育者）であったことは、語釈の面から以下のように証することができる。

⑴又三国真人・石川朝臣・鴨朝臣・伊勢大鹿首らは、治め賜ふ（A）べき人としてなも、簡び賜ひ治め賜ふ（B）。

これを直木孝次郎氏他訳註『続日本紀』二（平凡社、一九八八年）は、つぎのように訳している。

（前略）伊勢大鹿首たちは、位階をお上げになるべき人としてお簡びになり、位階をお上げになる。（松本政春氏担当）

しかし、同グループ⑵～⑷は、いずれも賞賜者たちの具体的な奉仕内容があって、結果「治め賜ふ」（B）と結ばれているのである。松本氏訳では、四氏に一体どんな奉仕があって「治め賜ふ」のか分からない。

そこで『日本国語大辞典』三（小学館、一九七三年）の「治める（治む）」の項を参照すると、つぎの二つの意義が注目される。

（イ）主催者として国の政治をとる。統治する。また、人々を統率する。

（ロ）身にひきうけて世話をする。用例『古事記』中巻「若し此の御子を、天皇の御子と思ほし看さば、治め賜ふべし。」

(1)〜(4)の文末の「治め賜ふ」(B)の「治む」は、(イ)の意義であろう。天皇は、臣下を叙位することにより統治・統率するから、「治む」は転じて「叙位する」の意にもなり得る。

しかし、これに対して(1)の「治め賜ふ」(A)の「治む」は、(ロ)の意すなわち「養育する」の意に解するのが妥当と考える。

また同『辞典』十三によれば、「賜ふ」には「何々なさる」(尊敬語)という意味と、尊者の恩恵によって「何々させていただく」(謙譲語)の意味とがある。「(治め)賜ふ」(B)は尊敬語、「(治め)賜ふ」(A)は謙譲語と解することができる。[11]

したがって、(1)の訳はつぎのようになる。

(前略)伊勢大鹿首たちは、ご養育申上げるべき人としてお簡びになり、叙位(賞賜)なさる。

天皇は当時既に四十九歳であったが、一般に皇子女とその乳母との関係は、幼時に限られることなく、一生を通じての親密な人間関係であった。[12]そのことは、つぎの例からも証することができる。

『続日本紀』天平勝宝元年七月乙未条には

従六位上阿倍朝臣石井。正六位上山田史女嶋。正六位下竹首乙女並授二従五位下一。並天皇之乳母也。

とあり、孝謙天皇(阿倍内親王)の諱は、ここに見える阿倍朝臣石井の姓から命名されたことが分かるが、三人の乳母のうち、ここで注目したいのは山田史女嶋である。

その後、天平勝宝七歳正月甲子(四日)に、女嶋(比売嶋女)ら同族七人は、山田御井宿祢を賜姓された。ところが『同』天平宝字元年八月戊寅条には「可下除二御母之名一。奪二宿祢之姓一。依レ旧従中山田史上。」とある。これは女嶋が、この年発覚した橘奈良麻呂のクーデター計画を知っていながら上奏しなかったとして、処分されたものである。天皇にしてみれば、「御母」（乳母）として信頼していたのに裏切られたということであろう。逆にいえば、一般に養君と乳母との間には、長じてもそれほど強い絆があったということである。当時孝謙は四十歳であった。

聖武の乳母であった伊勢大鹿首の女性について、具体的な史料はないけれども、それは伊勢の三重・河曲地域から貢進された采女またはその一族の女性であったと想定される。敏達朝にその先蹤があるが、采女を出すのは、「采女の譜第家、すなわち代々采女を貢進する家柄[13]」に大体固定していたとみられる。また采女の一族の女性が皇子女の乳母となるケースについても、奈良朝後期の因幡国高草郡采女因幡国造浄成女の一族とみられる苗取が桓武天皇皇女因幡内親王の乳母となったであろうことが指摘されている[14]。

では、聖武とその乳母一族伊勢大鹿首氏とは実際どのような関わりがあったのだろうか。

『続日本紀』天平十二年十月己卯（二十六日）条によれば、当時西国で藤原広嗣の乱の鎮圧にあたっていた大将軍大野東人に対し聖武は

朕縁レ有レ所レ意。今月之末。暫往二関東一。雖レ非二其時一。事不レ能レ已。将軍知レ之不レ須二驚恠一。

と勅して、同二十九日伊勢に向けて出立する。平城宮を出て、大和から伊賀を経て伊勢に入り、一志郡河口頓宮、一志郡（家）から鈴鹿郡赤坂頓宮に至り、ここから朝明郡に向かう。この行程には、壬申の乱時の、鈴鹿郡↓川曲坂下↓三重郡家↓朝明郡のルートと重なる部分があったと思われる。であれば、聖武はその際、川曲坂下↓三重郡家の途上で在地の乳母一族と接触した可能性がある。

さて伊勢行幸、広嗣の乱鎮定の翌天平十三年二月十四日、国分寺建立の勅（『類聚三代格』巻三）が出された。この中の願文の部分には、皇族とともに「皇后藤原氏」（光明）をはじめ藤原氏の人々、それに右大臣橘諸兄、「橘氏大夫人」（三千代）が特に挙げられている。

山背国分寺については、恭仁宮大極殿が施入されてその金堂とされた。恭仁宮は橘諸兄の相楽別業に近く、かれがその遷都・造営の中心であったが、同所での山背国分寺造営にも当然諸兄の関与が想定される。安宿郡に営まれた河内国分寺についても同様に、三千代・光明（安宿媛）との関係が考えられる。安宿郡は三千代の本貫であったから、光明にとって母への追憶の地であった[15]。

そうであれば、「勅」を発した聖武自身も当然いずれかの国分寺の造営に何らかの関与をしたであろう。それが、乳母伊勢大鹿首氏の本貫に建立された伊勢国分寺ではなかったであろうか。この地は、伊勢国府（鈴鹿市国府町または広瀬町）から直線距離にして約八㎞と比較的離れている。国分寺建立にあたって、「実質的な事業遂行の主体となる在地勢力」として大鹿氏が期待され、また力を発揮したのであろう[16]。

三　三重采女・「天語歌」と記におけるその意味

以上で述べたように、伊勢大鹿首（聖武の乳母一族）の貢進した采女が三重采女と呼ばれる理由があったとすれば、つぎに雄略記説話の中で采女らが「天語歌」をうたう意味を考えてみよう。

記のみに見える「天語歌」（三首を順にa・b・cとする）は、とくに国文学界において、さまざまな視点から論じられてきた[17]。

まず歌謡の伝承者の問題がある。

折口信夫は、「天語歌」を神代記にある「神語」（八千矛神が沼河比売・須勢理毘売と歌い交わす歌四首を中心とする物語）と対照し、後者のうちの最初の三首の結びの句「事の語り言も此をば」が前者と共通すること、後者にみえる「天馳使」を歌の伝承者と解して、天語連(『新撰姓氏録』右京神別)と海語連(『続日本紀』養老三年十一月条)とが見えることから、「天」＝「海部」、したがって伝承者「天馳使」は「海部馳使」であるとした[18]。

「天語歌」の伝承者を海部系氏族とする折口説の影響のもとに、その後、その伝承者を土橋寛氏は天語連(伊勢の族長で海部出身と解す[19])、次田真幸氏は阿曇氏と推定した[20]。

しかし、もとになった折口説については、「アマハセヅカヒ」は「神語」の最初の二首に現われるだけで、それを「神語」全体、ましてや「天語歌」の伝承者とみるわけにはいかないこと[21]、また「神語」「天語歌」両者に「海洋のかおりがしない[22]」ことなど、その論理に無理があることが指摘されている。

それゆえ現在では、「天」＝「海部」という図式は採り得ず、「天語歌」はその表記どおりに理解すべきであろう。「天」を中心的手がかりに、三首全体を説明し得る解釈でなければならない。

多田元氏は、歌謡の中の「新嘗屋」(a・b)、「高光る日の御子」(a・b)と「豊楽(トヨノアカリ)」(地の文)に注目し、この説話には「「新嘗」という祭祀空間が「高光る日の御子」の坐し所たる「天」であるという認識」があり、「この祭祀王(「高光る日の御子」―渡里)を中心とした空間を大宮人(c「高光る日の宮人」―同)の景によって言寿ぐ構造は、「服属儀礼」というありかたによって裏打ちされている」という[23]。

少し難解な表現であるが、首肯できる見解で、要するに歌を含めたこの説話は、服属儀礼たる「ニヒナメ＝ヲスクニ儀礼[24]」を表わすものである。地の文には「新嘗」という語はないが、「豊楽」の語があり、両者は密接に関連する。令制新嘗祭では、卯の日に天皇が神々とともに新穀による神酒・神饌を食する祭儀があり、続いて翌辰の日に豊楽節会が催される。それは、天皇に神酒が献じられるとともに、それを臣下も賜わる酒宴であった。

伝承者の問題については、以上のことから、つぎのように考えられよう。

「天」という観念・認識は普遍的なものであるから、特定の氏族の服属伝承の表明ではない。ということは、ここでは「宮廷歌人」による表現を想定しなければならない[25]。そのことはまた、この歌謡詞章（八百土よし・まきさく・ももだる・ありぎぬ・高光る）の成立の新しさが指摘されていること[26]とも整合的である。したがって、この歌謡の成立時期も持続朝頃とする見解が支持される[27]。

以上の考察を前提に、さらに地の文と歌謡の関係、また歌謡間の関係を検討してみよう。

まず地の文に「長谷」とあるのは、雄略天皇の長谷朝倉宮であるが、歌謡aの纒向日代宮は景行朝であり、この点で地の文と歌謡aとは矛盾する。また「三重の子が捧がせる」の「せ」は、「三重の子」（三重采女）に対する敬意の表現（おそらく「宮廷歌人」による）であるから、この歌は本来三重采女が歌ったものではあり得ない。歌謡aは、地の文に合わせて作られたものではなく、本来独立歌謡であったと思われる。

歌謡bについても、「新嘗屋」の傍に立っているのは「葉広　ゆつ真椿」であって、これも地の文や歌謡aの「槻」とは矛盾する。また「豊御酒献らせ」の「せ」も同様に尊敬語であるから、これも「大后」のうたう歌とするのは疑問である。

また歌謡cは、「大宮人」が「酒みづく」（酒宴）様子を歌ったものであるが、「天皇」が臣下を「高光る日の宮人」と持ち上げることはあるまいから、これも地の文と合わない。

このように、abc三歌はそれぞれ独立歌謡であったものが、「新嘗」と「豊楽」（酒宴）をキーワードに、「日の御子」（天皇）を讃えることを主題に、「天語歌」としてまとめられたものとみることができる[28]。

とりわけ意義深いのはa歌とみられるから、ここではこの歌を中心に説話と歌とが記に定着する過程を考えてみたい。

a歌では纒向日代宮がその場とされ、讃美されるが、それは「上つ枝は天を覆へり、中つ枝は東を覆へり、下つ枝は鄙を覆へり」と密接に関わる。それは後世、景行朝において天皇のもとに全土が平定されたという歴史認識があったからである。[29]「天」は朝廷のあるヤマト、「東」は東国、「鄙」は本来王権が基盤としていた西日本とみられる。[30]しかもその「平定」は、ヤマトタケルの西征・東征の大活躍によるものであった。

景行記によると、タケルは東征からの帰途、伊吹山の神の毒気に当てられ、衰弱して「三重村」にたどり着く。それに歌謡aで「三重の子」（三重采女）が「日の御子」（天皇とタケルの二重写し）[31]に献酒すること、「三重村」が采女郷であること、を勘案すると、a歌の成立事情とそれが記に定着する過程は、つぎのように想定されよう。

持統朝頃すでに記にみるようなヤマトタケル説話が存在していて、それに取材した宮廷寿歌としてまずa歌は作られた。この段階では独立歌謡であったa歌は、つぎには、長谷での「豊楽」の際の出来事を語る説話の中で三重采女のうたう歌として記に定着した。[32]

では後者の段階、つまり説話（地の文）と歌とが一体となった時期はいつか。

ここで記の撰進目的を考えてみたい。

記が撰進されたのは、序文によれば元明朝の和銅五年正月廿八日であった。元明女帝の役割は、通説によれば、早逝した草壁皇子との間の子文武天皇の、これまた早逝をうけて、文武の遺児で自身の孫に当たる首皇子（当時七歳）にやがて皇位を継がせるための〝中継ぎ〟であった。それは草壁亡きあと、自身の孫に当たる珂瑠皇子（文武）に皇位を伝えるべく、その成長を期待した持統天皇（元明の異母姉で姑）の立場とよく似たものであった。

阿部寛子氏は、元明が「首皇子の教育に関しても決して無関心ではなかっただろう」とし、「首皇子という存在があればこそ、現存の如き古事記の誕生はあり得たのではなかろうか」という。[33]

また青木和夫氏は、持統が孫の珂瑠のために歴史童話集を撰進させようとして撰善言司を設置したことを先例に、記は「孫の首皇子（聖武）の帝王教育のために祖母の元明がさしあたって撰進させた史書であろうと想定」している。[34]矢嶋泉氏も青木説を支持して、「本来、首皇子の立場を保証する史書」は正史『日本書紀』であるべきだが、当時その完成の目処が立たず、かつての「稗田阿礼が誦める勅語の旧辞」に目が向けられたという。[35]

記序文によると、天武天皇は、諸家の保有する「帝紀」と「本辞」には多く虚偽が加わっていると聞き、その「失」を改めなければ、その本旨は滅びてしまうだろう、これこそ「邦家経緯・王化鴻基」であるとして、「帝紀」「旧辞」に「削偽定実」を加え後世に伝えようと、稗田阿礼に勅語して、「帝皇日嗣」と「先代旧辞」を誦習させた。続けて「然れども運移り世異にして、いまだその事を行ひたまはざりき」とあるが、これは天武の崩御により事業が未完成となっていた、あるいは成書化に至らなかったとも解されよう。

その後、元明朝になって、「伏して惟ふに、皇帝陛下、（中略）ここに旧辞の誤り忤へるを惜しみ、先紀の謬り錯れるを正さむとして、和銅四年九月十八日を以ちて、臣安万侶に詔して、稗田阿礼が誦める勅語の旧辞を撰録して献上せよとのりたまへば、謹みて詔の旨に随ひ、子細に採り摭ひぬ。」と序文に記すが、ここから元明朝の撰進前の最終段階においても、またそれなりの「削偽定実」がなされたことがうかがわれるのではなかろうか。[36]

ここでテキスト上注意されるのは、三重采女の説話・歌謡が、春日袁杼比売の説話・歌謡の間に割り込んだ形になっていることである。これについて日本思想大系『古事記』頭註は、「三重采女の話は酒宴の席での歌謡という共通点があるために挿入されたとみるべきか」とする。

一応首肯されるが、もっと深い事情があったのではなかろうか。

三重采女の話が挿入された前後には春日の袁杼比売が登場するが、この女性は丸邇の佐都紀臣の女とされている。他方雄略紀には、この名の父娘は見えないが、雄略妃に春日和珥臣深目女童女君があって、春日大娘皇女を生み、仁賢紀で、この皇女は仁賢皇后となっている。仁賢記にも「大長谷の若建の天皇の御子、春日の大郎女に娶ひて」とあるから、袁杼比売と童女君とは同一人物らしい。後者は「本是采女」とされるから、前者についても采女という認識があったのであろう(記伝四十二之巻)。それゆえ、三重采女の話がここに挿入されたのは、采女が奉仕する豊楽の場での歌謡という「共通点」があったからだと考えられる。

しかし他方、この「挿入」により、テキスト上に前後不整合が生じたことは看過できない[37]。

では、その「挿入」の時期はいつか。それは、天武朝の稗田阿礼の「誦習」の段階ではあり得ない。すでに述べたように、歌謡の成立は持統朝頃と見られるからである。とすれば、やはりそれは安万侶による「撰録」つまり元明の「詔の旨に随ひ、子細に採り摭ひぬ」の段階と考えざるを得ない。いま指摘した「不整合」も、この「挿入」の時期が新しいことを示唆している。

あらためて説話と歌の内容を言えば、それは、首皇子の乳母であるところの伊勢大鹿首氏から貢進された采女すなわち三重采女が、「新嘗」において「高光る日の御子」を讃えて献酒し、君臣共に「豊楽」するものであった[38]。とくに采女の歌の内容(「白すべきこと」)は、「長谷の百枝槻」と重なる纏向日代宮の「槻が枝」の上つ枝(天)・中つ枝(東)・下つ枝(鄙)に象徴されるところの、景行朝(ヤマトタケル)に始まり雄略朝(ワカタケル―埼玉稲荷山鉄剣銘文)へと継承された天皇統治を寿ぐものであり、それはむろん雄略朝にとどまるものではなく、記撰進の「現在」に続くべきものである。

この説話と歌は、元明天皇が待望する首皇子(当時十二歳)の来るべき元服・立太子(二年後の和銅七年)、そしてその即位・治天下(十二年後の神亀元年)を予祝するメッセージだったのではないだろうか。

おわりに──まとめと若干の補足──

本章の要旨を簡単に述べると以下のようになる。

①雄略記に見える「三重采女」の歴史的実像は、伊勢国を本貫とする伊勢大鹿首氏の貢進した采女であり、同氏は譜第的に采女を出していたとみられる。

②聖武天皇（首皇子）の乳母の一人は、この伊勢大鹿首氏から出て宮廷に奉仕した女性であった。すなわち「三重采女」であった。

③雄略記に「三重采女」の説話と「天語歌」が定着したのは、景行・雄略朝を画期とする天皇統治を寿ぐだけでなく、「現在」の元明朝において、首皇子の来るべき立太子・即位を予祝する意味があったからである。

以上の論旨を補強するため、以下二、三のことを指摘しておきたい。

「大安寺資財帳」に見える天平十六年聖武により施入された三重郡采女郷の墾田地十四町は、同時に施入された伊勢国六百四十四町の中のごくわずかに過ぎないが、それだけに象徴的意味があろう。同郷は聖武乳母伊勢大鹿首氏の所縁の地であっただけではない。大安寺は舒明天皇の建立した百済大寺を淵源とする寺院で、舒明の母は糠手姫皇女、その母が采女伊勢大鹿首小熊女菟名子であり、むろん聖武の遠祖である。聖武が采女郷の土地を大安寺に施入し、あらためて結縁しようとしたのも当然理解できよう。

持統朝頃成立したとみられる歌謡ａに「三重の子」が出てくるのは、ヤマトタケル説話の「三重村」とともに、当時宮廷に「三重采女」（伊勢大鹿首氏）が仕えていた（その女性または一族がやがて聖武乳母となる）ことによると思われる。

雄略がワカタケルと称したのは、すでに雄略朝頃、倭王武上表文から窺われるように、原ヤマトタケル伝承があったからで、[39]ワカタケルはヤマトタケルの生まれかわりであった。首皇子も、ある意味でタケルであることを期待されたであろう。それは、天平宝字二年八月戊申（九日）に「追上」された尊号「勝宝感神聖武皇帝」に示されている。

註

（1）磯貝正義「采女貢進制の基礎的研究」（『郡司及び采女制度の研究』吉川弘文館、一九七八年、初出一九五八年）。
采女一般については、このほか管見の限り、以下の論著がある。
門脇禎二『采女』（中央公論社、一九六五年）。
倉塚曄子「采女論」（『巫女の文化』平凡社、一九七九年）。
広川雅之「古代采女についての一考察」（『北大史学』三三、一九九三年）。
仁藤敦史「トネリと采女」（『列島の古代史』四、岩波書店、二〇〇五年）。
伊集院葉子「采女論再考」（『専修史学』五二、二〇一二年）。

（2）西垣晴次「古代の北伊勢と四日市」（『四日市市史』一六、四日市市、一九九五年）。

（3）同右。

（4）倉本一宏『壬申の乱を歩く』（吉川弘文館、二〇〇七年）五九～六六頁。

（5）新田剛『伊勢国府・国分寺跡』（同成社、二〇一一年）一一四頁。
河曲郡衙の正倉とみられる倉庫群の機能した時期は、七世紀末から八世紀前半と推定される（鈴鹿市考古博物館ホームページ）。

（6）『延喜式』諸国駅伝馬条河曲駅が、鈴鹿市山辺町・木田町付近つまり国分町のすぐ南あたりに比定されるのがその根拠である（新田、註（5）前掲書、二九・三二頁）。
（7）坂本太郎「大化改新の研究」（『同著作集』六、一九八八年、初出一九三八年）。
なお、松原弘宣「采女資養法について」（『日本歴史』三一三、一九七四年）参照。
（8）日本思想大系『古事記』（岩波書店、一九八二年）二七九頁頭註。
なお『和名抄』によれば、采女郷はこのほか三河国碧海郡にもある。
（9）同氏については、岡田登「伊勢大鹿首氏について」（上・下）（『史料』一三五・一三六、一九九五年）参照。
（10）この区分は、新日本古典文学大系『続日本紀』三（岩波書店、一九九二年）六八～七〇頁脚註による。
（11）「（治め）賜ふ」（A）の個所は、「（治め）賜はる」と訓む可能性もあるが、いずれにせよ謙譲の意をあらわす。
（12）拙書『日本古代の伝承と歴史』（思文閣出版、二〇〇八年）第三編第一・二・三章。
（13）磯貝、註（1）前掲論文。
（14）石田敏紀『古代因幡の豪族と采女』（鳥取県、二〇一一年）。
（15）拙稿「県犬養橘宿祢三千代の本貫―岸説への一異見―」（本書第一編第七章）。
（16）新田、註（5）前掲書、七頁。
（17）「天語歌」の研究史については、多田元「「天語歌」の位相―歌の実相と記載と（服属をめぐって）―」（古事記研究大系9『古事記の歌』高科書店、一九九四年）参照。
（18）折口信夫「叙事詩の成立と其展開と」（『同全集』一、中央公論社、一九七五年、初出一九二七年）。
（19）土橋寛「宮廷寿歌とその社会的背景―「天語歌」を中心として」（『古代歌謡論』三一書房、一九六〇年、初出一九五六年）。
（20）次田真幸「天語歌の成立と阿曇連」（『日本神話の構成と成立』明治書院、一九八五年、初出一九七四年）。
（21）多田、註（17）前掲論文。
（22）益田勝美「亜流の形式―「上枝は天を覆へり」」（『記紀歌謡』筑摩書房、一九七二年）。

(23) 多田、註(17)前掲論文。
(24) 岡田精司「大化前代の服属儀礼と新嘗」(『古代王権の祭祀と神話』塙書房、一九七〇年、初出一九六二年)。
(25) 森朝男「景としての大宮人―宮廷歌人論として」(『古代和歌と祝祭』有精堂、一九八八年、初出一九八四年)。
(26) 太田善麿「天語歌にあらわれた徴候」(『古代日本文学思潮論(Ⅱ)―古事記の考察―』(桜楓社、一九六二年)。
(27) 多田、註(17)前掲論文。
(28) 青木周平「雄略記・三重婇物語の形成」(『古事記研究―歌と神話の文学的表現―』おうふう、一九九四年、初出一九七六年)。
(29) 居駒永幸「天語歌の〈語り言〉と雄略天皇」(『古代の歌と叙事文芸史』笠間書院、二〇〇三年、初出一九八四年)
(30) 天・東・鄙のうち、天と鄙の解釈はいくつかあり得るが、この三語が全土の平定をあらわす修辞であることに変わりはない。
(31) 平林章仁「「日の御子」タケル」(『「日の御子」の古代史』塙書房、二〇一五年)。
(32) 紀には多くの采女伝承があり、とくに雄略紀に集中している。これは、雄略朝頃が采女制度定着の「画期」であったという歴史認識が存在していたことを示すものとみられる。(磯貝、註(1)前掲論文)また雄略紀には「伊勢采女」が登場し、天皇の前で粗相をするのは三重采女と共通だが、采女ではなく、その相手方(木工闘鶏御田)が天皇の怒りをかう点で後者と少し異なる。
紀に対して記には、雄略段の三重采女以外に、明確に「采女」と記す者は現われない。さきに述べた歴史像をもとに、「伊勢采女」を「伊勢国之三重婇」と改作し、これで「采女」という存在を代表させたと考えることもできよう。
(33) 阿部寛子「元明天皇と古事記の誕生」(『古事記・日本書紀』Ⅱ、有精堂、一九七五年、初出一九六七年)。
(34) 青木和夫「古事記撰進の事情」(『白鳳・天平の時代』吉川弘文館、二〇〇三年、初出一九九七年)。
(35) 矢嶋泉「元明朝の『古事記』」(『古事記の歴史意識』吉川弘文館、二〇〇八年)。
(36) 金井清一「古事記序文私見―稗田阿礼の誦習したもの―」(『国語と国文学』五九―一一、一九八二年)は、天武

「以後和銅四年九月まで、それら（天武の削偽定実―渡里）は放置されていたのではない。古事記の編集・追補作業は持統・文武朝にかけて非公式に行われていたと思われる」として、「持統朝の政治事情を反映している」部分など若干の追補・変質部分を指摘する。しかし、「これらの後代追補のことが記序に何ら記されていないことは、元明天皇の現古事記撰録の意図がひたすら天武朝の遺業の継承にあったことを言うためであった」という。

一般に官撰の史書は、あくまで時代の政治課題を担うのであり、私見では、撰進された元明朝当時の「政治事情」が記テキストに反映していないとはいえないと思う。「子細に採り摭ひぬ」に、それが示唆されている。

（37）長野一雄「金鉏岡・長谷の百枝槻の構想」（『古事記説話の表現と構想の研究』おうふう、一九九八年、初出一九八七年）は、この「挿入」による「不整合」を認めず、袁抒比売・三重采女それぞれの説話（歌）の配列に「一貫した構想」を探ろうとする。たしかに、後段の最初で「この豊楽の日、また春日袁抒比売、」と前段との連続性に配慮してはいるが、袁抒比売の説話（歌）が、三重采女のそれの前後に分断される不自然さは如何とも説明しがたいのではなかろうか。

（38）采女の粗相とそれに対する天皇の怒りは、ここでの本質的事柄ではない。ここでは、とくに紀にみられる「怒れる天皇像」という典型的雄略像を用いて、話に起伏をもたせたものであろう。

（39）吉田孝「酒折宮の説話の背景」（『甲斐の地域史的展開』雄山閣、一九八二年）。

第三章　竺志米多国造について

はじめに

『先代旧事本紀』国造本紀に

竺志米多国造　志賀高穴穂朝。息長公同祖。稚沼毛二俣命孫都紀女加。定二賜国造一。

とある。また『古事記』応神段に、応神皇子若野毛二俣王の子、意富々杼王を祖とする氏族群の中に筑紫之米多君がみえる。この氏はさきの国造と同一とするのが本居宣長『古事記伝』以来の通説である。

この竺志米多国造の具体的な存在形態、その系譜伝承の由来、意味などについて論じた例は管見の限り見うけられない。ここでは、その系譜伝承の成立を中心に私見を述べてみようと思う。

一　特異な系譜伝承

『先代旧事本紀』そのものの成立はおそく、平安初期と推定されるので、国造本紀の史料性が問題となるが、それに対しては鎌田純一氏以来の検討で、古く遡る原資料の存在が想定されている。

まず鎌田氏は、「国造本紀記載の国の存した時期として推古乃至それを少し遡る頃が考えられるが、その頃原資料が成立したのではなかろうか」とし、「書き出しの国造任命時期についてそれを史実としては信頼することができず、その国造被任命者の出自についても、その中に新らしく形成された伝承が入っていることを認めねばならぬとしても、その国名、国造の姓についてはある程度の史料性があるものとみられる」と結論した(1)。

また吉田晶氏は、国造本紀に記載された国造は、「原則として六世紀中葉以降、七世紀後半までの期間に存在した国造」とし、その出自伝承については「ほとんどが天皇や皇室傍系神などに連なる系譜を持っていることは、地方の有力首長層が中央の天皇家や貴族層との系譜上の結合関係を誇示することから生まれたもの」で、「歴史的な事実とみることのできないことは明らかである」と述べた(2)。

さらに最近国造本紀を「再検討」した篠川賢氏は、大宝二年に国造氏が認定された段階ないしそれ以降に作成された「国造記」(『続日本紀』大宝二年四月庚戌条「詔定二諸国国造之氏一。其名具二国造記一」)が存在し、「「国造本紀」の国造系譜が、「国造記」に基づくものであることは、ほぼ間違いない」とする。ただし、その系譜が「個々の国造の伝承として成立した時期」については、中央の有力豪族に系譜を結ぶ「同系国造」(国造本紀の中で多数を占める)に注目し、それら有力豪族の勢力の消長から判断して、「六世紀中頃から後半の時期」とみた(3)。

いずれの論者も述べるように、国造本紀記載の系譜伝承がおおむね大化前代に成立したことは動かないと思われるが、個々の伝承について、一律に「歴史的事実とみることのできないことは明らか」かどうかは保証の限りではない。

とくに中央有力豪族ではない息長氏と同祖などという、他の国造から孤立した系譜伝承をもつ竺志米多国造は、その伝承の成立に何か特殊な事情も予想される。個別的な検討が必要であろう。

二　来目皇子の筑紫派遣

まず、伝承でこの国造の成立時期とする志賀高穴穂朝(成務朝)は、初めて国造に任命されたという稚沼毛二俣命(記紀の応神皇子ワカヌケフタマタ王)の孫都紀女加とまったく年代的に矛盾するから史実ではあり得ない。

つぎにこの国造の本拠地であるが、それは『古事記伝』以来の、『肥前国風土記』三根郡米多郷(『和名抄』にもあり)に比定する通説が妥当である。

一方、系譜伝承中の息長公であるが、同氏は近江国坂田郡を本貫とする氏族で、天武八姓では真人を賜与された。

この系譜伝承成立の背景には、近江を本貫とする息長氏と、遠く西国肥前の国造との間になんらかの特殊な関係があったとみられる。それは具体的にいかなる関係であっただろうか。

この疑問に対しては、つぎに掲げる『肥前国風土記』三根郡物部郷・漢部郷・米多郷条が参考になると思うのである。

物部郷在二郡南一
此郷之中　有二神社一　名曰二物部経津主之神一　曩者　小墾田宮御宇豊御食炊屋姫天皇　令三来目皇子為二将軍一　遣三征二伐新羅一　于レ時　皇子奉レ勅　到二於筑紫一乃遣二物部若宮部一　立二社此村一　鎮二祭其神一　因曰二物部郷一
漢部郷在二郡北一
昔者　来目皇子　為三征二伐新羅一　勒二忍海漢人一　将来居二此村一　令レ造二兵器一　因曰二漢部郷一
米多郷在二郡南一
此郷之中有レ井　名曰二米多井一（以下略）

推古朝に、来目皇子（聖徳太子の同母弟）が征新羅将軍として筑紫へ派遣されたことについては推古紀に

十年（六〇二）二月条

来目皇子為下撃二新羅一将軍上、授二諸神部及国造・伴造等并軍衆二万五千人一。

同年四月条

将軍来目皇子到二筑紫一。乃進屯二嶋郡一、而聚二船舶一運二軍糧一。

とある。しかし同年六月、皇子は病に臥し、征討を果たすことなく翌年二月筑紫で死去した。皇子の軍が駐屯した嶋郡は、『和名抄』筑前国志麻（摩）郡で現在の糸島半島に比定される。ここから渡海する計画であったのであろう。同郡の久米郷は、来目（久米）皇子の軍の「屯営地」であった可能性があろう[4]。

他方、風土記の地名比定については、米多郷は現在の佐賀県三養基郡上峰町米多（旧米多村）、漢部郡は同郡中原町綾部（旧綾部村）がその遺称地である。また物部郷については前二者ほど明らかではないが、同郡北茂安町板部に物部神社があるので一応この付近に比定される[5]。この三つの地は、たがいに四〜六㎞の距離で隣接している

から同一の政治圏に属していたとみてよいだろう。

この地域には五世紀から六世紀にかけて築造された古墳群があり、上峰町から西の三田川町にかけての目達原グループ、その東北の原古賀グループ、西北の志波屋グループに分けられるが、その中心は目達原グループ（旧米多村）で、これは竺志米多国造につながる首長墓とみなすことができよう[6]。

この地域から北の背振山地を越えれば、約三〇㎞で嶋郡に達する。駐屯地の嶋郡で「聚㆓船舶㆒運㆓軍糧㆒」というが、当然武器も調達したはずで、それが風土記漢部郷条の武器製造なのであろう。

また物部郷条の、この地に祭られた「物部経津主之神」は武器（刀剣）を神格化したもので、「王権の武器庫」ともいわれる大和の石上神宮の祭神である。この神がこの地に祭られたのは、むろん漢部郷条の武器製造と関わりがあろうし、その「鎮祭」のために遣わされた「物部若宮部」は、十年二月条の外征軍に加わった「諸神部」の一員であったのではなかろうか。もちろんこの「諸神部」は、それだけでなく、さまざまの機能をはたす神職たちで構成されていたであろう。

このように、推古紀の来目皇子派遣関係記事と、現地の伝承とみられる風土記の記事とは整合的に理解されるので、当時この地で武器製造がなされたことは事実とみてよいと思われる。

三　忍海漢人の武器製造

同国造が息長公同祖を名乗るようになった機縁には、来目皇子が「将米」したという忍海漢人による当地での武器製造があったのではないかと思うのである。というのは、忍海漢人と息長氏とは密接な関係を持っていたと考えられるからである。以下具体的に述べよう。

忍海漢人は、葛城襲津彦が半島から連れ帰ったという伝承のある葛城南部の「四邑漢人」の一種で、金属加工を主たる生業とする集団であった(7)。

『続日本紀』養老六年三月辛亥条によれば、各地の「雑工」の姓をもつ「合七十一戸」が「雑戸」の号を除かれ「公戸」とされたが、この中に近江国では、飽波漢人伊太須・韓鍛治百嶋と並んで忍海部乎太須がみえる。実は息長氏の本貫である坂田郡に忍海漢人―忍海部が居住していた形跡が濃厚である。

後代の史科ではあるが、貞応三年(一二二四)以後と推定される宣陽門院領目録(島田文書)に、女房別当三位家領として「近江国忍海庄」がみえる。これは長浜市布勢町・小一条町付近に比定される。「おしのうみ」「ヲシノペ」とも呼んだらしい。東大寺三綱記(内閣文庫蔵)に、養和元年(一一八一)九月二十四日近江国布施寺・名超寺炎上とあるという(8)。名超寺は現在も布勢町のすぐ北の名越町にあるが、布施寺は布勢町の地から移転したようである。布勢町の西方二㎞ほどの近江町長沢にある福田寺は、寺蔵の「布施山温古記」では、もと忍海部庄布施にあって息長寺成功院と号し、暦応二年(一三三九)寺基を現在地に移したという(9)。

これらの伝えを総合すると、布施寺の存在はおそくとも十二世紀に遡り、息長氏の関与する寺であったらしく、それが忍海庄内にあったことになるのである。

また長浜市東上坂町の柿田廃寺で出土した獣面文軒丸瓦は、大和の地光寺のものをもとに製作されたもので、地光寺は忍海漢人の本拠地忍海郡に建立された寺院である。柿田廃寺も、坂田郡に居住した忍海漢人によって造営された氏寺の可能性が強い。その建立年代は、地光寺の年代からみて、七世紀末から八世紀初頭とされる。柿田廃寺の地は、忍海庄の比定地から北へ六㎞ほど離れているが、忍海一族が坂田郡内に分散居住したことも考えられる(10)。

坂田郡には、忍海漢人のほかにも朝妻手人など葛城を本拠とする渡来系工人集団の居住が推測されている。[11] また息長氏も金属加工技術にすぐれていたことがつとに指摘されている。[12] 坂田郡において、息長氏と忍海漢人など葛城の渡来系集団とは、金属加工を媒介に密接な協力関係をもっていたのであろう。[13]

憶測ではあるが、風土記が伝える肥前国三根郡漢部郷での忍海漢人の武器製造にも、坂田郡における息長氏との協力関係が持ち込まれたのではないだろうか。

この憶測のいわば支証を敷衍的に述べてみよう。

来目皇子の養育氏族は久米氏と考えられるが、久米氏と忍海氏とは親縁な関係にあった。[14] 顕宗紀の伝承にみるように、顕宗の別名は来目稚子で、忍海部造細目が管理する播磨の縮見屯倉でヲケ・オケ二王（のちの顕宗・仁賢）を発見したのは伊与来目部小楯であった。また、のちの史料であるが、忍海手人広道が久米直を賜姓され「雑戸」の号を除かれている。[15]

顕宗紀の後日談によれば、伊与来目部小楯は、二王を発見した「功」で「山官」に任じられ山部連を賜姓されているから、久米氏は山部氏とも密接な関係があった。これは、久米氏の淵源が大和宇陀の「土着の山人」[16] であったこととと関わろう。

ところで、推古朝政治を領導した聖徳太子・上宮王家の本拠地は斑鳩で、それは平群郡山部里（『和名抄』夜麻郷）であった。[17] ここに山部氏一族の居住が確認され、同氏と法隆寺や上宮王家との密接な関係も指摘されている。[18] その山部氏はまた息長氏とも親縁な関係にあったようである。

『播磨国風土記』賀古郡条に「賀毛郡山直等始祖息長命」とあるが、これは

『新撰姓氏録』摂津国神別

山直　天御影命十一世孫山代根子之後也。

および

開化記
近つ淡海の御上の祝がもち拝く、天之御影神の女、息長水依比売

とに関連しよう[19]。

以上要するに、金属加工とそれに必要な鉱石・燃料用材などの調達を背景に、忍海・久米・山部・息長氏などはたがいに親密な関係を有していたことが想定される。推古十年の征新羅軍派遣においても、聖徳太子・来目皇子の指導下に、これらの氏族が陰に陽に協力し合ったと考えることもできよう。

風土記の物部郷条で、新しくこの地に祭られたというフツヌシ神を本来祭る石上神宮の「王権の武器庫」は、垂仁紀三十九年条分註によれば、最初大和の「忍坂邑」にあったのが、のちに石上に移転したものである。忍坂には允恭皇后忍坂大中姫(その母は息長氏と考えられる)の忍坂宮(隅田八幡宮人物画像鏡銘文「意紫沙加宮」)があり、おそくとも允恭朝には息長氏がこの地に進出していた[20]。同氏によって「忍坂の王権直属の工房で、近江からはこばれてきた鉄素材をもとに武器類がつくられ」、それは「忍坂の武器庫に収められ、王権を支える強力な軍事力となった[21]」と考えられる。

忍坂から石上への武器庫の移転は雄略朝以後のことと思われるが[22]、移転後も息長氏が武器庫に関与していた形跡がある。天武紀三年八月条によれば、忍壁(忍坂部)皇子は石上神宮に遣わされ、膏油をもって「神宝」(武器類を含む)をみがいた。皇子の養育氏族は忍坂部(刑部)氏であり、忍坂部の管理には息長氏が関わっていたと考えられる[23]。

要するに息長氏は、本来的に王権の武器製造・管理に携わっていたのではないかと推測されるのである。肥前での武器製造にも、忍海漢人とともに息長氏が関わったとみることも可能ではなかろうか。

この時代の外征には「国造軍」が編成された[24]。来目皇子の征新羅軍にも「諸神部」とともに「国造・伴造」が参加しているのであるから、当然九州現地の国造もこの外征に対しなんらかの協力をしたであろう[25]。その際に息長氏と竺志米多国造との接触、たとえば武器製造のため忍海漢人とともに現地漢部郷に赴いた息長氏が、国造の女に入婿したというような事情があったのではなかろうか。

地方の国造が、息長氏同祖を名乗るというように、「特定の氏を選んで系譜を構成する」のは、「中央勢力の指揮者・司令者として赴いて来た皇族将軍や臣連豪族と、国造たちが接触することによって生じた歴史現象[26]」とみることもできよう。

四　息長氏と米多君

冒頭にも少しふれたように、応神記末尾には、品陀天皇(応神)の子若野毛二俣(ワカヌケフタマタ)王が、その「母弟」百師木伊呂弁(亦名、弟日売真若比売命)を娶り生んだ子に、大郎子(亦名、意富々杼〈オホホド〉王)、忍坂之大中津比売命など「七王」を記し、オホホド王につぎのように註記する(オホホド王後裔氏族)。

三国君・波多君・息長坂君・酒人君・山道君・筑紫之米多君・布勢君等之祖也。

ただしテキストの問題で、息長坂君とあるのは息長君・坂田君の誤写とみなすべきで[27]、そうするとオホホド王後裔氏族は八氏となる。紀と『新撰姓氏録』では各氏の出自を表1のように記している。

これらの氏族が同祖系譜に参与している理由については、それぞれ個別の事情があろうし、ここでその全面的な考察をするわけにはいかない。

表1　オホホド王後裔氏族の出自

記	紀	姓氏録
三国君	(真人)継体皇子椀子皇子	(真人)継体皇子椀子王
波多(羽田・八多)君	(真人)――	(真人)応神皇子ワカヌケフタマタ王
息長君	(真人)――	(真人)応神皇子ワカヌケフタマタ王
坂田君	(真人)継体皇子中皇子	(真人)継体皇子仲王
酒人君	(真人)継体皇子菟皇子	(真人)継体皇子兎王
山道君	(真人)――	(真人)応神皇子ワカヌケフタマタ王
筑紫之米多君	――	――
布勢君	――	――

しかし、筆者はかつて継体の出自を論じた際、このオホホド王後裔氏族の一部を允恭紀の忍坂大中姫・弟姫の伝承、隅田八幡宮鏡の銘文「意紫沙加宮」「男弟王」、舒明殯宮での息長山田公の「奉誄」などと合わせて検討し、息長氏を継体の傍系親族と結論づけた。また、坂田・酒人両氏も、継体皇子の後裔を名乗ってはいるが、その淵源はやはり坂田郡を本貫とする継体傍親と考えた[28]。

　この氏族群が息長氏など継体傍親を主体とするものであれば、西国を本貫とする筑紫之米多君は、上来述べた息長氏との特別の関係(おそらく血脈的な関係)によりここに参入したことになる。

　この氏族群のうち、筑紫之米多君・布勢君を除く六氏は天武八姓の第一等真人を賜与されている。真人姓はこの六氏だけではなく、宣化・敏達・用明後裔にも授けられた。天武朝の真人賜与の対象は、これも継体論の際少し検討したことがあるが[29]、壬申の乱の「功」や継体擁立の「功」などに対してではなく、旧説の「継体帝の御近親たりし氏、並びにそれ以後の皇裔[30]」とするほうに妥当性がある。

　二氏が真人を授けられなかった理由は明らかではない。あるいは勢力が弱小であったからであろうか。とくに布勢君については、該当する史料は皆無と言ってよい[31]。しかし筑紫之米多君については、ごくわずかながら同氏とみなすことのできる史料がつぎのように存在する。

　『続日本紀』慶雲元年(七〇四)正月癸巳条では、正六位上米多君北助が従五位下を授けられている。これはおそらく同氏の一族であろう。また、同慶雲四年（七〇七）十月丁卯条では、文武天皇大葬に当って、正四位下犬上王、従五位上釆女朝臣枚夫、多治比真人三宅麻呂、従五位下黄文連本実とともに従五位下米多君北助が「御装司」に任じられている。なお、この時当麻真人智徳（用明後裔）が「奉誄」しているが、同人は天武・持統・文武三代にわたってその殯宮で誄している。

真人賜姓氏族の「就任状況」の特徴的傾向として、「天皇家の諸事に関わるもの、喪葬に関するもの、地方派遣使に就くこと」が指摘されている。(32) この中で「喪葬に関するもの」に注目すると、たとえば同天平六年四月癸卯条では、地震に際して山陵を「検看」させるため「諸王真人」に土師氏を副えて派遣している。

文武大葬時の「御装司」にも諸王・真人が任じられているが、それに米多君が加えられたのは、同氏の皇親に准じる資格・立場からではなかろうか。

以上のように、米多君が史料にみえるのは、国造氏を定めた大宝二年（七〇二）と『古事記』が撰上された和銅五年（七一二）の間の時期である。この期間には、すでに記のオホホド王後裔系譜は固まっていたであろう。他方、国造本紀がもとづくところの「国造記」（大宝二年からまもなく作成か）に掲げられていたであろう竺志米多国造の系譜は、この米多君北助が手許にあったのを提出したものではないかと推測されるのである。

おわりに

本章の結論はくり返すまでもないが、竺志米多国造が息長氏同祖の系譜をもつようになった背景には、推古朝の来目皇子筑紫派遣を機に、同国造の領域で息長氏との「接触」があったということである。このことを証するため、多くの推測を述べ、迂遠な考証に終始した。あくまで憶説であることをお断りしておきたい。

註

（1）鎌田純一「国造本紀の成立とその史料性」（『先代旧事本紀の研究』研究の部、吉川弘文館、一九六二年）。
（2）吉田晶「国造本紀における同造名」（『日本古代国家成立史論』東京大学出版会、一九七三年）。
（3）篠川賢「「国造本紀」の再検討」（『日本古代国造制の研究』吉川弘文館、一九九六年）。
（4）『大日本地名辞書』四、筑紫糸島郡。
（5）植垣節也「『肥前国風土記』註釈稿(三)」（『風土記研究』二三、一九九六年）。
（6）蒲原宏行「古墳と豪族―佐賀平野の首長墓―」（『風土記の考古学』五、同成社、一九九五年）。
（7）加藤謙吉「葛城と渡来人」（『大和の豪族と渡来人』吉川弘文館、二〇〇二年）。
（8）『滋賀県の地名』（平凡社、一九九一年）九三六〜七頁。
（9）同右　八八四〜五頁。
（10）小笠原好彦「姉川流域の古代寺院と造営氏族」（『日本古代寺院造営氏族の研究』東京堂出版、二〇〇五年、初出一九九六年）。
（11）林屋辰三郎「御贄と芸能」（『中世芸能史の研究』岩波書店、一九六〇年）。
（12）黒沢幸三「息長氏の系譜と伝承」（『日本古代の伝承文学の研究』塙書房、一九七六年、初出一九六五年）。
金井清一「ヤマトタケル物語と伊勢神宮神威譚―鍛冶技術民伝承の観点から―」（『文学』三五―七、一九六七年）。
丸山竜平「江北における鉄生産・予察」（『息長氏論叢』五、一九九〇年）によると、息長氏の本貫である坂田郡では、近江町高溝・顔戸・法勝寺などの遺跡で、三世紀代に遡る鍛冶跡や関連の遺物が出土している。
（13）拙稿「ホムツワケ王について―その説話像から実像へ―」（『日本古代の伝承と歴史』思文閣出版、二〇〇八年）。

(14) 平林章仁「古代葛城の地域分割」(『史聚』三九・四〇合併号、二〇〇七年)。
(15) 『続日本紀』養老三年十一月戊寅条。
(16) 上田正昭「戦闘歌舞の伝流―久米歌と久米舞と久米集団と―」(『日本古代国家論究』塙書房、一九六八年、初出一九六三年)。
(17) 紀によれば、太子が初めて「宮室」を斑鳩に興したのが推古九年(六〇一)、斑鳩宮遷居は同十三年(六〇五)である。しかし、六世紀末から上宮王家により、斑鳩地域の大規模な開発が始まっていたことについては、辰巳和弘「上宮王家と古代平群郡地域―聖徳太子、斑鳩の夢」(『地域王権の古代学』白水社、一九九四年)参照。
(18) 岸俊男「山部連と斑鳩の地」(『日本古代文物の研究』塙書房、一九八八年)。
(19) 註(13)前掲拙稿。
(20) 拙稿「継体天皇の祖先について―息長氏との関係―」(註(13)前掲書、初出二〇〇五年)。
(21) 和田萃「大伴氏と忍坂遺跡」(『大系日本の歴史』2、小学館、一九八八年)。
なお、これも後の史科であるが天平宝字五年「大和国十市郡池上郷屋地売買券」(『大日本古文書』四)によると、「朱雀路」(私見では上ツ道をさす)の西に接して息長(丹生)真人広長の「屋地」があり、その西北に隣接して忍海連力士家があった。池上郷のこの地は、おそらく上ツ道と横大路の交会点付近であった。したがって、忍坂からほど近いこの地でも息長・忍海両氏の親密な関係がうかがわれる。

拙稿「磐余池と海石榴市」(註(13)前掲書)の「付記」参照。
(22) 和田、註(21)前掲論文。
(23) 薗田香融「皇祖大兄御名入部について―大化前代における皇室私有民の存在形態―」(『日本古代財政史の研究』塙書房、一九八一年、初出一九六八年)。
なお、寺西貞弘「石上神宮と忍壁皇子」(『日本書紀研究』十二、塙書房、一九八二年)は、「忍坂邑」在住の刑部史・刑部造(まとめて「忍壁一族」)が「石上神宮に収蔵されるべき武器の製造に関与していた」とし、皇子と「忍壁一族」との関係については「忍壁皇子の母方氏族である宍人臣氏が、忍壁一族から裂かれた、という伝承を有していた」と述べているが、薗田説すなわち「忍壁一族」と息長氏との関係についてはふれていない。息長氏も「忍壁一族」の武器製造を通じて、石上神宮に関係していたのではなかろうか。

(24) 岸俊男「防人考」(『日本古代政治史研究』塙書房、一九六六年)。

(25) 継体朝の「筑紫国造」磐井の「反逆」は、反対に外征軍を妨害した例であろう。

(26) 新野直吉「羽咋国造系譜小論」(『古代文化』一八―五、一九七六年)。

(27) 日本思想大系『古事記』(岩波書店、一九八二年)二二六頁脚註。

(28) 註(20)前掲拙稿。
なお、オオホド王後裔氏族については、水谷千秋「意富富杼王後裔氏族の研究」(『継体天皇と古代の王権』和泉書院、一九九四年、初出一九八八年)の専論があるが、首肯できない点も少なくなく、再検討が必要である。

(29) 註(20)前掲拙稿。

(30) 太田亮『日本上代に於ける社会組織の研究』(磯部甲陽堂、一九二九年)六七六頁以下。

(31) この機会に布勢君の本貫について述べておこう。
それは従米、たとえば水谷、註(28)前掲論文のように、『延喜式』神名帳近江国伊香郡布勢立石神社の地とするのが通説的であった。しかし本章第三節で述べたように、平安期、坂田郡に布施寺(長浜市布勢町)があり、しかも息長氏が同寺に関与していたらしいので、布勢君の本貫はこの地に比定すべきであろう。同氏は、息長氏との地縁さらには血縁関係もあったのではないかと考えられる。息長氏に近い点は、筑紫之米多君と似ている。

(32) 藍原有理子「賜姓真人氏族についての一考察」(『日本古代の社会と政治』吉川弘文館、一九九五年)。

第四章　上宮と厩戸―聖徳太子私見―

はじめに

最近古市晃氏が、聖徳太子[1]のもつさまざまな名号のうち、「生前に用いられたかと思われる「上宮」「豊聡耳」「厩戸」など」のそれぞれの意味・内容について検討され、それを前提に太子の居所（王宮）の所在地についても新説を出された[2]。

氏のかかる視点は、太子の実像に迫るうえできわめて重要なものである。しかしながら筆者は、氏の史料批判・分析の仕方にいささか疑問をもつので、対する所見を述べ、とくに「上宮」と「厩戸」についての自身の見解を開陳したい。

一　古市説「上宮」への疑問

古市氏は、「上宮」「豊聡耳」「厩戸」の三種の名号が太子「生前に用いられた可能性が高いもの」とした。推古紀元年四月己卯条には、つぎのように記す（以下、「立太子記事」という）。

立二厩戸豊聡耳皇子一為二皇太子一。仍録摂政、以二万機一悉委焉。橘豊日天皇第二子也。母皇后曰二穴穂部間人皇女一。皇后懐妊開胎之日、巡二行禁中一監二察諸司一。至二于馬官一、乃当二厩戸一、而不レ労忽産之。生而能言、有二聖智一。及レ壮、一聞二十人訴一、以勿レ失能辨、兼知二未然一。且習二内教於高麗僧慧慈一、学二外典於博士覚哿一、並悉達矣。父天皇愛之、令レ居二宮南上殿一。故称二其名一、謂二上宮厩戸豊聡耳太子一。

この三つの名のうち、厩戸が本来の名であろう。太子は、父用明天皇と母穴穂部間人皇女との間に生まれた四男のうちの長男であるが、その名厩戸は、二男以下の来目・殖栗・茨田と同様の諱である（用明紀元年正月壬子朔条）。「厩戸」の意味については節を改めて詳しく述べるが、「立太子記事」に「至二馬官一乃当二厩戸一」云々とあるのはむろん付会である。

つぎに、「豊聡耳」については、「太子がなくなってからその偉さをしのんで呼んだ名前」[3]とする意見もある。たしかに「一聞二十人訴一、以勿レ失能辨」云々はこの名に対する後世の付会と思われる。しかし、古市氏も指摘するように「元興寺伽藍縁起并流記資財帳」（以下「元興寺縁起」という）所載の「元興寺塔露盤銘」には「有麻移刀等巳刀弥々乃弥己等」とある。この「露盤銘」には後世の潤色が加わっているが、人名・官名などは古い用字法で記されているから、この名もその原形を保つ部分とみられる。とすれば、表記は別として豊聡耳という名は、飛鳥寺の塔が完成した「丙辰年」すなわち推古四年（五九六）頃すでに存在していたと考えられる。あるいは厩戸以前の幼名ではないかと思われるが、その意義は難解である。古市氏の解釈も一案ではあろうが、「豊聡耳」がとくに太子の実像に迫る手がかりになるものとは思えないので、ここではこれ以上ふれない。

さて名号「上宮」であるが、これについて古市氏はつぎのように論じた。

「上宮」について記した推古紀の「立太子記事」には、生母が馬官の厩の戸に当り労せずして太子を出産したこと、太子が長じて一度に十人の訴えを聞き分けることができたなどの伝承が合わせて記されている。これらが「歴史的事実をそのまま記した実録記事であるとは考え難」く、「太子没後に成立した聖人伝承の一部」と解され、また「上宮に関する一連の伝承は、宮号の由来を説いた一種の起源伝承とみることも可能」で、「歴史的事実とは異なるものとして理解すべきであろう。」

しかし、私見では「立太子記事」をつぎのように解釈・評価する。

この記事のうち、厩の戸云々や一度に十人云々は事実ではなく、たしかに付会であろう。だが、つぎの「且」という接続詞以下のパラグラフは、それ以前とは性格がちがうのではなかろうか。

「且」以下にみえる慧慈は実在した人物であるし、覚哿はここ以外に所見はないが、やはり実在の人物であろう。太子が「内教」を慧慈に習い、「外典」を覚哿に学んだことは事実とみてよい。ただし、「並悉達矣」は文飾であろう。同様につぎの「父天皇愛之」は文飾の気味があるが、「令レ居二宮南上殿一」を事実とみることは十分可能である。

古市氏は「且」以前と以後とを一括して「実録記事であるとは考え難い」としたが、後者には潤色が入っているものの、その骨子は十分実録的と判断される。記事に即して文飾と虚構とを峻別する必要があろう。

「上宮」は、太子に冠する号として、「立太子記事」中の上宮厩戸豊聡耳太子のほかに、推古紀二十九年二月条の上宮豊聡耳皇子・上宮皇太子・上宮太子の用例がある。あとの三例は太子逝去に関連して用いられている。また法隆寺金堂釈迦三尊像とその光背銘は、銘文のとおり推古三十年（六二二）の太子逝去を契機に、「癸未年」すなわち推古三十一年に同時に製作されたという近年の説[4]に従うならば、銘文中の「上宮法皇」は、おそくとも太子逝去の直後には用いられたと考えられる。現在のところ、もっとも早い時期の用例といえよう。

ここで太子に冠する号以外に、紀において「上宮」が使用された例を整理してみよう。

①上宮を地名とする場合

用明紀元年正月壬子朔条

其一曰㆓厩戸皇子㆒。（分註略）是皇子初居㆓上宮㆒後移㆓斑鳩㆒。

ここでの上宮は、斑鳩（斑鳩宮ではなく）と同レベルで記されているから、地名と解するほかあるまい。むろん本来は宮名であった。

ちなみに、用明記には「上宮之厩戸豊聡耳命」とあるが、ここでの上宮も、仁徳記の大江之伊邪本和気命（履中）・蝮之水歯別命（反正）の大江・蝮と同様に地名とみられ、その居所を指すと考えられる。

②太子の残された一族を指す場合

上宮乳部之民（皇極紀元年是歳条）

上宮大娘姫王（同）

上宮王等（皇極紀二年十月条他）

この場合の上宮は山背大兄王ら太子遺族を指している。

③斑鳩宮を指す場合

皇極紀二年十一月条に、「時人」が流布した「童謡」を解釈して

以㆓伊波能杯儞㆒喩㆓上宮㆒。（中略）以㆓渠梅野倶㆒而喩㆑焼㆓上宮㆒。

ここでの上宮は、明らかに蘇我氏らによって焼き討ちされた斑鳩宮を指す。

以上のような史料状況から、「上宮」の本義をいかに理解すべきであろうか。

古市氏は、「上宮」が太子に冠する号として主に逝去時の記事（推古紀二十九年二月条）に用いられていることと、上記の②③の用例（逝去後）とから判断し、「上宮の語が当初（「太子逝去の頃」―渡里）」は太子の居所＝斑鳩宮を指して使用され、それがさらに太子とその一族を指す名号としての用法に転化した」と解釈した。

　しかし、この解釈は上記①用明紀の地名としての上宮を無視したもので、氏には上宮→斑鳩の遷居（これも「実録記事」であろう）についての明確な説明はない。太子のこの遷居を事実と認めるかぎり、地名としての上宮（太子前半生の居所）は斑鳩（宮）とは別に存在したと考えなければならない。

　私見では上記の①②③を通じてつぎのように理解する。

　太子は幼時、父用明の磐余池辺双槻宮の南の「上殿」に住んでいたが、父の崩後は「上殿」がいわば独立化し、太子自身の「上宮」となった。推古朝発足とともに太子は重要な政治的地位（当時皇太子制は未成立）に就き、「上宮」は太子の居所であるだけでなく、やがて太子自身の名号（尊号）ともなった。父の崩じた用明二年（五八七）から推古十三年（六〇五）の斑鳩遷居までの十八年間は、太子の居所「上宮」が地名化し、また尊号化するに十分な期間といえよう。されば遷居後、太子の居する斑鳩宮が「上宮」とも呼ばれたことは当然であるし、太子逝去後も残された一族（太子の権益を継承し、斑鳩宮やその付近に居住[5]）が「上宮王等」と称されたことも不思議ではあるまい。

二　上宮の所在地

では太子の最初の居所である上宮はどこに存在したのだろうか。結論を先に言えば、それは上之宮遺跡（桜井市上之宮）にあたる。その時期・内容からみて、この遺跡を太子の上宮に比定することは十分可能である[6]。そこで以下では、そのことを歴史地理的観点から明らかにしたい[7]。

上宮（もとの「上殿」）は用明の磐余池辺双槻宮の南にあった。後者は、その宮名から磐余池のほとりにあったと思われる。すると磐余池の所在地を探る必要があるが、そのためには、そもそも磐余という古代地名はどの範域を指すのか、見当をつけなければならない。

筆者はかつて、磐余の地の範囲と磐余池の現地比定について論じたことがある[8]。そこで述べた要点はつぎのとおりである。

①磐余の地を示唆する根本史料は、神武即位前紀戊午年九月条および己未年二月条で、とくに前者では賊軍兄磯城が「磐余邑」におり、そこが「要害之地」とされている。磯城もしくはその周辺の地で軍事・交通の要衝であるのは、上ッ道（阿部山田道）と横大路との交会点（桜井市仁王堂）であり、ここが磐余の中心と考えられる。この交会点の約百m北にある小字「岩根」[9]は「磐余」の転訛とみられる。また即位前紀では、賊軍のいる磐余とは対照的に天香久山は聖地とされ、両地の間には一定の距離が感じとられる。

②『日本霊異記』（上巻第三）の磐余訳語田宮（敏達記の他田宮、同紀の訳語田幸玉宮）の所在地は、遺存地名から桜井市戒重付近に比定される。ここは仁王堂の交会点にほど近い。

③この交会点を中心に、戒重あたりに達する半径で円を描き、この円内を一応古代の磐余の範囲と想定し、磐余池もこの円内に求めるとすれば、交会点の約百m南にある小字「西池田」「東池田」「南池田」(合計面積約三町)が注目される。これを磐余池故地の有力候補とすることができる。

現地は桜井市谷から阿部にかけての地で、その西辺は阿部山田道に接している。東には、これも磐余池の近くに想定される磐余若桜宮(神功)・磐余稚桜宮(履中)[10]と関連する『延喜式』神名帳城上郡若桜神社、南には同十市郡石寸山口神社がある。

磐余池辺双槻宮の位置に関しては、つぎのような中・近世の伝承がある。

ⓐ『太子伝玉林抄』文安五年(一四四八)成立

磐余池辺列槻宮者、阿倍寺之北山尚北、今云二長門里一処。(中略)其東松本寺有之

ⓑ『大和志』享保十九年(一七三四)成立

池辺双槻宮　安部長門邑

石寸山口神社　在二長門邑一(中略)今称二双槻神社一

ⓐⓑでいう長門里(邑)は、小字「南池田」の南約百mのところに谷の小字「長門」があるので、これを中心とする地であろう。またⓐの阿倍寺は古代の阿倍寺ではなく、その寺跡から約三百m北東にある阿倍文殊院であろう。阿倍寺は十三世紀頃この地に移転したとみられるからである[11]。小字「長門」は文殊院の北約三百mにあたる。また小字「長門」を中心とする地は、磐余池の故地と想定した三町におよぶ「池田」地名のすぐ南辺である。したがって、ここに磐余池辺双槻宮を想定してよいのではなかろうか。

そうすると、この宮想定地と上之宮遺跡との位置関係はどうか。上之宮遺跡は小字「長門」の南東約七百mの位置で、現地の地形は概して北から南へと高くなっている。地名の上・下は、たとえば城上・城下両郡のように

土地の高低を表す場合があるから、上之宮遺跡が太子の「上殿」「上宮」であったとすれば、それは北にあった池辺双槻宮に対して称されたものと考えられる。

以上述べたように、上宮は磐余池辺双槻宮の南に位置するが、後者の位置はまた、ひとえに槃余池の位置にかかっている。

ところが、現在磐余池の位置についてほぼ通説化しているのは和田萃氏の説である。[12]氏は、私見の位置より約一・六㎞西南の橿原市東池尻町（香久山東北麓）に、自然丘陵を利用して一方に築堤（版築工法）し、谷水をせきとめたとみられる地形的痕跡があることに着目し、これを古代の磐余池と想定された。

そのうえで氏は、つぎのように若干の文献史料の解釈を示し、その傍証とした。（ⅰ）天平宝字五年「大和国十市郡池上郷屋地売買券」（『大日本古文書』四）の「朱雀路」は中ッ道と想定され、磐余池にかかわると思われる池上郷は香久山の北から東北の麓で横大路以南と解される。（ⅱ）『万葉集』（巻三―四一六）の大津皇子の辞世歌は、皇子が飛鳥から訳語田舎（桜井市戒重）へ連行される途中、盤余池のほとりで作られたと解され、香久山東北麓はそのルートにあたる。

この説に対しては、以前に異見を述べたことがあるが、[13]その後気づいた点も含めて今回あらためて所見を示してみよう。

①（ⅰ）の「売買券」で対象になっている土地の買主は東大寺である。「売買券」はのちのための権利証ともなるものであるから、それは買主である東大寺の立場から書かれた可能性が強い。さすれば、この文書の「朱雀路」は中ッ道ではなく、東大寺から南へ伸びる上ッ道を指すと考えられる。[14]また、この土地の用途は「布施屋」であり、それは行基の例からも交通の要衝に設けられたと思われる。その位置は、私見で磐余の中心とした、上ッ道（阿部山田道）と横大路の交会点付近であった可能性が強く、この地が池上郷に属していた、ないしは近接してい

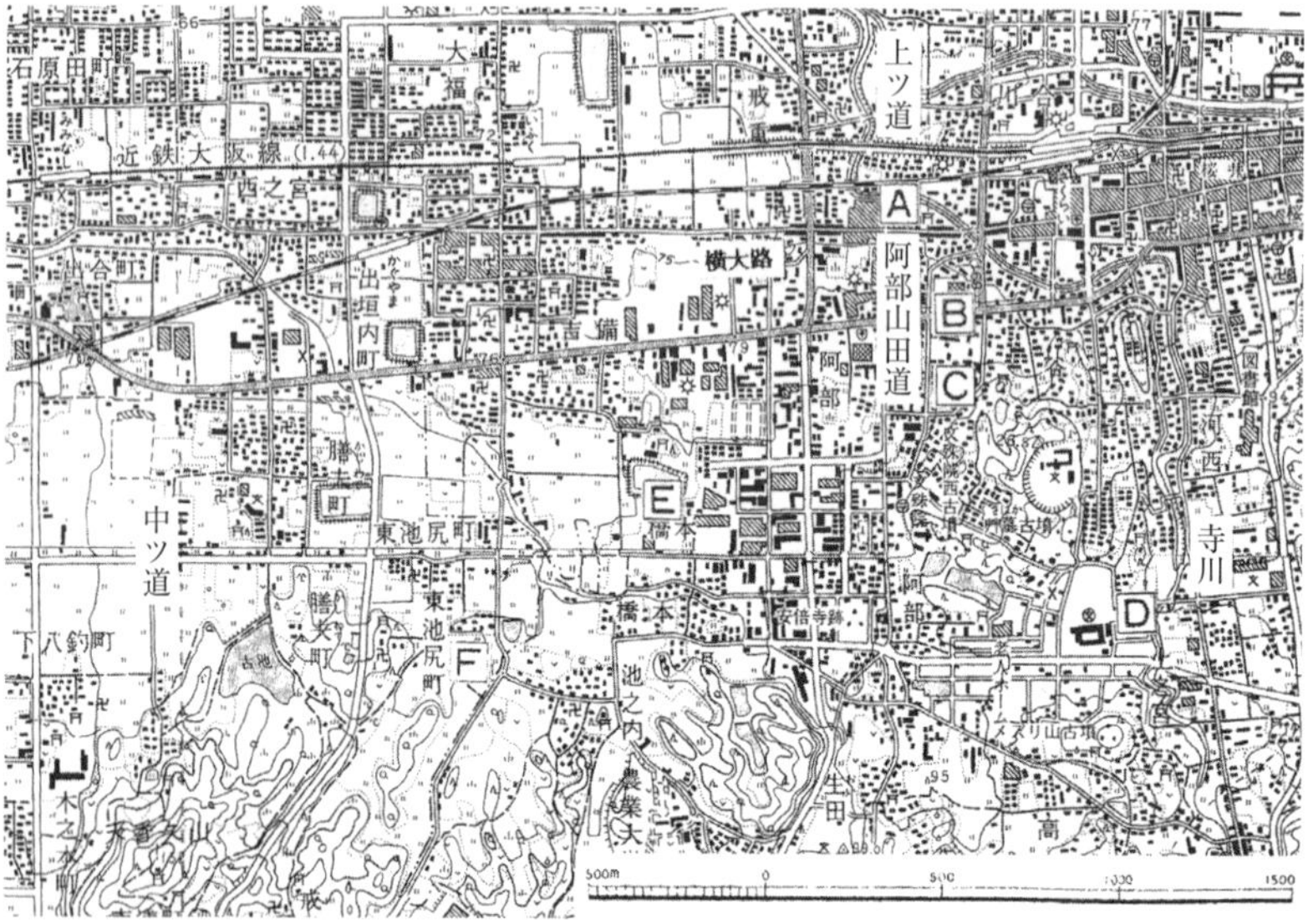

図1　上宮関係図
A　仁王堂交会点　　B　磐余池（私見）　　C　磐余池辺双槻宮
D　上宮（上之宮遺跡）　　E　百済大寺（吉備池廃寺）　　F　磐余池（和田説）

たと推測される[15]。

②（ⅱ）の大津皇子が通った可能性のある交通路は、中ッ道・横大路・阿部山田道であるが、東池尻町の池跡は、そのいずれの道からも隔たっており、皇子のルートには当たらない。これに対し、私見の池の位置は阿部山田道に沿っており、訳語田舎にも近いと考えられる。

③『日本霊異記』（上巻第一）に、雄略天皇が「磐余宮」に住んでいた時、小子部栖軽は天皇から雷を取って来いと命じられ、馬に乗り「阿部山田前之道」と「豊浦寺前之道」とを通って「軽諸越衢」に至ったという。雄略の宮は記紀では長谷朝倉宮、稲荷山古墳出土鉄剣銘にはワカタケル大王「斯鬼宮」とあり、両者は同一の可能性があるが、「磐余宮」は他に所見がなく、これらとは別の可能性が強い。しかしいずれにしても、この説話から「磐余宮」（それは磐余の中心であろう）が「阿部山田前之道」（「前」は衍字か）に直結していたことがわかる。東池尻町付近は、この道から大

きく西へ外れている。

④近年発掘調査された吉備池廃寺（桜井市吉備）は、舒明朝の百済大寺である可能性がきわめて大である。[16] とすれば、舒明の百済宮もこの付近にあったことになろう。すると、この付近の古代地名は百済であったと考えられる。[17] 壬申の乱時の大伴吹負の「百済家」は香久山北麗の中ッ道近辺に想定されているから、[18] 百済地名は、少なくとも東はこの廃寺付近から西は中ッ道近辺までをカバーすることになる。東池尻町の池跡は、この廃寺から約四百m西南に位置するから、この地の地名は磐余ではなく百済であろう。

応神記に「亦新羅人参渡来、是以、建内宿祢命引率、為㆓渡之堤池㆒而、作㆓百済池㆒」とある。この百済池は新羅人が作ったと伝えるのだから、池名の「百済」は地名であろう。和田氏の指摘される池跡は磐余池ではなく、この百済池ではないかと思われるのである。

和田氏が東池尻町に磐余池を比定する説を提起されたのは、おそくとも一九七九年のことである。[19] 当時は上之宮遺跡も吉備池廃寺もまったく知られていなかった。その後、磐余ないしその周辺と目される地域で、このような二つの重要な発掘調査が行われ、その知見からさまざまの新たな問題提起も可能となっている現在では、和田説も再検討されてよいのではないだろうか。

三　古市説「厩戸」への疑問

古市氏は、今ここで検討している論考の少し前に、五、六世紀の王族とその王宮の存在形態を考察した論考を発表された。この中で氏は、「名代・子代に限らず、特定の王宮に奉仕する集団が五世紀代に存在したこと」が認め得るとし、「王宮には、その名を冠した王族が居住するのが原則であった」が、「六世紀代に入り、王宮の設置は倭王と一部の有力王族に限定される傾向」があったと説いた[20]。

氏は、この論を前提に太子の名「厩戸」は設置・居住した王宮名にもとづくもので、その王宮は厩坂宮（舒明紀十二年四月条）であるとした。すなわち厩戸＝厩坂としたのである。

これを証明するために、氏はまずウマヤトをウマヤとトという二つの名辞に分けて検討する。そのうえで、戸・門で表記されるト（甲類）は、「平地の行き止まりのところを意味」し、坂戸・坂門地名が各地にあるように、「古代においてサカとトの結合がごく一般的なもの」で、「トとサカは結合するだけでなく、同義の語として通用していた」と述べている。

しかし、これは明らかな誤解である。戸・門の原義は「両側から迫っている狭い通路」で、出入口とか、またその出入口をふさぐもの（扉など）にも通じる[21]。トは、サカと結合する例があるからといってサカと同義であるわけではなく、両語はまったく異なる概念である。

氏が例にあげた坂戸（門）地名について、『日本地理志料』大和国平群郡坂戸郷の項ではつぎのように述べている。

坂門、猶レ言二阪口一、或用二戸字一、古事記有二奈良戸大坂戸一、即此義

古市氏は坂戸（門）の例として、垂仁記に一セットとして記される那良戸（奈良戸、奈良坂越え）、大坂戸（穴虫峠越え）、木戸（大和・紀伊国境付近）をあげたが、『地理志料』はこのうち木戸を坂門（戸）の例から除いている。それは、木戸が戸（門）ではあるが坂ではなく、水路（紀ノ川）であるからであろう。

戸（門）と坂とはまったく異義であり、厩戸＝厩坂説は成立せず、したがって太子の名「厩戸」が厩坂宮に由来するという古市氏の説は無理であると考える。

四　皇子女の名の由来

従来、皇子女（王族）の名は『文徳実録』嘉祥三年五月壬午条の

先朝之制、毎二皇子生一、以二乳母姓一、為二之名一焉。

を根拠に、乳母ないし養育氏族の姓をもって名づけられたと考えられてきた。このことは、令制下の奈良・平安初期までの例でいくつか確認できる。[22]「先朝」とはいつ頃からのことなのか明確でないが、この慣例は令制以前に遡り、その淵源はかなり古いのではなかろうか。

勝浦令子氏は、令制下における乳母と皇子女の経済的関係について、①幼年資養料としての時服や月料などの給禄は、皇子女とその乳母とが分別しがたいセットとして支給されていた。②それゆえ幼年資養料の支給を含めた皇子女の把握を目的とする名帳には、皇子女は乳母の氏姓と同一の名で登録される必要があった。と分析し、これをもとにつぎのような見通しを述べている。③皇子女と乳母の名の同一性については、大海人皇子と大海宿祢との例によって令制以前・大化前代まで遡りうる。④資養のためのユエ・ミブ（ベ）とそこから出されて皇子女に近侍・奉仕する乳母・湯母（トモ）という一体的関係は、トモ・ベ制が成立した五世紀後半から六世紀に遡りうる。⑤ユエ・ミブ（ベ）としての名代子代の部名と皇子女の名が一致し、それが乳母（トモ）の氏姓とも一致するという関係も十分あったと考えられる。[23]

たしかに、太子の三人の同母弟、来目（久米）・殖栗・茨田も氏族名とみてよく、太子の名「厩戸」も原則的には養育氏族名にもとづくものと考える必要がある。

かつて井上薫氏は、飛鳥戸、他戸、史戸など某戸（べ）という渡来系氏族が大和と河内に集住していたという岸俊男氏の指摘をうけて、厩戸（ウマヤべと訓む）という氏族の存在を想定し、太子の名もこの氏族名によるものとされた。[24] しかし、厩戸が本来ウマヤべであって、それをのちにウマヤトと訓みかえたと想定するこの説は、前述したように、すでに推古四年（太子二十三歳）頃の成立とみられる「元興寺塔露盤銘」に音仮名で「有麻移刀」とあるので、その成立は困難ではなかろうか。

そもそも厩戸（「元興寺縁起」では馬屋戸〈門〉と表記）とはいかなる意義であろうか。太子の名を文字どおりに〝ウマヤの戸〟と解すると、やや奇異にも聞こえるのである。

西郷信綱氏は神代記の「天の石屋戸」について、「「石屋戸」という語の本体はヤド」で「岩窟（又はその戸）の意」でありうるという。[25] また中西進氏は「石窟戸（『古事記』岩屋戸）と石窟とは同じもの」で「「と」は場所という意味」とし、同様に「厩戸は厩と同じ」と述べている。[26] 両氏の解はやや異なるが、要するに厩戸には〝ウマヤの戸〟と〝ウマヤそのもの〟の両義があるということになろう。

太子の名「厩戸」は〝ウマヤそのもの〟を表記したものと考えてよいのではなかろうか。

しかし、いずれにしても厩戸という氏族名は存しないと思われる。

さきに、奈良・平安初期に、乳母の氏族名を名に負う皇子女が何例か確認できると述べたが、やや変則的な例も見うけられる。

それは聖武天皇の諱「首」である。「首」（オビト）は氏族名そのものではなく、そのカバネである。『続日本紀』天平勝宝元年四月甲午朔条の宣命の中に出てくる三国真人・石川朝臣・鴨朝臣・伊勢大鹿首の四人が聖武の乳母ないし養育者で、聖武の名「首」は、この中の伊勢大鹿首のカバネ「首」をとったものと考えられる。[27] 周知のように、聖武の外祖父藤原不比等（史とも）の名は、養育者田辺史大隅のカバネ「史」からとられた（『尊卑分脈』）。聖武の名もそれにならったのではなかろうか。このように皇子女の名は、氏族名そのものではないが、養育氏族にちなむある名辞に由来する場合もある。

ここで太子の名「厩戸」に目を向けると、これも太子の養育氏族に特徴的な名辞であったのではないだろうか。上田正昭氏は厩戸という名について、太子誕生説話の中で「たんなる厩の戸ではなく、「馬官」の厩の戸にあたって生まれたとする点」から、「朝廷に隷属している馬飼の集団」「馬官のグループ」との関係を示唆されている[28]。

そこで以下、馬匹に関係深い集団が太子の養育氏族であった可能性を追究してみたい。

五　平群郡額田郷と馬

太子がその後半生に居した斑鳩を含む平群郡地域は、馬の飼育が盛んな土地であったらしく、馬匹に深く関与したいくつかの氏族の居住がみられる[29]。

まず武烈即位前紀では、武烈が物部麁鹿火大連の女影媛と海柘榴市の巷で会うに際し、舎人を通じて平群真鳥大臣に「官馬」を出すよう求めたところ、「官馬為レ誰飼養。随レ命而已」と言いながら不誠実な態度をとり、ついに貢上しなかったという。この伝承から、平群氏が「官馬」を飼育していたとみられる。

孝元記によると、建内宿祢の子平群都久宿祢は平群臣・佐和良臣・馬御樴連等の祖である。また『新撰姓氏録』によれば、平群朝臣（右京皇別上）は平群都久宿祢の後であり、その同祖氏族には、馬工連（大和国皇別）、早良臣・額田首（河内国皇別）などがある。このうち馬工連・早良臣は、記の馬御樴連・佐和良臣と同一である。

平群氏の本拠は平群郡平群郷であったと思われるが、これらの同祖氏族は平群郡額田郷にも展開し、馬匹を生産していたことが、つぎの『紀氏家牒』[30]の記事からわかる。

①額田早良宿祢男額田駒宿祢、平群県在二馬牧一択二駿駒一養之、献二天皇一、勅賜二姓馬工連一、令レ掌レ飼、故号二其養レ駒之処一曰二生駒一。又云、額田駒宿祢男□馬工御織連

②平群真鳥大臣弟額田早良宿祢家平群県額田里、不レ尋二父氏一負二（母氏カ）姓額田首一。

つぎの氏族も額田郷ないしその周辺に居住していたと考えてよい。

A『新撰姓氏録』（左京神別下）額田部湯坐連

天津彦根命子明立天御影命之後也。允恭天皇御世。被レ遣二薩摩国一。平二隼人一。復奏之日。献二御馬一匹一。額有二町形廻毛一。天皇嘉レ之。賜二姓額田部一也。

B同（大和国神別）額田部河田連

同神（天津彦根命）三世孫意富伊我都命之後也。允恭天皇御世。献二額田馬一。天皇勅。此馬額如二田町一。仍賜二姓額田連一也。

Aの伝承中には薩摩国とあるが、大化前代には、のちの令制国日向・大隅・薩摩を含めて南九州一帯を日向と呼んでいた。日向は良馬の産地であった[31]。推古紀二十年正月条の歌謡に、「馬ならば日向の駒」とある。額田部湯坐は推古（額田部皇女）の資養にあたった集団と考えられるから[32]、推古にこうした歌謡が伝えられているのも偶然ではあるまい。また推古朝では、額田部連比羅夫が外国客を迎える「荘馬の長」などとして活躍したことも留意される（同紀十六年八月・十七年十月条など）。

仁賢紀六年是歳条に

日鷹吉士、還レ自二高麗一、献二工匠須流枳、奴流枳等一。今大倭国山辺郡額田邑熟皮高麗、是其後也。

とあるが、これはBと関連がある。Bの「河田」は現在の天理市嘉幡町に比定される。『日本書紀通証』に「山辺郡嘉幡村西十町許有二皮工邑一。隣二平群郡額田部邑一」とあり、河田（嘉幡）の原義は「皮工（皮手部）」と推測してよいであろう(33)。

C同（大和国諸蕃）額田村主

　出レ自二呉国人天国古一也。

とあるのも、さきの仁賢紀の記事と関係があり、「この地に置かれた漢人の管掌者(34)」と考えられる。

以上にみたように、平群郡額田郷付近には馬の飼育・貢上を職掌とする額田部氏などの氏族と、馬皮の加工を業とする高勾麗系渡来工人集団が居住していた。

六　太子と熊凝寺と額田部氏

天平十九年「大安寺伽藍縁起并流記資財帳」（以下「大安寺縁起」という）には、大安寺（大官大寺・高市大寺）の前身である百済大寺の由緒について大略つぎのように記す。

①推古天皇が田村皇子（のちの舒明天皇）を召して、「飽浪葦垣宮」に「厩戸皇子」の病状を問わせたところ、皇子は、自分の唯一の願いは「羆凝村」にある「道場」が過去・将来の天皇のため「大寺」として「営造」されんことであり、ついてはこの寺を朝廷に譲りたいと申し、天皇はそれを了承した。

②三日間をおいて、田村が今度は私的に飽浪を訪問すると、「上宮太子」は悦んで、汝に「財物」を進ぜたいがそれは滅びやすく永く保ちがたい、「三宝之法」こそ永く伝わるべきであるからと「羆凝寺」を田村に付託した。

③推古が崩ずる日、田村を召し、「宝位」と「上宮皇子」が自分に譲った「羆凝村」とを汝に授けるので「此寺後世流伝」せよと遺詔した。これをうけ、舒明が即位後「百済川側」に建てたのが百済大寺である。

この伝承は、百済大寺（ひいては大安寺）の淵源を太子に仮託するため、太子創建の羆（熊）凝寺なるものを虚構し、述作されたものというのが従来の大方の評価であった[35]。

たしかに話の筋として、②は①③と重複・矛盾し、舒明が寺を太子から直接に付託されたことを強調するために、無理に挿入された感が強い。だが②を除くと、太子→推古→舒明と付託関係はそれなりに自然で、①と③は矛盾なくつながる。とくに①は、太子最晩年の宮を紀にはない「飽浪葦垣宮」とし、太子を「厩戸皇子」と記すなど、実録をもとにしているともみられる。

しかし、「大安寺縁起」には熊凝寺がどこに所在したか、まったく記されていない。後世の文献になるほど、この寺の所在地を詳しく記すことも、この寺の実在を疑わせる根拠となっている。まず『三代実録』元慶四年十月廿日庚子条に引く大安寺三綱申牒には「昔日。聖徳太子創㆓建平群郡熊凝道場㆒」とする。さらに十三世紀成立の『聖徳太子伝私記』では、太子建立「四十六箇寺院」の中に

熊凝寺　同国平群郡額部郷額田寺、今額安寺也。推古天王御願、今大安寺之本寺也。

と記す。

この額田寺（額安寺・大和郡山市額田部に所在）を熊凝寺とする説についても、大安寺の平城移建に尽力した道慈が額田氏の出身であることから、「大安寺側の伝承たる「熊凝寺」の物語と、道慈の氏寺たる額田寺の起源とが何時しか結びつけて考へられるに至った」[36]として、その史実性を否定するのがこれまでの評価の大勢である。

こうした見解に対して、私見では、額安寺を熊凝寺の後身と認めてよいと考える。その一証とするのは「熊凝

（クマコリ）」の意義である。その原義は高麗評（郡）すなわち「コマ（ノ）コホリ」であろう。[37]

まずコマは高句麗である。コマ（高麗）はクマ（熊）に転訛する例がある。『延喜式』神名帳能登国羽咋郡久麻加夫都阿良加志比古神社は、北陸地方に多い「渡来系人格神」の一つで、「久麻（クマ）」はコマの転と考えられ、郡界を隔てるが近くには能登郡熊来郷の地名もある。[38] またコホリも古代朝鮮語（高句麗系）のコル・コリに由来し、コル・コリは「人間の群団ないし氏族共同団体そのものから、共同団体の定住形態としての（中略）区画された邑落共同体[39]」を意味するようになったものである。

要するに、「熊凝」とは、高句麗系渡米人の集団もしくはその集住区域を指すものとみてよい。さきの仁賢紀の記事によれば、山辺郡（平群郡）額田邑は、まさに「熊凝村」と呼ばれてしかるべき地域であった。

額安寺旧境内からは若草伽藍と同じ手彫忍冬唐草文軒平瓦が出土しており、これは七世紀初頭まで遡るものである。この瓦はまた、奈良時代の「飽浪宮」の可能性が強く、太子の「飽浪葦垣宮」に遡るとも想定される上宮遺跡（斑鳩町）からも出土している。また吉備池廃寺（百済大寺）の創建瓦には、やはり若草伽藍創建期の型押忍冬唐草文軒平瓦（額安寺出土の「手彫」より遅れる）がある。[40]

それに加えて吉備池廃寺は、東に金堂、西に塔を配する法隆寺式伽藍配置の初例とみられ、天智八年（六六九）または九年の火災後再建された法隆寺西院伽藍の配置は、この廃寺すなわち百済大寺にならったとも考えられる。ということは、おそくともその再建当時（天智期末から天武期初頭か）、すでに百済大寺（天武二年〈六七三〉高市大寺へ移建）において、「大安寺縁起」の伝える太子熊凝寺伝承の骨子が存在していたという想定に導かれるのではなかろうか。当時は推古三十年（六二二）の太子逝去から五十年ほどしか経ていない時期なのである。

以上のように考えてくると、〝太子の関与した熊凝寺〟という存在を否定し去ることはできないのではなかろうか。では、これはどのような性格の寺であったと考えられるか。

額安寺同様、やはり斑鳩から近い王寺町に遺跡のある片岡王寺の性格について東野治之氏は、①同寺は大原史氏が聖徳太子の女片岡女王を載いて創立した寺で、「片岡女王の開創にかかるが、実質的には百済系の大原史氏を壇越とする寺」である。②大原氏は「太子所生の片岡女王を養育するような立場にあったことも想定され」、「女王の「片岡」という名は、当然大原氏ゆかりの地名をとったことになる」と指摘された[41]。

熊凝寺(額安寺)についても同様の事情を想定してよいのではなかろうか。この寺が、百済大寺創立以降も額田部氏の氏寺として存続していることは明らかである[42]。百済大寺への「遷建」は、物理的な移建ではなく、太子開創というブランドの移転であったと考えられる。

熊凝寺が太子開創にかかる額田部氏を壇越とする寺であるならば、太子と額田部氏との間には、やはりなみなみならぬ関係があったと思われる。憶測ではあるが、額田部氏が太子の養育にあたったのではないだろうか。推古と同様、額田部湯坐が太子を資養し、太子の名「厩戸」は、額田部湯坐が深くかかわった馬匹のことに由来するのではないかと思うのである。推古が厩戸を重用したことも、この想定のもとで理解が容易になろう。太子が養育氏族名の額田部を名乗らなかったのは、推古の諱を避けたのかもしれない。

以下、太子が推古から資養部として額田部(湯坐)を継承した可能性を探ってみたい。

推古は敏達五年(五七六)三月立后し、翌六年二月「皇后」の地位にともなう私部を与えられた[43]。推古が当初から領有していた額田部と新設の私部とは「地理的にも密接な関係にある[44]」と指摘されている。

とくに次の三例では、両者が密着している。

①安房国朝夷郡健田郷に額田部、同郷仲村里に私部がそれぞれ居住している[45]。
②常陸国久慈郡木前郷は、のちの那珂郡木崎村・額田村に比定される[46]。
③備後国三谿郡私部郷の北に隣接して額田郷がある[47]。

これらの例は、私部を新設するにあたって、推古領有の額田部の一部が割かれて編成替えされる場合があったことを示唆しているのではないだろうか。

また太子は推古十五年(六〇七)二月、その地位にともなう壬生部を与えられたが[48]、つぎのように、壬生部もまた額田部(湯坐)と密接なケースがある。

①『常陸国風土記』

(i)茨城郡条

茨城国造初祖　多祁許呂命(中略)有二子八人一　中男筑波使主茨城郡湯坐連等之初祖

(ii)行方郡条

難波長柄豊前大宮馭宇天皇之世、己丑年茨城国造小乙下壬生連磨

神代記では、天津日子根命は額田部湯坐連、茨木国造、高市県主などの祖とし、神代紀第七段第三の一書でも天津彦根命は茨城国造、額田部連等の遠祖であり、また国造本紀では天津彦根命孫筑紫刀祢が茨城国造に定められたとする。また多祁許呂命については、『新撰姓氏録』(和泉国神別)高市県主に「天津彦根命十二世孫建許呂命之後也」とある。

以上を総合すると、(i)の茨城郡湯坐連とは額田部湯坐連のこととなり、これと(ii)の壬生連とは同じ茨城国造一族であったことになろう。

②美濃国池田郡には、額田郷と壬生郷とが隣接している[49]。

池田郡はもと安八磨(味蜂間・安八)郡に属し、壬生郷は同郡にあった「湯沐」(天武紀元年六月壬午条)の後身である[50]。

皇極二年十一月、山背大兄王らが蘇我臣入鹿らに襲われた時、三輪文屋君は「請移二向於深草屯倉一、従レ茲乗レ

馬詣二東国一、以二乳部一為レ本興レ師、還戦、其勝必矣。」と大兄王に強く進言した。この「乳部」は太子から大兄王に伝えられた壬生部であり、それがのちに大海人皇子の「湯沐」となった。壬生郷から四～五㎞北には大野郡大神郷が、十二㎞ほど東には席田郡美和郷があり、この地域における三輪氏の勢力の存在がその進言の背景にあったのであろう。

③上野国甘楽郡には額田郷があり、同郡大領は壬生公郡守であった[51]。

これらのように額田部と壬生部とが近接・密着している例は、早川万年氏が②の事例について指摘するように、「額田部連氏と推古・厩戸との関係の深さを直接のきっかけとして、額田部の一部が壬生部に改編[52]」された可能性を考えさせよう。

推古領有の額田部の一部が私部に改編されたという想定を前述したが、このように額田部はまた壬生部にも改編された形跡がみられるのである。しかし、壬生部の新設（六〇七）は私部新設（五七七）の三十年も後のことである。また太子の出生は敏達三年（五七四）である。これらのことを勘案すると、太子が出生まもなくから壬生部の新設までに有していた資養部は、やはり額田部（湯坐）だったのではないだろうか。

推古領有の額田部（湯坐）の一部が私部に改編されるとともに、他の一部が厩戸に伝えられ、厩戸が伝領した額田部（湯坐）がのちに壬生部（の一部）に改編されたと想定することは可能であろう（左図）。

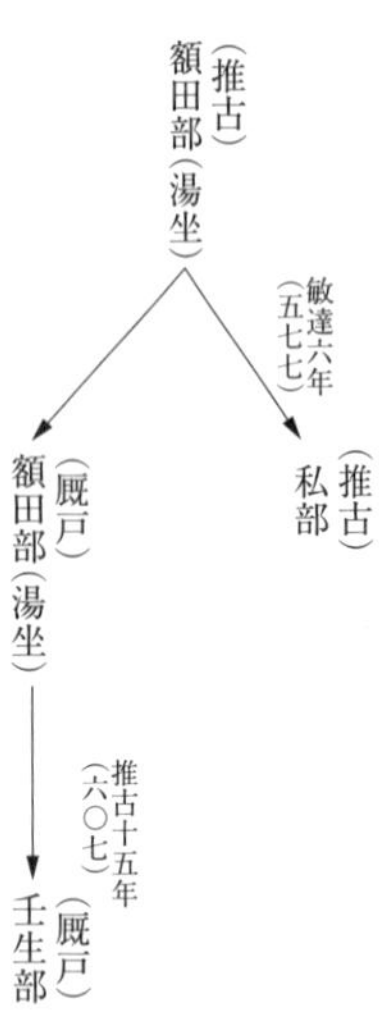

図2　額田部の改編と伝領

おわりに

以上、古市晃氏の新説に触発されて、太子の名号とくに「上宮」と「厩戸」の意義について従来から考えてきたところを述べた。

「上宮」という名号は、太子前半生の居所上宮に始まるもので、その具体的場所は上之宮遺跡である。上宮の場所の考定は、つまるところ磐余池の位置にかかっている。しかし、この池の位置については、すでに和田萃氏の先論があって、大きな影響力をもっている。そのため本章では、和田説の検討を含めて池の位置比定に紙数を費すことになった。和田氏が指摘される池跡が磐余池であるという文献的根拠はほとんど存在しない。氏は「イハレの範囲を考える際に、手がかりとなるのは磐余池[53]」として例の池跡を示されたが、これは一種の循環論法である。

他方、太子の諱「厩戸」については、馬匹関係氏族である額田部（湯坐）に由来することを説いた。この議論には多くの問題が関連する。一般的には、皇子女の諱の由来、部民制（その設定・伝領）の問題などであり、特殊的には、推古・太子と額田部氏の関係、「大安寺縁起」伝承の信憑性などの問題である。ここでは、こうした「厩戸」をめぐる問題群の大まかな相関図を示したに過ぎない。その詳論は今後の課題としたい。

註

（1）「聖徳太子」が没後の尊称であることは承知のうえで、ここでは「太子」「厩戸皇子」などと適宜使用する。

（2）古市晃「聖徳太子の名号と王宮―上宮・豊聡耳・厩戸―」（『日本歴史』七六八、二〇一二年）以下、とくにことわらないかぎり、古市氏の議論はこの論考による。

（3）東野治之「ほんとうの聖徳太子」（『大和古寺の研究』塙書房、二〇一一年、初出二〇〇〇年）。

（4）同「法隆寺金堂釈迦三尊像の光背銘」（『日本古代金石文の研究』岩波書店、二〇〇四年）。

（5）仁藤敦史「上宮王家と斑鳩」（『古代王権と都城』吉川弘文館、一九九八年）。

（6）宮本長二郎「聖徳太子建立の宮と寺院」（『聖徳太子の世界』飛鳥資料館、一九八八年）。

（7）視点は異なるが、他に上宮を上之宮遺跡に比定する論考にはつぎのものがある。
千田稔「上宮発掘」（『鬼神への鎮魂歌』学習研究社、一九九〇年）。
同「上宮から斑鳩宮へ」（『聖徳太子の歴史を読む』文英堂、二〇〇八年）。
東野治之「上之宮遺跡と聖徳太子の宮」（註（3）前掲書、初出一九九三年）。

（8）拙稿「磐余池と海石榴市」（『日本古代の伝承と歴史』思文閣出版、二〇〇八年、初出一九九六年）。

（9）橿原考古学研究所編『大和国条里復原図』吉川弘文館、一九八〇年）№八三図、以下、小字地名とその位置はすべてこの『復原図』による。

（10）履中紀三年十一月条。

（11）『奈良県の地名』（平凡社、一九八一年）三九九〜四〇〇頁。

（12）和田萃「ヤマトと桜井」（『桜井市史』上、中央公論美術出版、一九七九年）。

（13）註（8）前掲拙稿。

（14）『続日本紀』天平十六年十二月丙申条に「度二一百人一。此夜於二金鍾寺及朱雀路一。燃二燈一万坏一。」とある「朱雀路」は上ッ道であろう。

（15）東野、註（7）前掲論文も、別の史料から池上郷を「桜井の南部、寺川の流域あたり」に比定する。

(16)『吉備池廃寺発掘調査報告―百済大寺跡の調査―』（奈良文化財研究所、二〇〇三年）。
(17)宝亀六年「大安寺碑文」には「於二百済邑一建二九重塔一。名二百済大寺一。」とある。
(18)和田萃「百済宮再考」（『明日香風』一二、一九八四年）。
(19)和田、註(12)前掲論文。
(20)古市晃「五・六世紀における王宮の存在形態―王名と叛逆伝承―」（『日本史研究』五八七、二〇一一年）。
この説は、それとして別に検討する必要がある。
(21)大野晋他『岩波古語辞典』（岩波書店、一九七四年）八九八頁。
(22)和田英松「歴史上に於ける乳母の勢力」（『国史国文之研究』雄山閣、一九二六年、初出一九一二年）。
(23)勝浦令子「乳母と皇子女の経済的関係」（『史論』三四、一九八一年）。
(24)井上薫「難波津と古道をめぐる氏族」（『大阪の歴史と文化』和泉書院、一九九四年）。
(25)西郷信綱『古事記注釈』一（平凡社、一九七五年）三一六～七頁。
(26)中西進「素王・聖徳太子」（『聖徳太子の実像と幻像』大和書房、二〇〇二年、初出二〇〇〇年）。
(27)前川明久「聖武天皇の養育者と藤原氏」（『続日本紀研究』一五八、一九七一年）。
拙稿「聖武天皇の乳母について」（『ぐんしょ』二四、一九九四年）。
(28)上田正昭『聖徳太子』（平凡社、一九七八年）一〇頁。
同「歴史からみた太子像の虚実」（註(26)前掲書、初出二〇〇〇年）。
(29)古代平群郡地域と平群氏など居住氏族については、つぎの論著を参照。
辰巳和弘『地域王権の古代学』（白水社、一九九四年）。

笹川尚紀「平群氏の研究」（『人文知の新たな総合に向けて』第三回報告書下巻、京都大学大学院、二〇〇五年）。
(30)田中卓「紀氏家牒について」（『日本古典の研究』皇学館大学出版部、一九七三年、初出一九五七年）。
(31)中村明蔵「隼人と馬」（『新訂隼人の研究』丸山学芸図書、一九九三年）。
(32)狩野久「額田部連と飽波評」（『日本古代の国家と都城』東京大学出版会、一九九〇年、初出一九八四年）。

(33)　額田部氏については、このほか以下の論考参照。
本位田菊士「額田部連・額田部について」(『続日本紀研究』二三八、一九八五年)。

井上辰雄「額田部と大和王権」(『古代王権と氏族』名著出版、一九八八年)。

前田晴人「額田部連の系譜と職掌と本拠地」(『古代王権と難波・河内の豪族』清文堂、二〇〇〇年、初出一九九一年)。

仁藤敦史「額田部氏の系譜と職掌」(『国立歴史民俗博物館研究報告』八八、二〇〇一年)。

森公章「額田部氏の研究」(同右)。
(34)　本位田、註(32)前掲論文。
(35)　佐伯有清『新撰姓氏録の研究』考證篇第五(吉川弘文館、一九八三年)三五〇～一頁。
福山敏男「額田寺(額安寺)」(『奈良朝寺院の研究』高桐書院、一九四八年)。

水野柳太郎「大安寺伽藍縁起并流記資財帳」(『日本古代の寺院と史料』吉川弘文館、一九九三年)。
(36)　福山、註(35)前掲論文。
(37)　段熙麟『日本に残る古代朝鮮』近畿編(創元社、一九七六年)二二三～四頁。
上垣内憲一『聖徳太子と鉄の王朝』(角川書店、一九九五年)二三六～七頁。

なお平安中期成立の『荒陵寺御手印縁起』には、四天王寺領に帰した物部氏遺領の中に、西成郡「熊凝地」がみえる。これについては、つぎの論考を参照。

黒田慶一「熊凝考―難波郡と難波宮下層遺跡―」(『歴史学と考古学』真陽社、一九八八年)。

むろん大和の平群郡とは別に、難波に高句麗系渡来人の集住地があってもなんら不審ではない。さきの仁賢紀の記事には吉士の関与がみえるが、難波は吉士の本拠地であった。
(38)　浅香年木「古代のコシと対岸交流」(『古代地域史の研究』法政大学出版局、一九七八年)。
谷川健一編『日本の神々』八(白水社、一九八五年)。
(39)　山尾幸久「朝鮮三国の軍区組織―コホリのミヤケ研究序説―」(『古代朝鮮と日本』龍渓書舎、一九七四年)。

(40) 註(16)前掲書一九三〜二一九頁。
(41) 東野治之「片岡王寺と尼寺廃寺」(註(3)前掲書、初出二〇〇九年)。
(42) 森、註(32)前掲論文。
(43) 私部については、つぎの論考を参照。
岸俊男「光明立后の史的意義—古代における皇后の地位—」(『日本古代政治史研究』塙書房、一九六六年、初出一九五七年)。

ごく最近の論考にはつぎのものがある。

土田可奈「私部の設置と意義—越前国加賀郡の事例を通して—」(『新潟史学』五〇、二〇〇三年)。
(44) 黛弘道「推古女帝と蘇我氏」(『古代史を彩る女人像』講談社、一九八五年、初出一九八三年)。
(45) 『古代地名大辞典』索引・資料編(角川書店、一九九九年)「木簡地名集成」。
(46) 『増補大日本地名辞書』六。
(47) 同右、三。
『和名抄』には松部郷とあるが、これは私部郷の誤りとされる。
(48) 壬生部については、つぎの論考を参照。
井上辰雄「大和王権と壬生部」(『東アジアの古代文化』四一、一九八四年)。

早川万年「推古朝における壬生部の設定について」(『古代文化』三七—八、一九八五年)。
(49) 『増補大日本地名辞書』五。
(50) 早川万年「和珥部臣君手と大海人皇子の湯沐邑」(『岐阜史学』九一、一九九六年)。
(51) 『日本後紀』弘仁四年二月丁酉条。
(52) 早川、註(50)前掲論文。
(53) 和田、註(12)前掲論文。

（後記）

磐余池の位置は、用明天皇磐余池辺双槻宮・厩戸皇子「上宮」の位置、上之宮遺跡の性格・評価に関わり、ひいては紀の聖徳太子関係記事の信憑性に及ぶ重要な問題である。

後出の前田晴人「磐余考」（『大阪経済法科大学地域総合研究所紀要』八、二〇一六年）は、本論にもふれながら、この「池」の性格・位置について、つぎのような重要な指摘をしている。

①和田説のいう東池尻町の池跡は、吉備池廃寺（百済大寺）に至近であり、地名の点からみて磐余池ではなく、応神記の「百済池」である。

②磐余池は、「宮都域の中心部分に築成された王宮に付属する苑池としての性格を持っており、王権の威容を示すもの」で、その「造営には頻繁な交流関係があった百済王廷の苑池の影響」（『三国史記』百済本紀の辰斯王・毗有王・東城王代の苑池記事）が想定される。宮廷苑池は、後代の例ではあるが、飛鳥京跡西方・飛鳥川右岸で発見された苑池遺構（天武朝「白錦後苑」）のような水深の浅い「皿池型」であり、たとえば狭山池のような灌漑用の「ダム型溜池」ではない。

①は本論と一致しており、②は本論を含めて、ほとんどなされたことのない重要な指摘である。私見の「池」比定地である桜井市仁王堂付近の小字東池田・西池田・南池田の地は傾斜が緩く、「皿池型」が十分可能である。これに対して、和田説の東池尻町池跡は明らかに「ダム型溜池」である。

前田氏のこの指摘により、和田説の成立はいっそう困難となったといえよう。ただし、前田氏の「池」比定地は私見と少し異なり、私見の場所の東に隣接した地である。

第五章　真人賜姓氏族について
——近江・越前の「皇裔」を中心に——

はじめに——本章の課題——

壬申の乱に勝利して即位した天武天皇の打ち出した重要政策の一つに「八色の姓」制定がある。天武紀十三年十月己卯条に

詔曰、更改㆓諸氏之族姓㆒、作㆓八色之姓㆒、以混㆓天下万姓㆒。

とあり、真人・朝臣・宿祢・忌寸・道師・臣・連・稲置の八姓が定められ、即日、守山公・路公・高橋公・三国公・当麻公・茨城公・丹比公・猪名公・坂田公・羽田公・息長公・酒人公・山道公の十三氏が八姓中最高位の真人を賜姓された。

八姓制度が大化以来何度か実施されてきた族姓改革の一到達点であることは明らかであろう。その具体的目的については、従来から大別して二つの見解が示されている。

その一つは竹内理三氏に代表されるもので、皇別・神別などの出自(皇室との遠近)によって諸臣に序列を設け、「皇親の社会的地位を確立し、これによって天皇絶対制の一支柱たらしめんとする」ことが制定の目的であ

り、当然これは親王・諸王という「皇親制の制定」とも密接な関係があったとする。(1)

その二は、律令官僚制の整備との関連において「五位(錦冠・直位)以上に昇りうる家柄には忌寸以上の四姓を与えて他と区別」し、「朝廷内部における指導層の範囲を姓の上で明示する」ことが「最大の眼目」であったという主張で、関晃氏に代表される。(2)

律令国家の形成へと向かう当時の政治を、前者は「天皇絶対制」、後者は「貴族制的要素が極めて濃厚」と評価するが、両者はかならずしも対立するものではなく、前者は当時の政治の形式的ないしイデオロギー的側面、後者はその実質的側面をそれぞれ強調するものであろう。

関氏は、姓も「一定の政治的資格の表示である以上、ある程度は上下関係が明確に示され、全体としても一応の序列的構成を有することが必要」と補足してはいるが、これでは八姓(とくに上位四姓)の内部区分の意義は具体的に明らかにはならないと思われる。従来から指摘されているように、とくに問題になる上位四姓の序列が実際の官位の高低とは並行せず、しかもこの傾向は最上位の真人を賜姓された氏族においてもっとも著しいのである。

このように見てくると、竹内氏のいう「天皇絶対制」「皇親制」という視点は重要で、八姓制定もそれにもとづく一種のイデオロギー的性格の濃い措置と解するのが妥当であろう。

氏は、八姓の中でも「制定即日に賜姓された真人に最も眼目」があり、真人賜姓氏族は「継体帝の御近親たりし氏、並びにそれ以後の皇裔」(3)とする太田亮氏の説を継承し、真人(旧姓公)は「継体天皇の近親たる関係をもつ氏」と「継体以後の皇別」(「継体より数えて五世以内の世代の氏」)とした。

氏の見解は、諸臣最上位の真人をかかる出自をもつ「准皇親」とし、これを親王・諸王(皇親)と朝臣(遠皇親)・宿祢(非皇親)以下の諸臣との結節点に位置づけて理解しようとするもので、その整合性は魅力的である。

ところが、この太田・竹内説以後、かなり時をおいてであるが、主として氏族系譜の信憑性に関連して同説に対する批判が出され、現在ではどちらかといえば後者のほうが支持される傾向にある。(4)

本章では、まずこの批判説をとりあげ検討するとともに、太田・竹内説のより具体的な理解と検証を目ざしたい。

一　太田・竹内説に対する批判説と問題の所在

まず管見に入った批判説を紹介しよう。

倉本一宏氏は、真人賜姓氏族の中には「氏族系譜に信憑性の薄いものも含まれ、一概に「真人姓氏族＝皇親」と規定することはできない」と述べる。十三氏を守山・路・当麻・丹比・猪名の五氏(真人A)と高橋・三国・茨城・坂田・羽田・息長・酒人・山道の八氏(真人B)とに分け、おもに氏族系譜の信憑性の視点から、前者を「准皇族」、後者を「近江・越前地方豪族」とした。後者は「王権とは何ら血縁的繋がりを持たない地方豪族」であるが、①湖北在地に基盤をもち「継体擁立勢力、或いは後背勢力となった」、②「敏達朝以降、息長氏を中心として大王家後宮に進出し、「純皇室系」の形成・維持に貢献した」、③「壬申の乱に於いてその帰趨を決する戦功を残した」という「三つの功績」をもち、「それと並行して、各氏族の系譜も息長氏と同系であるかの如く改刪され、自らを継体同族と主張する」ようになったという。真人Bは、こうした「功績」と主張により賜姓にあずかった。全体としての真人賜姓の意義は「天武への血縁的繋がりや天武朝成立への大功さえあれば最上格の姓を与えられ得るという事例」を畿内外の支配者層に示すことにあったという。(5)

表1　真人賜姓氏族の出自

氏　族	記	紀	姓氏録
①守山	——	——	敏達皇子難波王
②路	——	——	敏達皇子難波王
③高橋	——	——	——
④三国	応神孫オホホド王	継体皇子椀子皇子	継体皇子椀子王
⑤当麻	——	用明皇子麻呂子皇子	用明皇子麿子王
⑥茨城	——	——	——
⑦丹比（多治比）	宣化皇子恵波王	宣化皇子上殖葉皇子	宣化皇子賀美恵波王
⑧猪名（韋那）	宣化皇子恵波王	宣化皇子上殖葉皇子	宣化皇子火焔王
⑨坂田	応神孫オホホド王	継体皇子中皇子	継体皇子仲王
⑩羽田（波多・八田）	応神孫オホホド王	——	応神皇子稚渟毛二俣王
⑪息長	応神孫オホホド王	——	応神皇子稚渟毛二俣王
⑫酒人	応神孫オホホド王	継体皇子菟皇子	継体皇子兎王
⑬山道	応神孫オホホド王	——	応神皇子稚渟毛二俣王

つぎに藍原有理子氏も、やはり十三氏のうち氏族系譜の信憑性に問題のある例を指摘するが、「皇別氏を中心に選ばれた真人姓氏族こそ、その家格順に列せられてしかるべき」とし、「前半八氏が皇別氏、後半五氏が公姓豪族」と見当をつける。各氏への真人賜姓理由については、「この期に及んで継体天皇擁立にかかわる功を賞する必要」はなく、また壬申の功臣は十三氏のうち当麻・坂田・羽田の三氏のみであり、「それが即賜姓対象となるとみるのは安易にすぎる」と倉本説を批判する。「出自系譜からは皇別とはいえない公姓豪族の優遇をも意図した背景」には、「舒明皇統を正当と位置づけるに際し、重要視されるべきは、やはり皇祖大兄の母族である息長公氏とその周辺氏族であった」ことがあるという。真人賜姓氏族の意義は、真人姓氏族の「就任状況」からみて、「天武天皇個人と密着し、最も信頼しうる臣下として処遇するための優遇策であった」とする。[6]

ここで、記・紀・『新撰姓氏録』[7]における十三氏〈旧姓公〈君〉〉の出自伝承を整理すると表1のようになる。

この中で出自が一切不明の高橋・茨城両氏は、以下では除いて考えるしかあるまい。

まず倉本・藍原両氏が検証しているように、当麻氏が用明裔、丹比・猪名の両氏が宣化裔であることは確実であろう。つぎに守山・路両氏については、記紀ともに祖先伝承が見えず、『姓氏録』にはともに敏達皇子難波王の裔とある。難波皇子の世系は記紀で一致し、しかも同皇子は「皇祖」押坂彦人大兄皇子と同世代(異母兄弟)であるから、『姓氏録』における両氏の出自伝承はほぼ信じてよいと思われる。

したがって問題は三国氏と坂田・羽田・息長・酒人・山道の六氏の出自と性格の規定にかかわる。

倉本氏によると、これらの氏族が真人賜姓にあずかった理由には「三つの功」があり、うち二つが「継体擁立」の「功」と壬申の「功」である。しかし、継体擁立にしても壬申の乱にしても、その最大の功労者は明らかに大伴氏である(8)。だが大伴氏は、八姓においては第三等の宿祢(神別・非皇親)にすぎない。これらの中小の「地方豪族」が中央の大族であり大功がある大伴氏をさし置いて最上等の真人を賜姓されたことは、逆に真人という姓の性格を示唆しているのではなかろうか。すなわち、賜姓氏族の出自の尊貴性ということ以外には考えがたい。

この二つの「功」が真人賜姓の理由とは考えられないとすれば、倉本氏の指摘する「三つの功」のうち残るのは、息長氏が敏達后となり皇祖大兄を生み、その子舒明から天武へと連なる系統が皇室の正統となったことである(この点は藍原氏も同意見)。

息長氏に関するかぎり、この「理由」は検討に値すると思われる。しかし、同氏がはたして単なる地方豪族であったかどうか検証が必要である。

また三国氏の場合は、息長氏をはじめとする五氏と違い、近江ではなく越前を本貫とする氏族である。この点は、三国氏が藍原氏の分類の前半八氏(皇別)の中に入り、後半五氏(地方豪族)の中に入らない事情と関わると思われる。

そこで節をあらためて、これら五氏に三国氏を加えた六氏の成り立ちについて考えよう。

二　息長・坂田・酒人公の成立

これら三氏が近江国坂田郡を本貫とする氏族であることは、のちの史料ではあるが、表2から明らかであろう。

筆者はかつて継体天皇の出自を探るため、同天皇と息長氏との関係を考察したことがあった。[9] そこでは、継体は王族であり、息長公氏も継体と祖先を同じくする王族の出自であることを示そうと試みた。その際に展開した議論の概略を、その後気づいた点も含めて述べるとつぎのとおりである。

舒明の殯宮で息長山田公が「日嗣」を奉誄した（皇極紀元年十二月条）が、これは天武の殯宮で「皇祖等之騰極次第（日嗣）」を誄した（持統紀二年十一月条）当麻真人智徳（用明裔）とまったく同様の役柄である。薗田香融氏は、息長山田公が舒明（息長足日広額）の養育者「湯人」として奉誄したと解釈した。[10] たしかに舒明は、祖母が息長真手王の女広姫であるから、息長氏と親しい関係にあったであろう。しかし天武殯宮の例では、「湯人」にあたるのは「壬生事」を誄した大海宿祢蕁蒲であり、当麻真人智徳の役割はこれとは異なる。

智徳の例によるなら、息長山田公は広媛や舒明との私的関係からではなく、あくまで皇統に血縁的に連なる立場から「日嗣」すなわち皇位継承の次第を誄したとみるべきである。息長山田公を息長公山田と表記していないことにも意味があり、もう少し前であれば、この人物は息長真手王と同様に息長山田王と表記されるところであろう。継体記紀以降の息長真手王の「王」号を後世の「潤色」とすることはできない。

表２　坂田郡の息長・坂田酒人・酒人・坂田氏

氏名	出典	年紀	出身・身分	官位	記事
①息長真人真野売	『正倉』9	天平十九（七四七）・一二・二二	上丹郷　堅井国足戸口		（「婢売買券」）
息長真人刀禰麿	『正倉』9	天平十九（七四七）・一二・二二	寺史　春宮舎人		（「婢売買券」）
息長真人忍麻呂	『正倉』9	天平十九（七四七）・一二・二二	証人	少初位上	（「婢売買券」）
息長秋刀自女	『平安』1	弘仁十四（八二三）・一二・九	長岡郷戸主秦富麻呂妻		（「長岡郷長解」）
息長真人（某）	『平安』1	弘仁十四（八二三）・一二・九	坂田郡大領		（「長岡郷長解」）
息長真人（某）	『平安』1	天長九（八三二）・四・二五	坂田郡副擬大領	従七位上	（「大原郷長解」）
息長真人（某）	『平安』1	天長十（八三三）・二・三〇	坂田郡副擬少領		（「横川駅長解写」）
息長光保	『権記』	長徳元（九九五）・一二・二四	筑摩御厨長		※1
息長といふ人	『更級』	寛仁四（一〇二〇）・一一	（坂田郡人）		※2
息長氏	『往生』		坂田郡女人		※3
②坂田酒人真人乙刀麻呂	『概報』24	（八世紀）	上坂郷戸主		庸米荷札
坂田酒人真人新良貴	『正倉』9	天平十九（七四七）・一二・二二	坂田郡大領	正八位上	（「婢売買券」）
坂田酒人真人広公	『平安』1	天長九（八三二）・四・二五	坂田郡少領	外従八位上	（「長岡郷長解」）
坂田酒人公田挍	『正倉』25	天平宝字六（七六二）・八・一八	坂田郡上坂郷長		（「上坂郷長解写」）
③酒人真人色渕	『概報』24	（八世紀）	坂田郡上坂郷戸主		庸米荷札
酒人真人□	『概報』29	（八世紀）	坂田郡上坂郷戸主		庸米荷札
酒人公諸土	『概報』29	（八世紀）	坂田郡上坂郷戸主		庸米荷札
酒人公人諸土	『概報』24	（八世紀）	坂田郡上坂郷戸主		庸米荷札
酒人吉公	『正倉』25	天平宝字六（七六二）・八・一八	坂田郡上坂郷綱丁		（「上坂郷長解写」）
酒人長人	『正倉』25	天平宝字六（七六二）・八・一八	坂田郡上坂郷綱丁		（「上坂郷長解写」）
酒人広日佐	『平安』8	弘仁十（八一九）・二・一六	坂田郡大原郷人		（「大原郷長解」）
④坂田真人茜麻呂	『概報』22	（八世紀）	上坂田郷野家里戸主		庸米荷札
坂田真人須我而	『概報』24	（八世紀）	坂田郡上坂郷戸主		庸米荷札
坂田真人□麻呂	『概報』29	（八世紀）	坂田郡上坂郷		庸米荷札
坂田　老	『概報』24	（八世紀）	上坂郷有羅里戸主		庸米荷札

『正倉』（正倉院文書）、『平安』（平安遺文）、『更級』（更級日記）、『往生』（日本往生極楽記）、『概報』（平城宮発掘調査出土木簡概報）　記事欄の「婢売買券」は「近江国坂田郡司解婢売買券」の略

※1　再任　　長保2.正.19まで在任　　※2　美濃から近江に入り宿泊　　※3　深く阿弥陀仏に帰依

『長浜市史』（同市、1996年より掲出）

笹川尚紀氏は、息長某王のごとき王族は、舒明朝において「息長氏の人名造作の基本線に沿って案出された」[11]というが、息長山田公の「日嗣」奉誄にはふれていない。この記事の史実性を否定しないかぎり、記紀の継体以前に架けられた息長某王はともかく、少なくとも文字どおり王族としての息長真手王の実在は否定できない。

そもそも広媛が単なる地方豪族の女であったならば、「皇后」に立てられることなどあり得ないであろう。広媛没後、この「皇后」の地位には欽明皇女炊屋姫（推古）が即くのである。なお広媛は没後、近江国坂田郡の『延喜式』（諸陵寮）息長墓に帰葬されたとみられるから、その父息長真手王は坂田郡在住の王族と考えられる。

では、このような息長系王族はどのようにして成立したのだろうか。

允恭紀の伝承には、若野毛（ワカヌケ）二俣王の女忍坂大中姫が「母に随ひて家に在」（この「家」は忍坂とみられる）、その妹弟姫（衣通郎女・藤原琴節郎女）が「母に随ひて近江の坂田に在」と、ともに未婚時（のち、ともに允恭皇妃）のことを記す。姉妹の母は「上宮記一云」の系譜（以下「上宮記系譜」という）によれば、同母である。この女性は近江坂田の息長連氏の前身氏族（金属加工を職掌とし、大和の忍坂にも進出したと想定、詳しくは前稿参照[12]）で、二俣王の一族は忍坂に居住しただけでなく、姻族の本貫坂田にも進出した。

「癸未年」（四四三または五〇三年）の紀年をもつ隅田八幡宮人物画像鏡の銘文「意紫沙加宮」「男弟王」は、少なくとも五世紀中葉から後半頃、忍坂に王族がいたことを示す[13]。忍坂（桜井市忍阪）は谷間の比較的狭隘な場所であるから、ここに複数の勢力が存在したとは想定しがたい。よってこの王族は、忍坂大中姫の父兄にあたるワカヌケ二俣王—オホホド王の一族・系統と同定してよい[14]。

この忍坂の王族が坂田の在地氏族である息長連氏や坂田氏と婚を結んでもうけた子孫が、継体紀以降に散見される息長真手王、坂田大跨王、坂田耳子王などと考えられる。これらがのちに、「臣籍」に降下して息長公、坂田公（のち真人）となった。

なお、ワカヌケ二俣王―オホホド王と継体とのつながりは上宮記系譜（図1）により判明するが、この系譜の史料性についてはつぎのように評価できる。

この系譜では、継体に「大公王」、母系始祖垂仁に「大王」の称号を付すが、継体父系については始祖凡牟都和希王以下すべて単なる王号を付すのみである。しかし、一系的皇統観のもとでは天皇（大王）の祖先はかならず天皇（大王）でなければならない。したがって、継体の祖先を単なる王とするこの系譜、少なくともその父系部分の成立は、一系的皇統観すなわち世襲王権が定着する欽明朝以前でなければならない。それゆえ、この系譜は継

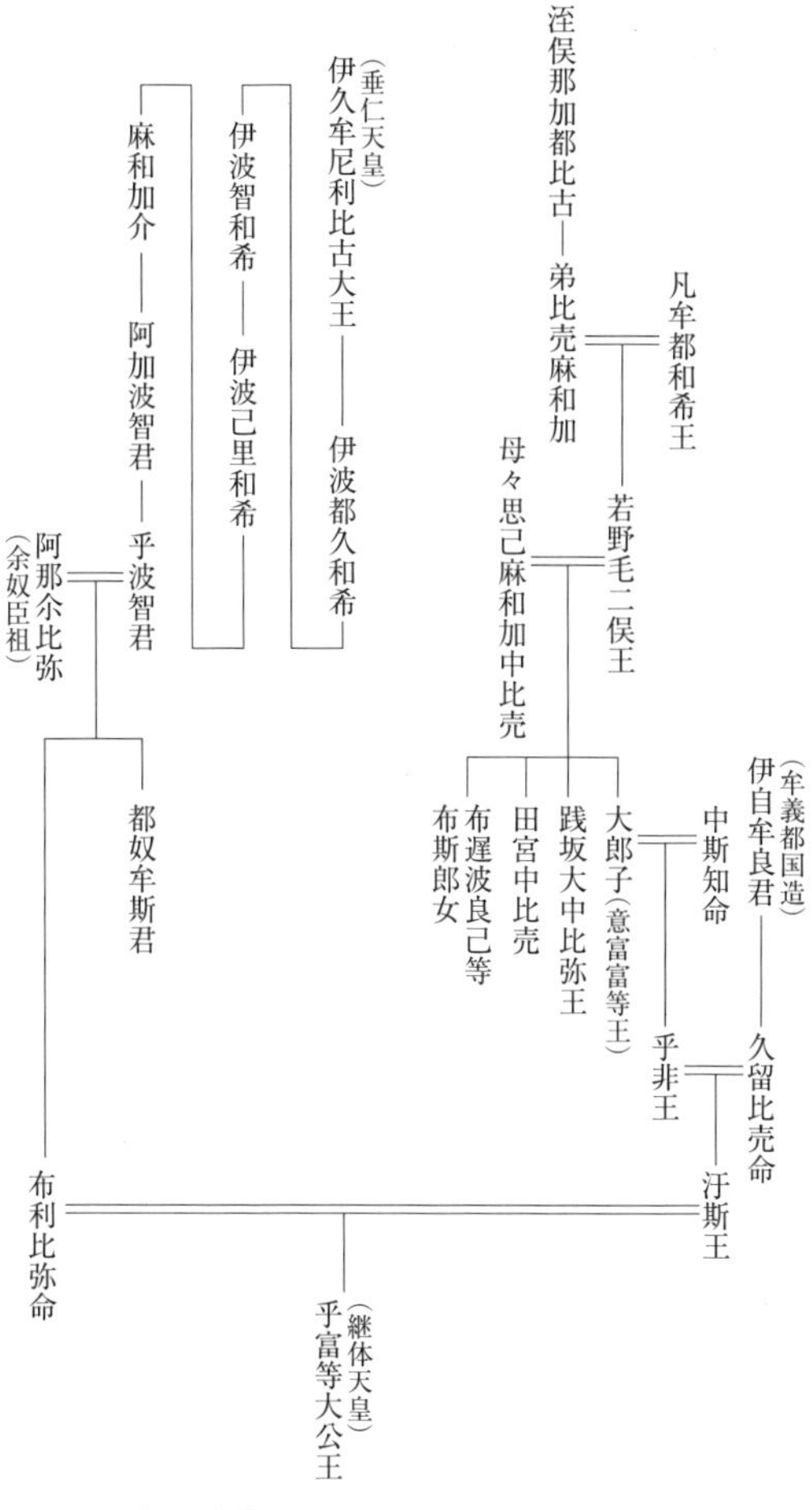

図１　上宮記系譜

体ないし欽明が保有していた祖先系譜ということになり、その基本的骨格の信憑性はきわめて高いといわねばならない[15]。

さて前稿では、具体的に上のような図で息長某王・坂田某王の成立を想定し、これらが継体の傍系親族であることを示した。

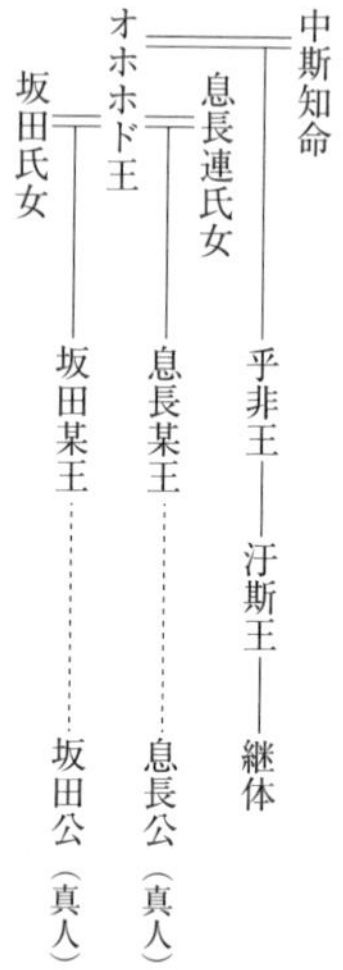

図2　息長公の成立

ただし、ここで息長連氏女や坂田氏女と婚を結んだのはオホホド王に限定する必要はなく、かれらと王の直系子孫との婚姻の可能性も考慮したほうが良いと思われる。それでもむろん事態に変わりはない。そのようにことわったうえで、息長公の成立は図2のように考えてよい。

しかし、坂田公は、記ではオホホド王後裔とされるに対し、紀と『姓氏録』では継体の子中皇子の後裔とされる。それに、坂田大跨（俣）王（継体妃の父）を継体以前の人物とみなければならないことを勘案すると、坂田公については、いったん図2のようにして成立した坂田某王の女が継体皇子に嫁して、その所生子が坂田公を名乗ったというやや複雑な過程を想定しなければならない。この点を「一代限りの母系制」による「祖変」として前稿に説いた。

ところが前稿では、紀・『姓氏録』において坂田公と同じく「継体皇子を祖とする他の二氏、三国公と酒人公についても同様に考えられる」と述べた。三国公の成立についてこのように書いたのは軽率であって再考の要があり、また酒人公の成立についてもあらためて詳しく説明する必要がある。

三国公については後述することにして、ここでは酒人公の成立過程を考えよう。

一般に酒人とは造酒を職掌とする伴造系氏族が名乗る氏名であり、それを公姓の「皇裔」氏族が称することは奇異な感じを与えよう。山尾幸久氏が酒人公の成立について、「継体皇子の宮居（在大和か）に摂津東生の酒人の土豪が娘を出して成立し始めた子孫たちなのであろう」[16]としたのも、その点の考慮からであろう。ここで氏のいう「在大和」や「摂津東生」には賛同できないが、その着想は多とすべきである。

表2によれば、奈良時代の坂田郡には坂田酒人真人（公）と酒人真人（公）とが存在した。大橋信弥氏は両氏を「同一氏」[17]としたが、これは明らかな失考である。なぜなら『姓氏録』において、両氏はつぎのように相異なる祖先伝承をもって並立しているからである。

A　坂田酒人真人　息長真人同祖（左京皇別）

（息長真人　出レ自二誉田天皇諡応神。皇子稚渟毛二俣王之後一也。）

B　酒人真人　継体天皇兎王之後也。日本紀合。（大和国皇別）

AとBとはたしかに別の氏族であるが、同じく坂田郡が本貫とみられるから無関係であったとは思えず、両氏の関係の如何が問題となろう。

すでに述べたように前稿では、坂田郡在地において息長連氏と同様に坂田氏の存在を想定したが、ここではその坂田氏の支族として坂田酒人氏を考えたい[18]。すると図2における息長公・坂田公の成立と同様に坂田酒人公の成立は

オホホド王（ないしその直系子孫）
＝坂田酒人氏女
　　｜
　　坂田酒人公（真人）

と想定される。

ところが、これはあくまで坂田酒人公の成立であって、酒人公の成立ではない。そこで後者はもう一度「祖

変」を考えて

継体＝＝皇子菟皇子――酒人公（真人）
坂田酒人公氏女

と想定することが可能である。

ところで『姓氏録』には

C　酒人小川真人　男太跡天皇〈諡継体。〉皇子菟王之後也。（未定雑姓右京）

とあるが、これはB酒人真人の複姓で、明らかにその支族である。

A・B・Cと並べてみると、CはB以後の成立であり、AとBでは祖先伝承からみてAが先行する可能性が強い。したがって、こうした点からもBの成立過程を以上のように考えてもよいと思われる。

真人賜姓六氏はいずれも本貫を近江・越前の畿外とすることから、印象的にかれらを「地方豪族」と見る向きが多い[19]。しかし一概にそのように見ることはできないことを、以上で息長公を中心に説いてきた。

従来、六氏の一々についてその成立事情を明らかにした論考はほとんどないが、水谷千秋氏が記のオホホド王後裔氏族（六氏を含む八氏）の系譜の成り立ちを考察した所論[20]があるので、とりあげて検討しよう。

水谷氏は、「八つの後裔氏族のうち、一部には史実に基づくものが含まれている可能性」を認め、允恭紀の記載からみて「意富富杼王の一族が近江国坂田郡に土着していたとする認識は古くからあった」とし、坂田郡に関わる息長某王・坂田某王もオホホド王の後裔を称していたと想定、かれらから出た息長公・坂田公も「実際に意富富杼王の後裔である可能性」が高いことを述べている。ここには、こうした王族の具体的成立事情への言及がないけれども、一応私見と軌を一にする。

酒人公について氏は、本貫が坂田郡にあったことから「坂田君の影響で同じ系譜を主張するようになったのではないか」と推測し、オホホド王後裔とする所伝は「仮託」とする。しかし、酒人公の成立についても息長公・坂田公とほぼ同様に考えてよいと思われる。氏は、酒人公が職掌名を氏名とすることから、これを「皇裔」とみることに難を感じたのかもしれないが、その点はさきに述べたように想定すれば障害にはならない。

また、継体紀において坂田公・酒人公の「先」とする継体二皇子、中・菟とその生母根王女広媛（この母子は継体記には見えない）について、水谷氏は「坂田君と酒人君の始祖系譜を伝えるために案出され、「帝紀」に新しく加えられた可能性」を考え、紀の所伝を否定的に評価している。しかし、古い時代に架けられた所伝ならともかく、継体紀の皇妃・子女関係の所伝については、その史実性を軽視できないのではないだろうか。やや複雑ではあるが、私見のように「祖変」を想定すれば、酒人・坂田両氏について、オホホド王後裔とする記と継体皇子後裔とする紀の二つの所伝は矛盾しないのである。

そのうえで問題となるのは、継体記に例の母子が記されていないことであるが、これは酒人・坂田両氏がオホホド王後裔と記されていることと関連すると思われる。この点はなお後述したい。

三　三国公の成立

三国公は、以上の三氏と同様に記のオホホド王後裔に掲げられているが、三氏とは異なり坂田郡在地とは関係がないと思われる。しかし、紀と『姓氏録』（左京・右京・大和国皇別）では、いずれも継体皇子椀子王（皇子）の後裔とするから、記紀の所伝の相違という点では酒人・坂田両氏に類似している。

この椀子皇子については、記紀ともに三尾氏の所生とする。継体妃には三尾氏が二名入っている。左に所生とともに掲げよう。

表3　継体妃三尾氏二名とその所生子

	記		紀	
	妃	所生子	妃	所生子
A	三尾君等祖 若比売	大郎子 出雲郎女	三尾角折君妹 稚子媛	大郎皇子 出雲皇女
B	三尾君加多夫之妹 倭比売	大郎女 丸高王 耳王 赤比売郎女	三尾君堅楲女 倭媛	大娘子皇女 椀子皇子 （三国公之先） 耳皇子 赤姫皇女

記紀ともにほぼ同様の所伝を記すが、二名の三尾氏の所生にそれぞれ大郎皇子（大郎子）と大娘子皇女（大郎女）が見えることに留意される。このような輩行を示す名乗りは、継体子女の中では他に茨田大娘皇女（紀）・茨田大郎女（記）があるだけで、この場合は茨田氏所生子の中で長女という意であろう。このような限定をつけない大郎皇子・大娘子皇女は、継体のすべての子女を通じての長子・長女という意味ではないだろうか。A稚子媛（若比売）所生の男子は一名だけであるが大郎皇子（大郎子）としていることからもそのように考えられる。

以上から、この三尾氏二名の女性は、継体がおそらく若年で最初に娶った妃であろうと推測される。[21] ではその婚姻の地はどこであったか。

継体即位前紀によると、継体の父彦主人王は、近江国高島郡三尾の別業（『和名抄』高島郡三尾郷）に「三国坂中井」から振媛を迎え、妃として、ここで継体が生まれた。彦主人王の死後、振媛はまだ幼い継体を養育するため、彼を連れて郷里の「高向」（「三国坂中井」の範域で『和名抄』越前国坂井郡高向郷）へ帰った。「上宮記一云」もほぼ同様の伝承を記す。

この所伝の史実性を疑う向きもあるが、以下に述べるように関係史料と極めて整合的で、大筋において事実とみてよい。

振媛は、継体即位前紀では「活目（垂仁）天皇七世孫」と伝え、これは上宮記系譜と一致する。また垂仁記紀ともに、天皇と弟苅羽田刀弁（綺戸辺）との間の子石衝別王（磐衝別命）を三尾君の始祖とするが、これはまた上宮記系譜で布利比弥命（振媛）の祖である伊久牟尼利比古大王（垂仁）の「児」とする伊波都久和希と同一で、さらにその「児」伊波智和希は景行紀四年二月条の「三尾氏磐城別」と同一とみられる。とすれば、上宮記系譜の母系の部分は三尾氏の系譜とみてよく、振媛は三尾氏出身と考えられる。[22]

三尾氏の本拠地は、古くから近江国高島郡三尾郷とみなされてきた。[23] ここには『延喜式』神名帳水尾神社、同兵部省近江国三尾駅があったが、三尾氏の居住は確認されていない。

ところがその後、「三国坂中井」すなわち越前国坂井郡にも「水尾郷」（天平五年「山背国愛宕郡計帳」）、『延喜式』兵部省越前国三尾駅など三尾（水尾）の地名の存在が指摘され、こちらを三尾氏の本拠地とみる可能性が出てきた。[24] ただし、この地においても三尾氏の居住は未確認である。

越前に北接する加賀・能登の加我・羽咋両国造について、その祖を「国造本紀」では、それぞれ三尾君祖石撞別命四世孫大兄彦君、三尾君祖石撞別命児石城別王とする。羽咋国造は羽咋君とみられるが、垂仁記には石撞別王を「羽咋君、三尾君之祖」としている。また三尾君の始祖垂仁は、崇神朝に北陸道へ派遣されたという大彦命の女御間城姫（御間津比売命）を母とする。このように大化前代には、北陸地方の豪族の間に、かなり広範に三尾氏を中心とする同祖系譜ができ上がっていたと思われる。上宮記系譜では、振媛の母を「余奴臣祖名阿那尓比弥」とするが、これも坂井郡に北接する加賀国江沼郡の江沼臣で、「国造本紀」江沼国造の一族とみられる。

越前の三尾氏の勢力が近江のそれより断然強いということは、両地の古墳群を比べても裏付けられる。丸岡・松岡などの坂井郡付近の古墳群においては、大型の前方後円墳が四世紀後半から六世紀まで連綿と築かれており、その規模は北陸地方随一といわれ、高島郡とは比較にならない[25]。

したがって三尾氏の根拠地は坂井郡であり、振媛はこの地の三尾氏であったと考えられるが、では高島郡の三尾（彦主人王の「別業」、継体の生誕地）との関係はどのように理解すればよいか。

坂井郡に生まれた振媛が、何らの縁もなくて遠く高島郡の彦主人王のもとに嫁したとは思えない。おそらく、それ以前に高島郡には越前から三尾君の一部が進出していて[26]、その仲介で彦主人王は振媛をここに迎えたのではないだろうか。「上宮記一云」には、夫の死後「我独り、王子を持ち抱きて親族部なき国にあり。唯我独りにては、ひだし奉らむこと難し」という振媛の言葉が伝えられているが、これは、親兄弟などともにわが子を育ててくれる近親がこの地にはいないという意味に解すべきであろう。

このように考えてくると、継体の母振媛は、夫の死後まだ幼少の継体を連れて高島郡から自らの故郷である三尾氏の本拠地坂井郡に帰り、この地で成長した継体は、まず母の一族の女性二名を娶って子女をもうけたと、きわめて自然な想定が可能である[27]。継体紀で三尾氏B妃所生の椀子皇子の後裔とされる三国公すなわち三国真人が、奈良時代の史料に坂井郡大領、戸主などとして見えることがその有力な傍証である（表4）。

水谷氏は、継体母子の越前帰郷という伝承を振媛母方の「余奴臣によって造作された伝承[28]」とするが、こうした弱小氏族に皇統にかかわる重要な伝承を造作し、またそれが王権によって認められる可能性があるだろうか。氏がこの伝承の史実性を否定するのは、記が三国氏をオホホド王後裔に掲げるとともに、継体即位に関して「袁本杼命を近つ淡海国より上りまさしめて」と近江出身のごとく記していることを重視したからであろう。しかし、この点では大橋氏もいうように、継体の出生地は近江、成長した地は越前であったことを、記は出生地に重点を置いて簡略に記しただけであって、記紀両伝が根本的に矛盾するわけではない[29]。そのうえで紀と異なる記の伝承がなぜ生じたのか、その理由はのちに詳しく述べよう。

表4　坂井郡在住の三国真人

人　名	備　考	出　典
三国真人（名闕）	坂井郡大領正八位下	天平三年　越前国正税帳
三国真人野守	坂井郡荒伯郷戸主	天平神護二年　越前国司解
三国真人奥山	坂井郡磯部郷戸主	〃　〃
三国真人三吉	坂井郡長畝郷戸主	〃　〃
三国真人国継	左京三条三坊戸主三国真人磯乗の男　坂井郡西北一条六石田里に墾田所有　東大寺に売進	〃　〃
三国真人口成	坂井郡高串村東大寺領高串庄の南に地あり	〃　高串村開田図
三国真人浄乗	坂井郡大領外正七位上勲十一等	宝亀十一年　坂井郡解
三国真人佐弥	坂井郡川口郷	八世紀　長岡京木簡

『三国町史』（同町、一九六四年）より掲出、増補

さて水谷氏は三国氏の成立について、舒明即位前紀に見える三国王に着目し、これが「三国君の祖にあたる可能性は十分にある」[30]とした。しかし三国王（出自不明）なる人物についていえば、その乳母または生母が三国公氏であったと推測され、この王の存在は、それ以前に三国公氏が成立していたことを示すだけである。また大橋氏は、「布利比弥命の出身氏は、「三国君氏」と想定したうえで、三尾氏所生の「椀子皇子を三国公の先とする所伝」は、「三国君氏が継体皇子を養子とすることによって、皇親につらなろうとした事情を物語る」とし、「三尾君氏が、布利比弥命の系譜に深くかかわるのは、かかる事情があったため」と述べる[31]。

しかし「事情」はまったく逆であって、継体母子の越前帰郷という紀の所伝（「上宮記一云」の後半部分がその原史料とみられる）と、二名の三尾氏が継体の長子・長女を出生した（おそらく越前で）という記紀所伝を中心に考えれば、氏のような複雑・不自然な想定は不要である。氏には、三国公が越前を本貫とすることから、印象的に同氏を単なる地方豪族とみなす先入見があるように思われる。越前で継体と三尾氏女性（母方一族）との間に男子が出生し、そこから三国公氏が出自したことはきわめて自然な流れである。継体以前に三国公氏が存在した形跡は

なく、同氏は成立当初から「皇親」氏族であったと考えられる。

以上を要するに、三国公氏は、近江国坂田郡に進出した大和の王族(ワカヌケ二俣王—オホホド王)を淵源とする息長公・坂田公・酒人公三氏とは成立の事情をまったく異にし、越前国坂井郡に出生した継体皇子を淵源とする氏族である。

四　記・紀所伝の相違の理由

前二節で指摘・検討してきた継体母子や三国・酒人・坂田三氏についての記紀所伝の相違をあらためて整理してみれば、つぎのようになる。

①酒人公・坂田公については、紀ではともに根王女広媛所生の継体皇子である菟皇子と中皇子、それぞれの後裔とするのに対し、記ではともにオホホド王後裔とし、継体妃の中に広媛にあたる女性はなく、むろん両皇子の名も見えない。

②三国公については、紀では三尾君堅槭女倭媛所生の継体皇子である椀子皇子の後裔とするのに対し、記ではオホホド王後裔とし、紀に対応して妃に三尾君加多夫妹倭比売、その所生皇子丸高王が見えるものの、三国君(公)をその後裔とする註記はない。

③紀では高島郡三尾で出生、まもなく父を失った継体は、幼時に母振媛とともにその郷里越前に帰ったとするのに対し、記では母振媛や越前には一切ふれず、継体即位に関して「近つ淡海国より上りまさしめて」と伝える。

記と紀で異なる所伝をどう扱うかは、重要だが困難な問題である。原史料の相違つまり「異伝」、あるいは一方を何者かによる「造作」として片づけることによっては、それ以上何ら解明は進まない。

記の撰上は紀に先行することわずか八年であり、記紀両書はほぼ同じ時期に編纂が進行していた。紀の編纂は、その開始を天武十年（六八一）三月の「令レ記二定帝紀及上古諸事一」に求めると、養老四年（七二〇）五月の撰上まで、約四十年の長い道程であった。これに対し記は、その序文によればやはり天武の詔（時期不明）にその企画が始まり、和銅五年（七一二）正月撰上された。とくにその詔に

朕聞、諸家之所レ賷帝紀及本辞、既違二正実一、多加二虚偽一。当二今之時一、不レ改二其失一、未レ経二幾年一、其旨欲レ滅。斯乃、邦家之経緯、王化之鴻基焉。故惟、撰二録帝紀一、討二覈旧辞一、削レ偽定レ実、欲レ流二後葉一。

とあることは周知されている。

ここでは記紀両伝の相違について、その由来を説得的に論じた梅沢伊勢三氏の所説に注目したい[32]。氏は天武十年の「帝紀及上古諸事」と記序の「帝紀及本辞」とは「ほとんど同一のもの」、すなわち記の資料と紀の資料とは、まさに共通のものだったという。同じ朝廷で同時期に共通の資料に対しながら、記紀という異なる二書が成立せざるを得なかった背景には、文化的思想的対立があった。一方では時代の趨勢に乗って「漢文の国家正史」を作ろうとする動きがあり、他方それを目前に見て、対抗的に「簡明かつ国粋的な古伝の書」を作らねばという要請もあった。前者の方針は「異説併記」、「存疑」をそのまま「記定」（天武十年紀）する態度であり、後者は「所伝一本化」すなわち「削偽定実」（記序）の態度であった[33]。

一般に「紀前記後」説といわれる梅沢説で重要なことは、記撰者が手を加える前の「帝紀・旧辞」の原形は、意外にも紀の中に残されているとみたことである。記の撰述態度としての「削偽定実」の対象は、紀の（もとになった）諸所伝であり、しかもその作業には撰者（天武の意を体した）の理念や方針が強く作用していたということ

ができよう。

紀において「異説併記」の傾向は神代紀(多くの「一書」記載)において著しく、皇代紀においては所伝が一本化されている場合が多い。[34]しかし後者においても、記撰者が「自己の理念や方針に適合するように、改変したり手直しをするという操作[35]」をした結果、記が紀と異なる所伝になったという場合も当然あったと思われる。そうした「削偽定実」の理念・基準が抽象的表現ながら、まさに「邦家之経緯、王化之鴻基」であった。

さて、では「削偽定実」の具体的実態はどうであったか。

皇代紀について、記撰者の「削偽定実」の手が加わった結果、記紀所伝間に相違が生じた例として梅沢氏が指摘するものを二つ挙げよう。

一つは「旧辞」に関わるもので、神武「熊野廻向」記事である。記紀両書を対比してみると、紀の記述がすこぶる詳細であるのに対し、記の記事はきわめて簡略である。紀では順路を竈山→名草邑→狭野→熊野神邑→天磐盾→海中→熊野荒坂津(丹敷浦)とするのに対し、記では其地(竈山)→(廻幸)→熊野村とするだけである。紀では、イナヒノミコトの入海とミケイリヌノミコトの常世行きを物語としてこの間に挿入したため、混雑した文となった。その点、記はこれらを上巻の末尾に簡略な形で出し、きわめて明快な説話構成となっている。またこの二皇子の物語において、かれらの国外行の理由について、紀では「天神」や「海神」が皇子たちの舟行に危難を与えるものとみて、これをなだめ、あるいは避けるためとしている。これに対して、記はその理由をまったく語っていない。それは、このような「天神」や「海神」が皇孫の行動に災難を与えるとする発想は、「邦家之経緯、王化之鴻基」を語る記の立場からすれば余計なことであって、「虚偽」として削除すべき内容だからである。[36]

記撰者による「削偽定実」の実態がこのようなものであるなら、上記③に挙げた当面する記紀両伝の相違も同様に理解することができる。すなわち紀が記すように、継体は近江で生まれたが、幼時に父を失い、母とともに遠く越前に帰郷したなどということは、「王化之鴻基」の立場からみて蛇足であり削除すべきものであった。ただ畿内の隣国近江の出身ということまでは否定できないので、単に「近つ淡海国より上りまさしめて」と簡略に記したとみることができる。

梅沢氏が示した「削偽定実」の実例のうち、もう一つ取り上げたいのは「帝紀」に関わるもので、欽明系譜記事である。

紀では、皇妃の一人日影皇女に一名の所生子倉皇子があったことを記している。ところが記においては、この皇妃だけが欠落している。実は紀には、記でこの皇女を削除した理由とみられるものが、その分註に明記されている。そこでは、紀が依拠した「帝王本紀」の本文が、この皇女を「皇后弟」（すなわち宣化の皇女）とするが、宣化の系譜に皇女の名が見えないことを問題視している。しかし紀では、「帝王本紀」の文なるがゆえにあえて皇女の名を記し「後勘者知之」とした。これに対し記では、このような疑問を残している所伝は「偽」として削除した。記による日影皇女削除の結果、その所生倉皇子が浮いてしまった。紀では春日日抓臣女糠子の所生子を春日山田皇女と橘麻呂子皇子の二名とするが、記では春日日抓臣女糠子郎女の所生子を春日山田郎女・麻呂子王・宗賀倉王の三名とするから、倉皇子は「削偽定実」の結果、ここに宗賀倉王として移されたとみられる[37]。

しかし倉皇子はなぜ系譜上の、ほかならぬこの位置に移されたのか。記撰者は、まったく恣意的にそうしたのではあるまい。そうしたとしても、あながち不合理・不当でないような条件・理由が何かあったはずである。梅沢氏はその理由にまでふれていない。

この理由は、やや煩雑であるが、つぎのように考えられる。

仁賢紀と欽明紀とをもとにすると、つぎのような系譜ができる。ただし、宣化紀に日影皇女がみえないことはすでに述べた。

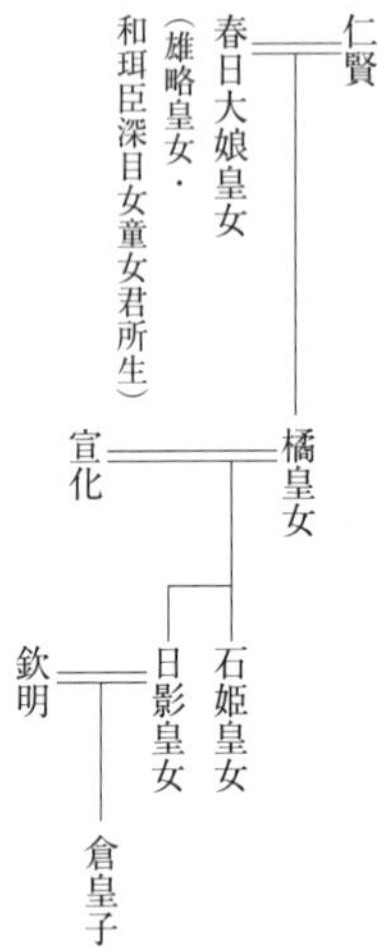

他方、さきにもふれたように欽明紀にはつぎの系譜が見える。

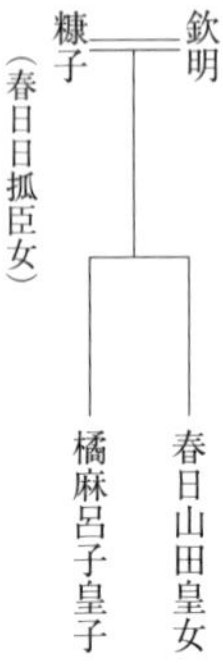

こうしてみると、倉皇子の母日影皇女は女系において和珥（春日）系であるから、記においては倉皇子（宗賀倉王）を同じ系統の糠子の所生子に加えるかたちで処理したと推察される。

以上、長々と「帝紀」を例に述べたが、このように、記撰者による「削偽定実」もまったく恣意的になされたのではなく、それには一定の許容される合理的条件があったと考えられる。「旧辞」に関して、継体は近江出身と簡略に語られても何ら不当でないことは、さきに述べたとおりである。

そこで、つぎに上記①に挙げたように、継体紀における酒人・坂田両氏の始祖註が削られ、記において両氏がオホホド王後裔に位置づけられている問題であるが、これも記撰者の「削偽定実」によるものと考えることができる。

記において、両氏をここに位置づけることを可能にした条件は、第二節で述べたように、やはり両氏が本来ワカヌケ二俣王―オホホド王を淵源とすること、その認識（それはおそらく允恭紀の原形となる「近江坂田」に関わる伝承）が記撰者にあったからであろう。のちに継体皇子の血脈につながったため紀の伝承（始祖註）が成立した。ではなぜ記撰者は紀の所伝に満足せず、両氏の始祖註を削除したのか。

ここで継体以降の天皇について、真人賜姓氏族の始祖註の有無（○×）を調べてみるとつぎの表のようになる。若干説明が必要なのは用明の場合である。紀では麻呂子皇子を当麻公の「先」とするが、同皇子は記では当麻王とされ、とくに始祖註はない。それは、当時では用明皇子で当麻王といえば当麻公（真人）の「先」であるのは自明のことであったので、重複を避けたものと思われる。[38]

	記	紀	姓氏録（参考）
継体	×	○	○
宣化	○	○	○
敏達	×	×	○
用明	事実上○	○	○

そうしてみると、記では天武にとって傍系に属する天皇（宣化・用明）には始祖註があるけれども、直系天皇（継体・敏達）にはそれがないということになる。このことは、記撰者が天武直系天皇に出自する氏族の存在を容認しなかったことを意味するのではなかろうか。とくに継体は天武にとって始祖天皇である。紀に存在した酒人・坂田両氏の始祖註を記撰者が削除した理由はここにあったと考えられる。[39] これも「王化之鴻基」の立場からの「削偽定実」であった。

つぎに三国公の始祖註削除の問題（上記③）に移ろう。

この「削除」は、いま述べた酒人・坂田両氏の始祖註削除と理由を同じくするものであろう。しかし、記が三国公をオホホド王後裔に位置づけたことは、酒人・坂田両氏の場合とはその理由を異にする。なぜなら、三国公は両氏のように坂田郡とは関係がなく、この地に進出したワカヌケ二俣王―オホホド王の血脈には表向きつながらないからである。

実は、ここに到ってたいへん重大なことに気づく。それは、継体自身がワカヌケ二俣王―オホホド王の直系子孫であることが判明していなければ、三国公を継体皇子後裔（紀）の位置からオホホド王後裔（記）の位置に移すことはできないということである。

ではなぜそれが「判明」していたのか。その理由は、おそらく記撰者の前には紀の「系図一巻」[40]またはその原形が存在していて、そこには上宮記系譜とほぼ同様にワカヌケ二俣王―オホホド王から継体にいたる系譜が記されていたからとしか考えられないのである。

さて、真人賜姓があくまで各氏の出自によるものとすれば、藍原氏が指摘したように、賜姓十三氏の配列（天武十三年紀）にも一定の意味が存すると思われる。藍原氏は、紹介したように、十三氏を守山以下の前八氏と坂田以下の後五氏とに分け、前者を「出自の明確な皇別諸氏」、後者を「公姓地方豪族」とした。しかし、後者はたしかに近江・越前地方を本貫としていたが、それを王族の血脈と無関係の単なる地方豪族とみなすことはできないことを上来説いてきた。けれども、前八氏と後五氏という区分そのものには意義があると考える。

前八氏（出自不明の二氏を除く）の配列（表1）をみていくと、まず天武の直系で直近の天皇①②敏達から④継体へと遡り、つぎに傍系の⑤用明から⑦⑧宣化へと代を遡って記したとみることができる。

これに対して、後五氏がここに配されたのは、かれらが天武にとって始祖天皇である継体をさらに直系で遡った王族にその淵源をもつからであろう。酒人・坂田両氏は継体皇子を祖とするが、それは後に皇子の血脈にふれたからで、すでに説いたようにその淵源はオホホド王であり、この点で両氏は息長氏と違いはないのである。また同じく継体皇子を祖とする三国氏が前八氏に属するのも、この区分の妥当性を示している。[41]三国氏は継体を通じてのみオホホド王につながり、つまり継体以後の成立であって、この点において酒人・坂田両氏と区別されるからである。

五　羽田・山道公

最後に残った、関係史料の少ない羽田・山道両氏は、やはり息長氏に近い存在といえそうである。三氏の始祖伝承は共通である（表1）。

まず羽田氏から述べよう。壬申の乱で、当初は近江朝廷の将軍であった羽田公矢国は、その子大人や一族を率いて来降したので、大海人皇子方は「斧鉞」を授けて将軍に任じ、すぐ北方の越に向かわせた（天武紀元年七月辛卯条）。また出雲臣狛とともに三尾城を攻め落とした（同辛亥条）。

矢口はこのように近江での活躍が顕著であるから、羽田氏は近江の氏族である可能性が強い。その本貫として『和名抄』栗太郡治田郷（高山寺本・東急本に「発多」の訓）が考えられる。[42] これは現在の栗東町目川・鈎・川辺付近（旧治田村）に比定される。[43]

この地は大津宮にも比較的近く、羽田氏が最初近江方に属していたことも理解しやすい。またここから五㎞ほど東北、野洲川を越えたところに三上山、その麓に御上神社（『延喜式』神名帳野洲郡）がある。開化記に、皇子日坐王が娶った妃の中に「近つ淡海の御上の祝がもちいつく天御影神の女、息長水依比売」とあるから、坂田郡から離れたこの付近にも息長氏がなんらかの関係を有していたらしい。羽田氏を息長氏の同族とすれば、同氏がこの地を本貫とした背景にこのような関係が考えられる。

つぎに山道氏について述べる。同氏についても史料は少ないが、いささか手がかりと思えるのは、天平勝宝二年五月二十六日付の「出挙銭解[44]」である。この文書の内容は、山道真人津守（A）・息長真人家女（B）・山道真人三中（C）の三名が出挙銭を借り受け、息長真人黒麻呂（D）がその保証人となったというものである。佐伯有清氏は、A・BはCの父母、DはBの親族とみられ、式下郡（大和国城下郡）の田が「質」となっていることから、かれらはともに同郡に居住していたらしいとした上で、「山道真人氏が息長真人氏と居住地を同じくし、かつ婚姻関係を結んでいたことに注目」されている。[45]

奈良時代のことであるから、城下郡は二次的居住地であって、むろん山道氏の本貫ではあるまい。しかし、このような息長氏との後々までの密接な関係を考慮すれば、山道氏の本貫はやはり息長氏と同じく坂田郡に求めるべきではなかろうか。そこで山道の語義であるが、これは東山道（訓はヤマノミチ）の義[46]とするのが適当であろう。壬申の乱で両軍の戦闘があった息長横河（天武紀元年七月丙午条）は、『延喜式』兵部省の近江国横川駅で、これは山東町梓河内から柏原にかけての地に比定される。[47]天野川（古くは息長川）沿いの坂田郡息長村付近はヤマノミチの要衝であった。山道氏の本貫もこの付近と考えられる。

おわりに

以上、たいへん煩雑な考証に終始したが、前稿に加えて、本章の近江・越前を本貫とする真人賜姓氏族（六氏）の分析により、つぎのことが明らかになったと考える。

①坂田郡を本貫とする息長・坂田・酒人三氏は、いずれもこの地に進出した大和の王族ワカヌケ二俣王―オホホド王をその淵源とする。

②このうち坂田・酒人両氏は、のちに継体皇子の血脈に接触し、その後裔を名乗ることとなった。

③三国氏は、継体母子の越前帰郷後、この地で長じた継体と現地の三尾氏（母の一族）の女性との間に出生した皇子の後裔で、上記の坂田郡三氏とは成立の事情を異にする。
④この三国氏の成立事情と、記紀系譜上の位置づけの相違に、記撰者の「削偽定実」の方針を勘案すれば、記紀には明記していないが、継体はオホホド王の後裔であることが判明する。
⑤継体や真人賜姓氏族についての記紀両伝の相違をどう解釈するかという問題は、これまで多くの研究者を悩ませてきた。しかし両伝は根本的に矛盾するものではなく、記撰者による「帝紀・旧辞」に対する「削偽定実」（梅沢説）を想定することにより、整合的に理解することができる。
⑥以上から、真人賜姓氏族は、継体以後の皇別（前八氏、ただし出自不明の二氏を除く）と継体の傍系親族（後五氏）からなることが明らかになる。

註

（1）竹内理三「天武「八姓」制定の意義」（『律令制と貴族政権』一、御茶の水書房、一九五九年、初出一九五〇年）。
（2）関晃「天武朝の氏族政策」（『同著作集』四、一九九七年、初出一九七七年）。
（3）太田亮『日本上代に於ける社会組織の研究』（磯部甲陽堂、一九二九年）六七六～六八三頁。
（4）たとえば、ごく最近では加藤謙吉「文献史料からみた継体大王」（『継体大王の時代』大阪府立近つ飛鳥博物館、二〇一〇年）。
（5）倉本一宏「真人賜姓氏族に関する一考察」（『続日本紀研究』二三二、一九八四年）。
（6）藍原有理子「賜姓真人氏族についての一考察」（『日本古代の社会と政治』吉川弘文館、一九九五年）。
（7）応神記末尾に意富富杼王（オホホド王）の後裔氏族として、三国君・波多君・息長坂君・酒人君・山道君・筑紫之米多君・布勢君が記されているが、このうち「息長坂君」は「息長君・坂田君」の誤写とする通説に従っておく。この中で三国・波多・息長・坂田・酒人・山道の六氏が真人賜姓氏族である。なお筑紫之米多君と布勢君については、拙稿「竺志米多国造について」(本書第一編第三章)参照。

(8) 継体即位前紀によれば、継体擁立の立役者は大伴金村である。また壬申の乱の「功」については、壬申紀に、心を大海人に寄せていた大伴馬来田・吹負兄弟の大活躍が語られ、同御行・安麻呂兄弟ものちの贈位・贈官からみて功臣とされる。

(9) 拙稿「継体天皇の祖先について―息長氏との関係―」(『続日本紀研究』三五七、二〇〇五年)のち、『日本古代の伝承と歴史』(思文閣出版、二〇〇八年)に収録、以下「前稿」という。

(10) 薗田香融「皇祖大兄御名入部について」(『日本古代財政史の研究』塙書房、一九八一年、初出一九六八年)。

(11) 笹川尚紀「「帝紀」・「旧辞」成立論序説」(『史林』八三―三、二〇〇〇年)。

皇祖大兄の皇統に関わる息長某王だけであれば氏の論理も成立する可能性があるが、それに関わらない坂田某王が、しかも継体紀以降の実録的記事の中に見えるのであるから、これらの王族を「案出」とすることはできない。

(12) 少し補足すると、息長連氏は『続日本紀』天平神護元年七月戊戌条が初出であり、記紀には見えない。記紀では、息長氏は息長君(公)・真人として尊貴性をもって出るので、その土台となった息長連氏などはもはや重視されない存在であったと思われる。しかし、連姓であるから、これは大化前代に遡る古い成立であったと考えられる。さきの初出記事も、息長連から同真人への改姓である。この記事は、かつての息長君(公・のち真人)成立にあたって、息長連がその土台となったことを示唆している。

(13) 隅田鏡銘文についての最近の研究は、加藤、註(4)前掲論文参照。

ただし本章では、同銘文に対する解釈は、確実な最小限度にとどめておきたい。

(14) 忍坂大中姫の父ワカヌケ二俣王や王の祖父河派仲彦について、かれらの本拠を、私見のように忍坂やその付近ではなく、摂津南部から河内中部に比定する説がある。前稿ではふれなかったので、ここで私見を述べておこう。たとえば、山尾幸久『日本古代王権形成史論』(岩波書店、一九八三年)では、その論拠を地名に求め、つぎのように説いている。

河派仲彦(紀)は、浧俣那加都日子(上宮記系譜)・杙(咋)俣長日子王(記)とも表記される。記の表記を重視すれば、河派(カハマタ)は本来クヒマタであり、これを地名とすれば『和名抄』摂津国住吉郡杭全(クマタ)郷に比定される。またカハマタであれば、同じく河内国若江郡川俣郷もある。ワカヌケ二俣王については、同志紀郡に、古く遡るかどうか分からないが「二俣」の地名がある(四五二頁)。

これに対する私見は少し長くなるが、以下のとおりである。

記・紀・上宮記系譜の三つの文献の中では、やはり上宮記系譜の伝えがもっとも古い。その「浧」は、たとえば諸橋轍次『大漢和辞典』六(大修館書店、一九五七年)では「川の名、〔集韻〕浧、水也」とするので、カハと訓んでよいであろう。記・紀の先後関係は、こうした細部では微妙であるが、杭全郷の地(大阪市東住吉区杭全付近)は大和川末流(今川・平野川など)が枝分かれしていた個所であった可能性は大きく、クマタ(クヒマタ)もカハマタの転とすることができよう。

他方、前稿で主張したように、忍坂の少し下流には栗原川・寺川の合流点(桜井市川合)があり、ここに武烈紀「水派邑(城上)」、用明紀「水派宮」が比定される。後者にはミマタという訓註が付されているが、これをカハマタと訓む可能性も十分ある(雄略紀「来目水」はクメノカハ)。これも前稿に述べたことだが、磯城県主の祖または女カハマタヒメ(綏靖記・紀)から、古代の磯城地域にカハマタの地形・地名があったことは確かである。「二俣」もカハマタと同義であるから、磯城のカハマタは二俣とも呼ばれたと考えられる。

要するに、大和の磯城地域と摂南・中河内地域の両方にカハマタ、二俣の地名があったことになるから、こうした地名だけでは、いずれが二俣王らの本拠であったか決着はつかない。

そこで前稿および本章で説いたように、隅田鏡(癸未年を四四三年と解す)が私見にとって何よりの物証となる。山尾氏は、隅田鏡「癸未年」を五〇三年、一般には「男弟王」と読まれているものを継体(フト王)に当て、継体がこの時期に忍坂宮に居していたと解した。仮にそう解するとしても、そのためには近江坂田と忍坂の間に従前からの関係が歴史的前提としてなければならないであろう。前稿では、この点を塚口義信氏の指摘によりながら、允恭紀の忍坂大中姫・弟姫伝承は、山尾氏のいうような息長氏の作為ではなく、中臣氏の伝承であって、その客観性は否定できないことを述べた。

(15) 上宮記系譜の成立年代は、従来推古朝前後とされてきた。しかし、塚口義信「『釈日本紀』所載の「上宮記一云」について」(『堺女子短期大学紀要』一八、一九八二年)の、「成立の下限が推古朝前後」で、「それより以前に成立していた可能性も棄てきれない」という指摘は重要である。最近の研究は、水谷千秋「「上宮記一云」の成立と継体天皇」(『龍谷史壇』一三六・一三七合併号、二〇一一年)に整理されている。用字や「潤色」により成立年代を判断するのではなく、内容によるべきであろう。

(16) 山尾、註(14)前掲書、四四七頁。

(17) 大橋信弥「坂田酒人氏について」(『日本古代の王権と氏族』吉川弘文館、一九九六年、初出一九九二年)。

(18) 笹川尚紀「大化前代の近江国坂田郡地域」(『続日本紀研究』三四三、二〇〇三年)によれば、この地には伊吹山麓の良質な湧水を原料に造酒を職掌とする集団が存在した。

(19) 大橋信弥「継体朝の成立について」(『日本古代国家の成立と息長氏』吉川弘文館、一九八四年)。

(20) 水谷千秋「意富富杼王後裔氏族の研究」(『継体天皇と古代の王権』和泉書院、一九九九年、初出一九八八年)。

(21) 同「三尾氏の系譜と伝承」(註(20)前掲書、初出一九九一年)も「長子を意味する「大郎子」を生んだ女性が継体にとって最初の妃」とするが、後述のように、それが「継体が元来近江を基盤とし」ていたことにつながるわけではない。

(22) 米沢康「三尾氏に関する一考察」(『北陸古代の政治と社会』法政大学出版局、一九八九年、初出一九七八年)。水谷、註(21)前掲論文。

(23) 太田亮『姓氏家系大辞典』(角川書店、一九六三年、初出一九三六年)「三尾」の項。最近においても、水谷、註(21)前掲論文は同様に主張する。

(24) 岸俊男「三国湊と東大寺荘園」(『三国町史』三国町、一九六四年)。米沢、註(22)前掲論文。

(25) 佐古和枝「越の振媛と継体天皇」(『継体天皇と振媛』大巧社、一九九三年)。
(26) 中司照世「継体伝承地域における首長墳の動向」(『継体大王とその時代』和泉書院、二〇〇〇年)。
地方豪族の動きのベクトルは、一般に地方→京・畿内である。このことは、のちの五国史に京・畿内貫付の記事が多く見えることからもわかる。三尾君も本拠の越前から畿内の北隣近江まで進出していたのだろう。
(27) 三尾氏A妃は、紀では三尾角折君妹とするが、これは坂井郡に隣接する足羽郡域の旧角折村(福井市角折町)に関連しよう。
(28) 水谷千秋「「上宮記一云」系譜の成立について」(註(20)前掲書、初出一九八七年)。
(29) 大橋信弥「継体天皇と近江・越前―三尾氏と三国氏をめぐって―」(『継体天皇と即位の謎』吉川弘文館、二〇〇七年、初出二〇〇六年)。
(30) 水谷、註(20)前掲論文。
(31) 大橋、註(19)前掲論文。
(32) 梅沢伊勢三『記紀批判』(創文社、一九六二年)。
同『続記紀批判』(創文社、一九七八年)。
同『古事記と日本書紀の成立』(吉川弘文館、一九八八年)。
同『古事記と日本書紀の検証』(吉川弘文館、一九八八年)A。
(33) 梅沢、註(32)前掲書A、二～五七頁。
(34) 神代紀と皇代紀を比べてみればわかることであるが、帝紀においてはもともと異伝は少なかったとみられる。これは「神話」と「歴史」の違いで、むしろ当然のことであろう。このことはまた、紀の「系図一巻」の存在とも重要な関係があろう。
(35) 梅沢、註(32)前掲書A、一二三頁。
(36) 同右、六四～七六頁。
(37) 同右、一三六～一六三頁。

(38) 佐々木一紀「真人姓氏族と記紀」(『古代国家の政治と外交』吉川弘文館、二〇〇一年)は、記に当麻公の始祖註がないことを一つの根拠として、「真人姓氏族の出自系譜に関する原史料の成立の順は、『古事記』→『書紀』である」とするが首肯できない。

(39) 両氏の始祖註削除とともに、それが付された両皇子とその母根王女広媛とがともに記撰者により削除された理由も、「削偽定実」の立場から何らかの説明が必要である。それは、以下のように考えられる。紀には、皇妃に広媛という同名が三名見える。

①　継体妃　坂田大跨王女広媛

②　同　　　根王女広媛

③　敏達后　息長真手王女広媛

このうち③は皇祖大兄の母で、記撰者にとりもっとも重視すべき存在である。①②は、いわばその「諱」にふれるものとみて、改変あるいは削除されたのではないだろうか。①は、記では黒比売に改変された。②は①の「坂田」のように素性がはっきりしないので、記では削られたとみることができる。両皇子とも母の素性が不明なので、系譜上他に移しようがなく、削除されたと考えられる。この点で欽明紀の倉皇子の場合とは異なる。

(40) 薗田香融「『日本書紀』の系図について」註(10)前掲書、初出一九六七年)。

(41) 藍原氏の認識では「地方豪族」である三国氏が、前八氏に属するのは氏自身の区分と矛盾するが、氏の釈明はあいまいに終わっている。

(42) 佐伯有清『新撰姓氏録の研究』考證篇第一(吉川弘文館、一九八一年)は、羽田(八多、波多)氏の本貫と近江国栗本郡羽田庄(八日市市羽田)に比定(一八八頁)し、多くの論者がこれに従っている。しかし、これは「ハネダ」であり、かつて「ハタ」と呼ばれた形跡もない。『滋賀県の地名』(平凡社、一九九一年)七一九頁参照。

(43) 『大日本地名辞書』二、栗太郡治田郷。

(44) 『大日本古文書』三、四〇五頁。

(45) 佐伯、註(42)前掲書、一八〇～一八二頁。

（46）平野邦雄「六世紀、ヤマト王権の性格」（『東アジア世界における日本古代史講座』四、学生社、一九八〇年）。
（47）藤岡謙二郎編『古代日本の交通路』二（大明堂、一九七八年）近江国（桑原公徳）。

第六章　万葉歌人鏡王女と額田王の出自

―最近の直木説に関説して―

はじめに

人気の高い万葉女流歌人額田王（『紀』では額田姫王）の出自については、天武紀二年（六七三）二月癸未条に、多くの皇妃とともに「天皇初娶二鏡王女額田姫王一、生二十市皇女一」とあるように、直接の史料では鏡王（系譜不明）の女であったことが示されるだけである。しかし、本居宣長は、『万葉集』で額田王と歌を唱和している鏡王女を鏡女王とみなした上で、「鏡女王・額田王は、ともに鏡王といひし人の女にて、鏡女王は姉、額田王は弟と聞えたり」（『玉勝間』）とした。この説はその後長く継承され、現在でも強い影響力をもっている。

ところが最近、直木孝次郎氏が新説を発表され、そこでは、『万葉集』の鏡王女は鏡王の女で、すなわち額田王のことであるとし、別に『延喜式』諸陵寮にみえる鏡女王という女性は存在したが、それは鏡王の女ではなく、また『興福寺縁起』の鏡女王鎌足嫡妻説は、奈良時代後期につくられた虚構だとされた(1)。

本章では、この説にも関説しながら、氏があまり重視されていない、関係者の陵墓のあり方から、鏡王女・額田王の出自を探っていくことにしたい。

一　従来の研究

陵墓を手がかりにこの問題にアプローチした従来の研究をふり返ってみよう。

最初に『延喜式』諸陵寮の記載に注意したのは、河村秀根『書紀集解』であった。そこでは、天武紀の「鏡王女額田姫王」の「鏡王女」の下に、「疑舒明天皇孫也、鏡姫墓在二押坂陵兆域一」とあいまいな記述ながら、額田王の出自が舒明や鏡姫（鏡女王）となにか関係あるらしいことを述べている。

これに示唆された中島光風氏は、ほぼつぎのように論を展開した[2]。

『万葉集』の鏡王女は、天武紀の鏡姫王、『興福寺縁起』の鎌足嫡室鏡女王と同一人物で、鎌足は『万葉集』巻二―九三・九四の歌の贈答の後、鏡王女すなわち鏡女王を嫡室に迎えたのであろう。

諸陵寮式の

　押坂墓　鏡女王。在二大和国城上郡押坂陵域内東南一。無二守戸一。

をみると、押坂陵というのは舒明天皇押坂内陵のことであって、その域内に鏡女王（鏡王女）の墓が記されている。

ところで同式の他の例では、

　磯長原墓　石姫皇女。在二河内国石川郡一。敏達天皇陵内。守戸三烟。

　押坂墓　田村皇女。在二大和国城上郡舒明天皇陵内一。無二守戸一。

前者石姫皇女は敏達天皇の母、後者田村皇女（糠手姫皇女）は舒明天皇の母で、ともにその墓は御子天皇の陵内

に記されている。一方、
　桧隈墓吉備姫王。在二大和国高市郡桧隈陵域内一。無二守戸一。

　この例では、吉備姫王は欽明天皇の孫で、その墓は、桧隈陵（おそらく桧隈坂合陵）の域内に記されている。

　以上は、天皇の母または孫に当る人物が、その天皇の陵（域）内に葬られている例である。他方、また
　押坂内墓大伴皇女。在二大和国城上郡押坂陵域内一。無二守戸一。

という例では、大伴皇女は欽明の皇女で、欽明の皇子敏達の孫に当る舒明との関係は、前記三例ほど密接とはいえない。この大伴皇女は舒明以前の人と思われ、したがってその墓は、押坂陵すなわち舒明押坂内陵が建立される以前から存在したであろうから、前の場合とは事情が異なる。

　当面の鏡女王は天武十二年（六八三）に薨じ、その頃にはすでに存在していた押坂内陵の陵域内に葬られたことになる。これは舒明天皇と鏡女王との関係がなみなみのものではないことを推測させ、二人の間に「何らかの近親関係を設定することは全然架空の臆説として否定することはできまいと思ふ」。

　また、天智紀六年（六六七）二月条に、斉明天皇とその皇女間人を小市岡上陵に合葬し、陵前の墓に皇孫大田皇女（天智天皇女）を葬ったとあることを「右推定の類証とすることができる」。

　加えて宣長説についても、鏡王と鏡王女とは、名が同じだという理由で直ちに父子ということはできず、また鏡王女と額田王との関係も、唱和の歌があるというだけで姉妹ということもできず、「ともに御親しみの御中」（『万葉考』）という以上のことは引き出せない。

　澤瀉久孝氏は、鏡王女の出自についての中島氏の陵墓からの考説に「従ふべき」とし、「即ち鏡王の女でなくて鏡という名の王女（皇子に対して皇女といふ如く、王子に対して王女といふ、女王といふと同じ）と見るべきである。舒明天皇の皇孫と見る事は年齢の点で無理であり、皇女又は皇妹と見るべきではないか」とした[3]。

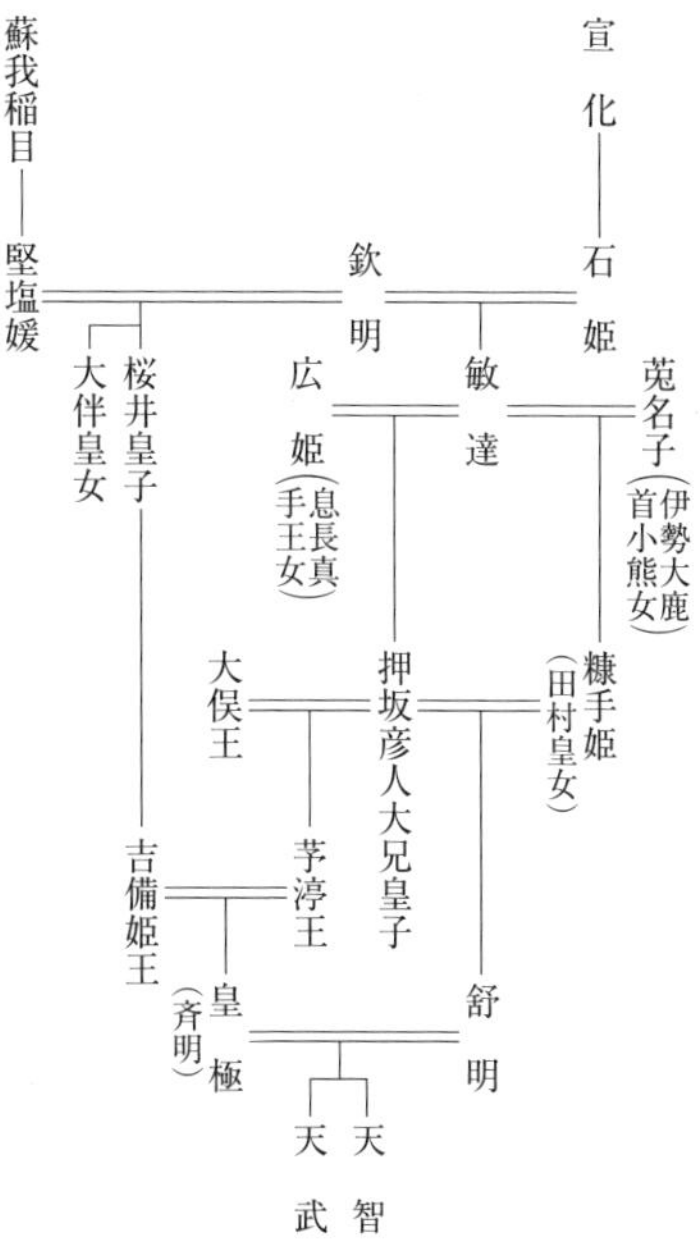

図1　欽明後裔系譜

しかし谷馨氏は、中島・澤潟説に疑問を呈し、つぎのように論じた(4)。

石姫皇女と田村皇女は「陵内」への合葬であり、鏡女王・大伴皇女・吉備姫王の「域内」と記す墓とは性格が異なる。したがって、鏡女王の出自を考える場合に参考になり得るのは、大伴皇女と吉備姫王の墓に絞られる。だが欽明皇女大伴は、舒明との間にさしたる近親関係は認められないから、残るは吉備姫王の墓だけであるが、「僅かにこの一例によって、天皇陵域内に墓あるを近親者なりと定めることは無理であると思う」。皇女の名「大伴」は、乳母の氏であったと推測され、この忍坂は「大伴氏の田庄の周辺」であり、乳母の氏族がその田庄付近に皇女の墓を営んだと考えられる。墓所は被葬者の生い立ち（居住）の地、すなわち母もしくは乳母の属する氏族に関係あるのではないか。『大和志料』所引『大同類聚方』に額田部氏の忍坂居住の伝承があるから、「鏡王女が額田王の姉妹であることが確実とすれば」、額田部氏「の縁によって王女の墓が此の地に作られたと考えることができる」。

その後、菅野雅雄氏は、諸陵寮式の「陵内」は被葬者天皇の母、「陵域内」はその「二親等あるいはそれ以遠」であると整理し、親等と姫王の称の検討から、鏡女王（姫王・王女）は、敏達天皇の皇孫、年齢の点から舒明天皇の皇妹または従妹ということが考えられるとした(5)。

また尾畑喜一郎氏は、諸陵寮式における忍坂の被葬者の間に、押坂彦人大兄皇子を「基点」とする「忍坂一

族」ともいうべき近親関係を想定し、鏡女王・額田王姉妹の父鏡王を、舒明と田眼皇女（推古皇女）の間の子とする。(6)

以上、陵墓のあり方に注目したこれまでの研究を概観したところでは、「陵内」と「陵域内」の問題はあるものの、やはり中島説が今後の議論のための土台の位置にあることが確認できよう。

二　忍阪谷の被葬者

ここで鏡王女と額田王との関係、彼女らの出自を明らかにする上で、新たな手がかりとして指摘したいのは、つぎの二つの記事である。

①天武紀七年四月庚子条

葬㆓十市皇女於赤穂㆒。天皇臨之降㆑恩以発哀

②同　十一年正月壬子条

葬㆓氷上夫人於赤穂㆒。

天武天皇と額田王の間に生まれた十市皇女と、藤原鎌足女で天武夫人の氷上娘とが、同じ赤穂という地に、わずか四年足らずの時を隔てて葬られているが、この赤穂とはどこか。

これについては、『大和志』の広瀬郡赤部村とする説や、日本古典文学大系『日本書紀』下（岩波書店、一九六五年）頭註の『延喜式』神名帳添上郡赤穂神社付近（現奈良市高畑町）とする説があったが、いずれも被葬者とこれらの地との縁由は考えにくく、妥当でない。

赤穂の「穂」は、元来「峯」を意味し、尾根の「尾」と同義で、現在「尾」に転訛していることが多いことから、字名として残っている桜井市赤尾に比定される可能性を指摘した河合ミツ氏の説が首肯される。(7) ここは北に三輪山と相対する所で、『万葉集』の「十市皇女の薨ぜし時に、高市皇子尊の作らす歌三首」（巻二―一五六～一五八）のうちの最初の二首に「みもろの三輪の神杉」「三輪山の山辺」が詠み込まれていることもその傍証となろう。

ここ赤尾は、鳥見山の東側の尾根から東麓にかけての地で、東の外鎌山との間の忍阪谷を粟原川が西北流している。外鎌山南麓には、舒明陵をはじめ、いくつかの陵墓がある。この地の段ノ塚古墳が舒明陵であることは、ほぼ確実とみられる。(8)

ではここで、赤穂を含むこの忍阪谷に葬られた人々の崩薨・葬関係記事を年代順に挙げてみよう。

①大伴皇女　『延喜式』押坂内墓（前掲）

②舒明天皇　舒明十三年（六四一）十月崩
皇極元年（六四二）十二月壬寅（二十一日）滑谷岡葬
同　二年九月壬午（六日）押坂陵葬
『延喜式』諸陵寮　押坂内陵 高市崗本宮御宇舒明天皇。在二大和国城上郡一。兆域東西九町。南北六町。陵戸三烟。

③嶋皇祖母命　天智三年（六六四）六月薨
（糠手姫皇女・田村皇女）
『延喜式』押坂墓 田村皇女（前掲）

④十市皇女　天武七年（六七八）四月癸巳（七日）薨（宮中）
同年同月庚子（十四日）赤穂葬

⑤氷上夫人　　天武十一年（六八二）正月壬子（十八日）薨（宮中）
　　　　　　　同年同月辛酉（二十七日）赤穂葬
⑥鏡姫王　　　天武十二年七月庚寅（五日）薨
（女王）　　　『延喜式』押坂墓鏡女王（前掲）

①〜⑥のそれぞれについて、この地に葬られた理由を考えよう。

①は堅塩媛所生の欽明皇女であるから、舒明との血縁関係は遠く、谷氏が説いたように、おそらく乳母が大伴氏であった関係で、舒明以前にこの地に葬られたと考えられる。忍坂は、神武の大和平定伝承の舞台であり、大伴氏の祖道臣命は、神武に命じられて、ここに「大室」をつくったという。また『万葉集』巻四―七二三によれば、忍坂に近い鳥見山周辺には大伴氏の「跡見庄」があり、同氏の拠地の一つであった。

②が滑谷岡（場所不明）からこの地に改葬されたのは、なんといってもここが押坂という地名を名に負う父彦人大兄皇子の地盤であったからに相違ない[9]。

③は、舒明の生母のゆえに、ここに合葬されたとみて間違いない（敏達・石姫合葬の例）。

④は、舒明の孫に当るから、一応その関係によると考えられる。

しかし、⑤は天武夫人であり、②③に対する関係は④と同様ではなく、以上のところでは、この地に葬られた理由は知りがたい。だが④と⑤とは同じ地（赤穂）に葬られていることから、その間にはなんらかの親縁・血縁関係があるのかも知れない。

そこで、やはりこの地に葬られた⑥鏡女王の存在が問題となる。

鏡女王に関しては、鏡女王（『延喜式』諸陵寮・九〇〇年成立『興福寺縁起』・七七二年成立『歌経標式』）と鏡姫王（天武紀）と鏡王女（『万葉集』）三者の異同を一応確かめておく必要がある。

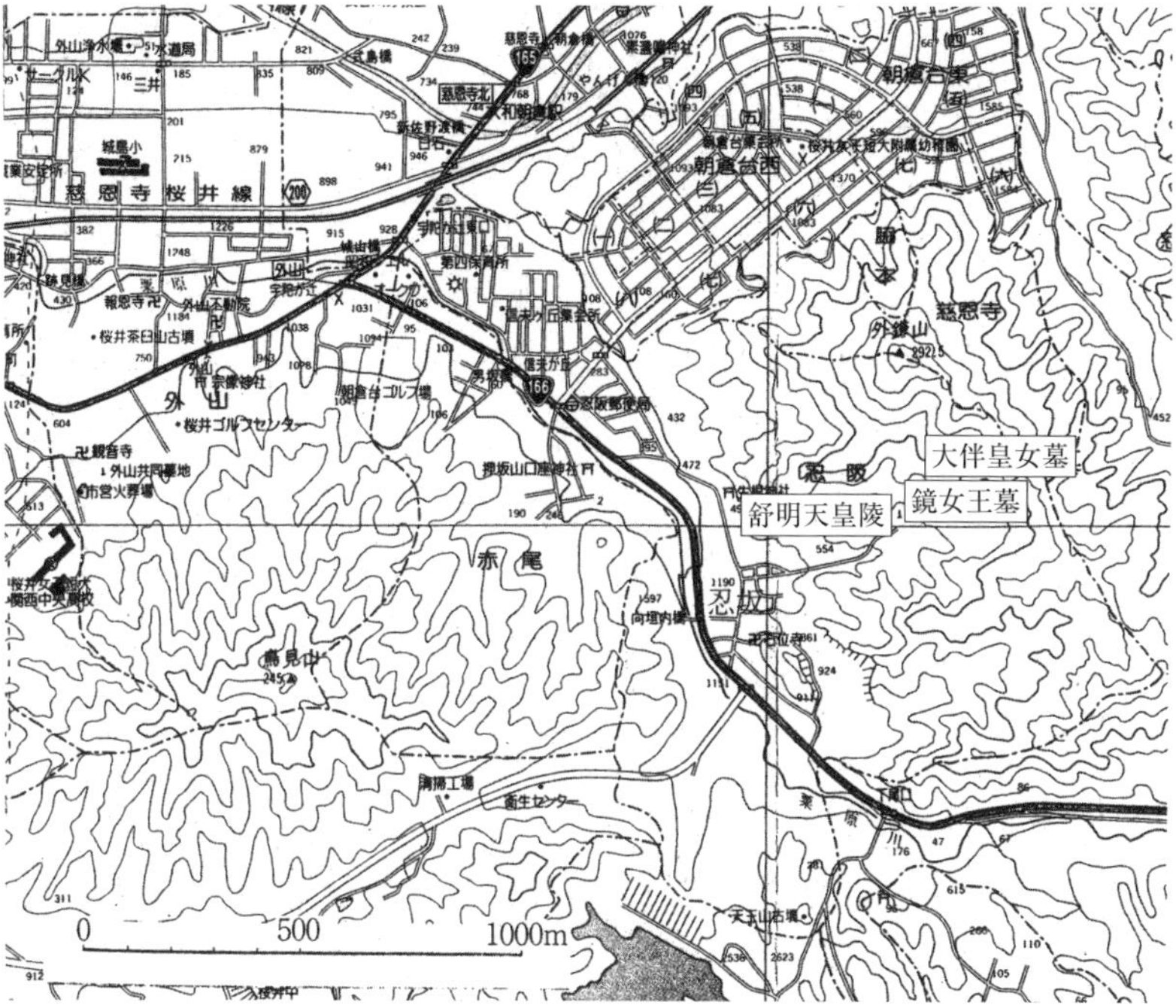

図2　忍阪谷付近図

まず、浄御原令（持統四年〈六九〇〉）以後、二世王以下の女性を女王といい、それ以前にはそれを姫王と称していたと考えられるから、女王と姫王とは表記の違いだけで実体は同一である。[10] つぎに、『万葉集』のみにみえる鏡王女は鎌足との贈答歌もあって、のちにみるように、鏡女王（『興福寺縁起』の鎌足嫡室）と同一人と考えられる。[11] また歌人としての鏡女王（『歌経標式』）が存在することもその傍証となろう。したがって、三者は通説のように同一人物としてよいであろう。

ところが直木氏は、『万葉集』鏡王女について、「王女」という表記に疑念をもたれ、これを〝鏡王の女〟と解し、鏡王女すなわち額田王とされた。

以下この説について検討しよう。

この説が成立するためのもっとも大きな障害は、『万葉集』巻四―四八八・四八九（巻八―一六〇六・〇七にも重出）に額田王と鏡王女の間の贈答歌があることである。これについて氏は、伊藤博氏の説くように「後人の仮託の作」とされている。[12]たしかに伊藤氏は、「額田王関係歌は、万葉集においてきまって巻一・二の古歌巻に収録」されているが、「たった一つの例外」が「秋風の歌」(四八八、一六〇六にも重出)で、「この歌を収める巻四および巻八は養老をさかのぼる成立とはとうてい思えない」、「これを奈良人の仮託と見ないことの方がむしろ不自然な思考である」と力説した。[13]

だが、これに対しては有力な反対説もある。吉井巖氏は、巻一の額田王のすべての作品をその中に含む三〜二一の作品は、「額田王の作品メモ、或いは額田王に親しい関係を持つ人―例えば額田氏の誰か、のノート」より採用されたのではないかとし、その推定の根拠として、イ代作歌の伝承、ロ秘作の伝承、ハ中皇命の用語、ニ題詞の形式を挙げた。[14]これをうけて比護隆界氏は、「巻四の冒頭歌群四八四〜四九五までは、吉井巖氏が言われた巻一の「額田メモ」の拾遺部分である」とし、その根拠として、1王作の存在(天智との関係を明示)、2冒頭部分が王周辺の歌人たちの歌で構成されていること、3題詞の形式を指摘して、そうであれば「「秋風の歌」を王の実作から外すわけにはいかない」という。[15]

とくに比護氏が挙げた根拠2は、かなり決定的とも思えるものである。氏によれば、これら冒頭歌群の作者たちは、額田王の近辺にあった女性ばかりである。

①仁徳天皇妹(→額田大中彦皇子)
②斉明天皇
③額田王
④鏡王女
⑤吹芡刀自

⑥舎人吉年（→田部忌寸櫟子）

このうち、①すなわち四八四は王の養育者額田部氏に伝わる伝承歌としてよく、⑤は王所生の十市皇女に仕えた女性（巻一―二二）、⑥は「天皇の大殯の時の歌二首」（巻二―一五一・一五二）を王と並んで詠んだ女性である。こうした様態をみれば、③④の贈答歌（四八八・四八九）だけを「仮託」とみなすことは困難であろう。

三　鏡女王の定位と額田王の父鏡王

さて、鏡女王については『興福寺縁起』に、

至二於天命開別天皇即位二年歳次己巳冬十月一、内大臣枕席不レ安。嫡室鏡女王請曰、敬二造伽藍一安二置尊像一。大臣不レ許。再三請、仍許。因レ此開二基山階一始構二宝殿一。

とあり、また『万葉集』に「内大臣藤原卿、鏡王女を娉ふ時に、鏡王女、内大臣に贈る歌一首」（巻二―九三）とこれに対する答歌（九四）があるので、鏡女王（王女）は鎌足嫡室であったと考えるのが通説である。

しかし直木氏は、鏡女王鎌足嫡妻説を以下のように否定される。養老継嗣令王娶親王条で、臣下の男性は五世王以下（非皇親）の女性を娶ることはできるが、四世王以上との結婚は禁じられている。この制約は、それが成文化された大宝令にはじまるのではなく、それ以前から存したのであろう。鏡女王（姫王）は薨去の前に天武天皇の見舞いをうけ、没すると舒明天皇押坂陵の陵域内に葬られるという身分の高い女性であるから、非皇親の五世王とは思えない[16]。

だが、こうした令の規定を厳格に令制以前に推しおよぼすのが、はたして妥当であろうか。

『万葉集』巻二「相聞」には、「近江大津宮に天の下治めたまふ天皇の代」という標目の冒頭に、天智天皇と鏡王女の贈答歌（A）（九一・九二）、つぎに問題の鏡王女と鎌足の贈答歌（B）（九三・九四）、そのすぐあとに「内大臣、采女の安見児を娶く時に作る歌一首」（C）（九五）がある。この五首は一連のものと考えられる。[17]

まずAからは、天智と鏡王女とがきわめて近い親族であることが、当時の王族内の近親婚の実態を参考にすれば、推察される（むろん両者が実際に、あるいは正式に結婚したのではないにしても）。つぎにCをみよう。紀伝承に多くの例があるように、「采女は天皇の私物であり、天皇周辺の貴族さえ一指だにふれえぬ存在」[18]とされていたから、天皇による臣下鎌足への采女下賜は、両者の「盟約の深さ」、「天皇の側近者としての、甚だしく個人的・ミウチ的な関係」[19]を示すものと考えられる。そうであれば、AとCの間に配列されたBは、功臣鎌足が天皇から王女との結婚を例外的に認められていたことを暗示しているのではなかろうか。[20]少なくとも、巻二の撰者（その原形部分の撰者）の認識はそうであったというべきであろう。

直木氏は、『興福寺流記』に引く「宝字記」という書に、問題の『興福寺縁起』と同趣旨の文が存するから、鎌足「嫡妻鏡女王」説は天平宝字年間までさかのぼり、この時期は「鎌足の顕彰に熱心であった藤原仲麻呂の全盛期」であると、その成立時期・理由を示唆されている。[21]しかし、こうした奈良後期の藤原氏系統の史料だけでなく、さきに述べたように、原撰万葉あるいは「舒明皇統歌集[22]」ともいわれる「古歌巻巻一・二[23]」で、鎌足・鏡王女の結びつきは濃厚に示唆されているのである。

両者の婚姻は、忍阪谷に営まれた陵墓のあり方をみれば、いっそう蓋然性を帯びてくる。

天武夫人には、鎌足女が二名入っている。氷上娘と五百重娘であるが、ともにその母は不明である。このうち、氷上娘の母を鏡女王と想定することは十分に可能であろう。鏡女王と氷上娘とは、同じこの忍阪谷に葬られているからである。鏡姫王（女王）が薨じたのは、氷上夫人の薨・葬の一年後である。したがって、母の葬地が先にあって、その後その近所に娘も葬られたというわけではない。氷上娘がまず赤穂に葬られたのは、その地が舒明陵の近くであったからで、ついで鏡女王が同陵の「陵域内」に葬られたと考えることは可能であろう。彼女らは、舒明と近い血縁関係にあったと考えられる。

谷氏は、舒明から比較的遠縁に当る大伴皇女の墓が舒明陵の「域内」にあることをもって、「域内」の被葬者をすべて陵の主の近親者とすることに反対したが、「思うに、この「域内」なる語は、後年「式」を整えるに際して、管理の必要から、その所在を明らかにしようが為めに記されたものと解すべきではあるまいか[24]」とも述べている。そうであれば、付近にあった大伴皇女墓は、「管理の必要から」例外的に「域内」に取り込まれたと考えることもできよう。中島氏が指摘した斉明陵と皇孫大田皇女墓の関係の例も含めて、近親者の「墓域」というものを想定することができる。

鏡姫王が薨じる前日に、天武は姫王の家に幸し病を見舞っている（天武紀十二年七月己丑条）。これは、鎌足が薨じる六日前に、天智が鎌足の家に幸して病を問うた（天智紀八年〈六六九〉十月乙卯条）のと同様に、きわめて異例のことである。前者は後者を先蹤とした可能性もあろう。姫王は天武にとってよほど重要なミウチ的人物であったと思われる。故重臣鎌足の嫡室・故夫人の生母というにとどまらず、やはり天武と姫王（女王）との間に近い血縁関係を想定すべきではなかろうか。天武の兄天智と女王との近親関係は、さきに推察した。

菅野氏による被葬者の「陵内」「陵域内」の整理に従い、かつ大伴皇女を例外として除き、斉明天皇・大田皇女の例を加えるならば、「陵内」は被葬者天皇から一親等、「陵域内」は二親等ということに一応なる。そうすると、鏡女王は「陵域内」で舒明から二親等、年齢の関係からみて孫ではあり得ず、やはり氏が推測したように、皇妹とするのが妥当なところであろう[25]。

鏡女王を舒明の妹、氷上夫人の母とすれば、天武と氷上との婚は世代的に釣り合う。同様に考えれば、天武と額田王との婚から、王の父とされる鏡王も舒明・鏡女王と同世代となる。

以上のようにみると、鏡王と鏡女王とは兄妹（姉弟）であったのではないかと思われるのである。宣長以来、鏡女王を鏡王の女としてきたのは、名が共通であること以外にさしたる根拠はなかった。しかし直木氏がひととおり調査されたように、父の名を継ぐ王・女王は例がない[26]。だが兄妹（姉弟）では、名を同じくする例がある。それは欽明皇子女で、小姉君所生の泥部穴穂部皇女（穴穂部間人皇女）と泥部穴穂部皇子（穴穂部皇子）の姉弟である[27]。これに加えて、允恭皇子女で忍坂大中姫所生の木梨軽皇子と軽大娘皇女の兄妹も「軽」という名を共有しており、その例としてよいかも知れない。

名を同じくし、しかも同時代人と思われる鏡王と鏡女王も、これらの例に参照して、同母の兄妹（姉弟）と考えるべきではないだろうか。

結局、鏡王・鏡女王は、舒明の兄弟妹（舒明とは異母よりも同母の可能性が高い）すなわち押坂彦人大兄皇子の子女として位置づけられ[28]、額田王は舒明・鏡女王のメイ、天智・天武のイトコとなるのである（図3）。舒明の妻で天智・天武の母である皇極（斉明）は、舒明の異母兄弟茅渟王の女、すなわち舒明のメイでもあった（図1）。したがって、また王は皇極にとってもイトコに当ることになろう。

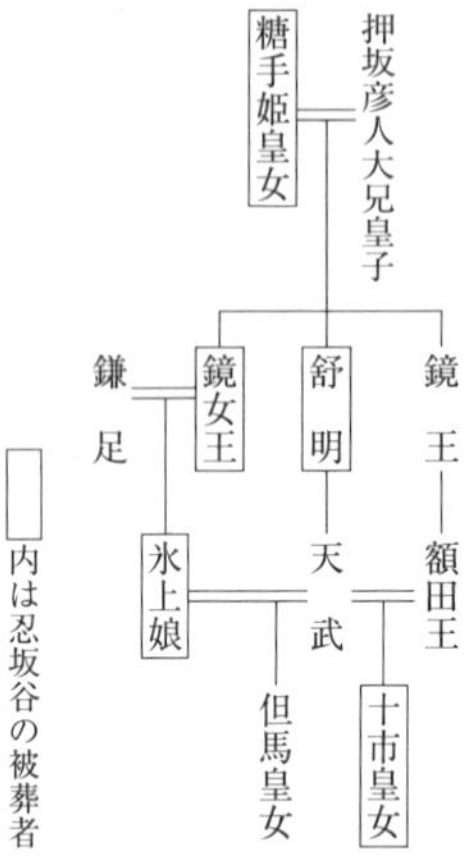

図3　忍坂王家系譜（推定）

斉明・天智朝時代、額田王を輪の中心に、天智・天武・鏡王女に鎌足を加えた親密なやりとりが『万葉集』巻一・二（「舒明皇統歌集」といってよい）を華やかに彩り、王が「天皇・皇子達に伍して、位負けしていない[29]」のは、王の歌才だけでなく、その背後にこうした血縁・親縁関係があったとすれば、容易に理解することができよう。

おわりに

押坂彦人大兄皇子とその子茅渟王は葛城北部に葬られた[30]。したがってこの地域も彼らの地盤であったと考えられるが[31]、彦人大兄の本来の地盤は忍坂であったと思われる。先在した大伴皇女墓は例外として、この地には大兄の子舒明の改葬以来、その近親者の陵墓がつぎつぎと営まれてきたと想定される。かれら一族を彦人大兄にはじまる忍坂王家と呼ぶならば、この地に墓が設けられた、系譜不明の鏡女王、生母不明の氷上夫人、それに十市皇女だけでなく、墓所も系譜も不明の鏡王・額田王父娘もこの忍坂王家の中に位置づけることができることを本章では説いたのである。

憶説の域を出るものではないが、①舒明天皇と鏡女王の兄妹関係、②鏡女王と氷上夫人の母娘関係、③額田王の父鏡王と鏡女王の同母兄妹関係が推定され、鏡王女(姫王・女王)と額田王とは、姉妹ではなくオバ・メイの関係と考えられる。

註

(1)直木孝次郎①「万葉歌人鏡王女と額田王」(『明日香風』一〇〇、二〇〇六年)、同②「鏡女王と藤原鎌足の関係について」(『史聚』三九・四〇合併号、二〇〇七年)、同『額田王』(吉川弘文館、二〇〇七年)。

(2)中島光風「鏡王女について」(『文学』一一—一〇、一九四三年)。

(3)澤潟久孝『万葉集注釈』二(中央公論社、一九五八年)三一頁。
(4)谷馨「鏡王女の墓」(『額田王』早稲田大学出版部、一九六〇年)。
(5)菅野雅雄「鏡王女の出自について」(『記紀歌謡と万葉の間』桜楓社、一九八二年)。
(6)尾畑喜一郎「鏡王女と忍坂一族」(『万葉集の研究　民俗と歴史』桜楓社、一九八四年)。
(7)河合ミツ「地名「赤穂」について」(『続日本紀研究』一八八、一九六七年)、堀田啓一「十市皇女墓考」(『日本古代の陵墓』吉川弘文館、二〇〇一年)。
(8)白石太一郎「畿内における古墳の終末」(『国立歴史民俗博物館研究報告』一、一九八二年)。
(9)薗田香融「皇祖大兄御名入部について」(『日本古代財政史の研究』吉川弘文館、一九八一年)。
(10)直木、註(1)前掲論文①・前掲書。
(11)中村隆彦「額田王と鏡王女—その基礎的考察—」(『万葉とその伝統』桜楓社、一九八〇年)。
(12)直木、註(1)前掲論文①・前掲書。なお、直木氏が疑念をもたれた「王女」という表記については、身崎寿「鏡王女をめぐって」(『額田王』塙書房、一九九八年)の「令制以前の身分呼称(その表記)にはさまざまなものがあったはずで、女性のオホキミについても「王」「女王」「王女」などが並行してもちいられていたのではないだろうか」とする推測に従っておきたい。
(13)伊藤博「遊宴の花」(『万葉集の歌人と作品』上、塙書房、一九七五年)。
(14)吉井巖「額田王覚え書—歌人額田王誕生の基盤と額田メモの採録—」(『万葉集への視角』和泉書院、一九九〇年、初出一九六四年)。
(15)比護隆界「額田王攷」(『万葉集研究』八、塙書房、一九七九年)。
(16)直木、註(1)前掲論文②・前掲書。
(17)伊藤博『万葉集相聞の世界』(塙書房、一九五九年)一一八頁、小川靖彦「鏡王女に関わる歌」(『セミナー万葉の歌人と作品』一、和泉書院、一九九九年)。
(18)門脇禎二『采女』(中央公論社、一九六五年)五四頁。

(19)平野邦雄「やすみこの歌―鎌足覚書―」(『日本歴史』一一五、一九五八年)。
(20)直木、註(1)前掲論文①は、鏡王女が鎌足に贈った歌(九三)を「鎌足の妻どいを拒否した歌」とする。しかし、これについては、伊藤、註(17)前掲書が述べるように「王女の言語上の拒否は、女が親しい男にしばしばおこなうコケットリの表われとみられぬこともない」(一一六頁)であろう。
(21)直木、註(1)前掲書五一頁。
(22)伊藤博「代作の問題」(註(13)前掲書)。
(23)伊藤、註(13)前掲論文。
(24)谷、註(4)前掲論文。
(25)直木、註(1)前掲書では、継嗣令によれば、「皇妹は大宝令制下では内親王、それ以前では皇女と称されたはずだから、鏡姫王は皇妹とは思われない」(四五頁)と菅野氏を批判されているが、紀には茅渟王(舒明の皇兄弟)のような例があって、この主張も絶対的とはいえない。
(26)直木、註(1)前掲論文①・前掲書。氏は二世王以下について調査されたが、ことは皇子女でも同様であろう。
(27)記では、間人穴太部王と三枝部穴太部王とする。
(28)日子人太子(彦人大兄)の糠代比売命(糠手姫)との間の子女としては、敏達記に、舒明のつぎに中津王、多良王を記すのみである。
(29)比護、註(15)前掲論文。
(30)『延喜式』諸陵寮。
成相墓押坂彦人大兄皇子。在二大和国広瀬部一。兆域東西十五町。南北廿町。守戸五烟。

片岡葦田墓茅渟皇子。在二大和国葛下郡一。兆域東西五町。南北五町。無二守戸一。
(31)平林章仁「敏達天皇系王統の広瀬郡進出について」(『日本書紀研究』一四、一九八三年)。

（後記）

本論初出後、直木氏より左記の反論を頂いた。

直木孝次郎「額田王と鏡王女とは同一とする説の提唱―渡里恒信・仁藤敦史両氏に答える―」（『日本歴史』七四八、二〇一〇年）

額田王（姫王）が鏡王の女であることは紀により確かであるが、両者の墓所の所在はもとより、それ以上の史料はないので、出自について確実なことは言えない。本論では、舒明を中心とする鏡女王・鏡王・額田王の間の続柄を、主として世代差をもとに想定した。これに対して直木氏は、「史料的な根拠がなく、このような系譜を想定するのはどうであろうか」と批判されたが、私見が蓋然的な推論にとどまる限り、それは甘受せざるを得ない。

そこで当面の問題を、舒明が葬られた忍坂谷の被葬者たちの関係に移したい。かれらが舒明の近親者であったことは、直木氏もさきの反論の中で認めておられる。

このうち、興味深いのは鏡女王と鎌足女の氷上娘との関係である。鎌足女が舒明近親であったということは、その生母が舒明近親であったということとほぼイコールであろう。

ここで注目されるのは、『興福寺縁起』や『興福寺流記』所引「宝字記」に見える鏡女王を鎌足嫡室とする伝承である。直木氏は、養老継嗣令王娶親王条の規定を事実上鎌足の時代に遡上させるとともに、天平宝字頃、鎌足顕彰に熱心であった仲麻呂の手によりこの伝承が造作されたことを示唆され、鎌足・鏡女王の婚はあり得ないこととされたが、この主張には矛盾を感じざるを得ない。

天平宝字元年、事実上仲麻呂によって施行された養老律令に対して、真向から反するような伝承が、同時代にかれによって作為されるだろうか、すこぶる疑問である、むしろ本論のように、この伝承を奇貨として受けとり、従来不明であった氷上娘の生母を鏡女王とすることは、きわめて蓋然性のある想定ではなかろうか。

直木氏は、鎌足と鏡女王の墓所が別々であることをもって、両者の夫婦関係否定の「傍証」とされたが、夫婦は、たとえば藤原道長と源倫子のように、少なくとも平安中期頃まで、それぞれの氏の墓所・墓域に葬られるのが通例であった。

第七章　県犬養橘宿祢三千代の本貫

―岸説への一異見―

はじめに

藤原不比等の室で、光明皇后の生母であった県犬養橘宿祢三千代は、天武朝以来命婦として宮廷にあって、夫の政治生活を支えるとともに、娘の立后にも尽力するなど、隠然たる力をもつ女性であったと従来から説かれている。三千代の全般的な経歴については他の論著に譲り[1]、ここでは三千代の出身地・本貫をその主題とする。この問題については、すでに岸俊男氏が説かれているが、本章ではそれに対する一つの異見を述べてみたい。

一　岸説とその問題点

従来、県犬養三千代の本貫は岸氏により河内国古市郡であったとされ、これに対する異論は管見の限り見られないようである。そこでまず岸説の概要を紹介しよう[2]。

岸説以前に、黛弘道氏が犬養氏・犬養部についての研究を発表し、その中で、同氏の職掌は犬を飼育してアガタの屯倉を守衛することであったことを明らかにした。黛氏はそれに付随して、和泉の茅渟県に県犬養氏が居住した徴証があり、関係伝承も分布していることから、同氏の本貫を茅渟県と推定した(3)。

これに対し岸氏は、つぎの史料を示して、県犬養氏の分布が集中するのは河内国古市郡とその周辺であることを指摘した。

(イ)　河内国古市郡尺度郷鴨里戸主県犬養連弓足姪乙麻呂(『西琳寺縁起』天平十五年〈七四三〉帳)

(ロ)　河内国古市郡従六位下県犬養宿祢小成(『続日本後紀』承和元年〈八三四〉九月条)

(ハ)　河内国志紀郡大路郷戸主志貴県主忍勝戸口県犬甘宿祢真熊(「正倉院文書」宝亀二年〈七七一〉三月優婆塞貢進解)

岸氏はこれらの史料をもとに、さらにつぎのような根拠を挙げて、県犬養氏ことに三千代の本貫については、和泉よりも古市郡がより有力であるとした。

(1)　古市郡の近くには、北に志紀県、南に紺口県があり、県犬養氏はこれらの県に関係していたであろう。

(2)　崇峻即位前紀に、餌香の川原(藤井寺市道明寺)にあった桜井田部連胆渟の遺骸を、同人が飼っていた犬が守っていたとあることから、同人が関与した桜井屯倉(安閑紀元年十月条)は、通説の河内郡桜井郷(東大阪市池島町)よりも、餌香により近い富田林市桜井に比定するのが適当である。安閑紀二年九月条の、桜井田部連・県犬養連・難波吉士に屯倉の税を掌らしめたという記事も、県犬養氏の本貫や難波吉士の居住地(富田林市喜志)が桜井屯倉に近く、三氏一体となって同屯倉の管理運営に当ったことを示すと考えられる。

(3)　『続日本紀』天平二十年八月己未条によると、天皇はこの日、散位葛井連広成の宅に行幸し、広成とその室県犬養宿祢八重に正五位上を授けたが、両者の婚姻の背景には、葛井氏の本貫(藤井寺市藤井寺)と県犬養氏の本貫が近く、両氏の間の交渉があったのであろう。

(4)　三千代は和銅元年(七〇八)十一月二十五日、元明即位の大嘗祭の宴で橘宿祢の姓を賜ったが(同天平八年十一月丙戌条)、橘という嘉樹は、餌香市の付近(雄略紀十三年三月条)や志紀郡(『続日本後紀』承和六年五月条)など古市郡周辺に植え広められ、それとも関連して高安・錦部郡に橘戸という姓があることも想起される。

以上のことから三千代の本貫を古市郡と想定すると、「いくつかの史実の解釈が容易になる」として、岸氏はさらにつぎのように説く。

(A)　三千代と不比等の間に生まれた安宿媛(光明子)の名は、古市郡の東隣安宿郡に由来する可能性が大きく、母三千代の本貫に近い地名安宿、あるいは本貫に近いことから選ばれた乳母の出身地に因んだものと考えられる。

(B)　『尊卑分脈』によると、不比等は鎌足と車持国子君の女与志古娘の間に生まれ、山科の田辺史大隅の家に養育されたがゆえに史(不比等)と命名された。雄略紀九年七月条の伝承に飛鳥戸郡人田辺史伯孫が見え、田辺史一族は安宿郡にも居住していた。不比等と三千代とを結びつける役割を果たしたのは、三千代の本貫の近くに居住した田辺史であった可能性がある。少しのちのことになるが、不比等の長子武智麻呂の南家と三千代の氏姓を継いだ橘氏の双方に田辺史が深く関係している。

(C)　神亀六年(七二九)六月の天平改元の動機となった瑞亀の献上は、明らかに光明立后(同年八月)の前兆として作為されたものである。亀を得たのは古市郡の人、無位賀茂子虫という者で、これは古市郡尺度郷鴨里(県犬養氏居住史料(イ))の住人と想定される。三千代が自分の本貫に住む賀茂子虫を使って天平改元というムードを作り、光明立后の実現を画策したと考えられる。

以上に加えて岸氏は、皇后の仏教に対する篤信は母三千代の感化によるものと考え、古市郡を含む中・南河内一帯が仏教信仰のきわめて盛んな地であったとして、ほぼつぎのように述べる。

その盛んな仏教信仰には、この地域に集住する渡来系の王仁後裔文氏一族と後来の王辰爾一族が深く関わっていた。たとえば古市郡の西琳寺〈文氏の氏寺〉の金銅阿弥陀仏像〈斉明五年〈六五九〉〉は、早い時期の浄土信仰を示す。またこの阿弥陀像や大県郡知識寺、「川内国志貴評内知識」の書写による「金剛場陀羅尼経」〈朱鳥元年〈六八六〉〉などに示されるように、この地では知識による造寺・造仏・写経が盛んであった。この一帯にはまた、華厳教学も早くから勃興していて、知識寺や西琳寺には盧舎那仏像があり、のちの東大寺盧舎那仏像〈大仏〉建立も、天皇が知識寺のそれに心をひかれ、皇后からも勧められたものと考えられる。

以上の岸説とその論拠を、私見ではつぎのように評価する。

三千代の本貫を古市郡に特定するうえで比較的有利な史料は、県犬養氏の居住史料(イ)(ロ)だけである。根拠とした(1)(2)(3)(4)いずれも、三千代の本貫が中・南河内にあったことをうかがわせる史料ではあるが、それを古市郡に特定するに足る史料ではない。またその本貫を古市郡と想定すると「いくつかの史実の解釈が容易になる」として挙げた史料解釈(A)(B)(C)のうち、比較的岸説に有利なものは(C)だけである。(A)と(B)とは、上記の(1)〜(4)の史料と同様の評価しかできない。

思うに岸説は、県犬養氏の居住史料(イ)(ロ)と史料解釈(C)とを結びつけてこれを核心とし、その周囲にいくつもの状況証拠を配して成ったものといえよう。

しかし古代氏族の場合、隣接する複数の郡に一族が分布することは一般的であり、この場合も現に志紀郡に居住例(ハ)が見られる。居住史料(イ)(ロ)といえども、三千代の本貫を特定するうえで、かならずしも優先的な史料にはなり得ない。それゆえ同人の本貫は、古市郡だけでなく、その周辺の中・南河内の数郡、志紀・丹比・大県・安宿・石川などをその候補とみてよいと思われる。

二　橘氏氏神の淵源

三千代の本貫を考定するうえで、岸氏がまったく取り上げなかった視角がある。それは橘氏の氏神である。ここではその神の祭祀地の変遷について考えよう。

〔史料1〕『続日本後紀』承和三年（八三六）十一月壬申条

奉レ授二无位酒解神従五位上一。无位大若子神。小若子神並従五位下。此三前坐二山城国葛野郡梅宮社一。

〔史料2〕同六年四月甲子条

奉レ授下无位自二玉手一祭来酒解神従五位上上。

〔史料3〕同十年四月己未朔条

坐二梅宮一正五位下酒解神。従五位下大若子神。従五位下小若子神三前。並奉レ授二従四位下一。従五位下自二玉手一祭来酒解神一前正五位下。並預二名神一。

〔史料4〕同十年四月丁丑条

山崎神預二之名神一。

〔史料5〕同十年五月辛亥条

奉レ授二従五位下酒解子神従四位下一。

〔史料6〕同十年十月壬申条

坐二梅宮一従四位下酒解子神一前。平野社一前。預二之名神一。

〔史料7〕　同十五年三月壬申条

勅奉レ充二山城国乙訓郡山崎明神御戸代田二町一。

〔史料8〕　『三代実録』元慶三年（八七九）十一月六日辛酉条

停二梅宮祭一。梅宮祠者。仁明天皇母。文徳天皇祖母。太后橘氏之神也。歴二承和仁寿二代一。以二官祠一。今永停廃焉

〔史料9〕　同八年四月七日丁酉条

是日。始祭二梅宮神一。是橘氏神也。頃年之間停二春秋祀一。今有レ勅。更始而祭。

a　『延喜式』神名帳、山城国葛野郡

梅宮坐神四社並名神大。月次新嘗。

b　同、乙訓郡

自二玉手一祭来酒解神社名神大。月次新嘗。元名二山埼社一。

まずaの梅宮神社が、史料8・9より橘氏の氏神であることは明らかである。同社には最初に酒解神・大若子神・小若子神（史料1）、おくれて酒解子神（史料5）の計四座が祀られていた。

またbはaとは別社であるが(4)、その祭神はaの祭神の一つである酒解神と同名であり、a・b両社の酒解神は史料3で同時に神階を授けられているから、本来同神であったと考えられる。史料4山崎神と史料7山崎明神もbと同一の可能性が強いが、史料4の記事は史料3の記事中の、「自二玉手一祭来酒解神」が「名神」に預ったという部分の重出とも思われる。『延喜式』臨時祭の名神祭二百八十五座の中にも、梅宮神社四座のほかに「酒解神社亦号二山崎神一。」が見える。

これらの神々は葛野郡や乙訓郡に創祀されたわけではなく、それ以前からの沿革があったとみられる。それを

示すわずかな手がかりは、『伊呂波字類抄』（十二世紀成立）「諸社　梅宮」の中のつぎの記事である。

譜牒男巻下云。太后氏神祭二於円提寺一。此神、始犬養大夫人所レ祭神也。大夫人子藤原太后及牟漏女王祭二於洛隅内頭一、其後遷二祭於相楽郡提山一。此神為二仁明天皇一成レ祟、出二於御卜一。復託二宣宮人一云、我今天子外家神也、我不レ得二国家大幣一、是何縁哉云々。天皇畏レ之、欲下盛立二神社一准二諸大社一毎年令中崇壮上。太后不レ肯曰、神道遠而人道近、吾豈得下与二先帝外家一斉上乎。天皇固請レ之。太后曰、但恐為二国家一成レ祟。仍近移二祭葛野川頭一。太后自幸拝祭焉。今梅宮祭是也。（以下略）

この史料を取り上げた胡口靖夫氏は、[5]「太后氏神」から「相楽郡提山」（割註）までの部分を、「橘嘉智子は、藤原安宿媛と牟漏女王が、洛隅内頭から井堤山（円提寺＝井手寺）に遷祭した氏神を再度井手の円提寺に祭ったことになり、論理的にはなはだ不整合を起こすことになる」といい、それはテキストの複雑な成立過程（二巻本・三巻本から十巻本へ増補）に起因する誤りとする。氏は、それに代わって「興福寺官務牒疏」（十五世紀頃成立）の山城国条に見える井堤寺・椋本天神についての伝承に注目し、つぎのように説いた。

井堤寺（円提寺・井手寺）は山背大兄王本願、橘諸兄の再建と伝えるが、同寺想定地の考古学的所見から諸兄の創建としてよく、諸兄の相楽別業もその付近にあったと思われる。また椋本天神は、同史料でやはり諸兄が玉津岡から遷座したと伝えるが、井手寺跡付近には明治頃まで天神社という小祠があったといわれる。『伊呂波字類抄』に、梅宮の「末社一所山城国井手寺内」とあるが、これがこの天神社すなわち椋本天神にあたると思われる。

このように考えた胡口氏は、梅宮の創祀者を橘諸兄、最初の鎮座地を井手寺内の「椋本天神」と想定、仁明朝に託宣により母后嘉智子が氏神たるをもって現在地の「葛野川頭」に遷座したと結論した。

これに対して義江明子氏は、[6]「其後、遷祭於相楽郡提山」は「藤原太后及牟漏女王」が遷祭したことを意味せず、嘉智子による遷祭をいったもので、この点で「論理的不整合」はないとする。また諸兄を井手寺の創建者としてよいが、そのことと椋本天神（祭神は下照比売神）、ましてや梅宮とは直接には結びつかないと胡口説を批判

図1　橘氏関係系図

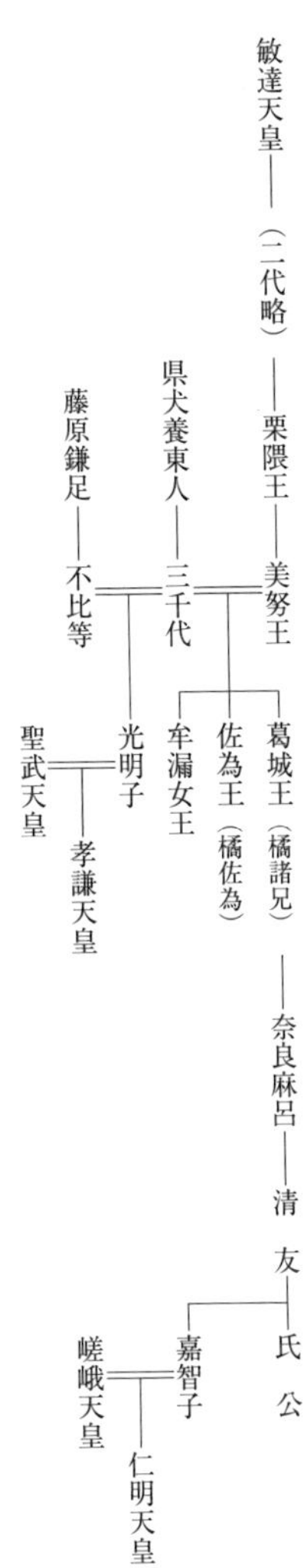

し、「祭祀継承のライン」をつぎのように整理・解釈する。

① 犬養大夫人が神を祭る。
② 藤原太后・牟漏女王が洛隅内頭に祭る。
③ その後、相楽郡提山に遷祭す。
④ 太后（嘉智子）が、円提寺に、氏神を祭る。
⑤ 太后が（仁明天皇の請により）、葛野川頭に、移祭す。（梅宮祭の始まり）

義江氏のこの解釈に対し、私見では以下のように考える。

まず、①で奉斎の場所が示されていないことを、義江氏は「この神が一定の場所に鎮座する神としてではなく、まさに三千代の信奉する神として存在していたことを意味する」というが、そうした抽象的な神は考えにくいのではなかろうか。やはり「犬養大夫人」は、その居住する不比等第（「洛隅内頭」）にその神を祀っていたとみるべきである。その神の祭祀が娘の「藤原太后及牟漏女王」によって、同じ場所で継承されたのであろう（②）。

また、義江氏は「③と④とが同一の事態をさしており、その故に③では「太后」という主語を省略した」というが、③の主語が「太后」だとすると、氏も述べるように②から③まで「約五〇年間、この神がどのように祀られていたのかは一切不明」である。「洛隅内頭」は不比等第（のちの法華寺）としてよいが、氏がとり上げた嘉智子の崩伝（『文徳実録』嘉祥三年〈八五〇〉五月壬午条）にある彼女と法華寺尼との関係の伝承は、「この神と嘉智子との接点」をなんら積極的に示すものではない。

他方で、三千代の子葛城王（諸兄）は、天平八年（七三六）十一月臣籍に降下し、橘宿祢の姓を名乗った時点で、義江氏がいうように「母の功績にちなむ名を賜わることで新たに氏を起こした」のである。されば諸兄にとっては、橘氏の氏神を新たに祀ることが課題となったであろう。義江氏の解釈では、はじめて橘氏の氏神を祀ったのは嘉智子ということになるが（上記③④）、それでは同氏氏神の成立時期として遅きに過ぎるのではないかと思われる。[7]

諸兄が相楽別業の近くに井手寺を創建した正確な時期は不明だが[8]、胡口氏がいうように、諸兄が井手寺付近に氏神を祀った可能性はきわめて大きい。ただし、それが胡口氏のいう「椋本天神」であったかどうかは疑問である。諸兄が祀った橘氏氏神は、そうした在地神であるよりも、母三千代が祀り、光明・牟漏女王へと祭祀が継承された「洛隅内頭」の神を分祀・勧請したものである可能性が強いと思われる。それが『字類抄』にある梅宮の「末社一所山城国井手寺内」につながるのではなかろうか。永万元年（一一六五）十一月の「山城国梅宮社司等解」（『平安遺文』七）には、「円提寺者為二当社神宮寺一（中略）橘氏之草創之道□□（場也）」とある。

義江氏は、③は「主語を欠く」というが、以上のように考えれば、その実際の主語は諸兄ということになる。「相楽郡提山」すなわち相楽別業・井手寺といえば、井手左大臣と呼ばれた諸兄抜きには考えられないので、あえて記さなかったと思われる。③の原文「其後、遷二祭於相楽郡提山一」は、むしろ受け身的に「（諸兄により）その後、相楽郡提山に遷し祭らる」と訓むべきである。そうすれば、解釈上の難点であった〝約五〇年間の空白〟

も解消しよう。さらにそれに応じて、④の原文「太后氏神祭二於円提寺一」も「太后の氏神(橘氏の氏神)が円提寺に祭られていた」(下の割註は、それまでの経過を示す)と解すべきではなかろうか。そうした状態にあった氏神を、嘉智子は託宣を得て「葛野川頭」へ移した⑤、すなわち、ここではじめて嘉智子の主体的関与があったと考えられるのである。

それゆえ「譜牒男巻下」の問題の部分は、あらためてつぎのように整理される。

(一)　太后(橘嘉智子)の氏神が円提寺に祭られていた。

(以下は、それまでの経過―割註)

(1)　犬養大夫人が神を祭る(おそらく洛隅内頭に)。

(2)　藤原太后・牟漏女王が洛隅内頭に祭る(右の継承)。

(3)　その後、相楽郡提山に遷祭される(おそらく諸兄による分祀・勧請)。

(二)　太后が(仁明天皇の請により)葛野川頭に移祭す(梅宮祭の始まり)。

さて、梅宮神社の祭神は、酒解神・大若子神・小若子神・酒解子神の四神であるが、その主神は、第二節の史料1の神階叙位からみて酒解神であろう。

さきの「譜牒男巻下」には、三千代や光明・牟漏女王が祭り、その後井手に移祭された神が酒解神であったとは一切記されていない。しかし叙上のことから、その神が井手から梅宮に遷祀されたとすれば、それは酒解神であったとすべきであろう。あるいは、神が複数であるなら、少なくともその一つは酒解神であろう。

ここで注目したいのは、b社の酒解神である。これが、いつ、いかなる経緯でここ乙訓郡山崎に祀られたかは不明であるが、すでにふれたように梅宮の主神と同名で同時に叙位されているから、これもやはり橘氏の氏神と考えてよい。そうすると、乙訓郡に遷祀されたのはやはり井手からと思われ、その時期は、その位置からみて、あるいは長岡京遷都時かも知れない。[9]

梅宮に祀られる酒解神の淵源を探るうえで重要なのは、b社に「自㆓玉手㆒祭来」という冠詞がついていることである。

図2　酒解神の祭祀地の変遷

河内国 安宿郡玉手 → 平城京「洛隅内頭」 → 山城国 相楽郡井手寺（付近） → 乙訓郡酒解神社／葛野郡梅宮神社

これと同様の文言は、『延喜式』祝詞、平野祭に見える「今木与利仕奉来流皇太御神」である。これは平野神社の祭神の一つ今木大神で、その淵源は桓武天皇の外家和氏がその本貫大和国添上郡今木荘に祀っていたもので、それが光仁朝に桓武の生母和（高野）新笠の田村後宮に勧請され、さらに山城遷都にともなって葛野郡平野神社へ遷祀されたと考えられる。[10]

酒解神の沿革についても同様に考えてよいとすれば、この神の淵源は「玉手」にあったことになる。これは本来三千代の祀っていた神であるから、三千代の本貫・出身地も玉手ないしその付近であった可能性がきわめて大きいと思われる。

ではその玉手とはどこか。玉手という地名は、大和国葛上郡と河内国安宿郡にある。すでに述べたように、三千代の本貫は、それを古市郡に特定することはできないが、中・南河内地域にあった蓋然性が強い。よってそれは安宿郡玉手（現柏原市玉手）であったと考えられる。

ただし、三千代やその一族が玉手で祀っていた酒解神については、その神格を渡来神ないし道祖神などとする説[11]があるが、かならずしも分明ではない。

三　三千代と河内国安宿郡

安宿郡玉手は、玉手山丘陵から石川右岸までの地で、その対岸は県犬養氏の居住が確認される古市郡と志紀郡である。

両郡に加えて玉手付近に県犬養氏の居住を想定したとしても、岸氏が挙げた諸条件のうち第一節(1)～(4)は依然満足される。順次みていくと、(1)志紀県・紺口県はいずれも安宿郡玉手に近く、(2)桜井屯倉を富田林市桜井に比定すると、ここも玉手の対岸の南方であり、また(3)(4)は志紀郡に主として関わる史料であるから(1)と同様である。

つぎに、岸氏が挙げた三千代自身の本貫に関わる諸条件、第一節(A)～(C)については以下の通りである。

(A)については、安宿媛の名の由来に二つの可能性が考えられる。一つは、安宿郡に田辺史氏の居住(柏原市田辺)が想定され、三千代との地縁関係から同氏が光明子の養育者(この点、父不比等と同様)となった可能性である[12]。また光明の立后以前の藤原夫人家の長官に「安宿家令」が見え、これは立后後の皇后宮大進安宿首真人と同一人らしい。むろん安宿郡ゆかりの人物で光明や三千代との深い関係が考えられ、安宿氏が光明子の養育氏族であった可能性がある[13]。

(B)についても、三千代の本貫を安宿郡とすれば、山科と安宿郡の両地に居住する田辺史が不比等・三千代の婚姻の媒をしたという想定はきわめて理解しやすい。岸氏もふれたように、三千代の子橘諸兄に近従する田辺史福麻呂の存在[14]は、三千代など県犬養氏と田辺史氏との地縁関係にもとづくと考えられる。安宿郡の中でも玉手・田辺両地は近接している。

要するに、岸氏が挙げた条件(A)(B)は、三千代の本貫を古市郡とするより安宿郡とするほうがスムーズにうけ入れられるのである。

(C)については、安宿郡を本貫とする三千代が、西隣の古市郡に居住する同族の近隣に住む賀茂子虫を使って光明立后のムード作りを画策したことになるが、決して無理な想定ではない。

中・南河内の盛んな仏教信仰について詳しく説いた岸氏も、三千代・光明の仏教信仰と安宿郡との関わりにはふれていない。この点でとくに注目されるのは河内国分寺・同尼寺の位置である。

天平十三年(七四一)二月十四日の国分寺建立の勅(『類聚三代格』巻三)の願文の部分には、

一　願太上天皇。大夫人藤原氏。及皇后藤原氏。皇太子已下親王。及正二位右大臣橘宿祢諸兄等。同資二此福一倶向二彼岸一。

一　願藤原氏先後太政大臣。及皇后先妣従一位橘氏大夫人之霊識。恒奉二先帝一而陪二遊浄土一。長願二後代一而常衛二聖朝一。(以下略)

とあるように、皇族・藤原氏とともに橘三千代・諸兄母子がとくに挙げられている。

山城国分寺については、天平十八年九月に恭仁宮大極殿が施入されて、その金堂とされた[15]。恭仁宮は諸兄の相楽別業に近く、かれがその遷都・造営の中心的役割を担ったとされる。同じ場所での山城国分寺の造営にも当然諸兄の関与があったであろう。

三千代はすでに天平五年に薨去していたが、河内国分寺・同尼寺と三千代・光明との関係についても同様のことがいえると思われる。

河内国分寺(尼寺)は、安宿郡に属する大和川左岸(柏原市国分東条町)に営まれた。ここは明神山の北西麓、大和川に向って派生する舌状台地の末端部に位置する。付近には、国分寺の標準的プランといわれる方二町の伽藍を収める平坦地はなく、堂塔は異なる尾根筋を利用して建てられた。しかもこの場所は国府（藤井寺市国府）から四㎞も離れている。[16] こうした異例の立地条件にもかかわらず、この場所にこだわったのは、やはりこの地が三千代の本貫であり、光明にとって母への追憶の地であったことが大きいのではないだろうか。

四　付論・県犬養氏と田辺史氏

県犬養・田辺史両氏の間に地縁があったことは叙上で明らかだが、両氏の関係はそれにとどまらない可能性がある。

県犬養氏の職掌は黛氏が明らかにした通りであるが、田辺史氏の具体的職掌はいかなるもので、なぜこの安宿郡の地に配されたのか。

『新撰姓氏録』（左京皇別下）上毛野朝臣条には、田辺史の祖先伝承をつぎのように記す。

諡皇極御世。賜㆓河内山下田㆒。以㆑解㆓文書㆒。為㆓田辺史㆒。（以下略）

『姓氏録』などの祖先伝承は古い時代に架けられるのが一般であるが、それに反して皇極朝という比較的新しい時代にこの地域に居住するようになったとする伝承には信憑性がある。

山尾幸久氏は、「田辺史の氏称となった田辺は、「田部」が地名化したもの」とする。[17] 系統はちがうが、『姓氏録』（大和国神別）田辺宿祢は田部とも書き、田部の伴造氏族であったと思われる。[18] 山尾説は首肯できよう。

さきの『姓氏録』の記事から、田辺史についてどのような史実を汲み取ることができるだろうか。

「田を賜った」ということと、文書をよく解し史姓であるということとが結びつくとすれば、ここで想起されるのは、欽明・敏達紀に見える王辰爾の甥胆津についての伝承である。胆津は吉備の白猪屯倉で田部の「丁籍」「名籍」を定め、「田戸」を編成して白猪史を賜姓され、「田令」（タツカヒ）にも任じられた。

岸氏によると、中・南河内地域には某戸という氏姓が多く分布するが、これは渡来人に対し先駆的な編戸・造籍が実施されたことを物語る[19]。

その実務を担ったのは、おそらくこの地域を本貫とする白猪史（のちに葛井連と改姓）など渡来系史姓氏族であったと考えられる。かれらによる先駆的編戸・造籍は、河内でおそらく欽明朝以前から始まっており、その経験が吉備で生かされたのであろう。

田辺史も田部に深く関わったとすれば、皇極朝というおそい時期からではあるが、「河内山下田」（生駒・金剛山系西側の比較的広域の「田」と想定）の田部の編戸・造籍の実務に当ったのではないだろうか。同氏が居住した安宿郡は、その郡名となった飛鳥戸が集住する地であった。さらに憶測すれば、田辺史は「河内山下田」の田令ともなったのではなかろうか。田令は田領（『続日本紀』大宝元年四月戊午条）とも表記される。田領はタノアズカリと訓む可能性もあるので、田令（田領）となったことを「田を賜った」と表現したとも考えられる。奈良期の史料ではあるが、田辺史氏が「検田使」など田に関わる実務に従事した例もいくつか見られる[20]。

田辺史氏の職掌を以上のように考えてよいとすれば、県犬養氏はアガタの屯倉の守衛、田辺史氏はアガタの田部の田令（田領）ということになる。このように両氏が職掌上も密接な関係を有していたとすれば、たがいに近隣に居住していたことも理解しやすいのである。

おわりに

本章の結論はくり返すまでもあるまい。

岸氏は、自説を控え目に「憶説」と限定して述べられた。にもかかわらず、その後これが通説化している。これに対し筆者は、「憶説」というレベルであれば、岸氏とは異なった見方も可能ではないかと思い、拙見を述べた次第である。

註

（1）ごく最近のものでは、義江明子『県犬養橘三千代』（吉川弘文館、二〇〇九年）があり、充実した内容である。

（2）岸俊男「県犬養橘宿祢三千代をめぐる憶説」（『宮都と木簡』吉川弘文館、一九七七年、初出一九六七年）。

（3）黛弘道「犬養氏および犬養部の研究」（『律令国家成立史の研究』吉川弘文館、一九八二年、初出一九六五年）。

（4）a・b両社については、武内社研究会編『式内社調査報告』一（皇学館大学出版部、一九七九年）参照。

（5）胡口靖夫「橘氏の氏神梅宮神社の創祀者と遷座地」（『国学院雑誌』七八―八、一九七七年）。

（6）義江明子「橘氏の成立と氏神の形成」（『日本古代の氏の構造』吉川弘文館、一九八六年、初出一九八三年）。義江氏はこの論考の中で「譜牒男巻下」の史料についてふれ、その「記載内容（特に梅宮社の前身に関わる部分）が平安前期以前の古伝に基づくであろうこと」を明らかにしている。

（7）萩原龍夫「氏の神」（『講座日本の古代信仰』二、学生社、一九七九年）は、『続日本紀』和銅七年二月丁酉条の

「以二従五位下大倭忌寸五百足一為二氏上一。令レ主二神祭一。」の記事を「氏神の文献初例と認めて差支えない」としている。

(8) 相楽別業・井手寺については、櫛木謙周「橘諸兄と井手」（水本邦彦編『京都と京街道』吉川弘文館、二〇〇二年）参照。

(9) 今井啓一「橘氏と梅宮神について」（『神道史研究』六―二、一九五八年）は、その時期を長岡遷都時とする。ただし今井氏は、もとの祭祀地を大和国葛上郡玉手とするが、のちにみるように首肯できない。

(10) 和田萃「遷都以前」（直木孝次郎編『古代を考える　奈良』吉川弘文館、一九八五年）。拙稿「超昇寺・楊梅陵・宇奈太理神社をめぐって」（『日本古代の伝承と歴史』思文閣出版、二〇〇八年、初出一九九七年）。

(11) 上田正昭「神々の世界」（『京都の歴史』一、京都市、一九七〇年）。

(12) 加藤謙吉『大和政権とフミヒト制』（吉川弘文館、二〇〇二年）四一二頁。

(13) 東野治之「初期の太子信仰と上宮王院」（石田尚豊編『聖徳太子事典』柏書院、一九九七年）。義江註(1)前掲書、一五一頁。

(14) 諸兄と田辺史福麻呂との関係については、竹内理三他編『日本古代人名辞典』四（吉川弘文館、一九六三年）田辺史福麻呂の項参照。

(15) 中谷雅治・磯野浩光「山城」（『新修国分寺の研究』二、吉川弘文館、一九九一年）。

(16) 柏原市立歴史資料館編『河内国分寺と国分尼寺』（柏原市、二〇〇一年）。

(17) 山尾幸久「河内飛鳥と渡来氏族」（門脇禎二・水野正好編『古代を考える　河内飛鳥』吉川弘文館、一九八九年）。

(18) 佐伯有清『新撰姓氏録の研究』考證篇第四（吉川弘文館、一九八二年）一八頁。

(19) 岸俊男「日本における戸の源流」（『日本古代籍帳の研究』塙書房、一九七三年、初出一九六四年）。

(20) 竹内他編、註(14)前掲書　田辺史の項。

第八章　桓武天皇の出自
―婚姻居住形態をもとに―

はじめに

長岡・平安遷都をはじめとする桓武天皇の残した足跡はあまりにも大きい。しかし、天皇としての顕著な事績とは対照的に、その前半生はヴェールに覆われている。当時の天武系皇統下にあって、桓武（当時山部王）のような天智系三世王などほとんど顧みられる存在ではなかったと思われる。桓武がはじめて史料に登場するのは、『続日本紀』[1]天平宝字八年十月己巳条の、無位山部王が従五位下を授けられたという記事においてである。この時すでに二十八歳であった。山部王がどこで生まれ育ち、それまでいかなる青年期を送ってきたか、それを直接に示す史料は皆無といってよいのである。そこで本章では、桓武父母である光仁天皇と和新笠、また外祖父母である和乙継と土師真妹らとその周辺に光を当て、そこから桓武を逆照射するという方法を試みようと思う。これにより、桓武の出生から幼年期の真相が多少なりとも明らかになれば幸いである。

一　山背大枝説への疑問

桓武の出生地については、つとに山背の大枝とする説が存する。この説は村尾次郎氏によって提起され、[2]井上満郎氏によって継承されている。[3]特に井上氏の場合には、桓武の大枝出生が、平城からの遷都の際、大枝に近い乙訓郡長岡村が選地された主原因とされている。この桓武大枝出生説は、論理的につぎの①→②→③から構成されていると考えられる。

①土師（大枝）真妹の本貫（居地）は、山背国乙訓郡大枝（『和名抄』大江郷）である。
②和新笠は、和乙継と真妹との間に大枝で生まれ、ここに住んだ。
③桓武も、白壁王（光仁）と新笠との間に大枝で生まれた。

和乙継
　‖―――和新笠
土師真妹　　　‖―――桓武天皇
志紀親王　　　‖
　‖―――白壁王
紀橡姫

この説の大前提は①であり、これが成立しないとこの説は崩壊する。命題①は、真妹の大枝賜姓から導かれているので、桓武朝における土師氏の改賜姓に関する史料をつぎにあげ、再検討しよう。

A『続紀』天応元年六月壬子条
　遠江介従五位下土師宿祢古人。散位外従五位下土師宿祢道長等一十五人言。（中略）望請。因二居地名一。改二土師一以為二菅原姓一。勅依レ請許レ之。

B『同』延暦元年五月癸巳条

少内記正八位上土師宿祢安人等言。(中略)是以土師宿祢古人等。前年因㆓居地名㆒。改㆓姓菅原㆒。当時安人任㆓在遠国㆒。不㆑及㆓預例㆒。土師之字改為㆓秋篠㆒。詔許㆑之。安人兄弟男女六人賜㆓姓秋篠㆒。

C『同』延暦九年十二月壬辰朔条

(前略)宜㆘朕外祖父高野朝臣。外祖母土師宿祢。並追㆓贈正一位㆒。其改㆓土師氏㆒為㆗大枝朝臣㆖。(中略)亦宜㆔菅原真仲。土師菅麻呂等同為㆓大江朝臣㆒矣。

D『同』延暦九年十二月辛酉条

勅㆓外従五位下菅原宿祢道長。秋篠宿祢安人等㆒。並賜㆓姓朝臣㆒。又正六位上土師宿祢諸士等賜㆓姓大枝朝臣㆒。其土師氏惣有㆓四腹㆒。中宮母家者是毛受腹也。故毛受腹者賜㆓大枝朝臣㆒。自余三腹者。或従㆓秋篠朝臣㆒。或属㆓菅原朝臣㆒矣。

E『日本後紀』(4) 延暦十五年七月戊申条

大和国人正六位上大枝朝臣長人。河内国人正六位上大枝朝臣氏麻呂。正六位上大枝朝臣諸上。正七位下菅原朝臣常人。従七位上秋篠朝臣全継等十一人貫㆓付右京㆒。

まず、Aの菅原賜姓が居地名菅原(平城右京三条二坊あたり)にちなむものであると同様に、Bの秋篠賜姓も居地名によるものと解してよいであろう。当時から菅原の北方、京北に秋篠の地名が確かに存在していた。(5)井上氏は、この二例から、Cの大枝賜姓もまた居地名によるものと「素直に理解すべきである」という。しかし、大枝を土師氏の居地名にちなむ賜姓と考えると不審な点がいくつかある。第一に、同じCの記事で、居地名菅原によって賜姓された菅原真仲が今度は大枝朝臣を賜姓されていることである。これは、真仲が長岡遷都にともない菅原から大枝に移住し、かつ毛受腹(史料D)とみなされるようになったとでも想像しないかぎり理解しがたい。この件はそう考えるとしても、さらに不審なのは、Eで大和・河内に大枝朝臣が居住していたことである。これらの土師氏がいつ賜姓されたか不明だが、貫付当時は平安遷都直後である。かれらが、真妹が賜姓された延暦九年頃長岡京にほど近い大枝に住していて、その後京から遠い大和・河内に移住したとは考えにくい。以前から京貫付を望んでいただろうからである。かれらは本来大和・河内に住し、毛受腹とみなされたがゆえに大枝を賜姓されたのであろう。要するに、大枝賜姓者の本貫は、わかる範囲では大和・河内のみで、山背(山城)は一例もない。このように、大枝賜姓から真妹あるいは土師氏の大枝居住を導出することはきわめて困難である。

やはり、桓武天皇大枝出生説を否定する諸氏が一様に指摘するように(6)(7)(8)、大枝真妹の墓所が『延喜式』大和国平群郡大野墓とされていることが、この説に対する有力な反証になろう。この説によれば、大枝を本貫とし、ここで子を生み育て、一生ここに住んだであろう真妹の墓所が、なぜに国を隔てた大和に営まれたのか、理解しがたいことである。在地豪族の墓は、その本貫に近い場所に営まれるのが普通であろう。詳しくは後述するが、真妹の本貫は大和と考えられる。

それでは、真妹の大枝賜姓はなにによるものであろうか。それは、賜姓の前年の延暦八年十二月新笠が崩じ、明くる年の正月に大枝山陵(『延喜式』大枝陵)に葬られたことと関係があろう。崩御から賜姓までちょうど一年、月も同じ十二月であるから、新笠の一周忌を期してこの賜姓がなされたと推測される。大枝は新笠の山陵名にちなむものと想定される(9)。外祖父母への贈位・賜姓も、桓武が生母新笠を顕彰するためのものである。乙継の高野朝臣賜姓はCの時点以前のことであろうが、それは新笠の高野朝臣賜姓(宝亀年中)を父へ遡上させたものと考えられる(10)。同様に、真妹の大枝朝臣賜姓も真妹自身の存在形態(本貫大枝というような)によるものではなく、新笠の存在形態(大枝山陵)を生母真妹に及ぼしたものであろう。

井上氏は、『延喜式』所載の陵墓名ないし陵地名が氏族名になった例はないと述べている。しかし、新笠が賜った高野朝臣は、おそらく高野天皇(称徳)にちなむものである。称徳天皇は「添下郡佐貴郷高野山陵(11)」(『延喜式』高野陵）に葬られた。新笠の高野賜姓は、聖武皇統につながることでその低い家格を引上げ、所生の山部親王立太子を正当化するための擬制的措置であった。[12] そうであれば、この場合山陵名が氏族名になったと解することができる。真妹の、山陵名にちなむ賜姓形式は、先行する新笠の賜姓形式にならったのではなかろうか。

以上で、桓武大枝出生説の大前提である命題①はほぼ否定されると考える。なお、百歩譲って①がかりに成立するとしても、当時の婚姻（居住）形態（後述）から考えて、①→②、②→③が順次成立する可能性は小さい。井上氏は、これを「招婿婚」により説明するが、それは当時の婚姻形態を単純化しすぎたものである。①がほとんど否定され、①→②、②→③も可能性が少ないとなれば、この説はまず成立しないであろう。

二　生母高野新笠の両親の本貫

では、つぎに新笠の両親、乙継と真妹のそれぞれの本貫について私見を述べよう。そうすれば桓武出生の真相に一歩近づくことになる。

和乙継の本貫については以前述べたことがある。[13] それは大和国添上郡今木庄付近（現奈良市古市町）である。その根拠を要約すれば、つぎのようになる。

(1)　『続紀』延暦元年十一月丁酉条により、田村後宮に今木大神が祭られていたことがわかるが、これは今木庄の菟足社（寛弘九年三月十一日「大和国今木庄坪付解」『平安遺文』三）に祭られていたと想定される今木大神を、和新笠の居所たる田村後宮に遷祀したものである。この神は、百済系渡来氏族（今来＝今木）である和氏が奉祭していた神と考えられ、山背遷都にともない、さらに平野神社に遷祀され、その祭神の一つとなった。桓武外戚の神である。（伴信友『蕃神考』）

(2)　持統紀六年五月庚寅条と同年十二月甲申条とを比較すると、後者に付加された菟名足神は、百済と関係が深いため新羅の調を奉られたと考えられる。

(3)　古市町付近も当時ヤマト（狭義）と呼ばれていたと思われる。また『新撰姓氏録』（左京皇別下）大春日朝臣同祖の和安倍朝臣の本貫もこの添上郡東部山麓地帯（広義の春日）と考えられるが、このヤマトの表記（和）が問題の和氏と同一である。

(4)　皇族をその外祖の本貫地に葬るケースがあるが、古市町にほど近い奈良市八島町に『延喜式』崇道天皇八嶋陵が所在する。これは新笠所生の早良親王の墓所である。

あらためて土師真妹の本貫はどこであろうか。

この問題についても『蕃神考』が説くところが大いに参考になる。信友は、『延喜式』祝詞の平野祭a「今木与利仕奉来流皇太御神」、同じく祝詞の久度古開b「久度。古開二所能宮氏尓之供奉来流皇御神」、四時祭上c「平野神四座祭今木神。久度神。古開神。相殿比売神。」、太政官d「凡平野祭者。桓武天皇之後王。改レ姓為レ臣者亦同。及大江。和等氏人。並預二見参一。」などから、aの皇太御神とcの今木神とを今木大神すなわち和氏の奉祭する神と考え、bの久度の皇御神とcの久度神とを大枝（大江）氏の奉祭する神とした。信友は後者の傍証として、カマドをクドといい、土師氏の職掌に縁由があることを述べている。[14] この神は、『続紀』延暦二年十二月丁巳条の「大和国平群郡久度神叙二従五位下一為二官社一」とある久度神が平野へ遷祀されたもので『延喜式』神名帳の平群郡久度神社はその後祀である。[15] 現在この神社は、大和川南岸の北葛城郡王寺町久度にあるが、往古は大和川がこの地の南を流れていたようであり、この神社の地は古代には北の平群郡に属していたと考えてよい。[16]

平野神四座のうち、以上のように今木神と久度神の本質についての信友の説は明解で首肯できる。だが、古開神については「その大枝本姓土師宿祢某（真妹の父—渡里）の霊を祀り慰め給へるにやあらむ」と説明に困惑し、また相殿比売神についても「考るに由なし」としている。しかし、平野神四座各々の本質がともに合理的に説明できてはじめて、信友の示した今木神・久度神の解釈も十分説得力をもち安定することになろう。

まず相殿比売神の性格であるが、これは神を祀る巫女がやがて祭神とされるようになったものと解することができる(17)。

問題は古開神である。これはテキスト自体に問題があり、他に古関、古開、古閇、古閛などとする説がある。しかし、bにより久度・古開ともに地名と解されるから、語義のきわめて難解な古閞、古開、古閇、古閛の可能性は少なく、古関の可能性が強い。以下、古関として考える。

久度・古関両神は、久度神が延暦二年十二月に単独でみえて以降、承和三年十一月、嘉祥元年七月、仁寿元年十月とかならずペアで同じ神階に叙せられていて、しかも同時に叙位されている今木大神より常に神階が低い。それゆえ、古関神は久度神と本質的関連があるとみられ、久度神が土師氏（大枝氏）の神であれば、古関神もおそらく同様であろう。そうであれば、久度・古関は「二所」とあるから一応別の場所であろうが、比較的近い場所ではなかろうか。ここで想起されるのは、天武紀八年十一月是月条の「初置㆓関於龍田山・大坂山㆒」の記事である。前者は『大和志』に関屋址在立野村西とあり、現在の生駒郡三郷町立野にあたり、ここは久度からほど近い。この二関が設けられたのは、先の記事に続いて「仍難波築㆓羅城㆒」とあることから推察されるように、新羅との緊張関係による防備のためであろう。天武四年二月には天皇が、龍田山に近接した高安城を視察し、同年十月から十四年九月まで五回にわたり兵備の強化が行われている(18)。しかし、やがて緊張の緩和とともに、大宝元年八月高安城は廃され、龍田山の関もいつしか廃絶に帰したと想定される。そうであるなら、奈良末期頃この関跡付近が古関と呼ばれていた可能性があろう。付近に盤踞する土師氏の奉祭する神が古関神であったのではなかろうか。平群郡南部の土師氏は久度・古関二神を祀っており[19]、これらが桓武外戚の神として平野神社の祭神となったと考えられる。

以上により、平群郡南部の久度・立野(古関)付近が土師真妹の本貫であることがほぼ明らかになる。真妹の平群郡大野墓は、本貫またはその近所に営まれたとしてよい。また、すでにみたように(史料E)、大和国に大枝朝臣が居住していたこともその傍証となろう。

三　高野新笠の生育地

乙継が添上郡今木庄付近、真妹が平群郡久度・立野付近のそれぞれの本貫に居住していたとして、二人の婚姻生活はどのように営まれたのであろうか。

古代日本の婚姻形態ないし婚姻居住形態については、多くの議論のあるところであるが、大きく分けて一応つぎの三説に帰着すると考えられる。

(1)　夫妻は別居し、夫が妻の家に生涯通う妻問婚[20]。

(2)　当初一時的に夫が妻の家に通うが、やがて同所、夫方居住に移行する。

(3)　当初一時的に夫が妻の家に通うが、やがて同所、妻方居住に移行する。

しかし、この三説は対立しあう説というよりも、当時の現実の婚姻(居住)形態にはこの三種が並存していたとみる方がよい。いずれの場合も、その実例とみなされる史料が、『古事記』『日本書紀』『万葉集』などの中に見出される。男女の身分や身分差、居住地間の距離など種々の条件によって、婚姻(居住)形態はさまざまであり得た。(2)説をとる江守五夫氏は、当時の一夫多妻制のもとでは、嫡妻以外の妻に対しては妻問いがなされると説く。[21] その場合は(1)と同じ形態となる。また(3)説をとる関口裕子氏も、同一身分（有力者層）内での遠隔婚（男女の居住地が離れている場合）や、女の身分が低い場合には夫方居住となることを認めている。[22]

戸令結婚条の義解や集解諸説から、当時の通婚圏は令制の同里（郷里制の同郷）であったと推定されるが[23]、それは一般農民の場合であろう。当時は有力者ほど通婚圏は広かったと考えられる。男が在地の政治的経済的有力者である場合の遠隔婚では、男がその本拠地を離れて妻方居住に移るわけにはいかないから、当然夫方居住になると思われる。

F　雄略紀九年七月壬辰朔条

河内国言、飛鳥戸郡人田辺伯孫女者、古市郡人書首加龍之妻也。伯孫聞二女産一レ児、往二賀聟家一。

G　継体即位前紀

天皇父聞三振媛顔容姝妙甚有二嫵色一、自二近江国高嶋郡三尾之別業一、遣レ使聘二于三国坂中井一、中、此云レ那。納以為レ妃。遂産二天皇一。

この二例は在地有力者間の遠隔婚と解してよく、夫方居住であり、夫方で子供が生まれている。特にFの飛鳥戸・古市両郡は隣郡であり、乙継・真妹の添上・平群両郡と位置関係が類似している。乙継は和史でヤマトの地名を負う在地有力者と解され、真妹も土師宿祢で乙継とほぼ同じ階層と考えてよい。乙継と真妹の婚姻もF・Gと同様の事例と理解してよいのではなかろうか[24]。このように推考するなら、両者の結婚生活は乙継の本貫の添上郡今木庄で営まれたことになり、したがって新笠はこの地で生まれ育ったことになる。

四　桓武天皇の生育地

新笠が今木庄で生育したとするなら、つぎに白壁王と新笠の婚姻をどのようにみればよいか。白壁王には数人の妻妾がいた。まずその妻妾と所生の子女（その生年）をつぎにあげよう。[25]

和　新笠　　能登内親王（七三三）
　　　　　　桓武天皇（七三七）
　　　　　　早良親王（七五〇）
井上内親王[26]　酒人内親王（七五四）
　　　　　　他戸親王（七六一）
尾張女王　　稗田親王（七五一）
県主嶋姫　　美努摩内親王（七三七頃）
県犬養勇耳　広根諸勝（七六七頃）

所生の子女の生年からみて、白壁王の最初の妻は新笠であろう。白壁王の、新笠との婚姻居住形態を考える上で問題となるのは、聖武天皇皇女井上内親王との婚姻である。というのは、白壁王と今上の皇女井上とは結婚後かならず同居しただろうからである。両者の結婚の時期は、天平十九年（七四七）頃と推察される。『続紀』天平十九年正月丙申条によれば、この日、井上が無品から二品、白壁王の同母姉難波女王が無位から従四位下とされたが、これはその微証となろう。井上は養老元年（七一七）生まれ[27]、同五年斎内親王となり、神亀四年群行、天平十六年（七四四）、同母弟安積親王薨去により斎宮を退下、帰京したとみられる[28]。

早良の生年からみて、井上との結婚後も白壁王・新笠の関係が続いていたことはほぼ確かである。したがって、白壁王・新笠は結婚当初から同居していなかったとみなすべきであろう。いいかえれば妻問婚であったのではなかろうか。同居していた両者が、白壁王の、井上との結婚を機に別居したとは考えにくいからである。別居すれば離縁につながるであろう。白壁王・新笠の関係はその後も良好であったらしく、宝亀三年の井上廃后後（山部立太子時）に高野朝臣を賜ったであろうことはさきに述べた。しかし、井上廃后後も新笠が内裏内に天皇とともに居住しなかったことは明らかである[29]。その居所は田村後宮（平城宮外）であったと考えられる。

両者の婚姻が妻問婚であるとして、それでは白壁王の居所はどこであったであろうか。

白壁王は、和銅二年（七〇九）、父志紀親王と母紀橡姫（紀朝臣諸人の女）との間に生まれた。親王は、白壁王が光仁天皇として即位した後、御春日宮天皇と追尊された[30]。これは親王の宮が春日の地にあったからであろう。霊亀二年（七一六）八月、親王はおそらく春日宮で薨じ、『延喜式』田原西陵に葬られた。『万葉集』巻二の挽歌によって、春日宮から田原への葬送の様子をうかがうことができる。巻二―二三〇の長歌に「高円山に　春野焼く野火と見るまで」、巻二―二三一と二三二の短歌にそれぞれ「高円の野辺の秋萩」「御蓋山野辺往く道」とあるから、春日宮は御蓋山の南、高円山の北の奈良市白毫寺町付近にあって、葬列はここから、能登川に沿う石切峠越えの道を東行した可能性が強い[31]。

志紀親王には、光仁天皇の他に湯原親王、榎井親王など数人の王子があったが、光仁以外いずれも事績は伝えられていない。結果からの推測になるが、第六王子[32]とはいえ、顕著な事績をもつ白壁王が春日宮を継承したのではなかろうか。また、王が志紀親王の正嫡であったからこそ、聖武が皇女井上の配偶者に選んだとも推測されるのである。親王薨時、王は八歳、そして天平九年九月、二十九歳で無位から従四位下に叙せられた。この間は、生母紀橡姫とその同族が後見したのではなかろうか。ちなみに、奈良時代における紀朝臣氏の授爵者は、前期（元明・元正朝）八名、中期（聖武・孝謙朝）一五名に対して、後期（淳仁・称徳・光仁・桓武朝の長岡遷都前）五一名と急増する。[33] 中でも光仁朝だけで三四名に達し、桓武朝も入れると四一名となる。光仁と紀朝臣氏との結びつきの強さがうかがわれる。

白壁王が春日宮を継承したとする傍証は、なお二点ほどあげることができる。第一点は、光仁天皇の山陵の『延喜式』田原東陵が志紀親王の田原西陵の近くに営まれていることである。光仁は天応元年十二月崩じ、翌延暦元年正月、広岡山陵（添上郡広岡村か）に葬られたが、同五年十月、田原に改葬された。当時、皇族の墓所はその有する田荘に営まれる場合があったと考えられるから、[34] これは王が親王の家産を継承した徴証とみなすこともできよう。第二に、光仁登極後、井上内親王所生の酒人内親王が伊勢斎王となり、「権居㆓春日斎宮㆒」[35] とされていることである。「権（かりに）」とあるので、これは既存の施設を利用したのであろう。そうであれば、これは春日宮関連の施設ではあるまいか。斎宮すなわち斎王禊斎所（野宮）は、祓や楔の場所であるから、かならずその近傍に川がなければならないが、[36] さきに述べたように春日宮は能登川左岸に想定される。光仁が、継承した春日宮の一部を皇女斎王のために提供したとみることもできよう。

以上のように、白壁王が春日宮を継承し、そこに居住したとすれば、ここから新笠の居住地今木庄まではわずか二～三㎞の距離であり、恒常的な妻問いは十分に可能と思われる。むしろ、こうした地縁的関係から両者が結びつくに至ったのではなかろうか。

このようにみるなら、桓武はおそらく新笠の住所すなわち和氏の本貫で生まれ育ったと推考される。[37] 後年、山部王は大学頭に任じられたが、[38] 頭以下大学寮の職員には渡来系出自の者が多い。[39] 渡来系氏族が漢文学と多大な関係を有していたことはいうまでもあるまい。和氏は史のカバネをもっていたから、明らかに文筆を家業としてい

た。山部王は和史のもとで育ち、その文学的薫陶をうけたのであろう。桓武は崩後、

天皇徳度高峙、天姿嶷然。不レ好二文華一。遠照二威徳一。自レ登二宸極一。励二心政治一。内事二興作一。外攘二夷狄[40]一。

と評されるが、これは登極後政治に力を注ぐあまり「文華」を事とする暇がなかったと解すべきで、かならずしも文学的素養がなかったという意味ではあるまい[41]。

おわりに

一体に、桓武天皇の前半生についての研究は、従来積極的になされてきたとはいえない。史料上の制約がきわめて大きいことはもちろんであるが、それに対しては、天皇周辺の史料を精細に検討し、また従来と異なる視角からみていく必要があろう。本章では、この立場から主に婚姻(居住)形態論の視点で、桓武の出生・幼年期について不十分ながら推論を試みた次第である。

註

（1）以下『続紀』という。

（2）村尾次郎『桓武天皇』(吉川弘文館、一九六三年)。

（3）井上満郎「古代山城国雑考」(岸俊男教授退官記念会編『日本政治社会史研究』上、塙書房、一九八四年)以下、

井上氏の所論はすべてこの論文による。

（4）以下『後紀』という。

（5）『大日本地名辞書』二。

（6）林陸朗『長岡京の謎』（新人物往来社、一九七二年）。

（7）小林清『長岡京の新研究』（比叡書房、一九七五年）。

（8）瀧浪貞子「高野新笠と大枝賜姓」（『日本古代宮廷社会の研究』思文閣出版、一九九一年）。

（9）林、小林、瀧浪、註（6）（7）（8）前掲書、論文。

（10）『続紀』延暦二年四月丙寅条で、和史国守ら三五人が朝臣を賜姓されている。一方、『後紀』延暦廿三年四月辛未条の和朝臣家麻呂薨伝には「家麻呂。贈正一位高野朝臣弟嗣之孫也。」とあるから、乙継（弟嗣）の高野朝臣賜姓は和史（朝臣）同族には及ぼされず、乙継だけに対してであったと思われる。しかも乙継の賜姓はその死後であった可能性が強い。

（11）『続紀』宝亀元年八月丙午条。

（12）瀧浪、註（8）前掲論文。

ただし、氏は宝亀五年「西大寺大和京北三条班田図」にみえる添下郡郡司大領外正六位下和連家主を新笠の父方の一族と考え、高野山陵の所在地と新笠との関係を想定している。この点で私見は異なり、新笠の父方は和連ではなく和史であって、その本貫は後述のように添上郡である。筆者は、称徳天皇と新笠との関わりをつぎの点に求める。すなわち、『続紀』天平宝字元年五月辛亥条の「天皇移㆓御田村宮㆒。為㆑改㆓修大宮㆒也。」で称徳（孝謙）は一時田村宮を御在所としたことがわかる。また新笠ものちに田村後宮（後述）に居した。両所が同所かどうか確かでないが、少なくとも近接した場所であったことは間違いない。同じ田村の地を御在所としたことから、新笠が高野を〝襲名〟したとしてもあながち不自然ではないのである。

（13）詳細は拙稿「超昇寺・楊梅陵・宇奈太理神社をめぐって」（『日本古代の伝承と歴史』思文閣出版、二〇〇八年、初出一九九七年）参照。

(14)『延喜式』神名帳に淡路国三原郡久度神社がみえる。志賀剛『式内社の研究』一(神道史学会、一九六〇年)によると、この神社は現在三原町神代国衙字久戸にあり、社前の田に小字ヘッツイがあるという。久度がカマドの意義であることはこれにより一応証される。
(15)肥後和男「久度神社祭神考」(保井芳太郎編『大和王寺文化史論』大和史学会、一九三七年)に引く保井氏の調査によると、「久度神社往昔ノ平野神社新嘗祭稲進献ノ古例」が文明年間(一四六九～八七)まであったという。
(16)西田与四郎「王寺と大和川及び葛下川」(保井編、註(15)前掲書)。
(17)内藤湖南「近畿地方における神社」(『日本文化史研究』上、講談社、一九七六年)。
(18)胡口靖夫「美努王をめぐる二、三の考察」(『国史学』九二、一九七三年)。
(19)同じ氏族が二社を祀っている例としては、『延喜式』神名帳河内国安宿郡に、飛鳥戸造氏が奉祭する飛鳥戸・杜本両神社がある。後者は『蕃神考』以来、『延喜式』志紀郡当宗神社と同じ祭神(当宗氏の神)とみなされてきたところが近年、岡田荘司「平安前期神社祭祀の『公祭』化」(二十二社研究会編『平安時代の神社と祭祀』国書刊行会、一九八六年)により、藤原冬嗣・良岑安世の生母の女孺百済永継(飛鳥戸奈止麿の女)の出自した飛鳥戸造氏の奉祭する神であることが明らかになった。
(20)中山太郎『日本婚姻史』(日文社、一九五六年)。
(21)江守五夫「記紀万葉からみた古代の婚姻―とくに《よばひ》と《つまどひ》を中心として―」(『日本の婚姻―その歴史と民俗―』弘文堂、一九八六年)。
(22)関口裕子「古代家族と婚姻形態」(『日本古代婚姻史の研究』上、塙書房、一九九三年)。
(23)同「婚姻居住規制の実態」(注(22)前掲書、下)。
(24)なお、真妹が嫡妻でなく、乙継が真妹のもとへ妻問いした可能性も一応考えられるが、添上郡から平群郡への恒常的通いは困難であろう。
(25)光仁天皇には、このほか藤原曹子など数人の妃が推定されるが、いずれも子女はなかったようである。なお、各子女の生年は、能登(『続紀』天応元・薨年四九)、桓武(『後紀』延暦廿四・崩年七十)、早良(『一代要記』天応元・

立太子時三二）、酒人（『日本紀略』天長六・薨年七六）、他戸（『一代要記』宝亀二年・立太子時十一）、薭田（『続紀』天応元・薨年三一）より算出。また、美努摩と諸勝の生年は不明である。前者は右大臣神王の室であった（『本朝皇胤紹運録』）から、王と同年とすれば七三七年生、後者は延暦六年広根朝臣賜姓時二一歳とすれば七六七年生となる。

(26) 酒人が通説のように新笠所生ではなく、井上所生であること、また他戸も井上実子ではなく、井上母方同族の女孺県犬養勇耳の所生を井上が子としたものであることについては、塚野重雄「井上内親王の子」（『古代文化』二八―十一、一九七六年）参照。

(27) 『水鏡』によれば、宝亀三年五六歳。

(28) 山中智恵子「井上内親王」（『斎宮志』大和書房、一九八〇年）。

(29) 橋本義則「平安宮内裏の成立過程」（『平安宮成立史の研究』塙書房、一九九五年）。

(30) 『続紀』霊亀二年八月甲寅条。

(31) 岸俊男「太安万侶の墓と田原の里」（『遺跡・遺物と古代史学』吉川弘文館、一九八〇年）。大井重二郎「古春日里の方域の考察」（『万葉集歌枕の解疑』双文社出版、一九八〇年）によれば、『陵墓一隅抄』に「施基皇子宅地称二春日宮一白毫寺村宅春日之地」とあり、また白毫寺は春日宮を施入したものと伝えているという。宅春日神社は能登川左岸にある。

(32) 『続紀』光仁即位前紀。

(33) 高島正人『奈良時代諸氏族の研究』（吉川弘文館、一九八三年）。

(34) 拙稿「城上宮について―その位置と性格―」（註(13)前掲書、初出一九九八年）。

(35) 『続紀』宝亀三年十一月己丑条。

(36) 所京子「斎王野宮の位置と造営」（『斎王和歌文学の史的研究』国書刊行会、一九八九年）。

(37) すでにふれたように、新笠所生の早良親王の墓所がこの近所に所在することが注意される。

(38) 『続紀』宝亀元年八月丁巳条。

（39）　岡田正之『近江奈良朝の漢文学』（養徳社、一九四六年）には、大化以来奈良時代までの大学頭、助、博士、直講の歴名が掲載されている。
（40）『後紀』大同元年四月庚子条。
（41）　村尾、註（1）前掲書。

第九章　橘嘉智子の立后について

はじめに—従来の説—

令制下の立后は、嵯峨朝以前では三例あるのみである。[1] 聖武朝の藤原光明子、光仁朝の井上内親王、桓武朝の藤原乙牟漏である。

光明立后については従来さまざまの議論があったが、不比等亡き後、藤原四子がその勢威の継承をより確かなものにしようとした企てであることは、現在ではほぼ共通の認識であろう。[2] 井上立后には、皇統が約百年続いた天武系から天智系へと転換する際であり、聖武皇女井上の立后により光仁の正統性を補強し、反発を柔らげる意図があったと思われる。[3] また乙牟漏の立后については、その父良継が弟百川とともに山部皇太子（桓武）擁立の最大の功労者であったことが、その大きな要因ではなかろうか。

ところが嵯峨朝における橘嘉智子の立后については、こうした端的な説明は困難である。古くは「逆臣橘奈良麻呂の孫の身を以って、あえて皇后に冊立されなさったのは、ひとえに皇后の絶比の美貌と高い婦徳に寄せられた天皇の深い愛情と敬重によるもの[4]」などと説かれたが、こうした説は現在では問題にならず、政治史的説明が必要であろう。この点から管見の限り、比較的新しいつぎの二つの説が注目される。

安田政彦氏は、「藤原氏以外からの臣下立后としての嘉智子の立后は、その前後に例を見ないだけに特異なケース」とし、その背景には、当該期の藤原氏における「キサキがね」の不足があったという。そのうえで嵯峨側近の姻戚関係に注目し、「藩邸之旧臣」としてきわめて信頼の厚い藤原三守と嘉智子の姉安万子、右大臣藤原内麻呂の男冬嗣と三守の姉美都子の婚姻を軸に考えて、三守が「嘉智子立后を嵯峨天皇に勧めたことはあり得ること」で、冬嗣にとっても「決して嘉智子立后は不利ではなかったはず」と説く[5]。

また中林隆之氏は、嵯峨後宮の大勢のキサキらを一覧して、嵯峨は、桓武以来の方針である「正統性に大いなる不安要素を抱えた自身の王権の権威付けのために」、「天武系王族との配偶関係の構築」に努めるとともに、「天智・天武両皇統の源流とも言うべき敏達―舒明の時点まで遡って、その系譜に連なる」橘氏など「王族末裔氏族との関係を重視してその一体性を強調」したという。そのうえで、橘嘉智子立后は、「そうした王族末裔氏族の統合・融合政策のポイントないし結節点にあたる橘氏の嫡系に彼女が出自したからに他なるまい」とする[6]。

これら両説にそれぞれ問題はあるものの、要するに嘉智子立后問題の解明は一筋縄では行かず、嵯峨朝当時の宮廷内の「政治力学」と、橘氏をはじめとする関係氏族の歴史的性格という二つの視角からの追究が必要ということになろう。それを本章の方針としたい。

一　橘氏―嘉智子以前―

橘氏という姓は、藤原不比等の室、光明皇后の生母で命婦として後宮に重きをなした県犬養三千代が、和銅元年(七〇八)十一月の元明天皇の大嘗祭の宴において、それまでの「忠誠」を賞され賜ったものである。それは三千代一代限りのものであったが、三千代薨後の天平八年(七三六)十一月、三千代の前夫美努王との間の男葛城王(橘諸兄)・佐為王(同佐為)が上表して臣籍に降下する際に、あらためて橘宿祢と賜姓されたのである。したがって橘という氏は、厳密には諸兄によって創始されたといえるが、むろんその背後にはかつての三千代の勢威が強く意識されていた[7]。

三千代には前夫との間にさきの二男子のほかに、一女子牟漏女王があった。牟漏は、不比等の二男で藤原北家の祖となった房前に嫁いだが、これは三千代が房前の人品を見定めたうえでの取り計らいであったと思われる。牟漏所生の長男永手は和銅七年の生まれであるから、その婚姻はその一、二年前のことであろう。同じ和銅七年六月、元服・立太子した首皇子(聖武)に、霊亀二年(七一六)光明子がその妃となる。翌三年十月、房前は兄武智麻呂に先んじて朝政に「参議」することとなった。これも三千代の引き立てであったろう[8]。

不比等は養老四年(七二〇)八月薨じたが、この時出家することのなかった三千代が、翌五年五月に元明上皇が「不予」になるとすぐ「入道」した。同年十月十三日、死期の近いことを悟った上皇(十二月七日崩)は、右大臣長屋王(母は元明同母姉の御名部内親王)と参議房前とを召して後事を託した。同二十四日には房前に対し、「当下作二内臣一計会二内外一准レ勅施行。輔翼二帝業一。永寧中国家上」との詔が出された。これらを通じて、元明と三千代の強い絆と、そして三千代の女婿房前への元明の厚い信頼をうかがうことができる。

三千代の薨去は天平五年、房前は同九年に他の三兄弟とともに天然痘により薨じ、また牟漏女王も天平十八年薨じた。牟漏所生の房前子女は、永手・真楯(旧名八束)・御楯(同千尋)と聖武夫人となった一女子(藤原北夫人)である。この藤原北家(三千代・牟漏の血脈)と県犬養・橘氏との親しい交流はここに始まる。

図1　県犬養・橘氏と藤原北家

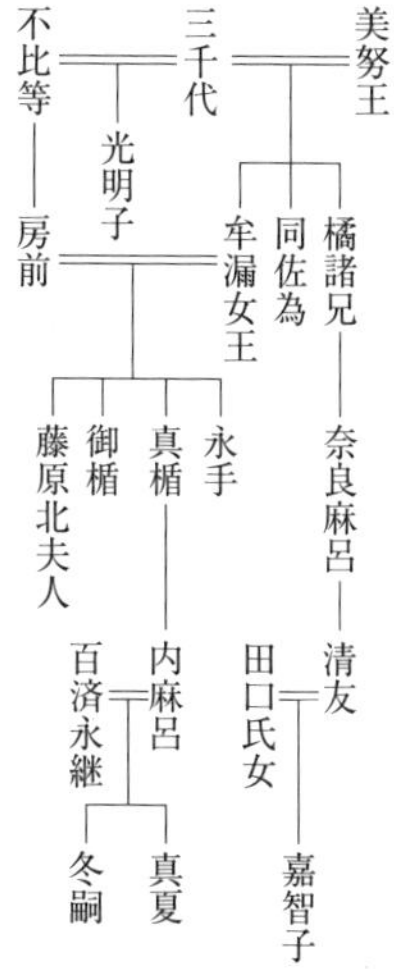

また聖武の後宮、県犬養広刀自・橘古那可智(佐為女)・藤原北夫人・同南夫人(武智麻呂女)の五名のうち四名までは三千代の子孫・縁者である。これらの后妃所生の子女は、光明の阿倍内親王(孝謙・称徳)と、広刀自の安積親王と井上・不破両内親王である。このように県犬養・橘氏は聖武皇統とも深く結びついていた。

さて橘氏の祖諸兄は、皇后の同母兄という血筋から、天皇・皇后の一定の信頼を得て左大臣にまで昇進したが、やがて台頭してきた藤原南家の仲麻呂と対立した。あくまで阿倍内親王(天平十年立太子)を皇位に擁立しようとした仲麻呂に対して、諸兄が県犬養系の安積親王に期待をかけていたことがその対立の底流にあった。

ここで注意されるのは、『万葉集』巻六―一〇四〇の題詞に「安積親王の、左少弁藤原八束朝臣の家に宴する日に、内舎人大伴宿祢家持の作る歌一首」とあるように、北家の八束(真楯)が家持とともに安積と親しかったらしいことである。この「宴」は天平十五年のことと思われるが、翌十六年二月、安積は急逝し、家持は挽歌を作っている(同巻三―四七五～四八〇)。その中で「万代に頼みし心いづくか寄せむ」(四八〇)と嘆いた。また安積薨後であるが、天平勝宝四年(七五二)十一月には、諸兄宅に聖武太上天皇の行幸があり、そこにも八束と家持が侍して作歌している(同巻十九―四二六九～四二七二)。

だが掌中の玉を失った橘氏の劣勢は明らかであった。天平勝宝元年七月、聖武が譲位し阿倍皇太子が即位するとともに、仲麻呂の権勢はいよいよ大きくなり、諸兄は失脚、天平宝字元年(七五七)一月、失意のうちに薨じた。

安積が薨じた頃から諸兄の男奈良麻呂は、自氏の劣勢に焦りを感じていたが、父が薨じるに及んで、同年七月、黄文王・安宿王など長屋王系の王族を語らって仲麻呂に対し決起しようとしたが、あえなく失敗し「逆党」とされた。(9)

孝謙・淳仁・称徳朝の間に、権力者は、はじめ仲麻呂、つぎに道鏡と移り変わったが、彼らが亡び称徳も崩じて皇統は天智系の光仁へと移ることになった。

道鏡を追放し光仁擁立に主導的役割を果たしたのは、北家の永手（当時従一位左大臣）であった。宝亀元年（七七〇）十月の光仁即位についで、皇后には県犬養広刀自所生の聖武皇女井上内親王が立てられ、その所生の他戸親王が立太子した。この井上・他戸体制を推進したのも永手であったと考えられる。(10) 永手の母が県犬養系の牟漏女王であったからである。

またこれより先、称徳崩御直前の宝亀元年七月には、「天平勝宝九歳逆党橘奈良麻呂等並縁坐惣四百卌三人。数内二百六十二人。罪軽応レ免。（中略）正身不レ得二入京一。」との勅が出され、橘氏復権への道が開かれた。(11) 宝亀元年から三年にかけての間に、県犬養・橘氏の叙位が集中している。(12)

だがこの体制も宝亀二年二月の永手の急死とともに終わり、翌三年には井上・他戸はその地位を追われ、代わって四年一月には和新笠所生の山部親王（桓武）が立太子する。これは、永手薨去直後に「内臣」となった藤原式家の良継、その弟百川らの策謀とみてよい。

しかし、この政変が橘氏にとってとくに痛手になったわけではなく、さきにふれたように同氏の政界復帰の道はすでに開かれていた。光仁朝から桓武朝にかけての橘氏の勢力については、安田論文に詳しい分析があるのでそちらに譲りたいが、注意されるのは桓武の後宮に奈良麻呂の子息達がその女を三名も入れていることである。入居の女田村子・御井子と島田麻呂の女常子である。

実は桓武と橘氏との関係はかならずしも明らかではないのであるが、あるいは安田氏が述べているように、後宮の女官橘真都我（佐為女）を室とする藤原是公が右大臣に昇進した（延暦二年）ことが背景にあったかも知れない。真都我は、桓武が鍾愛した伊予親王の母の夫人藤原吉子の生母と推測され、桓武と橘氏の接点になったと考えられる[13]。是公もまた桓武の信任の厚い人物で、少なくとも山部立太子の翌年宝亀五年三月から同十一年までの間、つまり桓武東宮時の過半の間、東宮大夫の任にあった[14]。

以上要するに、桓武朝には奈良麻呂事件も風化し橘氏の復権も進んで、同氏から入内者が三名も出る状況になっていたのである。

二　嵯峨天皇と嘉智子をめぐる姻戚関係

嘉智子の父清友も奈良麻呂の男で、入居・島田麻呂の兄弟（おそらく弟）であるから、嘉智子は、桓武キサキとなった橘氏三女子のイトコということになる。嘉智子は、嵯峨がまだ親王の頃妃となったが、それはイトコたちの先蹤があったからともいえよう。

嘉智子の父清友は、田口氏の女を娶り、延暦五年（七八六）彼女が生まれたが、父は同八年、正五位下内舎人で卒した。時に彼女はまだ四歳であった。橘氏という名族に生まれたとはいえ、早くに父を失い、同族にはさほど有力者もいなかった嘉智子が、入内・立后にまで到ったことには、何か深い政治的要因があったとみなければならない。

嵯峨天皇周辺を考察する場合、藤原冬嗣もさることながら、藤原三守という従来あまり言及されることのなかった人物にも注目しなければならない。冬嗣は東宮時代から嵯峨に仕え、即位後は初代の蔵人頭として枢機に与かり、弘仁二年(八一一)参議、同七年権中納言、同八年中納言、同九年大納言、同十二年には右大臣とめざましい昇進をとげ、淳和朝の天長三年(八二六)には左大臣となったが同年薨去、正一位を追贈された。三守もやはり東宮時から嵯峨に仕え、その即位とともに従五位下に叙され、弘仁二年には冬嗣の後任の蔵人頭、同七年参議、同十二年権中納言、同十四年中納言に昇進したが、同年嵯峨譲位とともに致仕し嵯峨院に近侍した。だが天長五年に大納言として太政官に復帰し、仁明朝の承和五年(八三八)には右大臣にまで昇ったが、同七年薨去、従一位を追贈された。かくのごとく嵯峨天皇・上皇のもとで、冬嗣のあとを追うかのような栄進ぶりである。

冬嗣は、なんといっても右大臣内麻呂(弘仁三年薨去、従一位左大臣を追贈)の二男であるが、三守の出自は、従五位上阿波守をもって卒した藤原真作(南家)という平凡な官人の男に過ぎない。嵯峨は弘仁十四年、右大臣冬嗣の反対にもかかわらず、皇太弟大伴親王(淳和)に譲位したが、新しく皇太子に立てられた正良親王(嵯峨の皇子)の辞状を三守をして直接淳和に伝えさせている。もちろん許されず、正良は三守宅から東宮坊へ入った。

こうした嵯峨の三守に対する殊遇ときわめて厚い信頼の背景にはどのような事実があったのか、たいへん興味深いところである。筆者は以前にこの問題を論じて、三守の母は嵯峨の乳母であり、両者は乳兄弟という固い絆で結ばれていたと結論したが⑮、ここでその考証をくり返すことはしない。

安田氏が、立后の背景に嵯峨・冬嗣・三守らの姻戚関係の存在を指摘したのは卓見であるが、その初源に嵯峨・三守の乳兄弟の関係を置いて、姻戚関係の成立過程を時間的・具体的に考えていく必要がある。

この三組の婚姻のうち、もっとも早いのは夫婦や所生子の年齢からみて冬嗣と美都子の婚であり、それは延暦二十一年(長子長良の生年)より一、二年前のことであったろう。

図2　橘嘉智子をめぐる姻戚関係

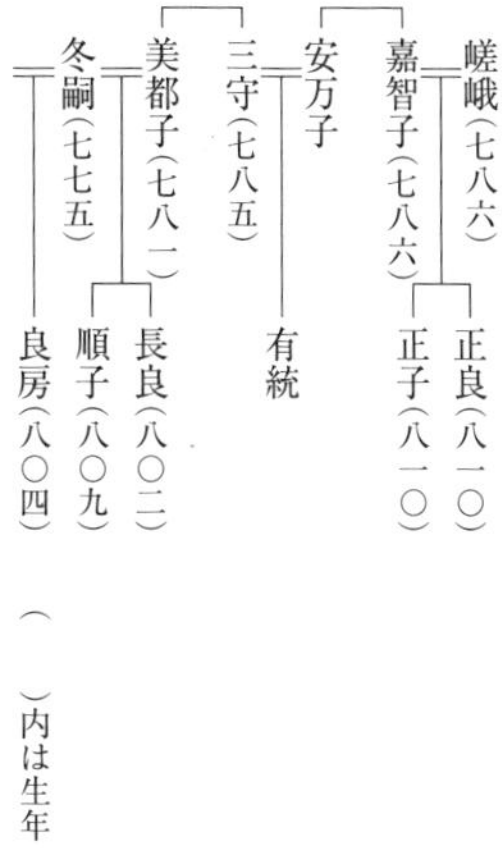

延暦二十年頃には、安殿皇太子（平城）即位後の次の東宮には神野親王（嵯峨）が立てられることが決定していたと考えられる。[16]ここで注意したいのは、冬嗣の一歳年上の同母兄真夏と兄弟の父内麻呂の動きである。真夏は、延暦二十二年従五位下に叙されるとともに同年東宮権亮、翌年には東宮亮と安殿皇太子に仕え、その即位後は右近衛中将、内蔵頭、中務大輔、さらに山陰道観察使（以前の参議に相当）になり、その譲位、「薬子の変」を経て、その崩御にいたるまで一貫して平城第一の側近であった。その経歴と出処進退からみて、平城における真夏は、嵯峨における三守と相似形といってよいであろう。[17]延暦十七年以来従三位中納言の地位にあった内麻呂は、長子真夏を当時の皇太子安殿に配するとともに、次子冬嗣をつぎの東宮に予定されていた神野親王に配するために、神野と乳兄弟の絆で結ばれている三守の姉美都子を冬嗣に娶らせたのではなかろうか。

つぎに嵯峨と嘉智子の婚は、嘉智子の崩伝[18]に「初為二親王一納レ后」とあるから、大同四年（八〇九）の即位以前、所生子正良・正子の生年からみて大同元年の立太弟以後であろう。三守と安万子の婚についても、安万子の生年は不明だが、嵯峨・三守は一歳ちがいの乳兄弟であるから、おそらくほぼ同時に橘氏姉妹を娶ったと思われる。

ところで、この二組の婚姻の背後には、内麻呂ないし冬嗣の仲介があったのではないかと憶測される。冬嗣と三守とは義兄弟であるだけでなく、神野の東宮坊において上司と部下の関係にあった。それにしてもなぜ橘氏姉妹を嵯峨・三守に妻合わせたのかという疑問が残るが、内麻呂・冬嗣は橘氏と親しい関係をもっていたと思われ、[19]それはいわば歴史的伝統的なものであったことについては第四節で述べよう。

三　嵯峨朝後宮の様相と立后

嵯峨のキサキには多くの女性が入った[20]が、大同四年四月の即位直後の後宮には、出自や位階から判断して、高津内親王・嘉智子・多治比高子・藤原緒夏の四名の有力なキサキがあったとみられる。

①『日本紀略』大同四年六月丁亥条

無品高津内親王授㆓三品㆒。是日立㆓高津内親王㆒為㆑妃。橘朝臣嘉智子。多治比真人高子為㆓夫人㆒。

②『同』同年十二月甲午条

夫人正四位下橘朝臣嘉智子。正四位下多治比真人高子二人。賜㆓封一百戸㆒。

③『日本後紀』弘仁元年十一月己未条

正四位下橘朝臣諱。嵯峨太皇太后。多治比真人高子授㆓従三位㆒。（中略）無位藤原朝臣緒夏。（中略）従五位上。（中略）（無位）橘朝臣安万子。（中略）従五位下。

④『同』弘仁五年七月辛亥条

尾張国丹羽郡田廿四町賜㆓夫人従三位橘朝臣諱㆒。

⑤『同』弘仁六年七月壬午条

立㆓夫人従三位橘朝臣諱㆒嘉智子。為㆓皇后㆒。（中略）夫人従三位多治比真人高子為㆑妃。従四位下藤原朝臣緒夏為㆓夫人㆒。

⑥『同』同年同月甲申条

従四位下藤原朝臣緒夏従三位。

まず四名のキサキのうち、もっとも血筋がよいのは桓武皇女高津内親王(母は坂上苅田麻呂の女全子)である。高津の嵯峨入内は、実は延暦二十年頃、桓武の意思により決まっていたらしい[21]。

高津の所生子には業良親王と業子内親王とがあった。嘉智子所生の正良親王・正子内親王はともに弘仁元年の生まれ(双子か)であるが、正良を「第二子」とする伝えと業良を「第二子」とする伝えとがあり、また正子を「長女」とする伝えと業子を「第一女」とする伝えとがあって[22]、かれらの輩行を決められないが、いずれにしても高津の入内時期は嘉智子とほぼ同じ頃であろう。しかし、妃となった大同四年以降高津の動静は不明である。これについては、のちにふれよう。

嘉智子と多治比高子とは、大同四年高津立妃と同時に夫人となり、位階も弘仁六年の嘉智子立后の直前まで並行しているが、弘仁五年頃(4)から待遇に差がつき始めていたかも知れない。多治比氏は奈良時代に多くの議政官を出した名族であるが、平安時代に入っては振わなかった。わずかに多治比長野が延暦八年に参議に昇り(同年薨)、その女真宗は桓武夫人として六親王を生み、弘仁十四年六月正三位で薨じて正二位を贈られたことが注目される。高子も、こうした伝統ある名族ゆえであろうか入内し、夫人さらに嘉智子立后時には妃となり、天長三年三月従二位で薨じ、従一位を贈られた。高子へのこうした殊遇には、あまり政治的背景は考えられず、それこそ「天皇の深い愛情と敬重によるもの」ではないだろうか。所生子もなかったようである。なお弘仁八年十月、久しぶりに多治比氏から今麻呂が参議となったが、これはむしろ高子立妃の余慶であったかも知れない。

四人のうちの最後の藤原緒夏は内麻呂の女、冬嗣の妹である。緒夏は、弘仁元年十一月無位から従五位上に直叙されているので、おそらくこの時はじめてキサキとなったのであろう。嘉智子立后と同時にそのあとを襲って夫人となり、その二日後には従三位を授けられて、妃となった高子と位階のうえでは並んだ。こうした状況をみると、緒夏は嘉智子の競争相手としてではなく、あくまで嘉智子に支障が生じた場合の予備的人材として、内麻呂・冬嗣らが入内させたのではなかろうか。

なお、緒夏が直叙された日、橘安万子も無位から従五位下へ直叙されていることも注目される。安万子は弘仁八年七月、典侍従四位下で卒した。この時から後宮に奉仕し、妹嘉智子・夫三守を何かと支えたのであろう。

さて、嘉智子が立后するうえで、もっとも大きな障害は高津内親王の存在であったと思われる。『続日本後紀』承和八年四月丁巳条の薨伝にはつぎのように記す。

三品高津内親王薨。（中略）嵯峨太上天皇践祚之初。大同四年六月授二親王三品一。即立為レ妃。未レ幾而廃。良有レ以也。

この記事について角田文衛氏は、「「未レ幾而廃」は誤りである。なぜならば、嵯峨天皇の皇子業良親王と業子内親王を生んでおり、少なくとも廃されたのは、妃に立てられてのち三、四年後と認められるからである[23]」とするが、これは妥当な判断であろう。

高津は桓武の遺志で入内したものの、その後楯は坂上田村麻呂（高津のオジ）くらいではなかったであろうか。田村麻呂も嵯峨朝の功臣（「薬子の変」）であったが、弘仁二年五月に大納言正三位で薨じた。その死は高津の立場を弱めたであろう。廃妃の時期は、田村麻呂薨去から嘉智子立后までの間と考えられる。

当時の嵯峨朝後宮の様子を、わずかにうかがうことのできる文学資料が残されている。

まず『後撰和歌集』巻十六雑二に、つぎの二首が並んで載っている。

いたく事好むよしを、時の人言ふを聞きて　高津内親王

①直き木に曲れる枝もある物を毛を吹き疵を言ふがわりなさ

みかどに奉り給ひける　嵯峨后

②うつろはぬ心の深く有りければここら散る花春に逢へるごと

『後撰集』には、雑一にもう一首嘉智子の歌がある。

まだ后になりたまはざりける時、かたはらの女御たちそねみたまふ気色なりける時、みかど御曹司にしのびて立ち寄りたまへりけるに、御対面はなくて、奉りたまひける

嵯峨后

③事しげししばしは立てれ宵の間に置けらん露は出でて払はん

また高津の作と推測される歌が、『古今和歌集』巻第十八雑歌下に一首ある。

題しらず

詠人しらず

④木にもあらず草にもあらぬ竹のよのはしにわが身はなりぬべらなり

ある人のいはく、高津のみこの歌なり

①は、口さがない後宮内の人間関係の憂さを詠んだもの、②③はそうした後宮にあって、天皇の寵愛を誇り、感謝を表わす歌、④はおそらく廃妃後の身の上を嘆いた歌と思われる。

芦田耕一氏は、①②は『後撰集』撰者たちが「彼女らの敵対関係を知った上で並べて配列したのではないか」、そして「廃妃に関して、嘉智子と冬嗣からの直訴のようなものがあった」と「想像」している[24]が、冬嗣が嘉智子の後楯であったとすれば、そうした蓋然性は大きい。

高津の薨伝では、廃妃の理由を「良有㆑以也」とぼかしているが、これは『続日本後紀』編纂の中心にいた藤原良房が、廃妃事件への父冬嗣の関与に触れることを避けたためと考えられる。廃妃の背景には、すでに述べたような嵯峨と嘉智子をめぐる姻戚関係・人間関係があった[25]。立后の翌弘仁七年には、同二年以来参議であった冬嗣が権中納言、ほぼ同時に三守が参議に昇り、冬嗣はこれを機に昇進のスピードを速め、三守がそのあとを追っ

ている。

いま一つ、ちなみに、立后後皇后宮大夫に起用された藤原貞嗣という人物に着目しよう。貞嗣は南家巨勢麻呂の男で、三守の父真作の弟にあたり、したがって三守のオジということになる。一方その母は、永手の女と伝えるから、北家（三千代―牟漏の血脈）に属する。してみれば、貞嗣は、天皇の乳兄弟たる三守と県犬養・橘氏系の嘉智子と北家内麻呂・冬嗣らとをつなぐ位置にあったといえよう。貞嗣は、弘仁三年十月の右大臣内麻呂薨去の際、喪事の監護に遣わされたが、これは母が永手の同母弟真楯の男内麻呂とイトコの関係にあったからであろう。弘仁六年七月立后と同時に従四位下から従四位上に昇叙、皇后宮大夫に任じられた。さらに同年蔵人頭、同十年には参議、同十二年には中納言となって、皇后宮大夫の職はこの年権中納言となった三守に引き継がれた。

鬼頭清明氏は、光明・井上・乙牟漏の皇后宮大夫に任じられた人物を検討して、皇后宮職は皇后側近の官であり、天皇・皇后に親しい政治グループに属する人物が配置されたとするが[26]、三守はもちろん貞嗣もその例と考えられる。それは、逆にまた嘉智子立后を推進した勢力を示唆するものである。

図3　北家・南家における三千代の血脈

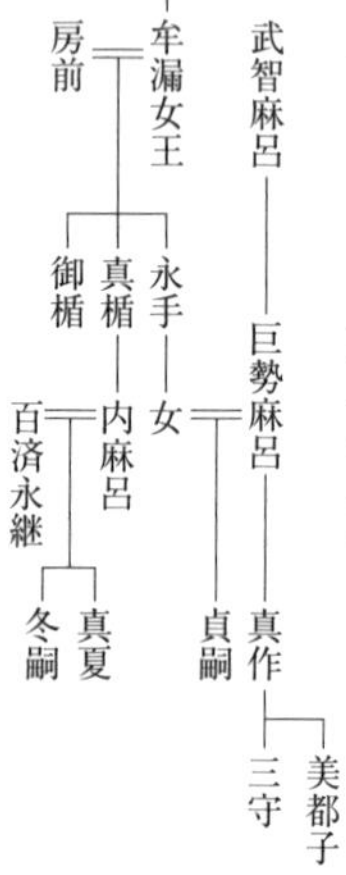

四　県犬養・橘氏と藤原北家の結びつきの背景

以上、嘉智子入内・立后の大きな要因として、天皇と嘉智子をとりまく姻戚関係・人間関係を指摘したが、その重要な一環は内麻呂―冬嗣と嘉智子との親しい関係である。その背景には、本章でも部分的に示唆したが、県犬養・橘氏と藤原北家(三千代―牟漏の血脈)の間の歴史的な交流関係があったことを以下に述べよう。

橘氏のそもそもの祖たる県犬養三千代の本貫は、従来河内国古市郡とする岸俊男氏の「憶説」[27]が通説化していたが、最近筆者はそれを再検討し、同安宿郡とするほうがより蓋然性が大きいことを指摘した[28]。その理由はいくつかあるが、一つは、不比等との間に生まれた光明子が幼名を安宿媛と呼ばれたことである。その養育者として、安宿郡を本貫とする安宿(飛鳥戸)氏が想定される。安宿氏については、光明が入内したのち、その藤原夫人家の長官として「安宿家令」がみえ、これは立后後の皇后宮大進安宿首真人と同一人とみられる[29]。県犬養氏と安宿氏は、このように安宿郡の地を通じて親密な関係をもっていた。

また『万葉集』巻二十―四四七二～七四の題詞・左注によると、天平勝宝八歳十一月、朝集使として上京した出雲掾安宿奈杼麻呂の家に、讃岐守の任にあった安宿王(在京)らが集まって宴を開き、その席で当時出雲守として任国にあった山背王の歌が披露され、後日大伴家持はそれに追和した。

ここに見える安宿王・山背王、ここには見えないが黄文王らは長屋王の遺子(同母兄弟)で、家持や奈杼麻呂とともに、藤原仲麻呂の専権に反発する橘奈良麻呂らの謀議に加わっており、この宴もその一環であった[30]。ここで留意されるのは、安宿王が安宿奈杼麻呂と親しい様子であるが、これは奈杼麻呂一族が安宿王の養育者であったためと思われる[31]。奈杼麻呂が奈良麻呂側に与したのも、三千代以来の県犬養・橘氏と安宿氏の親密な交流によるところが大きいのではなかろうか。

さらにまた注目したいのは、奈杼麻呂の女百済永継が北家真楯の男内麻呂に嫁し、真夏・冬嗣兄弟を生んだことである[32]。真楯は内麻呂が十一歳の時大納言正三位で薨じたが、すでに述べたように牟漏女王の所生で、県犬養系の安積親王と親しかった。内麻呂・永継の婚姻にも藤原北家と県犬養氏の間の親密な関係が背景にあったといえよう。

嘉智子は、高祖母三千代と臣下立后の初例となったその女光明皇后を通じて、藤原氏とのつながりを強く意識していたと思われる。ちなみにその崩伝によれば、嘉智子がまだ少女の頃、法華寺の禅雲という尼が彼女を見て、あなたは将来天皇および皇后の母となるだろうと予言した。のちにその予言が実現したので、尼の所在を尋ねさせたところ、すでに亡くなっていたという。法華寺はもと不比等第で、三千代が住み、光明の皇后宮ともなった場所である。嘉智子が祀ったと考えられる『延喜式』神名帳山城国葛野郡梅宮神社も、三千代が「洛隅内頭」（不比等第）に祀り、その祭祀が光明・牟漏女王によって継承されたものがその淵源である[33]。

嘉智子立后の宣命には、光明立后の宣命にあった「しりへの政」（背後の政・内助の功）が強調されており、立后の日も同じ「壬午」で、明らかに光明皇后を意識していた[34]。

おわりに

以上、煩雑な論述を重ねたので、最後に嘉智子が入内・立后に到った要因をまとめておこう。

①嵯峨の東宮時から即位後の時期にかけて、藤原氏に「キサキがね」が乏しかった。
②延暦末年には、嵯峨が平城即位後の東宮に立てられることは決まっていた。そこで嵯峨と三守の乳兄弟という固い絆をもとに、冬嗣と美都子(三守姉)、ついで嵯峨と嘉智子・三守と安万子(嘉智子姉)の婚姻が成った。この姻戚関係は、おそらく内麻呂・冬嗣の仲立ちで成立したと思われる。内麻呂・冬嗣が嘉智子に着目した背景には、藤原北家(三千代―牟漏女王の血脈)と県犬養・橘氏の長い親密な交流関係があった。
③嘉智子立后のうえで大きな障害であったと思われる高津内親王については、その後楯が大納言坂上田村麻呂しかなく、その薨後、高津の立場は弱くなり、上記の嘉智子をとりまく姻戚関係・人間関係で結ばれた勢力の前に廃妃をよぎなくされたと考えられる。

このほか、承和九年嵯峨上皇崩御直後に出来した「承和の変」の際に嘉智子がとったやや不可解な態度・行動も、本章の論旨を裏書きするのではないかと考えるのであるが、ここでは紙数の関係で詳しくふれることはできない。

註

(1)　皇后の意義についての議論はあるが、ここでは『令義解』公式令に「天子之嫡妻」とあることのみを指摘しておく。
(2)　岸俊男「光明立后の史的意義」(『日本古代政治史研究』塙書房、一九六六年、初出一九五七年)。
(3)　栄原永遠男『天平の時代』(集英社、一九九一年)三〇八～三一〇頁。
(4)　渡辺三男「檀林皇后」(『駒沢国文』二五、一九八八年)。
(5)　安田政彦「九世紀の橘氏―嘉智子立后の前後を中心として―」(『帝塚山学院大学研究論集』二八、一九九三年)。

なお、安田氏が美都子を三守の「妹」としたのは誤りで、明らかに姉である。拙稿「藤原三守についての一考察―嵯峨天皇との関係―」（『日本古代の伝承と歴史』思文閣出版、二〇〇八年、初出一九九五年）参照。

(6)　中林隆之「嵯峨王権論―婚姻政策と橘嘉智子の立后を手がかりに―」（『市大日本史』一〇、二〇〇七年）。

(7)　三千代については、義江明子『県犬養橘三千代』（吉川弘文館、二〇〇九年）参照。

(8)　瀧浪貞子「武智麻呂政権の成立―「内臣」房前論の再検討―」（『日本古代宮廷社会の研究』思文閣出版、一九九一年）。

(9)　奈良麻呂が挑戦した仲麻呂政権に対する藤原北家三子（牟漏女王所生）の態度は三者三様であったと思われるが、個々については論者により判断が分かれる。最近では以下の論考がある。

吉川敏子「仲麻呂政権と藤原永手・八束（真楯）・千尋（御楯）」（『律令貴族成立の研究』塙書房、二〇〇六年、初出一九九五年）。

木本好信「藤原真楯薨伝について」「同薨伝再論」（『奈良時代の政争と皇位継承』吉川弘文館、二〇一二年、初出二〇〇五年・二〇〇七年）。

(10)　瀧浪貞子「桓武天皇の皇統意識」（註(8)前掲書）。

なお永手は、道祖王廃太子の際にも、豊成（仲麻呂の兄）とともに塩焼王を推した。塩焼王は県犬養系の不破内親王の夫であった。

(11)　安田、註(5)前掲論文。

(12)　瀧浪、註(10)前掲論文。

(13)　安田、註(5)前掲論文。

(14)　以下、官人の経歴は国史と『公卿補任』による。

(15)　註(5)前掲拙稿。

(16)　西本昌弘「桓武改葬と神野親王廃太子計画」（『続日本紀研究』三五九、二〇〇五年）。

(17) 拙稿「藤原内麻呂・真夏・冬嗣についての一試論」(註(5)前掲書、初出一九九六年)。
(18)『文徳実録』嘉祥三年五月壬午条。
(19) 内麻呂の長子真夏の妻の一人に橘清友女があり、一男平雄を生んでいる(『尊卑分脈』)。真夏・冬嗣と嵯峨・三守の年齢差(十一〜二歳)からみて、この女性は安万子・嘉智子の姉と思われる。このように内麻呂一家は、嘉智子入内以前から橘氏と親密であった。
(20) 中林、註(6)前掲論文がキサキを網羅的に挙げている。
(21) 河内祥輔『古代政治史における天皇の論理』(吉川弘文館、一九八六年)一五五〜一七一頁。
(22) 以上四つの「伝え」は、それぞれつぎの史料による。
『続日本後紀』仁明即位前紀。
『三代実録』貞観十年正月十一日丙午条。
『同』元慶三年三月廿三日癸丑条。
『日本後紀』弘仁六年六月癸亥条。
(23) 角田文衛「田村麻呂の母」(『同著作集』五、法蔵館、一九八四年、初出一九六六年)。
(24) 芦田耕一「高津内親王の歌をめぐって」(『平安文学研究』六一、一九八四年)。
なお、『後撰集』撰者に坂上望城が加わっていることにも留意される。
(25) 左図のように、坂上氏も内麻呂や三守と姻戚関係があった。内麻呂の、全子の姉妹との婚は、桓武との親しい関係によるものであろう。一方三守の田村麻呂女との婚は、嵯峨・高津の婚に対応するものと思われる。しかし、坂上氏のこの二人の女性は、名も伝えられず、百済永継や橘安万子のように、後宮で活躍した有力な存在ではなかったようである。

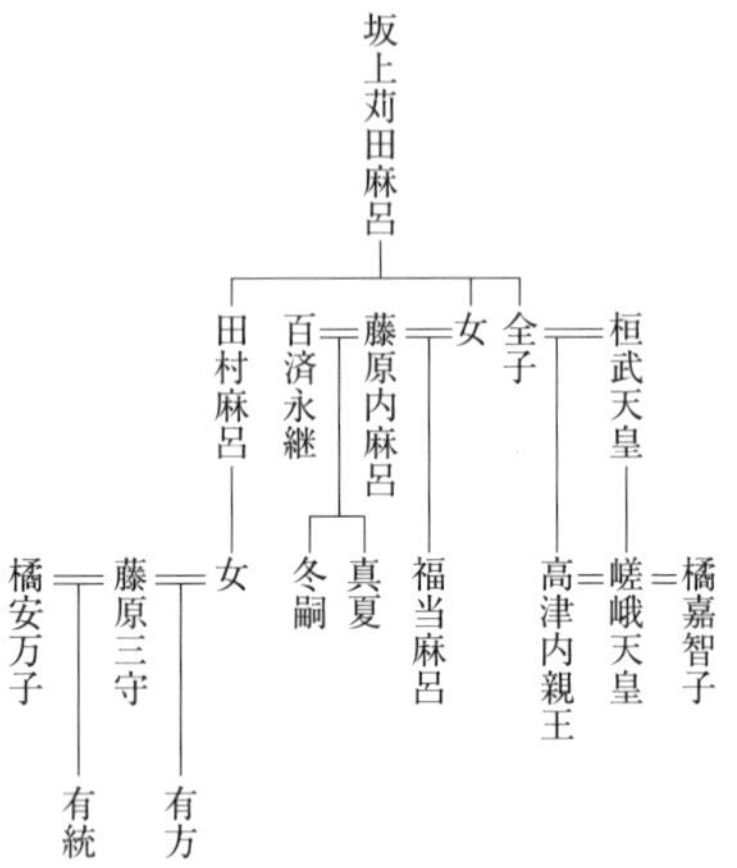

(26) 鬼頭清明「皇后宮職論」（『古代木簡と都城の研究』塙書房、二〇〇〇年）。

(27) 岸俊男「県犬養宿祢三千代をめぐる憶説」（『宮都と木簡』吉川弘文館、一九七七年、初出一九六七年）。

(28) 拙稿「県犬養橘宿祢三千代の本貫—岸説への一異見—」（本書第一編第七章）。

(29) 東野治之「初期太子信仰と上宮王院」（『聖徳太子事典』柏書房、一九九七年）。

(30) 岸俊男『藤原仲麻呂』（吉川弘文館、一九六九年）二〇五〜六頁。

(31) 小島憲之・木下正俊・東野治之校注・訳『万葉集』四、小学館、一九九六年）四四二頁頭註。

(32) 註(17)前掲拙稿。

なお、このあと永継は桓武に召され、延暦四年に皇子良岑安世を生むが、この頃から内麻呂の昇進のスピードも速まる。安世も冬嗣(同母兄)や三守と並んで嵯峨側近グループであり、その昇進も同年の三守とほとんど並行している。

(33) 義江明子「橘氏の成立と氏神の形成」（『日本古代の氏の構造』吉川弘文館、一九八六年、初出一九八三年）。

(34) 井上辰雄「檀林皇后（橘嘉智子）」（『嵯峨天皇と文人官僚』塙書房、二〇一一年）。

第二編　古代史の「場」——宮・陵・神社・寺院など——

第一章　葛城カモの神の成り立ちとその推移

―高鴨神を鍵として―

はじめに―問題の所在―

『延喜式』神名帳（以下「神名帳」）大和国葛上郡には

①鴨都波八重事代主命神社二座並名神大。月次相嘗新嘗。（御所市宮脇町）[1]

②高鴨阿治須岐託彦根命神社四座並名神大。月次相嘗新嘗。（同市鴨神）

③葛木坐一言主神社名神大。月次相嘗新嘗。（同市森脇）

という、カモを冠し、記紀に物語をともなって登場する事代主神・アジスキタカヒコネ神の二神がある。同郡には他に、カモを冠してはいないが、やはりカモに関係あり（後述）、かつ注目すべき物語を有する神がある

①は『延喜式』四時祭では葛木鴨社二座、同臨時祭では鴨神社二座、②は四時祭に高鴨社四座、臨時祭に高鴨神社四座、また③も四時祭・臨時祭に葛木一言主神社一座として出てくる。

『延喜式』段階では、三神は以上のように弁別されているのであるが、時代をさかのぼるとどうであろうか。[2]

雄略記紀ともに、葛城山で天皇と一言主神との間に因縁事があったことを記している。また『土左国風土記』逸文には土左高賀茂大社の神は一言主尊（神）、一説には味鉏高彦根尊（アジスキタカヒコネ神）とも伝える。他方『続日本紀』（以下『続紀』）天平宝字八年十一月条では、葛城山で雄略天皇と確執を起こしたために土佐国へ「放逐」され、かつ、この時葛上郡に「復祠」された神は高鴨神だとする。

しかし、以上の三つの伝承によって、高鴨神＝一言主神、またはアジスキタカヒコネ神とするわけにはいかないのである。なぜなら『三代実録』貞観元年正月条の神階叙位記事には、高鴨神と並んで、高鴨阿治須岐宅比古尼神（アジスキタカヒコネ神）と葛木一言主神とが見えるからである。

それでは、そもそも土佐へ遷祀された高鴨神とは一体何であったのか。その実態を明らかにすることを通じて、葛城カモの神の成り立ちと推移を探ってみたい。

一　葛城カモ三神の性格

1　事代主神(3)

神代記では、事代主神は、大国主神が神屋楯比売命を娶って生まれた子とされている。八重事（言）代主神とも記される。大国主神が国譲りを迫られた際、父神より意見を求められ、同意すべき旨を答えた。その時「御大之前」で「鳥遊」「取魚」をしていたが、この旨を答えるとすぐに船を傾け、「青柴垣」を作ってその中に隠れた。

神代紀第九段本文・第一の一書でも大同小異（紀では大国主神の代わりに大己貴神）である。

国譲りを答申したことから、事代主神の性格は、通説では託宣神とされている。記に「事代主神」が「言代主神」とも表記されるように、「古代では「言」は「事」と同じ重みをもつから、事代主神とは、事柄や事件を、その代わりとしての言葉を行使して宣言する神[4]」である。

また天武紀元年七月壬子条によれば「高市社所レ居名事代主神、又身狭社所レ居名生霊神」が高市郡大領高市県主許梅に神がかりして、神武天皇陵に馬と種々の兵器を奉ることなどを託宣した。この事代主神は、神名帳大和国高市郡の

④高市御県坐鴨事代主神大。月次新嘗。（橿原市雲梯町）

であるが、これは「鴨」を冠することからわかるように、葛城からこの地に進出したものであろう。

事代主神は、すでに見たように出雲を舞台とする国譲り神話で活躍するが、『出雲国風土記』にはまったく登場しないので、出雲在地の神とみることはできない。

『続紀』文武四年十一月壬寅条には、葛上郡鴨君粳売、『東南院文書』二の、承和十三年十月十一日付賀茂成継家地売券、同十四年六月廿七日付稲城壬生公物主家地売券に大和国葛上郡下鳧郷戸主賀茂朝臣真継とある[5]。下鳧郷は神名帳①社の付近一帯と考えられる[6]。カモ（鴨・賀茂）氏は①社を奉祭していたとみられ、事代主神は本来葛城在地の神であろう。

なお、事代主神には、さきにふれた出雲での海と関連する話や、神代紀第八段第六の一書にみえる「化二為八尋熊鰐一、通二三嶋溝樴姫一。」のような「海神的要素[7]」も指摘されている。これは「事代主神は、託宣という地域を越え氏族を越えた普遍的機能によって発展して行った[8]」という指摘とも合わせて、今後の検討課題としたい。

2　アジスキタカヒコネ神[9]

神代記によれば、大国主神が「坐㆓胸形奥津宮㆒、多紀理毘売命」を娶り、生んだ子がアジスキタカヒコネ神とその妹高比売（亦名下光比売命）で、このアジスキタカヒコネ神は「今謂㆓迦毛大御神㆒。」う。

神代記では、天若日子が死んだ時、弔問に訪れたアジスキタカヒコネ神は、その容姿が若日子とよく似ているので、遺族らによって見間違われた。死人に間違われたことに立腹した神は、身に帯びた剣を抜いて喪屋を切り伏せたという。神代紀第九段本文・第一の一書もほぼ同様に伝える。

このことから同神は刀剣神の一面をもつと考えられる。スキは農具の鋤に限らず、広く金属製武器を含むことは、八岐大蛇退治の剣が「蛇韓鋤（ヲロチノカラサヒ）之剣」（神代紀第八段第三の一書）、紐小刀を頸に著けられたワニが「佐比持神」（神代紀）とされていることからわかる。

またこの神は、神代紀第九段第一の一書に「光儀華艶、映㆓于二丘二谷之間㆒。」、同一書と神代記の歌謡に「み谷　二渡らす」とあることから、雷神・蛇神の面も有するとみられる。[10] 雷神は竜蛇神（水神・農耕神）でもあり、剣とも関係深いことはすでに指摘されている。[11]

同神は本来、葛城襲津彦が半島から連れ帰った桑原・佐糜・高宮・忍海の四邑漢人のうちの桑原・佐味・高宮の各村主、それに俾加村主・朝妻造・朝妻金作など、いずれも葛城南部の地名を負う渡来系工人集団に信仰された神であったと想定してもよいのではなかろうか。[12] 葛上郡には、五世紀前半以降とみられる渡来系集団の工房・住居跡が多く分布することが、近年の発掘調査の結果明らかになっている。[13]

加えて、アジスキタカヒコネ神の同母妹高比売命の歌謡（記・紀第一の一書）に「天なるや　オトタナバタの」

とあることから、同ヒメは渡来系機織集団に信仰された女神という見方もある。[14]「胸形大神」も呉から渡来した工女兄媛を奉られたと伝える（応神紀四十一年二月条）。

アジスキタカヒコネ神は、『出雲国風土記』にも意宇郡・楯縫郡・神門郡・仁多郡に登場する。しかし意宇郡条には

A　賀茂神戸　郡家東南卅四里　所レ造二天下一大神命之御子　阿遅須枳高日子命　坐二葛城賀茂社一　此神之神戸（以下略）

とあり、葛城の神であることが明記されている。出雲の中心ともいうべき意宇郡にその神戸が置かれたため、その伝承が出雲各地に流布したのであろう。

事代主神・アジスキタカヒコネ神ともに、記では大国主神の子としているので、〃出雲系の神々〃と見なされることも多いが、[15]それは「観念的な神話上の系譜関係」にすぎず、「土地と氏族とに地盤を持つ具体的な信仰の上では」、両神とも「もとより鴨氏の祭る葛城の鴨の神」[16]であった。

記紀の〃出雲神話〃における大国主神（大己貴神）は、中央の王権に服属した族長の神々を統合して成立したもので、それを王権が出雲国造に命じて、中央から僻遠の地（陰陽思想の方位説で西北隅）に祀らせたのが出雲（杵築）大社である。[17]こうした神話と祭祀に対応する儀礼が「出雲国造神賀詞」の奏上であり、この中では、大穴持命（大国主神）が「己命の御子阿遅須伎高孫根命の御魂を、葛木の鴨の神奈備に坐せ、事代主命の御魂を宇奈提に坐せ」[18]て、「大物主櫛𤭖玉命」や「賀夜奈流美命」の「御魂」とともに、「皇孫命の近き守神と貢り置」くという虚構が語られている。

3　一言主神[19]

雄略記・雄略紀四年二月条によると、天皇が葛城山に登った際、天皇とよく似た人と出会った。名を問うと、記では、先に「吾者雖二悪事一而一言、雖二善事一而一言、言離之神、葛城之一言主大神者也。」と答え、紀では天皇が先に名乗らされた。この後、記では、神は天皇から「大御刀及弓矢」をはじめ「百官人等所レ服衣服」を「棒物」として受け、「長谷山口」まで天皇を送ったが、紀では両者ほぼ対等の立場で狩を楽しみ、「来目水」まで天皇を見送ったとする。

まず記の記事から、この神も託宣神であることがわかる(後述)。

雄略記紀には、それぞれこのほかにもう一度葛城山登山の記事がある。それらを含めて、登山の目的、記紀の所伝の相違の意味などについては、これまで論じられており、筆者も言及したことがある。その論点はおおむね、雄略朝頃に大王家の勢威が葛城地域にも及ぶようになったこと、および当時の大王家と葛城氏の間の力関係の評価である[20]。

ここでは、この物語の別の側面に注目したい。それは、記で天皇が「恐我大神、有二宇都志意美一者」といい、紀では神自ら「現人之神」と称していることである。

このことについて、かつて和辻哲郎は、記紀の「この二つの物語は語り方の著しい相違に拘らず現人神の出現に於て一致」し、「かういふ現身的な出現は、神代史の神々には、ほとんど見られないところで」、「明らかにシナの神仙との類似を思はせ」、「これを帰化人の影響と見ることは不穏当でなからう。」と述べた[21]。これをうけて下出積与氏も「一言主神の伝承は、伝承そのものは帰化人の与えたものではあったのではな」く、「彼らが知識として提供した」「神仙思想をその一つの素材として構成され」たものと説いている。(22)「現人神」という点で記紀ともに「一致」していることから、この一言主神伝承は、古く旧辞の段階ですでに神仙的な潤色をうけていたのではないかと思われるのである。

一言主神については、『日本霊異記』上巻第廿八に役行者小角との話がある。役行者は賀茂役公、今の高賀茂朝臣で、大和国葛木上郡茅原村の人であった。孔雀王咒法を修し、奇異の験術を得て、自在に鬼神を駆使し、金峯山と葛木峯に橋を架けるよう迫ったので神たちは困って、とくに「葛木峯一語主大神」（一言主神）は小角の叛逆を「託讖」した。その結果、行者は捕らえられ伊豆の島に流された。その後、仙となって天に飛び、渡唐したが、その一言主神は小角に咒縛されたまま、今に至るも「解脱」できないという。

『続紀』文武三年五月丁丑条では、讒したのは、小角を師とした韓国連広足とするが、むろんこちらに史実性がある。広足は呪禁道（陰陽道・道教と密教とが習合した呪術）の家筋であったから、彼が小角に師事しながら天皇に讒したのは、「小角があやつった葛城山の一言主神の呪言信仰と呪禁道の対立を意味するもの」だが、「反面両者には、呪禁的行法において相通ずるものがあった」といえよう。(23)小角をはじめカモ氏は、「この神（一言主神―渡里）に仕えて咒言を担当する職掌にあった」(24)と考えられる。

なお、事代主神・一言主神ともに葛城に関わる託宣神であるが、前者は「八重」という冠辞から「多言的託宣神」、後者は「一言で言い切る託宣神」(25)、あるいは、「祈願者のための吉凶を簡単な一言のことばをもって判断する呪言神」(26)と一応区別してよかろう。

二　カモの神の分化と土佐遷祀

以上、葛城カモの三神の性格をひと通り概観したが、この神の成り立ちを探る手がかりが、つぎの土佐遷祀の問題だと考える。

『土佐国風土記』逸文[27]には、つぎのように記している。

B　土佐国風土記曰　土左郡　郡家西去四里有二土左高賀茂大社一　其神名為二一言主尊一其祖未レ詳　一説曰二大穴六道尊子味鉏高彦根尊一

この伝承に関連する記事が以下のように『続紀』にある。

C　『続紀』天平宝字八年十一月庚子条

復二祠高鴨神於大和国葛上郡一。高鴨神者法臣円興。其弟中衛将監従五位下賀茂朝臣田守等言。昔大泊瀬天皇狩二于葛城山一。時有二老夫一。毎与二天皇一相逐争レ獲。天皇怒レ之流二其人於土左国一。先祖所レ主之神化成二老夫一。爰被二放逐一（今検二前記一不レ見二此事一）。於レ是。天皇乃遣二田守一。迎レ之令レ祠二本処一。

神護景雲二年十一月戊子条

土左国土左郡人神依田公名代等卌一人賜二姓賀茂一。

同年十一月丙申条

従五位上賀茂朝臣諸雄。従五位下賀茂朝臣田守。従五位下賀茂朝臣萱草賜二姓高賀茂朝臣一。

同三年五月庚辰条

　大和国葛上郡人正六位上賀茂朝臣清浜賜二姓高賀茂朝臣一。

まずBの土左高賀茂大社であるが、これは神名帳土佐国土佐郡の

⑤都佐坐神社大（高知市一宮）

であろう。付近には、神名帳土佐郡葛木男神社・葛木咩神社（ともに同市布師田）も所在する。布師（ヌノシ）という地名については、『新撰姓氏録』（以下『姓氏録』）和泉国皇別に布師臣、左京皇別上に布師首、摂津国皇別に布敷首、河内国皇別に布忍首があり、それぞれ葛城（木）襲津彦命の後、またはその父武（建）内宿祢の後を称することが留意される。また『和名抄』土左国土左郡には鴨部郷がある。これらのことから、この地が大和の葛城や葛城氏・カモ氏などと関係深い地であったことが判明する。

雄略朝には、葛城氏が大王家によって打撃を加えられ、その勢力は衰亡したと考えられる(28)。Cの記事中の「先祖所レ主神化成二老夫一。爰被二放逐一。」は、葛城氏衰亡をうけて、カモ氏が司る神が土佐へ遷祀されたことを意味しよう。神の「放逐」伝承の背後には、当然その奉祭氏族の一部の政治的〝流謫〟が考えられる。

ところで、その神は、ここでは高鴨神とされている。ここでも葛城山という舞台と状況設定は雄略記紀と同様であるから、その神は一言主神でなくてはならない。だが冒頭にもふれたように、この食い違いをBにより高賀茂大社（高鴨神）＝一言主神として解決することはできないのである。後続する関係史料を挙げよう。

D　『新抄格勅符抄』大同元年牒　神封部

鴨神　八十四戸大和卅八戸伯耆十八戸出雲廿八戸

高鴨神　五十三戸大和二戸土佐廿戸　伊与世戸天平神護元年符　天平神護二年符

E　『三代実録』貞観元年正月廿七日甲申条

京畿七道諸神進レ階及新叙。惣二百六十七社。（中略）大和国（中略）従二位勲八等高鴨阿治須岐宅比古尼神。

従二位高市御県鴨八重事代主神。（中略）正三位高鴨神並従一位。正三位勲二等葛木一言主神（中略）並従二位。（中略）従五位下（中略）調田一事尼古神（中略）並従五位上。（以下略）

F　同仁和元年九月廿二日癸卯条

分㆑遣使者於賀茂上下。松尾。稲荷。住吉。石清水。高賀茂。平野。春日。大原野。梅宮十一神社㆒奉幣。（以下略）

まずDの鴨神は、その出雲神戸からみて、神名帳②社アジスキタカヒコネ神であることは確実である。

他方Dの高鴨神をみると、C天平宝字八年の翌年である天平神護元年に土佐廿戸、さらにその翌二年にも大和二戸、伊与廿戸と矢継ぎ早に経済基盤を厚くされている。神戸の総数五十三戸と各国別の内訳の合計五十二戸とが一致せず、やや不審であるが、これについてはのちにふれよう。いずれにせよ、そうした神戸の施入状況からみて、Dの高鴨神は、土佐から「復祠」されたCの高鴨神と同一と判断される。

さらにEにみえる高鴨神もC・Dの高鴨神と同一であろう。しかし、Eには高鴨神と並んでアジスキタカヒコネ神・一言主神両神も記されているのであるから、高鴨神は両神とも別神とみなければならない。

和田萃氏は「雄略天皇と関わったのは一言主神であるから、（『続紀』が―渡里）高鴨神とするのは誤伝」とされ、土橋寛氏は、土佐から「復祠」した高鴨神を神名帳②に照らしてアジスキタカヒコネ神とされたが、かならずしもそのようには断定できないであろう[29]。

では土佐遷祀・葛城「復祠」にまつわるこうした史料状況から、どのような整合的解釈が導き出されるだろうか。

さきにふれたように、神名帳①社事代主神は『延喜式』（四時祭・臨時祭）では葛木鴨社・鴨神社と記される一方、神名帳②社アジスキタカヒコネ神は『延喜式』（同）では高鴨（神）社、しかし『出雲国風土記』（A）では葛城賀茂社、大同元年牒（D）では鴨神などの名で現われ、①と②とは名称の上ではっきりと区別されていない。

このことから、青木紀元氏はつぎのように説いている。

「最初鴨氏が祭った鴨の神は一つであった」が、「鴨氏の勢力伸展に伴って、一つの鴨の神は二つに分化し、高鴨の社と下鴨の社とが出来る結果となった。」ちょうど山城の上・下賀茂社、信濃の上・下諏訪社のように、である。「アジシキ（スキ）タカヒコネノ神とかコトシロヌシノ神とかいう名は、その後につけられた」。加えて、一言主神もおそらく鴨氏の祭るところであった。こうして「もともと一つの神であった鴨の神が、漸次葛城の山の神（一言主神）・高鴨の神（アジスキタカヒコネノ神）・下鴨の神（事代主神）と分化したのであった。[30]」

この見解は注目すべきもので、たしかにこのように考えれば、『令集解』職員令神祇官条、神祇令天神地祇条、仲春条、仲冬条などにみえる「葛木鴨」（天神「山城鴨」に対する地祇としての）、また『姓氏録』大和国神別に

賀茂朝臣　大神朝臣同祖。大国主神之後也。大田田祢古命孫大賀茂都美命一名大賀茂足尼。奉レ斎二賀茂神社一也。

とある「賀茂神社」など、上下いずれのカモか、あるいは両方を含むのか判別に苦しむ史料が存在することも理解できる。[31]

また松前健氏も、風土記逸文（B）の土左高賀茂大社の神が一言主ともアジスキタカヒコネとも伝えられ、所伝が不安定なのも、それが「同源のカモの神であったからであろう。[32]」という。

カモ（賀茂・鴨など）の名義については、管見によると、(1)カミ（神）とするもの、[33](2)鴨をトーテムとする氏族があったとするもの、[34](3)特徴的な地形「神尾」に由来する地名とするもの、[35]などの説がある。

このうちでは(1)説が蓋然性に富んでいる。神名帳隠岐国周吉郡賀茂那備神社は、神奈備（カムナビ）であろうし、同山城国乙訓郡神川神社は、桂川と鴨川の合流点に近い旧鴨川村にあることから、これも逆に鴨＝神を示唆

するものといえよう。カモ＝カミ(神)とすれば、(3)説もこれに通じる。

カモとは、そもそもカミ(神)のことであるとすれば、それは「この神(カモ―渡里)を奉ずる社会そのものの、原始的にして単一なることを意味する。」したがってカモの神の分化は、そのような素朴な社会に「分化と綜合の進んだ結果」と考えられる(36)。

古代葛城の地域社会にそうした「分化と綜合」をもたらしたのは、なんといって第一には、この地への渡来人の来住であり、第二にはやはり葛城氏の衰亡であろう。かかる観点から、葛城カモの神の分化の諸段階とそれらの時期をつぎのように想定することができる。

㈠まず、渡来系集団(「四邑漢人」、秦氏などの祖)がこの地域に来住するようになった五世紀前半に、カモの神は高カモ・下カモに分化した。「下」は事代主神で、「高」は二神(アジスキタカヒコネ・一言主)未分化の状態であった。後者に対して、本来の奉祭者とみられるカモ氏とともに、渡来系集団がその信仰・祭祀に関わるようになったことがその分化の要因である。

㈡雄略朝に入ると、大王家によって葛城氏は大打撃をうけ、高カモの神は、未分化のまま土佐へ遷祀される。その背後には、この神を祀る葛城氏、カモ氏の一部の〝流謫〟が想定される。

㈢葛城氏の衰亡後、同氏のもとにあった渡来系集団のうち、「四邑漢人」系は東漢氏の配下に編入された。これに対し、秦氏系はやがて六世紀初頭頃山城へ移住する。この区別が高カモの神(葛城に残った〝後祀〟)を、「四邑漢人」系と関係深いアジスキタカヒコネ神と秦氏系の関わった一言主神とに分化させた要因である。その分化の時期は五世紀末と考えられる。

このような三段階を想定する根拠を以下で詳しく述べよう。

㈠葛城地域と渡来人の関係については、さきにふれたように、神功紀五年三月条に、襲津彦が「四邑漢人等之始祖」を「俘人」として連れ帰ったという伝承がある。近年の葛城南部の豪族居館や渡来系とみられる住居・工房跡などの出土状況から推測して、桑原邑（南郷遺跡群）、佐糜邑（鴨神遺跡）、高宮邑（名柄遺跡）、忍海邑（脇田遺跡）と比定され、南郷遺跡群の始期は五世紀第2四半期と推定されるから、この伝承は一定の歴史的事実を反映していると考えられる(37)。

葛城と秦氏との関わりについては、応神紀十四年是歳条に、百済から「来帰」した弓月君が配下の「弓月之人夫」を呼び寄せようとしたが、新羅の妨げにより、襲津彦を派遣しても不首尾であったと伝え、同十六年八月条では、今度は平群木菟宿祢らを派遣して新羅王を屈服させ、ようやく「人夫」を率いて襲津彦とともに帰還したという。この両条は一連の伝承で、しかも葛城氏ではなく平群氏の所伝とみられるので一定の客観性がある(38)。また『姓氏録』山城国諸蕃　秦忌寸には、つぎのように記されている。

G　太秦公宿祢同祖。秦始皇帝之後也。功智王。弓月王。誉田天皇〈諡応神〉十四年来朝。上表更帰レ国。率二百廿七県伯姓一帰化。并献二金銀玉帛種々宝物等一。天皇嘉レ之。賜二大和朝津間腋上地一居レ之焉。

さらに、この条の逸文の公算が高いとみられる興味深い史料がある。それは、十四世紀末から十五世紀初め頃の成立と推定される『聖誉抄』下、広隆寺条の秦酒公の譜文にあるつぎの伝承である。

H　秦氏大数八十八首。是葛木曽都比古手ニ在テ二豆麻乃加知槻田加知等ニ一。

このままでは文意がとりにくいが、誤脱を補って「秦氏のおおよその数は八十八首、これが葛城襲津彦のもとに属していた阿佐豆麻乃加知（朝妻勝）、槻田加知（勝）ら」と解することができる(39)。ここでいう阿佐豆麻はGの朝津間（御所市朝妻）、槻田は、『新抄格勅符抄』大同元年牒の槻田神、神名帳葛下郡調田坐一事尼古神社（葛城市疋田）の槻田・調田である。なおGの、朝津間と並ぶ腋上は、神武紀に掖上嗛間丘（御所市本馬）とあるように、御所市東部を指す地名であろう。

襲津彦の関わる「四邑漢人」渡来伝承に史実性が認められるとすれば、秦氏やその配下の民についても、渡来の年代を含めて同様のことがいえ、G・Hの伝承にも一定の史実性をうかがうことができよう[40]。

カモの神は高カモ・下カモに分化したが、「下」の事代主神には渡来系集団が関与した形跡はない。これに対し高カモには、一節でもふれたように、渡来人がその信仰・祭祀に関わったとみられる。それがその分化の要因で、その時期はかれらが来住するようになった五世紀前半頃と考えられる。

上田正昭氏は、「京の神々」を例に、「渡来の集団とかかわりの深い神々の世界」には、「渡来型」すなわち「渡来の集団が渡来の神を祀っている場合」（平野神社など）と、「混合型」すなわち、「渡来の集団がそれ以前に存在していた在地の神々を祀る場合」（松尾大社、伏見稲荷大社など）の「およそ二つのタイプ」があることを指摘されている[41]。

高カモはこの「混合型」であり、しかもその祭祀を渡来人が〝独占〟したのではなく、そこにはカモ氏も依然関与していたであろう。

㈡雄略朝に入って高カモの神は土佐へ遷祀されるが、その段階では二神未分化の状態であったことを以下に示そう。もしそうであれば、葛城に残ったその〝後祀〟もやはり未分化であったことになろう。

ところで、紀には「土左大神」が二度、いずれも天武紀に登場する。

Ｉ　四年三月丙午条

土左大神以㆓神刀一口㆒進㆓于天皇㆒。

Ｊ　朱鳥元年八月辛巳条

遣㆓秦忌寸石勝㆒、奉㆓幣於土左大神㆒。

この神は、風土記逸文（B）の土左高賀茂大社、また神名帳⑤都佐坐神社のことであろう。

Ｉで、この時期なぜ天皇に「神刀」を献じたのか理由はわからないが、いずれにせよ、このことからこの神は刀剣神ないし金属神の性格を有することが推察される。その性格はアジスキタカヒコネ神と共通である。

Ｊの奉幣の目的は、四日前の丁丑条に「為二天皇体不予一祈二于神祇一。」とあるので、その祈請の一環であったとみられる。「土左大神」がとくに選ばれたのは、十三年十・十一月条に土佐の大地震災害の記事があるところをみると、これを「大神の祟とし、天皇の病気もそれに関係があると考えたためか[42]。」と思われる。（天皇不予の初出は十四年九月条）

ここでの問題は、「土左大神」への奉幣使になぜ秦氏が起用されたかである。管見では、この問題に論及した例はない。

神祇令には奉幣使について

凡常祀之外。須下向二諸社一供中幣帛上者。皆取二五位以上卜食者一充。唯伊勢神宮。常祀亦同。

とあり、『古事類苑』神祇部三十八「奉幣」には

其使ハ臨時ノ奉幣ニハ、汎ク五位以上ノ人ヲトシテ之ニ充ツレドモ、或ハ其社ニ因リテ姓氏ノ定レルモノアリ、伊勢神宮ノ王氏ニ於ケル、宇佐大神ノ和気氏ニ於ケルガ如シ

と解説している。

実際に『続紀』以下五国史にみえる奉幣使名（紀にはＨ以外に例がない）を検すると、⑴一般の五位以上の「卜食者」と思われる者、⑵中臣・忌部氏などの神祇官人、⑶和気氏（宇佐八幡宮、石清水にも）などのように、その神社に縁の深い氏族、とに分類されるようである。

Ｊは令制以前であり、また秦忌寸石勝は位階も帯びていないので、⑶の部類に該当すると考えられる。

秦氏は、このように「土左大神」と深い関係があった。その関係は、高カモの神の土佐遷祀以前にさかのぼる

のではないだろうか。

すでに説いたように、秦氏は五世紀前半頃渡来し、その最初の定着地が葛城南部であった。さきには、一言主神伝承に神仙思想の影響が看取され、それが古く旧辞の段階までさかのぼる可能性を述べた。してみれば、そこには秦氏が関与していたのではなかろうか。同氏が神仙思想の影響下にあったことはつとに指摘されているからである。

皇極紀三年七月条の「東国不尽河辺人」大生部多の事件は、秦河勝が、常世神信仰の行きすぎたシャーマン的活動に対し、「「神道や道教」側の統制者として大生部多に矯正を加えたとみるべき」であろう。秦氏の同族赤染氏(常世連と改姓)は、「常世神信仰の母体」をなした(43)。

神仙思想と常世神信仰とは民間道教に包摂されるものである。日本には、教団道教が伝わった形跡はないが、民間道教は渡来人とともに早くから入っていた可能性がある。後者は「神仙思想を根幹とし消災・度厄・昇仙に関するいろいろの呪術を含む」とされる(44)。

すでにふれたように、葛城のカモ氏からは、葛城山の一言主神を祀り、この神の託宣を司る呪術家である役小角が出る。彼は道教の神仙的方術の影響もうけていたと思われる(45)。カモ氏の伝統的性格が小角に象徴されるとすれば、そこには秦氏の影響があったのではなかろうか(46)。カモ氏も秦(惟宗)氏も、ともに後世名だたる陰陽道の家となるのは、ここにその素地があったのではないかと思うのである。

なお、鴨脚家本『姓氏録』残簡の「賀茂朝臣本系」は、さきに引いた大和神別賀茂朝臣条の逸文であるが、ここにはつぎのような記載がある。

次小廼足尼。是役君。遠江。土佐等国賀茂宿祢。并鴨部等祖也。

この記事は、Cの土左郡人神依田公名代らの賀茂賜姓と関係があろう。同郡に鴨部郷があったことはすでに述べた。より重要なのは、土佐国のカモ氏が、ここで役君すなわち一言主神を祀った役小角の系統とされていることである。「土左大神」（高鴨神）は、秦氏との関係からだけではなく、この点からも、一言主神の一面（のちに分化）を有していたことがうかがわれよう。

㈢葛城氏の衰亡にともない、葛城地域の渡来人の境遇にも大きな変化が生じた。この地を直接支配下においた王権により、葛城氏のもとにあった渡来人たちは、そのまま葛城にとどまるグループと、新たな開発のため山城などに移住させられるグループに二分されたらしい。「四邑漢人」系は前者、秦氏系は後者のグループである。(47)「四邑漢人」系は、その遺跡からうかがわれるように、金属器生産を中心に、さまざまな生産活動に従事していた。他方、高市郡を拠点とする東漢氏は、五世紀後半頃から、渡来系の技術者・有識者をトモである漢人に組織して王権に奉仕することを任務とするようになる。その活動は五世紀末頃から盛んになるから、その頃「四邑漢人」系は東漢氏の配下に組織されたと考えられる。(48)それが高カモの神（〝後祀〟）からアジスキタカヒコネ神が分化する要因であろう。

三　葛城「復祠」とその後

その後天平宝字八年十一月、土佐からの「復祠」をむかえる。(C)円興はカモの神を祀るカモ氏の出身で弟の賀茂朝臣田守らとともに、道鏡の勢威をかりて宗教面から自族の勢力拡大をはかったのがこの高鴨神「復祠」の真相ではなかろうか。それゆえに、田守らはとくに高賀茂の賜姓を望んだのであろう。

円興は道鏡の腹心であった。葛城山はかつて道鏡が禅行を修し、咒験力を得る修行をした場所であり、ここでカモ氏との縁も生じた可能性が強い㊾。

それはともかくとして、「復祠」された高鴨神はどのように祀られたのだろうか。宝字八年以前から、アジスキタカヒコネ神も一言主神もすでに別々に祀られていたであろうからである。

ここでDの高鴨神の神戸にもう一度注目しよう。

さきにふれたように、高鴨神については、神戸総数とその下に記した国別内訳の合計とが一致せず、前者が一戸だけ多い。同じ大同元年牒神封部で、複数国に神戸を有する他のケースを検すると、ほとんどの場合両者は一致する。一致しないケースは高鴨神を含め五例ある。他の四例を挙げてみよう。

		総数(戸)	内訳合計(戸)
(ア)	伊勢大神	一、一三〇	一、二三〇
(イ)	気比神	二四四	二五四
(ウ)	住吉神	二三九	二一九
(エ)	住吉垂水神	二二	三

(ア)(イ)の場合は総数が内訳合計より少なく、(ウ)は逆であるが、いずれも数字の並びが上下よく似ているので、どこかに誤りがあるのであろう。(エ)は、国史大系本の校註が指摘するように、内訳に根本的な誤りがあると思われる。

高鴨神の場合は、総数五十三戸の三が二の誤りであるか、または内訳の大和二戸の二が三の誤りであったか、どちらかであろう。いずれにせよ、不足する一戸が天平神護元年以前にどこかの国に施入されていたということではあるまい。

そのように考えると、高鴨神の神戸は、すべてCの「復祠」の翌年と翌々年に施入されたものということになる。このことは、この神の社が、この時新たに建てられたのではないかという推測に導くのである。

Cで「復祠」とあるが、「祀」ではなく「祠」とされていることに注意すると、この時高鴨神を迎えるため「祠」を建てたとも解される。その場合、「復」は、葛城という地に復したという意味に理解できよう。「復祠」をこのように解するのはむしろ当然で、土佐遷祀後、葛城のその〝後祀〟は、アジスキタカビコネ神と一言主神の二つの社に分化していて、高鴨神の〝居場所〟はなかったからである。

その後貞観元年(E)に確認された高鴨神については、仁和元年(F)の「高賀茂」を除いて、『延喜式』を含めて、それに相当する神は見当たらない。『延喜式』で高鴨(神)社といえば、神名帳②社のことであった。ではその後この神はどうなったか。以下説明しよう。

大同元年牒(D)の鴨神は、神名帳②のアジスキタカヒコネ神のことであった。ところで、貞観元年(E)高鴨阿治須岐宅比古尼神の「高」は、国史大系本の校註で「高、拠一本朝本及神名式補」とされ、原本には存しなかったようである。この二つのことを勘案すると、高鴨神は貞観元年以後、おそくとも『延喜式』以前に神名帳②社に合祀され、もともと鴨—を名乗っていた②社が、高鴨—と称するようになったのではないかと思われるのである。

仁和元年(F)の「高賀茂」は、山城・大和・摂津の、いずれも社格の高い十一社の中にあるので、おそらくこの合祀後の②社であろう。②社は、少なくとも記で「迦毛大御神」とされて以来、カモの神のなかで最有力の神であったとみられるからである。

ここで、本章と比較的似た視角から葛城カモの神を分析された西宮秀紀氏の注目すべき論にふれておきたい[50]。氏が、『令集解』の「葛木鴨(神)とは一体如何なる神社であるのか」という問題提起から、それは「もともと鴨都波八重事代主命神社と高鴨阿治須岐託彦根命神社の両方を指す名称であった」と結論されたことには賛意を表する。こうした称が存するのは、もともとカモの神が未分化であったからであろう。

しかしながら、その論述過程における高鴨神の扱いには、つぎの二つの点で疑問がもたれる。

(1)氏の論では、雄略朝に土佐に遷祀され、天平宝字八年に「復祠」された高鴨神とアジスキタカヒコネ神との関係が明確にされていないように思われる。『新抄格勅符抄』(D)を挙げているので別神と解しておられるようであるが、そのことと風土記逸文(B)の伝承すなわち一言主神(正伝)・アジスキタカヒコネ神(異伝)との関連も明確にすべきであろう。

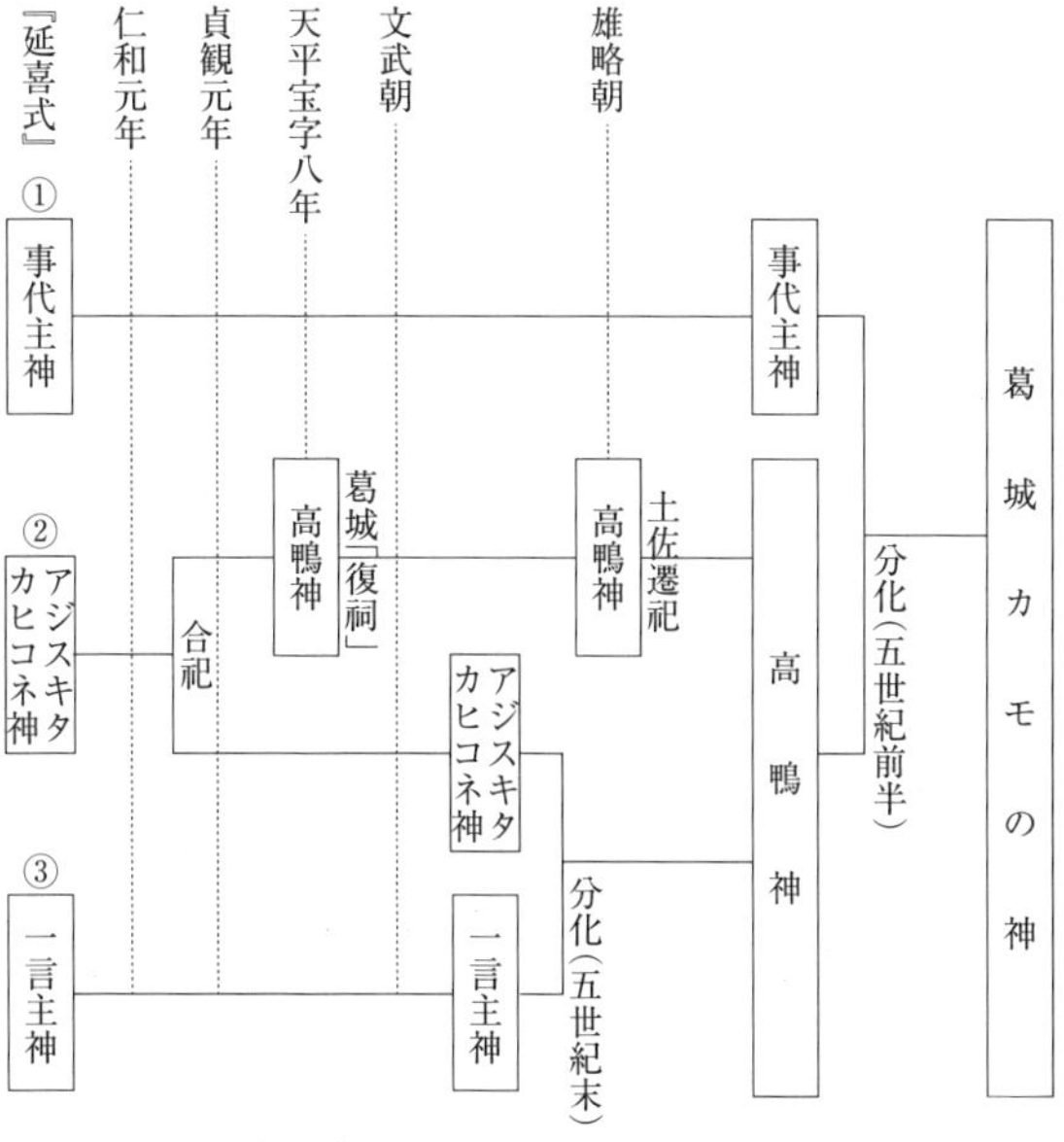

図１　カモの神の系譜

(2)「高鴨神は雄略天皇の時代から天平宝字八年(七六四)まで、高鴨神社に祀られていなかった」と土佐遷祀を解されているが、ではその間「高鴨神社」(葛城であろう)には何が祀られていたのか。高鴨神が祀られていない「高鴨神社」とは何なのかと考えると、やはりそこには土佐遷祀後の〝後祀〟を想定すべきであろう。日本の神は遷祀されたのちも、その〝後祀〟は残ると考えられる。

最後に、以上述べてきたようにカモの神の祭祀に広く深く関わった葛城カモ氏とは、どのような氏族であったのだろうか。史料はきわめて限られているが、筆者は以下のように考えている。

カモ＝カミ(神)であれば、カモという神名・地名にはどこにでも発生しうる一般性がある。葛城氏のもと

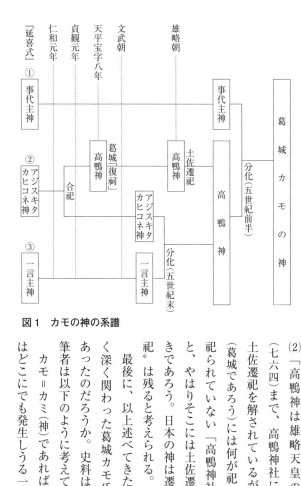

でカミ（神）を祀る職掌にあったのがカモ氏であったとみてよいのではなかろうか。[51] ただし、カモ氏には葛城氏との間に系譜関係はみられない。神代記では、大物主神の子孫意富多多泥古命が神君・鴨君の祖、神代紀第八段第六の一書では「大三輪之神」の子が「甘茂君等・大三輪君等」とされ、すでにふれた『姓氏録』（大和国神別）賀茂朝臣でも同様（ここでは「大国主神之後」）である。第九段第二の一書では、出雲での大己貴神の服属後、経津主神により国内の「周流削平」がなされ、「是時、帰順之首渠者、大物主神及事代主神」とされている。これは大和での国譲りというべき伝承である。ミワ氏とカモ氏の同祖関係は、こうした大和の重要な両国津神（神話における父子）の司祭者の立場から、比較的新しく形成されたもので、本来的なものではないであろう。

おわりに

以上、煩雑な考証を重ねてきたので、ここで葛城カモの神の成り立ちと推移を簡単にまとめると以下のようになる。

カモ氏が祀っていたカモの神は、時代とともに発展・分化していった。まず雄略朝以前、五世紀前半頃、託宣神としての事代主神（神名帳①社）と高鴨神（金属神と託宣・呪言神）とに分化した。後者は、雄略朝に土佐へ遷祀されたが、これには葛城の政治的変動が関係あろう。これに対して、葛城に残った〝後祀〟としての高鴨神は、五世紀末頃にアジスキタカヒコネ神（神名帳②社・金属神）と一言主神（神名帳③社・託宣・呪言神）とに分化した。他方、当時道鏡の腹心であったカモ氏の一部の画策により、天平宝字八年土佐の高鴨神が葛城に「復祠」された。その後、貞観元年から仁和元年の間に、理由は不明だが、この高鴨神は神名帳②社に合祀されて、『延喜式』の段階では、葛城カモの神は①②③の三社となった。この推移を図示すると図1のようになる。

葛城カモの神については、山城や三島との関係もたいへん興味深い問題である。本章を草する過程でいくつか気づいた点もあったが、その論述は他日を期することとしたい。

註

（1）以下、式内社の鎮座地は式内社研究会編『式内社調査報告』（皇学館大学出版部）による。
（2）葛城カモの神について総合的に考察した論考には、以下のものがある。
青木紀元「迦毛大御神の性格」（『日本神話の基礎的研究』風間書房、一九七〇年）。

土橋寛「葛城の神々」（『日本古代の呪祷と文学』塙書房、一九八九年）。

西宮秀紀「葛木鴨（神社）の名称について」（『奈良古代史論集』二、真陽社、一九九一年）。

和田萃「葛城の神々」（『日本古代の儀礼と祭祀・信仰』下、塙書房、一九九五年、初出一九八二年）。
（3）事代主神については、つぎの論文参照。
松前健「国譲り神話の形成」（『日本神話の形成』塙書房、一九七〇年）。

三谷栄一「事代主神の性格」（『日本神話の基盤』塙書房、一九七四年、初出一九七一年）。

岡久生「事代主神の諸問題」（『古事記の神々』上、高科書店、一九九八年）。

溝口睦子「三輪王朝の文化とコトシロヌシ」（『大美和』一〇一、二〇〇一年）。

吉田修作「変容する託宣神―コトシロヌシ考―」（『古代文学』四四、二〇〇四年）。
（4）新編日本古典文学全集『日本書紀』一（小学館、一九九四年）一〇五頁頭註。
（5）今谷文雄「賀茂朝臣と下鳧郷」（『日本歴史』一二五、一九五八年）。
「下鳧郷」は、『大日本古文書』東南院文書二では「下島郷」とされているものであるが、『和名抄』では「下鳥郷」、『平安遺文』一では「下邊郷」とされている。ここでは今谷氏に従って「下晃郷」と読んでおく。なお、池辺弥『和名類聚抄郡郷里駅名考證』（吉川弘文館、一九八一年）二一九－二〇頁、一三六頁参照。
(6) 和田萃「葛城氏と鴨氏」（『古代葛城とヤマト政権』学生社、二〇〇三年）。
(7) 次田真幸『日本神話の構成』（明治書院、一九七三年）第六・七章。
(8) 青木、註(2)前掲論文。
なお、この点で、同じ託宣神ながら、のちにみる一言主神との性格の違いが看取される。
(9) アジスキタカヒコネ神については、つぎの論文参照。
三谷栄一「阿遅鉏高日子根神の性格」（註(3)前掲書、初出一九七〇年）。

山上伊豆母「味耜高彦根神と神戸剣」（『神道学』六六、一九七〇年）。

原田敦子「阿治志貴高日子根神の神婚説話」（『古代伝承と王朝文学』和泉書院、一九九八年、初出一九六九年）。

今井昌子「阿治志貴高日子根神の名を顕わす歌」（『古事記の新研究』学生社、二〇〇六年）。

松本直樹「迦毛大御神アヂスキタカヒコネ」（『国語と国文学』八五－三、二〇〇八年）。
(10) 三谷、註(9)前掲論文。
(11) 松前健「八岐大蛇神話の構造と成立」（註(3)前掲書）。
(12) 平林章仁「オトタナバタ考」（『七夕と相撲の古代史』白水社、一九九八年）。
むろんその祭祀にはカモ氏が関わっていたとみられ、そうであれば葛城氏・渡来人とカモ氏の関係も疎遠なものではなかったであろう。
(13) 橿原考古学研究所附属博物館『葛城氏の実像―葛城の首長とその集落―』（同博物館、二〇〇六年）。
(14) 平林、註(12)前掲論文。
(15) たとえば、土橋、註(2)前掲論文。
(16) 青木、註(2)前掲論文。
(17) 山尾幸久『日本古代王権形成史論』（岩波書店、一九八三年）一〇二頁以下。

(18) 同「神話の出雲」(『日本古代の国家形成』大和書房、一九八六年)。
(19) この「事代主命」が神名帳④社を指すことはいうまでもない。
一言主神については、つぎの論文参照。

守屋俊彦「一言主大神出現の物語」(『古事記研究』三弥井書店、一九八〇年、初出一九七九年)。

塚口義信「葛城の一言主大神と雄略天皇」(『堺女子短期大学紀要』二〇、一九八五年)。

宮地正司「ヒトコトヌシ伝承の位相」(『古代文学の様式と機能』桜楓社、一九八八年)。

中村啓信「雄略天皇と葛城の神」(『古事記・日本書紀論集』続群書類従完成会、一九八九年)。
(20) 守屋・塚口、註(19)前掲論文。
直木孝次郎「葛城氏とヤマト政権と天皇」(『古代河内政権の研究』塙書房、二〇〇五年、初出一九八三年)。

拙稿「大和平定伝承について」(『日本古代の伝承と歴史』思文閣出版、二〇〇八年、初出二〇〇二年)。
(21) 和辻哲郎「伝説歌謡に於ける外来的要素」(『新稿日本古代文化』岩波書店、一九五一年)。
(22) 下出積与『神仙思想』(吉川弘文館、一九六八年)二六頁以下。
(23) 村山修一『日本陰陽道史総説』(塙書房、一九八一年)四七頁。
(24) 和歌森太郎「役小角と上代山岳宗教」(『修験道史研究』平凡社、一九七二年、初出一九四二年)。
役小角と一言主神との関係については、このほかつぎの論文参照。

西郷信綱「役行者考」(『神話と国家』平凡社、一九七七年)。

多田一臣「氏族伝承の変貌—賀茂氏の神と役小角の伝承をめぐって—」(『古代国家の文学』三弥井書店、一九八八年、初出一九八〇年)。
(25) 吉田、註(3)前掲論文。
(26) 多田、註(24)前掲論文。
(27) 『土左国風土記』逸文については、
上代文献を読む会編『風土記逸文注釈』(翰林書房、二〇〇一年)参照。

(28) 塚口、註(19)前掲論文は、滅亡したのは葛城氏のうち南部の勢力であって、北部の勢力は依然健在であったとするが、ここではこの問題にはふれない。
(29) 和田・土橋、註(2)前掲論文。
(30) 青木、註(2)前掲論文。
(31) 西宮、註(2)前掲論文では、「葛城鴨(神社)」とはもともと神名帳①と②の「両方を指す名称であった」としている。(後述)。
(32) 松前、註(3)前掲論文。
(33) 鈴木重胤『日本書紀伝』二十八之巻に「鴨は神の義なるを知る可き」とある。
(34) 神田秀夫「鴨と高鴨と岡田の鴨」(『民族の古伝』明治書院、一九八四年、初出一九六六年)。
(35) 井手至「かもの神」(『遊文録』説話民俗篇、和泉書院、二〇〇四年、初出一九九八年)。
(36) 肥後和男「賀茂伝説考」(『日本神話研究』河出書房、一九三八年)。同氏はここで山城カモと葛城カモとを対比し、「葛城方面は早く社会の発達文化の進展ありし為、神々もそれぞれ特殊なる神格を分離することとな」ったという。
(37) 加藤謙吉「葛城氏と渡来人」(『大和の豪族と渡来人』吉川弘文館、二〇〇二年)。
(38) 平林章仁「葛城襲津彦と渡来氏族」(『蘇我氏の実像と葛城氏』白水社、一九九六年)。
(39) 佐伯有清『新撰姓氏録の研究』考證篇六(吉川弘文館、一九八三年)三八一頁以下。
(40) 加藤、註(37)前掲論文。なお、『姓氏録』大和国諸蕃にも秦忌寸がみえる。
(41) 上田正昭「京の神々」(『京の社—神々と祭り—』人文書院、一九八五年)。
(42) 日本古典文学大系『日本書紀』下(岩波書店、一九六五年)四八〇頁頭註。
(43) 平野邦雄「秦氏の研究」(『史学雑誌』七〇—三・四、一九六一年)。
(44) 下出積与「常世神信仰」(『日本古代の神祇と道教』吉川弘文館、一九七二年)。

(45) 村山修一『日本陰陽道史話』(大阪書籍、一九八七年)八〇頁。
(46) 役小角は葛木上郡茅原村の人とされるが、これは御所市茅原で、秦氏が渡来当初定着した腋上(掖上)の地と重なる可能性が強い。また溝口、註(3)前掲論文によると、調田坐一事尼古神社も託宣神であり、『神祇志料』によれば、ここには一言主神も摂社に祀られている。この付近も秦氏の一族「槻田加知(勝)」の居地であった。これらのことからも、秦氏とカモ氏の関係、両氏と託宣神・咒言神の関係が憶測される。
(47) 加藤、註(37)・平林、註(38)前掲論文。
(48) 加藤謙吉「東漢氏と軍事的専制王権」(註(37)前掲書)。
(49) 横田健一『道鏡』(吉川弘文館、一九五九年)四七頁以下。
(50) 西宮、註(2)前掲論文。
(51) 守屋、註(19)前掲論文は、カモ・葛城両氏が「この地に共存し、賀茂氏が宗教的なものを、葛城氏が政治的なものを、それぞれに分担していた」可能性を指摘している。

第二章　住吉垂水神をめぐって

はじめに

『新抄格勅符抄』大同元年（八〇六）牒神封部には、当時神戸を寄せられていた神社全国一七〇社、その神戸総数五八八四戸が記されている。[1] 本章では、他に所見がなく、この中にだけ見える住吉垂水神について、その実体を明らかにし、それをめぐる若干の問題について考察を試みようと思う。

一　住吉垂水神と豊嶋郡垂水神社

住吉垂水神について深く注意を払った論考は見うけられないようで、管見に入ったのはつぎの二説である。

A『神祇志料』では、摂津国の「式外諸神」の項に住吉垂水神を掲げ、『延喜式』神名帳（以下「神名帳」という）の豊嶋郡垂水神社名神大。月次新嘗。と事実上同一視している。また最近では、虎尾俊哉編訳注日本史料『延喜式』上（集英社、二〇〇〇年）も補注「垂水神社」（九八〇頁）で、大同元年牒（以下「牒」という）の住吉垂水神をその「史料上の初見」としているから、『神祇志料』と同様である。

B『式内社調査報告』五（皇学館大学出版部、一九七七年）は、摂津国住吉郡大海神社の項で、「この住吉垂水神は大海神社の事」としている。

結論からいえば、筆者はA説を支持するのであるが、以下その理由を述べよう。

まず「牒」神封部から、摂津国に神戸を有する神社を抜き出してみよう。（　）内は、それに対応する神名帳所載の神社である。

①大神神　百六十戸摂津廿五戸（他略）

②住吉神　二百三十九戸摂津五十戸（他略）

（住吉郡住吉坐神社四座並名神大。月次相嘗新嘗。）

③新屋神　一戸津国

（嶋下郡新屋坐天照御魂神社三座並名神大。月次新嘗。就中天照御魂神一座預二相嘗祭一。）

④難波大神社　二戸津国

（東生郡難波坐生国咲国魂神社二座並名神大。月次相嘗新嘗。）

⑤比売社神　一戸津国

（同郡比売許曽神社名神大。月次相嘗新嘗。）

⑥奈須支神　二戸同

（武庫郡名次神社鍬靫）

⑦佐牙神　九戸

⑧広田神　四十一戸
（同郡広田神社名神大。月次相嘗新嘗。）
⑨長田神　四十一戸
（八部郡長田神社名神大。月次相嘗新嘗。）
⑩生田神　四十一戸　並津国（佐牙神以下）
（同郡生田神社名神大。月次相嘗新嘗。）
⑪大依羅神　十八戸　津国八戸（他略）
（住吉郡大依羅神社四座並名神大。月次相嘗新嘗。）
⑫住吉垂水神　廿二戸　津国二戸宝字三年十二月廿九日符 備中一戸天平神護元年九月七日符
⑬坐摩神　二戸　津国
（西成郡坐摩神社大。月次新嘗。）

「牒」神封部では神社の所在地（国）を記していないが、神社の所在地とその神戸の所在地との間には密接な関係がある。それは、神社の所在地にはほぼかならずその神戸も存在することである。(2)大和の著名な神社である①は神戸数も多く、その一部がたまたま摂津国に置かれたということで、むろんここでは問題外である。②～⑥、⑧～⑪、⑬は神名帳との対照により、摂津国に所在する神社であることが確認される。

問題は残る⑦と⑫である。まず⑦は摂津国（津国）のみに神戸を有するから、③～⑥、⑧～⑩、⑬の例からみても、やはり社も同国に所在したことは確かであろう。ただ、それらしい神社が神名帳には見当たらない。（後述）しかし、大神神は問題外として、⑫をしばらく措き、摂津国に神戸を有する神社は確かに同国に所在したといえる。そこで、その⑫であるが、神戸廿二戸のうち津国二戸、備中一戸であるから、他の十九戸は所在国が記されていないことになるが、いずれにせよ、社も摂津国に所在した可能性は少なくないといってよかろう。備中に所在した可能性は考えられないであろう。

つぎに、大神神を除く十二社の社格を神戸とは別の角度から検証するために、神名帳で名神大社とされるもの（「名神大」）、『延喜式』臨時祭の祈雨神祭八五座並大（畿内の五二社）と名神祭二八五座（全国の二〇三社）のうちから、それぞれ摂津国の社を抜き出し対照表を示そう（表1）。

表1　摂津国の有力社

神社	神名帳「名神大」	祈雨神祭	名神祭
②住吉神	○	○	○
③新屋神	○	○	○
④難波大神社	○	○	○
⑤比売社神	○		○
⑥奈須支神		○	
⑦佐牙神			
⑧広田神	○	○	○
⑨長田神	○	○	○
⑩生田神	○	○	○
⑪大依羅神	○	○	○
⑫住吉垂水神			
⑬坐摩神			
垂水神社	○	○	○

十二社のうち七社が対照表に記した三条件をすべて満たすから、これらが摂津国の中でもっとも社格の高い神社ということになる。他方、十二社以外に三条件をすべて充足する神社が一社あり、それが番外に記した豊嶋郡垂水神社なのである。こうした状況をみると、この神社が摂津国の有力な十二社の中に入らないのはきわめて不自然ではなかろうか。⑫住吉垂水神がこの垂水神社に当たる可能性はかなり大きいといえよう。

このことは別の史料によっても傍証することができる。その史料は、保安二年（一一二一）に作成されたと考えられる「摂津国正税帳案」（『平安遺文』第十巻補四五）および、ほぼ同時期の「摂津国租帳」（同補四六）である。

この二つの史料は、やはり同時期とみられる摂津国大計帳・出挙帳・調帳とともに九条家旧蔵の冊子本「中右記」の

表2　摂津国の神戸

大同元年牒		正税帳案	租帳
①大神神	廿五戸	三十烟	三十八烟
②住吉神	五十戸	五十八烟	五十八烟
③新屋神	一戸	一烟	一烟
④難波大神社	二戸	（欠字）	二烟
⑤比売社神	一戸	（下比売許神）一烟	（下照比売神）一烟
⑥奈須支神	二戸	（名次神）一烟	二烟
⑦佐牙神	九戸	九烟	九烟
⑧広田神	四十一戸	五十烟	五十一烟
⑨長田神	四十一戸	三十二烟	三十二烟
⑩生田神	四十四戸	四十四烟	四十四烟
⑪大依羅神	八戸	八烟	八烟
⑫住吉垂水神	二戸		
⑬坐摩神	二戸	二烟	二烟
		垂水神　二烟	垂水神　二烟
		菟原社神　八烟	

紙背に記されている。しかし、その内容は十二世紀の実態を反映しているとはいえず、九世紀中頃から十世紀前半頃に作成された帳を、その後の社会変動とは関係なしにそのまま引き写したものらしい。したがって、十二世紀の実態ではなく、むしろそれ以前の摂津国の財政をうかがう手がかりとなる[3]。

この両帳（案）には、摂津国に置かれた神戸が記されている。そこに記された実態は、「牒」の内容と時代的に近いと考えられるので、「牒」と両帳（案）とを比較対照してみる価値は十分あると思われる（表2）。

この表をみてまず気づくことは、両帳（案）が、「牒」にあって神名帳にない佐牙神（戸）を記していることである。このことは、両帳（案）に記された実態が『延喜式』成立以前、「牒」に近い時期のものであることをあらためて示唆している。

「牒」と両帳（案）の神戸数を比較すると、「牒」と正税帳案とでは、十二社（大神神を除く）中で六社が一致し、「牒」と租帳とでは八社が一致する。この点から、租帳の方が正税帳案より若干年代的にさかのぼった状態を反映していると考えられる。この考えは、「牒」に見えない菟原社神が正税帳案にあって租帳にないことと整合的である。

「牒」と両帳（案）とで出入りのある神は、「牒」の⑫住吉垂水神と両帳（案）の垂水神、および正税帳案の菟原社神である。菟原社はともかくとして、住吉垂水神二戸と垂水神二烟とは神戸数が一致する。「牒」と両帳（案）では、とくに神戸数が一〜九戸と少ない社については、正税帳案で戸数不明の④と、二戸が一戸に減じた⑥とを除き、すべて戸数が一致しているのである。年代の近い史料で住吉垂水神と垂水神の神戸数が一致していることは、両神が同一であることの一証としてよいのではないだろうか。

なお垂水神戸二烟は、租帳の豊嶋郡の項に記されているので、神社も豊嶋郡垂水神社であることがあらためて確認される。

二　住吉大社・垂水神社と関係氏族

住吉垂水神が豊嶋郡垂水神社であるとすれば、なぜ「牒」は垂水神と記さなかったのかという疑問もわく。すぐつぎの行に播磨明石垂水神(4)が記されているところをみると、二つの垂水神を区別するために住吉を冠したのではなかろうか。他に一切所見のないところから、住吉垂水神はこの文書限りでの便宜的な呼称であったとも考えられる。しかし、その呼称はむろん、この神と住吉郡住吉神との間に何らかの密接な関係があったからこそであろう。

『延喜式』臨時祭には、東宮八十嶋祭に預かる神として住吉神四座・大依羅神四座・海神二座・垂水神二座・住地神二座があげられている。垂水神を除く四神はいずれも住吉郡の神である。まず大依羅神は、神功摂政前紀に、皇后の西征に際し依羅吾彦男垂見をして住吉三神の「祭神主」としたことが見えるように、住吉神との関係は深い。また海神は、神名帳住吉郡大海神社二座（元名二津守氏人神一）。に比定するのが通説であるが、これは『日本紀略』天暦二年七月五日壬子条に「住吉海神祭使」とあることにより証される。つぎに住道神は、神名帳住吉郡の中臣須牟地神社大。月次新嘗。・神須牟地神社鍬靫・須牟地曽祢神社のいずれかに当たると考えられる。これら須牟地三神はいずれも『住吉大社神代記』において「子神」とされている。

さて残る垂水神が住吉神やその関係神とともに、なぜ八十嶋祭に預かるのか、従来明確な説明はされてこなかった。しかし、垂水神が住吉垂水神とも呼ばれたとすれば、住吉・垂水両神の一定の関係がその前提にあったことになり、一応説明が可能になるのである。それでは両神の間にいかなる具体的関係があったのだろうか。

まずその手がかりとして、『続日本紀』（以下『続紀』という）大宝元年四月癸丑条の「遣唐大通事大津造広人賜二垂水君姓一。」という記事に注目しよう。

大津造（連）については、以下のような史料がある。まず『続紀』和銅七年六月甲申条によれば、大津造元休・船人らが連姓を賜っている。また『同』和銅七年三月丁酉条に「沙門義法還俗。姓大津連。名意毗登。授二従五位下一。為レ用二占術一也。」とあり、これは『懐風藻』にみえる陰陽頭正五位下大津連首と同一人であろう。さらに『続紀』神護景雲元年九月癸亥条に「日向員外介従四位上大津連大浦解任。其随レ身天文陰陽等書没為二官書一。」、また『同』宝亀六年五月己酉条では「従四位上陰陽頭兼安芸守大津連大浦卒。」とある。

以上の史料から、大津造（連）が伝統的に天文・陰陽・占術等に携わる氏族であったことは明らかであろう。(5)

つぎの問題は、大津造広人が垂水君を賜姓された理由である。それについて志田諄一氏は、『新撰姓氏録』（右京皇別上）垂水公に

豊城入彦命四世孫賀表乃真稚命之後也。六世孫阿利真公。諡孝徳天皇御世。天下旱魃。河井涸絶。干レ時阿利真公。造二作高樋一。以二垂水岡基之水一。令レ通二宮内一。供二奉御膳一。天皇美二其功一。使下賜二垂水公姓一。掌中垂水神社上也。

とあることと、垂水神が住吉神などとともに祈雨の対象となったとする『続日本後紀』承和五年八月癸丑条および同八年四月己巳条の記事とを引いてつぎのように述べている。(6)

……天文陰陽に秀でる広人が、降雨の祈祷に従事したために、垂水君の姓を与えられたのであろう。垂水とは天から水が垂れるの意で、降雨をさすのであろう。『新撰姓氏録』にみえる垂水氏の物語に、阿利真公が天下旱魃に対して、水を引いたとあることや、垂水公が垂水神社を掌ったとあるのも、大津氏変ずるところの垂水氏が、天文陰陽を駆使して降雨の祈祷に従事したことの反映であろう。

氏のこの指摘は基本的に首肯され、さらに以下のように補強することができる。まず垂水神社は、氏が引いた二条を含めて『続日本後紀』『三代実録』に計九度見え、うち八度は祈雨（止雨）に関するものである。しかもその八度のうち五度は住吉神とともに出ることに注意を要する。他方、大津氏が祈雨に従事したであろうことについていえば、さきの大津造→垂水君、大津造→連の二つの賜姓記事の前後、前者では五日後の戊午条、後者では六日前の戊寅条にそれぞれ祈雨の記事があって、この二つの賜姓はその祈雨の賞とみることができる。

『姓氏録』（右京皇別上）垂水公の本貫は豊嶋郡垂水神社付近（現吹田市垂水町）とみてよいが、垂水賜姓以前の大津造（連）の本貫はどこであろうか。

ここで住吉神も垂水神とともに、代表的な祈雨の神であったことを念頭においてその本貫を考えると、住吉坐神社（住吉大社）の三神の和魂の鎮座地が「大津渟中倉之長峡」（神功紀摂政元年二月条）とされていることに思い到る。ここでの「大津」は住吉津であり、この付近が大津氏の本貫であった可能性が強い。

一方、住吉大社の神主は津守連で、その氏名は住吉津の管理という職務にもとづくものであろう。また同氏は、遣百済使津守連己麻奴跪（欽明紀四年十一月甲午条等）、遣高麗使津守連大海（皇極紀五年七月戊寅条等）、遣唐使津守連吉祥（斉明紀五年七月戊寅条）以下遣唐・遣渤海主神（神主）などを出し、古くから対外交渉の任に就いていた。それだけでなく、『続紀』養老五年正月甲戌条の「優㆓遊学業㆒。堪㆑為㆓師範㆒者」としてとくに賞賜を加えられた者の中に、陰陽従五位上大津連首と並んで従五位下津守連通がみえる。津守氏もやはり陰陽道に携わっていた。

こうしてみると、大津造広人が遣唐大通事の任にあったこともよく理解できるのではなかろうか。すなわち、大津氏も津守氏と同様住吉付近を拠点とし、対外任務に就くと同時に、陰陽占術に従事していたと考えられるのである。そもそもこの両者は無関係な業ではなかった。『延喜式』大蔵省諸使給法条の入諸蕃使条には、入唐使・入渤海使に訳語・主神・陰陽師がみえ、入新羅使に大通事・少通事がみえる。これらの職は、対外交渉業務の中で互いに関連し、津守氏・大津氏など一部の氏族が伝統的に担任していたのであろう。

ところで『姓氏録』（右京皇別上）垂水公は、その祖先伝承を「豊城入彦命四世孫賀表乃真稚命之後也」とするから上毛野系氏族であった。実は住吉大社付近、住吉郡には上毛野系氏族が多く分布していた。しかもその多くは渡来系であったとみられる。以下、このことについて少し詳しく述べよう。

『弘仁私記序』に掲げる「諸蕃雑姓記」に

田辺史・上毛野公・池原朝臣・住吉朝臣等祖、思須美・和徳両人、大鷦鷯天皇御宇之時、自㆓百済国㆒化来。而言、己等祖、是貴国将軍上野公竹合也。者天皇矜憐混㆓彼族㆒訖。

とあることから、この四氏は百済からの渡来氏族であったと考えられる。[7]

まず田辺史は、住吉郡田辺郷（現東住吉区田辺）を本貫とし、その一族は河内国安宿郡（現柏原市田辺）にも居住した。天平五年右京計帳に、住吉郡田辺郷戸主正七位上田辺史真立が確認される。[8] また、遣唐使判官田辺史鳥（孝徳紀白雉五年二月条）、遣新羅使田辺秋庭（『万葉集』巻十五‐三六三八）などが対外任務に就いていた。そして、天平勝宝二年三月に中衛員外少将従五位下田辺史難波らは上毛野君を賜姓された[9]（『続紀』戊戌条）。天平勝宝六年から同七歳にかけて写経関係文書にみえる上毛野君粟守は、池原君粟守としても出てくる。[10] さらに延暦十年四月には近衛将監従五位下兼常陸大掾池原公綱主らは

池原上毛野二氏之先。出レ自二豊城入彦命一。其入彦命子孫。東国六腹朝臣。各因二居地一。賜レ姓命レ氏。(中略)伏望因二居地名一。蒙二賜住吉朝臣一。

として住吉朝臣を賜姓された。(『続紀』乙未条)

したがつてこの上毛野系四氏は、いずれも住吉郡に居住する渡来系氏族であろう。[11]

このほか、『姓氏録』(左京皇別下)大網公も「上毛野朝臣同祖。豊城入彦命六世孫下毛野君奈良之後也。」とされるが、大網は「オホヨサミ」で『和名抄』住吉郡大羅郷の地名である。[12] 天平勝宝九歳六月の大仏頂楞厳経巻一[13]に

従六位上行紫微少疏兼遠江員外少目池原君禾守奉検
散位大初位上大網君広道初校
右大舎人大初位上田辺史人道再校

とあり、一年前の同八歳六月の大威徳陀羅尼経巻十七[14]にもやはり広道初校・人道再校とみえるが、これは田辺・池原・大網三氏が偶然に職務をともにしたのではなく、三氏の「同族集団のつながりの深さ」[15]がその前提にあったとみるべきであろう。ここに出た大網君(公)広道はまた、宝亀九年十二月正六位上送高麗客使(『続紀』己丑条)として対外的職務にも携わっていた。

また『姓氏録』(未定雑姓、摂津国)我孫も「豊城入彦命男八綱多命之後也」とするので上毛野氏系であり、これは前にふれた依羅吾彦男垂見、さらには仁徳紀四十三年九月条の依羅屯倉阿弭古と関係があろう。現在も田辺の西南に住吉区我孫子の地名があり、少なくとも十四世紀までさかのぼる。[16]

なお詳しい考証は略すが、『姓氏録』(摂津国皇別)韓矢田部造も「上毛野朝臣同祖。豊城入彦命之後也」とするが、田辺の南に東住吉区矢田・住道矢田の地名もあるから、これも住吉周辺居住の渡来系氏族である可能性は少なくない。

以上のように、住吉大社周辺には上毛野系氏族(その多くは渡来系)の分布が多く認められるが、これは何を意味するのだろうか。

それはこの地の性格と深く関わっていると考えられる。五世紀において大和王権の外港は住吉津であった。この港を基地として王権の外征・外交が展開され、この地の地主神である住吉神も軍事・外交を掌る国家神へと発展した[17]。他方、上毛野氏には、四・五世紀に王権の外征・外交で活躍したという伝承があり、それに関連して渡来人を招来したという伝えもみられる[18]。こうした伝承の史実性を疑問視する向きも多いが、なお一考の余地があるのではなかろうか[19]。

ここで問題の、垂水君を賜姓された大津造も、この地に盤踞する上毛野系渡来氏族の一員であったのではないかと思われるのである[20]。前にふれた養老五年正月に賞賜された陰陽六名のうち、大津連(旧姓造)首・津守連通以外の四名、王仲文・角兄麻呂・余秦勝・志我閇連阿弥陀はいずれも渡来系であった[21]。太田亮の調査によると、造姓でもっとも多いのは渡来系である[22]。また垂水氏には、『姓氏録』(右京皇別上)垂水公のほかに、『同』(左京皇別下)垂水史がある。同氏は「上毛野同氏。豊城入彦命孫彦狭島命之後也」とされ、しかも史姓であるから明らかに渡来系で、田辺史など渡来系上毛野氏と同族と考えられよう。その本貫は、住吉郡と豊嶋郡垂水神社付近と両方の可能性があり断定できないが、いずれにしてもその存在は大津造(垂水君)の性格を考える媒介項となろう。

以上述べたところから、豊嶋郡垂水神が住吉垂水神と称された理由はつぎのように考えられる。住吉を本拠として対外任務に就き、陰陽にもすぐれた大津造は、住吉津の地主神である住吉大社を奉祀し、とくに祈雨を能くすることをもって垂水君を賜姓された。他方、その一族は古くから祈雨の場であった垂水神社[23]を掌るようになった。『姓氏録』の伝承でその時期を孝徳朝とするのは、その「高樋」説話とともにかならずしも信用できない。これは「垂水岡」が孝徳朝難波長柄豊埼宮（前期難波宮）のほぼ真北に位置することから案出された話であろう。その時期は、大宝元年垂水君賜姓以後とみてよいのではないだろうか。

おわりに

前半部の論証により、大同元年牒の住吉垂水神が神名帳豊嶋郡垂水神社であることはほぼ明らかになったのではないかと思うが、住吉神と垂水神との関係を述べた後半部は、多くの推測をもとにした論述であり、問題提起と受けとめていただければ幸いである。

註

（1）『新抄格勅符抄』の史料的性格については飯田瑞穂「『新抄格勅符抄』に関する考察」（『同著作集』三、吉川弘文館、二〇〇〇年、初出一九五九年）参照。
（2）同右。
（3）米田雄介「摂津国正税帳案」（『平安時代史事典』本編上、角川書店、一九九四年）。同「摂津国租帳に関する基礎的考察」（『書陵部紀要』二四、一九七二年）。
（4）神名帳明石郡海神社三座並名神大。月次新嘗。に比定するのが通説。

(5) 養老職員令の陰陽頭の職掌は「掌二天文。暦数。風雲気色。有レ異密封奏聞事一。」。
(6) 志田諄一「毛野氏と同祖と称する氏族とその性格について」(『茨城キリスト教短大紀要』四、一九六四年)。
(7) 史(フミヒト)系諸氏については加藤謙吉『大和王権とフミヒト制』(吉川弘文館、二〇〇二年)参照。
(8) 『大日本古文書』一。
(9) 『姓氏録』(左京皇別下)上毛野朝臣によると、田辺史が変じた上毛野君(公)は、さらに弘仁元年朝臣を賜姓された。
(10) 佐伯有清『新撰姓氏録の研究』考證篇第二(吉川弘文館、一九八二年)六七～八頁。
(11) 『姓氏録』(左京皇別下)上毛野朝臣・住吉朝臣・池原朝臣の各条参照。
(12) 佐伯、註(10)前掲書七七～九頁。
(13) 『大日本古文書』二四。
(14) 同右。
(15) 佐伯、註(10)前掲書七九頁。
(16) 『大阪府の地名』I(平凡社、一九八六年)七一二頁。
(17) 岡田精司「古代の難波と住吉の神」(『日本古代の政治と制度』続群書類従完成会、一九八五年)。ただし、「大津」の称は、六世紀になると住吉津から難波津へ移ると氏はいう。
(18) 神功紀摂政四十七年三月・応神紀十五年八月・仁徳紀五十三年五月の各条。
(19) かつて、大化前代に係けられた上毛野氏の外征伝承と渡来人招来伝承に史実性を認めようとする志田氏と、この外征伝承は天智朝の征新羅時の前将軍上毛野君稚子の反映にすぎず、田辺史との関係も奈良時代八世紀中頃の征夷を契機に生じたとする佐伯氏との間に論争があった。
志田諄一「古代史における毛野の性格」(『日本歴史』一一〇、一九五七年)。

同「ふたたび「毛野の性格」について」(『日本歴史』一二〇、一九五八年)。

佐伯有清「上毛野氏の性格と田辺氏」(『新撰姓氏録の研究』研究篇、吉川弘文館、一九六三年)。

ごく最近の上毛野氏についての論考には、つぎのものがある。

笹川尚紀「上毛野氏の外交・外征をめぐって」(『古代文化』五七－三、二〇〇五年)。

中林隆之「古代和泉地域と上毛野系氏族」(『和泉市史紀要』一一、和泉市教育委員会、二〇〇六年)。

関口功一『東国の古代氏族』(岩田書院、二〇〇七年)。

最近の研究では、外征伝承に一定の史実の反映を認める方向(とくに笹川・中林両氏)になっているが、田辺史との関係については、笹川氏は佐伯説を継承し、中林氏は古く五世紀からとみる。しかし、上毛野氏の外征伝承の史実性を認めるならば、やはり同氏と渡来人との関係も古くからとみるべきではなかろうか。

(20) 薗田香融「律令制以前の吹田地方」(『吹田市史』一、吹田市役所、一九九〇年)は、大津造を「いわゆる「志賀の漢人」に属する渡来氏族であり、氏称の「大津」は近江の滋賀の大津に因んだもの」とする。「渡来氏族」とみたのは卓見であるが、遣唐大通事、祈雨、上毛野氏との関わりなどの要素を勘案すると、「大津」は住吉と結びつく蓋然性のほうが強いと思われる。

(21) 佐伯有清編『日本古代氏族事典』(雄山閣出版、一九九四年)。

(22) 太田亮『日本上代に於ける社会組織の研究』(磯部甲陽堂、一九二九年)五八一～五頁。

(23) 『摂津志』垂水泉の項に「在二垂水神社前一。灌漑之利太溥。又社側有二一清泉一。潺湲不レ竭」。

第三章　北陸道と久我国―ウミとクヌガ―

はじめに

畿内から東へ向かう官道（およびその沿道諸国）は三道あり、南から東海道（ウミツミチ）・東山道（ヤマノミチ）・北陸道（クヌガノミチ）である。このうち、東海道は畿内からみて東方の海沿いの道、東山道は同じく山の中の道の意と解されるが、これらに対して北陸道とは、いささか不可解な名称ではなかろうか。ほかに南海道と西海道とがあることを思えば、北の海沿いの道の意で〝北海道〟とでも呼べば、少なくとも形式的には東西南北の海道が揃うので理解しやすいのだが、それをなぜ北陸道と特称したのだろうか。

この問題を論じた例は、きわめて少ないようである。以下、私見を述べてみたい。

一　従来の説

正面からこの問題に答えようとしたのは、管見の限り、浅香年木氏のつぎのような論及だけである。

古代において畿内と北陸を結ぶ交通路の主流となっていたのは、「木ノ芽峠の天険を越えて南越盆地に入るルートではなく、はじめワカサ(若狭)、ついで敦賀津を基点に、海路をとって、のちの越前北部に向かうルート」であった。「「北陸道」の呼称が確定する七世紀末葉には、三関が設置され、越前国に愛発関固関の義務が与えられており、このため、国府が(中略)越前平野では最も愛発関に近い南隅の南越盆地に設置された」。そこで、従来傍系路に過ぎなかった前者のルート(氏の「クヌガノミチ」はこれをいう)が愛発関と越前国府を結ぶ官道として、主流というべき後者のルート(氏はこれを「ウミツミチ」という)よりも重視されるようになったことが、「コシの地域群が、「クヌガノミチ」としてとらえられる、主要な原因の一つをなした」。それは、三関の形式的な軍事機能を異常に重視する貴族たちの「畿内中心的な発想に根ざしたものといえよう(1)」。

この見解に対しては、まずつぎのことが指摘できる。

第一に、畿内貴族が三関の形式的機能を重大視し、「それから先に拡がる広大な海路に思い及ばなかった」という点については、鈴鹿関・伊勢国府と東海道の関係についても同様のことがいえるであろう。北陸道に限ることではない。

第二に、北陸道の呼称が確定したのは七世紀末葉だとしても、クヌガノミチの称は、さらに古くから存在したのではないかということである。ウミツミチ・ヤマノミチとともに、その素朴な称を思えば、そのような疑問がわく。官道として整備される以前から、道のおよその実態はあったはずである。

古代北陸道の交通について、米沢康氏はつぎのように概観している。

『延喜式』主計上には、運脚の上京・下国の行程が示されているが、北陸道諸国については、若狭以外のすべての国に陸路と海路とが併記されている。これに対して東海道の諸国（山陰道もだが）には、まったく海路の併記はないのである。『延喜式』主税上の「諸国運漕雑物功賃」には、北陸道諸国の多くの津が海路で結ばれていた実態が記されている。奈良時代に遡ると、たとえば大伴家持の越中守在任中の歌（『万葉集』巻十八—四一一六）で朝集使が陸路をたどった様子がうかがわれるが、他方『続日本紀』和銅二年七月丁卯条、天平宝字三年九月壬午条などに北陸道諸国における造船関係記事がみえることから、海路の発達を認めなければならない。さらに奈良時代以前となると、越国守阿倍比羅夫の東北遠征が「船師」により行われたこと、畿内型古墳が飛石的に展開することなどから、海路の方が大きく浮かび上がつてくる。

以上要するに、陸上交通中心の太平洋側の道（諸国）がウミツミチと呼ばれ、反対に海路と関係深い日本海側の道（諸国）がクヌガノミチと呼ばれたのである。(2)

ここから、ウミツミチ・クヌガノミチの称は、その海陸交通の実態に由来するものではないことがわかる。ウミツミチ・ヤマノミチの称が、その地形によることは明らかである。だとすれば、クヌガノミチについても同様に考えるべきであろう。

二　巨椋池と久我国

一般に、陸（クヌガ）は海（ウミ）に対する言葉である。

本居宣長は『古事記伝』二十九之巻で、景行記歌謡の「宇美賀由気婆」に註して、以下のように述べている。

陸に対ひて、海を宇美賀とは云なり。共に賀は、処の意にして、（中略）陸は国処、海賀は海処なり。国なる処、海なる処と云意ぞ。（中略）然るを久奴賀と云称は、後までのこりて今に久賀と云を、宇美賀と云方は、早く亡て伝はらざりし（以下略）

紀においても、陸（クヌガ・クガ）が海あるいは水と対で使用されている以下の例がある。[3]

神代紀下第十段（海宮遊幸）本文

如有レ不レ辱レ我者、則使二海陸《ウミクガ》相通一永無二隔絶一。

景行紀廿八年二月乙丑朔条

故悉殺二其悪神一、並開二水陸《ミズクガ》之径一。

欽明紀六年十一月条

敬受二糸綸一、劬二労陸海《クヌガウミ》一、櫛レ風沐レ雨、藉レ草班レ荊者、（以下略）

天智即位前紀（斉明七年七月）

蘇将軍与二突厥王子契苾加力等一、水陸《ミズクヌガ》二路、至二于高麗城下一。

では、クヌガはウミとどのように具体的に相対するのであろうか。

その一例をみるため、ここで『山城国風土記』逸文「賀茂社」の記事に注目しよう[4]。

山城国風土記曰　可茂社　称二可茂一者　日向曽之峯天降坐神　賀茂建角身命也　神倭石余比古之御前立坐而宿二坐大倭葛木山之峯一　自レ彼漸遷　至二山代国岡田之賀茂一　随二山代河一下坐　葛野河与二賀茂河一所レ会至坐　見二迥賀茂川一而言　雖二狭少一　然石川清川在　仍名曰二石川瀬見小川一　自二彼川一上坐　定二坐久我国之北山基一　従二爾時一　名曰二賀茂一也（以下略）

これは賀茂建角身命の遊幸談であるが、ここで必要なのは、葛城を出て山背に鎮座するまでの部分である。「山代国岡田之賀茂」とは、木津川（山代河）沿いの、『延喜式』神名帳山城国相楽郡岡田鴨神社大。月次新嘗。の地であり、また最終的に鎮座した「久我国之北山基」とは、同愛宕郡賀茂別雷神社亦若雷。名神大。月次相嘗新嘗。すなわち上賀茂神社の地であろう。では、その中間の「葛野河与二賀茂河一所レ会」とはどこか。

それは、葛野河つまり現在の桂川と鴨川の合流点付近の、同乙訓郡久何神社の地ではなかろうか[5]。この付近は久我といい、十一世紀以降、村上源氏久我家の別荘が営まれた地である[6]。現在はコガと呼び、久我家もコガであるが、万葉仮名「久」にはコ（甲・乙類）の音はなく、コガはクガの転訛と考えられる。久何神社も本来クガであろう。では、なぜこの付近がクガの地名で呼ばれたのであろうか。

図１　古代の巨椋池

それに答えるには、のちに平安京が営まれる京都盆地南郊の地形を考慮しなければならない。古代のその地形は、現在とは大きく異なっていて、ここには広大な巨椋池があった。神田秀夫氏は、図１のような古代の巨椋池の概念図を示しているが[7]、これは考古学的にもほぼ裏づけられる[8]。

池には、南から木津川、東から宇治川、北から桂川が流入し、池にいったん溜まった水は西の口（A）から流出して淀川となっていた。

賀茂建角身命の遊幸路と同様に、大和を発ち山背に出て、木津川を下っていくと、まず巨椋池に達する。（D）京都盆地は、対岸（B）の北側である。（D）の地点から（B）方面を眺めると、それは広大な巨椋池の水面（ウミ）に対して、まさに陸（クヌガ・クガ）と見えたのではなかろうか。そのため、（B）のあたりをクガ（久我）と呼んだのではないかと考えられるのである。

『延喜式』神名帳愛宕郡久我神社は、京都盆地のまさに「北山基」に所在し、賀茂川を隔てて上賀茂神社と相対する位置にある。「北山基」とは、両社を含んだ地と考えられる。(9) 京都盆地は葛野と呼ばれたが、(10)「久我国」とも称される場合があったのではなかろうか。両者は完全には一致しないかも知れないが、かなりの部分重なっていたと考えられる。（B）地点に近い久我は、大和方面から「久我国」（京都盆地）へ入る場合の入口と認識されていたのであろう。

三　琵琶湖と北陸道

以上、古代京都盆地南郊のウミとクヌガ（クガ）について述べた。

これと同様のことは、より拡大された規模で北陸道のクヌガについてもいえるのではなかろうか。その場合のウミとは、むろん淡海（琵琶湖）である。北陸は淡海に対する称と考えられる。以下、具体的に述べよう。

北陸地方は、記には高志（道・国）とされるが、紀では北陸（道）のほかに、とくに神代紀上第四段（大八洲生成）において、越洲《コシノシマ》として出てくることが注目される（本文・第一・六・八の一書）。

最近の注釈書、新編日本古典文学全集『日本書紀』①は、「越洲」につぎのような註を加えている（三一頁）。

> 北陸道をさすが、令制の北陸道から若狭を除いた越前以東の地域であろう。コシの国は数多（あまた）の地を越して行く印象から、北陸道を特立させて越洲をシマとよぶ。あるいは淡海（琵琶湖）の北方に当たるのでシマというとも。

このうち、前段と後段は示唆的であるが、中段のコシの語釈には疑問がある。

もう一度『延喜式』の「諸国運漕雑物功賃」にもどると、北陸道の越前以東諸国の京進のルートは、それぞれの国の津から敦賀津まで海路、敦賀津から塩津までは陸路、塩津から大津までは再び海路（ただし湖上）、大津から京までは再び陸路、というものであった。

大津―塩津―敦賀津のルートは、おそくとも奈良時代には機能していた。『万葉集』巻三には「笠朝臣金村塩津山作歌二首」（三六四・五）があり、三六五歌では「塩津山打ち越えゆけば」とある。そのつぎの三六六・七は「角鹿津乗船時笠朝臣金村作歌一首并短歌」である。金村は、その際愛発関を越えたのであろう。[11] また『日本霊異記』中巻第二十四話で、平城左京の人楢磐嶋が商用で敦賀津に行き帰りしたのもほぼこのルートであろう。記には高志之利波臣（孝霊段）、高志前之角鹿（仲哀段）とあるが、前者はのちの越中国砺波郡を本拠とする豪族である。また宝亀十一年「西大寺資財流記帳」には、越後国高志郡（『和名抄』古志郡）がみえる。

これらのことから、越（コシ）の「前線」がしだいに東進した様子がうかがわれる。また、それは各時代の大和政権の浸透度を反映していると考えられよう。[12] してみれば、まずコシと呼ばれたのは、のちの越前であろう。このことは、コシの原義が、大和政権側からみて、湖北山地を「越す」にあったことを示すのではなかろうか。

もっとも、宣長は高志国（越国）のコシについて、「名義は知りがたし。山を越て行国なる故の名と云は、ひがことなり。（中略）凡て自越るをば、古延とこそいへ。古志は令二物越一を云なれば、我と物との異あり[13]」として、この解釈に反対している。しかし、天皇（大王）主体に考えれば、この山地を「越す」のはその命を受けたミコトモチ（たとえば伝承上の大彦命、のちには家持も）であるから、この解釈でよいのではなかろうか。

以上のように考えてくると、神代記が本州島の中で北陸道を「越洲」というように「特立」させたのは、さきに引いた註釈が示唆するように、それを畿内側からみて、広大な淡海の向こうにある陸地とイメージしたからであろうと思われるのである。その意味で、北陸（道）と越洲とは同じイメージであり、ともに淡海に対する称であった。

浅香説は、北陸道のクヌガを日本海のウミに対する称と考えたため、やや苦しい説明にならざるを得なかったのであろう。

おわりに

以上、ウミとクヌガという対立概念を、巨椋池と久我国、さらに淡海と北陸道に適用し、久我国と北陸道に共通するクヌガ（クガ）の意義を明らかにしようと試みた。一つの問題提起とする次第である。

註

（1）浅香年木「古代の「北陸道」と海運」（『古代地域史の研究』法政大学出版局、一九七八年、初出一九七一年）。
その後刊行された北陸古代についての以下のような著書・論集をみても、この問題に対する言及は見当たらない。


門脇禎二『日本海域の古代史』（東京大学出版会、一九八六年）。

米沢康『北陸古代の政治と社会』（法政大学出版局、一九八九年）。

新版『古代の日本』7中部（角川書店、一九九三年）。

『古代王権と交流』3越と古代の北陸（名著出版、一九九六年）。

『日本海域歴史大系』第一巻古代篇Ⅰ（清文堂、二〇〇五年）。

なお、わずかに新編日本古典文学全集『日本書紀』①（小学館、一九九四年）の「北陸」に対する頭註に、「クヌガは「国処（くにか）」北陸道は、東海道の「海つ道」に対して陸続きの道なのでいう。」（二七七頁）とあるが、不明瞭といわざるを得ない。

（2）米沢康「神済考」（米沢、註（1）前掲書、初出一九七一年）。
（3）以下の訓は、日本古典文学大系『日本書紀』上・下（岩波書店、一九六五・六七年）および新編日本古典文学全集『日本書紀』①②③（小学館、一九九四・九六・九八年）による。
（4）『山城国風土記』逸文については、上代文献を読む会編『風土記逸文注釈』（翰林書房、二〇〇一年）参照。
（5）『神祇志料』によれば、久何神社の祭神は賀茂建角身命である。
（6）角田文衛「久我の水閣」（『平安京散策』京都新聞社、一九九一年）。
（7）神田秀夫「巨椋池」（『万葉歌の技法』明治書院、一九八三年、初出一九七二年）。
（8）鈴木重治「巨椋池と考古学」（森浩一編『万葉集の考古学』筑摩書房、一九八四年）。
（9）註（4）前掲書九五頁。
なお『神祇志料』は、久我神社の祭神もやはり賀茂建角身命とする。
（10）たとえば『日本紀略』延暦十三年十月丁卯条に「葛野乃大宮地」。
（11）『福井県の地名』（平凡社、一九八一年）によれば、愛発関跡は諸説あるが、近江からの山中越（海津道）と深坂越（塩津道）とが合した敦賀市疋田説が有力。付近を愛発山という。

(12) 米沢康「大化前代における越の史的位置」(『越中古代史の研究』越飛文化研究会、一九六五年)。小林昌二『古代新潟の歴史を訪ねる』第二章(新潟日報事業社、二〇〇四年)。
(13) 『古事記伝』十一之巻。

(付考一) 東北地方の「陸」という表記

斉明紀五年三月是月条・同年七月丙子朔戊寅条には「道奥」とある。この訓はミチノク、すなわち(プレ)東山道の「奥」という意であろう。この訓は、ミチノク→ムツノク→ムツと転訛したと思われる。

他方、同じムツを表わす「陸奥」の「陸」という表記は、本論の「ウミ」と「クヌガ」の考察を援用すれば、「海」を意識したものといえよう。また何に対して「奥」なのかといえば、それは「常陸」に対してであろう。『続日本紀』神護景雲三年(七六九)十一月己丑条によれば、陸奥国牡鹿郡の俘囚大伴部押人なる人物が、自分らの先祖大伴部直は、紀伊国名草郡片岡里から「征夷」のため小田郡嶋田村へ来住したという。これが海路によることは明らかで、「陸奥」の「陸」という表記は、大和政権が東北地方東半部を攻略する際、「海」から接近したことを意味する。その遠征の中継点となったのが「常陸」であり、ここに祀られる武神鹿島神宮の分社が、『延喜式』神名帳陸奥国に数社見えることもそれを示唆する。

(付考二) 淀川の「淀」

淀川という河川名は、その流れが「淀」を起点とすることに由来する。では その「淀」とは何か。『日本後紀』延暦二十三年(八〇四)七月丙申条、『延喜式』諸国運漕功条には「与等津」とあり、西国から京進される貢納物は、まず淀津に運び込まれ陸上げされた。現在も京都市伏見区に「淀」と隣り合って「納所」という地名があるが、このことに関連しよう。

「淀」には「津」があったから、水流の速い河川の流域では不適である。本論で指摘した巨椋池の存在を念頭に置くと、「淀」「納所」の付近は、三河川から流入する水の滞留する巨椋池の〝淀み〟であったと考えられる。

第四章　百済大井宮と百済大井家の所在地

はじめに

敏達紀元年四月是月条に「宮二于百済大井一」、また同紀四年是歳条には「命二卜者一、占三海部王家地与二糸井王家地一。卜便襲吉。遂営二宮於訳語田一。是謂二幸玉宮一」とあるから、敏達朝の宮は当初の百済大井宮から訳語田幸玉宮へ移ったのである。後者は磐余訳語田宮（『日本霊異記』上巻第三）ともよばれ、その位置は桜井市戒重付近とされているが、[1]前者については大和説[2]と河内説[3]とがあって帰一しない。

他方、皇極紀元年五月戊寅条には「翹岐将二其妻子一、移二於百済大井家一。乃遣レ人葬二児於石川一」とあって、ここにも「百済大井」が見える。この文の後段の「石川」を河内の石川とみれば、石川流域にも「百済」という古代地名が存するので、皇極紀の「百済大井」の比定地については、従来河内説が有力であった。[4]そして、これが翻って百済大井宮河内説の主な根拠ともなっている。

「百済」という地名は、近畿地方では決してまれなものではないが、「百済大井」となれば、それはやはり同一の場所を表す蓋然性が大きいであろう。本章では、敏達・皇極両紀に見える「百済大井」（かならずしも同一地であることを考察の前提とはしない）の現地比定を、いくつかの角度から考えてみたい。

一　百済大井家―河内か大和か―

まず皇極紀の「百済大井家」から検討をはじめる。これは、皇極元年（六四二）倭国へ来朝した百済の翹岐（「百済国主児」[5]）の動静記事中に見える。その一連の記事をつぎに摘記する。

①皇極元年二月庚戌（二十四日）
召二翹岐一安二置於阿曇山背連家一。
②同　四月癸巳（八日）
大使翹岐将二其従者一拝朝。
③同　四月乙未（十日）
蘇我大臣於二畝傍家一喚二百済翹岐等一、親対語話。仍賜二良馬一疋・鉄二十鋌一。唯不レ喚二塞上一。
④同　五月己未（五日）
於二河内国依網屯倉前一召二翹岐等一、令レ観二射猟一。
⑤同　五月乙亥（二十一日）
翹岐従者一人死去。
⑥同　五月丙子（二十二日）
翹岐児死去。是時翹岐与レ妻、畏二忌児死一、果不レ臨レ喪。（以下略）

⑦同　　五月戊寅（二十四日）
翹岐将二其妻子一、移二於百済大井家一。乃遣レ人葬二児於石川一。

⑧同　　七月乙亥（二十二日）
饗二百済使人大佐平智積等於朝一。（分注略）乃命二健児一、相二撲於翹岐前一。智積等宴畢而退、拝二翹岐門一。

以上は皇極元年紀における翹岐の起居であるが、その前提と解すべき記事が元年正月乙酉（二十九日）条と二月戊子（二日）条とにある。

百済使人阿曇連比羅夫が、筑紫より早馬にて帰京し、百済の弔使とともに帰国したことと「百済大乱」とを伝えた。（正月乙酉）これに対して、比羅夫らを百済の弔使のもとに遣して消息を問わせた。弔使は百済国主の塞上評を述べ、弔使の傔人は大佐平智積の卒去、弟王子児翹岐らの追放のことなどを述べた。（二月戊子）

以上の皇極元年紀の記事からは、翹岐がいつ倭国へ来朝したのか不明であるが、奇妙なことに、皇極紀二年四月庚子（二十一日）条に、

筑紫大宰馳駅奏曰、百済国主児翹岐・弟王子、共二調使一来。

とあって、元年紀の記事と前後矛盾している。また元年紀と二年紀には、朝鮮関係で高句麗使と百済使についてそれぞれ同事重複記事がある。これらの史料状況からみて、元年紀の朝鮮関係記事は年紀錯誤であり、二年紀へ移すべきことが従来から指摘されている。(6)

西本昌弘氏はこの指摘を認めた上で、さらにつぎのように推測する。翹岐は、百済義慈王一族の続柄から推して、その王子豊璋（別名「糺解」）と同一人物で、皇極二年阿曇比羅夫の帰朝に伴い人質として入朝したもので、その背景には任那復興計画を有利に進めようとする倭国の強い要求があった。豊璋の入朝については、舒明紀三年（六三一）三月庚申朔条に「百済王義慈入二王子豊璋一為レ質」とあるが、この時の百済王はまだ義慈ではなく、こ

の記事もやはり皇極二年の年紀錯誤である。[7]

西本氏のこの推測には説得力があると思うので、以上を念頭において前に摘記した翹岐の動静①〜⑧を検討する。

まず翹岐は、百済使人阿曇連比羅夫（阿曇山背連比羅夫とも）の帰国に伴って、弔使（調使）といっしょに来朝したと考えられるから、ひとまず①「阿曇山背連家」に安置されたのは当然であろう。比羅夫の本貫は山背であったとみられるが、朝廷内の重要な外交担当者として大和にも拠点を構えていた可能性は強く、「阿曇山背連家」は大和に存在したのではなかろうか。あとで述べるように当時の宮は大和にあり、翹岐が重要な国際的人質であれば、その居所は朝廷の監視の目が届きやすいところでなければならない。

つぎの②は、翹岐の朝廷に対する正式の挨拶であろうし、③④は、翹岐に対する一種の歓迎行事であろう。[8]いずれの場所についても、当時翹岐の居所が山背にあったとするより、大和にあったとするほうが地理的理解はしやすい。

⑤では翹岐の従者一人、さらに⑥では翹岐の児が死ぬが、これは滞在先である大和の「阿曇山背連家」での出来事であろう。

いわゆる死穢を避けたのか、⑥の翌々日、⑦では、翹岐は妻子を連れて「百済大井家」へ移る。この地も上述のように、状況的にみれば大和である可能性が強いのであるが、すぐ後段に児を「石川」に葬ったとあることを根拠に、従来河内とみる向きが多い。たしかに河内の石川中流域には「百済」という古代地名があり、そこは百済系渡来人の集住地であったらしい。[9]敏達紀十二年是歳条では、来朝した百済の高官日羅が殺害された後、その妻子を「石川百済村」（富田林市錦織・彼方・板持・伏見堂の一帯）に、水手らを「石川大伴村」（同市北大伴・南大伴）に、徳爾ら（殺害犯の百済人）を「下百済河田村」（同市甲田）に置いたという。[10]

しかし、問題である⑦の後段をよくみると、「乃ち人を遣りて児を石川に葬らしむ」とあって、前段の「百済大井家」と「石川」との間に「人を遣りて」とあることが両地の間に一定の距離を感じさせるのである。「百済大井家」と「石川」とはかならずしも近くないのではなかろうか。このことは、つぎの⑧の分析によりいっそう明らかになる。

⑧では、まず百済使人智積らが「朝」で饗応にあずかった。つぎに「健児」に命じて「翹岐が前」に相撲をとらせたのは、朝廷での饗応を含む「宴」の一部であろうし、むろんそこに翹岐自身も参加していたことになろう。ついで智積らは「宴」が終って朝廷を退出し、すぐに「翹岐が門を拝す」とあるが、これは「翹岐が門」つまり翹岐の「百済大井家」が朝廷の比較的近くにあったことを証するのではなかろうか。

当時の朝廷は、舒明朝の百済宮から、皇極元年十二月に小墾田宮(「或本」では東宮南庭の権宮)、同二年四月に飛鳥板蓋新宮に移っている(皇極紀)。いずれにしても大和であることは明らかであるから、「百済大井家」は河内ではなく、「百済」地名を重視すれば、皇極の前朝舒明朝の百済宮の近くにあったと推測される。朝廷の近くを居所とすることは、重要な人質(②では「大使」ともよばれる)としての翹岐の立場にふさわしい。死んだ児を河内の「石川」に葬らせたのは、そこが百済人の集住する有縁の地であったからであろう。

なお、皇極紀二年是歳条に、

百済太子余豊以㆓蜜蜂房四枚㆒、放㆓養於三輪山㆒。而終不㆓蕃息㆒。

とあるが、これも余豊(豊璋＝翹岐)が、この年大和を居所としていなければやや不自然な記事であろう。

二　百済大井宮と百済宮・百済大寺

さて今度は、敏達朝初期に宮を置いた「百済大井」の地の比定を考える。さきに翹岐の「百済大井家」が大和（百済宮の近く）に所在したことを証したので、もし両者が同じ場所であれば百済大井宮河内説は成立しない。

ここでは両者が同一の場所であることを前提としないで、別の側面から百済大井宮が大和に存したことを示してみよう。

継体が磐余玉穂宮を定めて以後、安閑（勾金橋宮）・宣化（檜隈廬入野宮）は高市郡地域に宮居したけれども、欽明（磯城島金刺宮）とその即位した皇子たち、敏達（後期は訳語田幸玉宮）・用明（磐余池辺双槻宮）・崇峻（倉梯宮）は、いずれも磐余およびその周辺地区に宮を置いた。(11) また、この時期の皇子宮も押坂彦人大兄皇子（水派宮）(12)、聖徳太子（上宮）(13)の場合のように、やはりこの地域に置かれていた。したがつて、敏達朝前期の百済大井宮だけがこの地域から遠く隔っていたとは考えにくく、やはりこの地域にあった蓋然性が大きい。より限定していえば、それは後期の訳語田幸玉宮に比較的近い場所にあったのではなかろうか。訳語田幸玉宮は海部王・糸井王（ともに系譜不明）の家地に営まれたが、これら諸王の家地は、それまでの天皇正宮である百済大井宮の近くに所在していた可能性が強いからである。

他方、さきに翹岐の「百済大井家」は舒明朝百済宮の近くにあったことを考証したが、ではその百済宮は大和のどこにあったのだろうか。

その所在地については、従来二つの説があった。一つは奈良県北葛城郡広陵町大字百済に比定する説で、(14) ここ

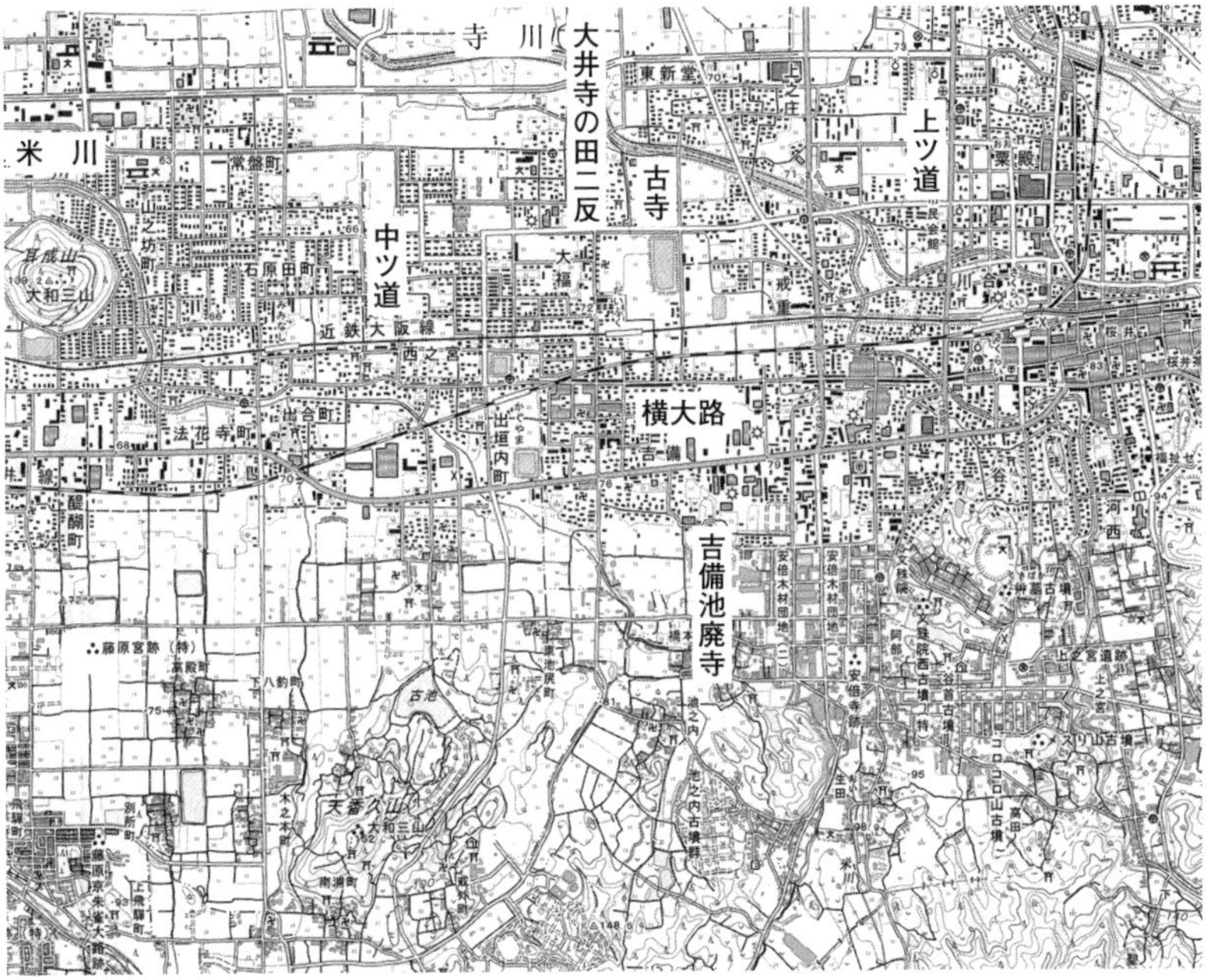

図1　百済大井宮・家関係図（国土地理院25,000分の1地形図に加筆）

には百済寺（寛正四年〈一四六三〉瓦刻銘）がある。いま一つは、橿原市の香久山西麓、藤原宮朝堂院跡付近の小字百済・東百済・西百済に比定する説[15]である。しかし、近年の発掘調査により、桜井市吉備の吉備池廃寺を百済大寺とする説が有力となってきた[16]。舒明紀十一年七月条には、

詔曰、今年、造㆓作大宮及大寺㆒。則以㆓百済川側㆒為㆓宮処㆒。是以西民造㆑宮、東民作㆑寺。便以㆓書直県㆒為㆓大匠㆒。

とある。ここでの「大宮」は百済宮（翌十二年十月に移徙）、「大寺」は百済大寺（皇極紀元年九月乙卯条分註）とみられ、両者は東西に並び配されたと考えられる。この廃寺が百済大寺だとすれば、廃寺の西北、現在吉備集落がのる微高地が百済宮の有力な候補地とされる[17]。

この付近が百済という地であったとして、百済地名は吉備からどの辺まで広がっていたのであろうか。

まず、高市皇子をその殯宮の営まれる「木上の

宮」（『万葉集』巻二―一九九）へ送る葬列は、藤原宮に近い「香来山（香久山）の宮」（同）を出て横大路を通り、「百済の原」（同）を「石村（磐余）を見つつ」（『万葉集』巻十三―三三二四）東進したと考えられるから、[18]「百済の原」は横大路の南北両側、つまり南側の吉備だけでなく、その北側の大福方面にも広がっていたとみてよい。百済の東隣が磐余ということになろう。

百済地名の西への広がりを考えるに当っては、天武紀の壬申の乱における大和での攻防戦の記事が参考になる。天武元年（六七二）六月己丑（二十九日）、大伴連吹負は倭京守衛の留守司坂上直熊とはかり、漢直らに対し「自分は高市皇子と名乗り、数十騎を率いて「飛鳥寺北路」から出て軍営に臨むから内応せよ」と言い、「百済家」で武器を備えて「南門」より出て、飛鳥寺西の軍営を急襲した。この状況からみて、吹負の「百済家」は飛鳥寺北方、香久山北麓あたりにあったようである。[19]平城遷都後であるが、大伴旅人が「香具山のふりにし里」（『万葉集』巻三―三三四）と歌っていることもその一傍証となろう。[20]七月癸巳（四日）、いったん乃楽山で敗れた吹負は、飛鳥古京の本営へ帰って態勢を立て直し、軍勢を「上中下道」に配分して防戦に当った。この時吹負はみずから中ツ道を受け持ったが、これは三輪君高市麻呂がその本拠に近い上ツ道を受け持って「箸陵」のほとりで戦ったのと同様、やはり中ツ道が吹負の本拠「百済家」に近かったからであろう。以上からみて百済の地は、西は香久山北麓・中ツ道の辺まで及んでいたと考えられる。

百済という地が、東は桜井市吉備・大福から西は香久山北麓あたりまでの範域だとすれば、百済大井宮・百済大井家はこの中に求めることになる。なお、考察のはじめに両者が同一の地であることを前提とはしないと断ったが、前者は磐余（訳語田幸玉宮）に近いと考えられるのであるから、その冠する「百済」は吉備などを含む百済の地であり、結局両者は同じ地域に所在したことがここに判明する。

ここで検出された百済はかなり広範な地域であるが、「大井」は「大堰」とも表記され、比較的大きな川のほとりに多い地名である。[21] この地域で主な川といえば、寺川と米川だけである。そこで百済の「大井」に関して注意されるのは、前にふれた中ツ道での攻防についての記事である。すなわち、近江方が精兵をもって将軍吹負の軍営を攻めたのに対し、吹負のほうでは麾下の軍勢が少なく劣勢になったが、この時従軍していた「大井寺奴名徳麻呂等五人」が「先鋒」となって奮戦し、近江方の進軍を防いだ。

古代の戦では、「奴」が所有者一族の軍の一部を構成する場合があった。蘇我氏と聖徳太子らが物部守屋を討滅したときの守屋の軍を例にとれば、その構成は、一族の長(指揮者)―一族の人々―「舎人」―「奴」というように復原することができる。「奴」は「家ツ子」であるから、所有者一族に対して忠誠心を有していたと考えられる。[22] 山背大兄王が蘇我入鹿の討手に襲われた時も、王の「舎人」とともに「奴三成」が防戦し、三成は「一人当千」といわれた。大井寺の「奴」も大伴吹負の配下にいて奮戦したというのであるから、本来大伴氏と何らかの深い関係があったと思われる。

天平十八年(七四六)「送書并請経勘検継文」(『大日本古文書』二四)に「大井寺一切経目録」とあり、また延久二年(一〇七〇)「興福寺大和国雑役免坪付帳」(『平安遺文』九)にも「大井寺田二反　上二十二条五里十八坪」とある。この大井寺の寺田は、大福集落の北に接する地に当たる。寺田の付近に寺もあったとみてよいなら、興味深いことに、この地のすぐ東南の寺川左岸に「古寺」という小字が見える。[23] ここは寺川のほとりであるから、「大井」という地名の条件にもかなうので、ここに大井寺を比定することができる。またそれは百済の範域内とみてよかろう。このように大伴吹負「百済家」と大井寺とは同じ百済の地で深い関わりがあって、寺の「奴」が吹負の麾下に属していたと考えられるのである。[24]

百済大井宮と百済大井家の所在も、この大井寺比定地「古寺」付近に想定してよいのではなかろうか。宮の跡は、たとえば推古朝豊浦宮が豊浦寺に、斉明朝川原宮が川原寺になったように、寺院化される場合がしばしばあった。小字「古寺」の地は、訳語田幸玉宮（想定）から約一㎞西北、百済宮（想定）から約一・五㎞北に当たり、さきに述べた両宮から比較的近いという条件に適合する。

おわりに—百済と磐余—

敏達・皇極両紀に見える「百済大井」の比定についての私見は以上の通りだが、その考証の過程の副産物として判明したことがある。それは、奈良盆地東南部（行政区でいえば橿原市東部から桜井市西部）における古代地名の範域である。

西から東へ進むと、まず「藤原」（「藤井が原」とも、『万葉集』巻一—五〇）は藤原宮の営まれた香久山西から西北の地区、つぎに「百済」はその東で、香久山北から東北の地区、ついで「磐余」はその東の地区で寺川上流域（粟原川との合流点あたりまで）ということになろう。舒明紀十一年七月条の「百済川」は米川に比定されるから、[25]用明紀二年四月丙午条の「磐余河」は寺川の上流域に比定されよう。

この地域に関して、よく問題になるのは磐余とはどの範域かということである。和田萃氏は、橿原市東池尻町に戒外川（米川に流入）をせき止める堤（版築工法）の跡があることを主な根拠に、これを磐余池の跡とみて、ここを中心に磐余の範域を想定している。[26]しかし、この地は吉備池廃寺のすぐ西南であるから、上来述べたように磐余ではなく百済の地である。筆者の磐余池比定説はかつて述べたことがあるので[27]繰り返さないが、この池跡は磐余池ではなく、応神記に、

亦、作㆓剣池㆒。亦、新羅人参渡来。是以、建内宿祢命引率、為㆓渡之堤池㆒而、作㆓百済池㆒。

とある百済池ではないだろうか。

註

（1）喜田貞吉『帝都』（日本学術普及会、一九三九年）四二頁。大井重二郎『上代の帝都』（立命館出版部、一九四四年）七二～三頁。和田萃「ヤマトと桜井」（『桜井市史』上、中央公論美術出版、一九七九年）。戒重の小字「和佐田」「宮所」「蔵殿」一帯に比定。

（2）喜田、註（1）前掲書四二頁。

（3）大井、註（1）前掲書七一～七二頁。

（4）新編日本古典文学全集『日本書紀』三（小学館、一九九八年）六二頁頭註。

（5）皇極紀二年四月庚子条。

（6）鈴木靖民「皇極紀朝鮮関係記事の基礎的研究」（『国史学』八二・八三、一九七〇年）。

（7）西本昌弘「豊璋と翹岐」（『ヒストリア』一〇七、一九八五年）。

同「豊璋再論」（『日本歴史』六九六、二〇〇六年）。

（8）五世紀頃、住吉津に近い依網屯倉には、外国客に対する迎接施設があったと考えられる。翹岐がここに召されたのも、迎接儀礼の伝統・慣習によるのではないだろうか。雄略紀十四年正月条に、身狭村主青らが「呉国使」とともに住吉津に着いた時、「呉客道」をつくって磯歯津路（八尾街道）に通じたとある。また『延喜式』玄蕃寮にみえる新羅使来朝の際の給酒規定では、生田社で醸す酒を敏売崎で、住道社のそれを難波館で給すとされる。生田社・敏売崎は至近距離にあるが、住道社（『延喜式』神名帳摂津国住吉郡に「須牟地」三社）と難波館とは南北かなり離れている。住道社は磯歯津路沿い、依網屯倉の近くに比定される。たぶん古くは難波館（成立は六世紀初めか）ではなく、住道社に近く迎接施設があって、そこで給酒したのであろう。それが依網屯倉に結びつく可能性は強い。このことは仁徳紀四十三年九月条の、依網屯倉阿弭古と天皇と来朝した百済王族酒君との鷹をめぐる話からも推察される。

（9）田村圓澄『古代朝鮮仏教と日本仏教』（吉川弘文館、一九八〇年）三六〜三八頁。
（10）比定地は、註（4）前掲書二（同、一九九六年）四八六頁頭註による。
（11）拙稿「磐余池と海石榴市」（『日本古代の伝承と歴史』思文閣出版、二〇〇八年、初出一九九六年）。
（12）拙稿「城上宮について」（同右、初出一九九八年）で寺川・粟原川合流点付近に比定。
（13）桜井市上之宮の上之宮遺跡に比定。
（14）喜田、註（1）前掲書五八頁。
（15）和田萃「百済宮再考」（『明日香風』一二、一九八四年）。
（16）奈良文化財研究所『吉備池廃寺発掘調査報告』（同研究所、二〇〇三年）。なお異論として、平林章仁「高市皇子の殯宮と吉備池廃寺」（『七世紀の古代史』白水社、二〇〇二年）がある。
（17）奈良文化財研究所、註（16）前掲書一六〇頁。
（18）註（12）前掲拙稿。
（19）『続日本紀』神亀元年五月辛未条に、正七位上荊軌武が香山連を賜姓されたとあるが、『新撰姓氏録』（左京諸蕃下）によると、これは百済系渡来人である。このことは、香久山付近に百済系渡来人が集住し百済地名が発生したとみる可能性を示している。
（20）和田、註（15）前掲論文。
（21）『大日本地名辞書』五、美濃国可児郡大井郷・駿河国廬原郡大井郷。
（22）鬼頭清明「壬申の乱では何が争われたか」（『日本古代王朝と内乱』学生社、一九八九年）。
（23）橿原考古学研究所編『大和国条里復原図』（吉川弘文館、一九八一年）。
（24）遠山美都男『壬申の乱』（中央公論社、一九九六年）二三三〜二三四頁。
（25）奈良文化財研究所、註（16）前掲書一五五頁。
（26）和田、註（1）前掲論文。
（27）註（11）前掲拙稿。

第五章　蜂岡寺・葛野秦寺と北野廃寺
―広隆寺の創立と移転をめぐって―

はじめに

現在京都太秦にある広隆寺は、蜂岡寺とも呼ばれ、聖徳太子や秦河勝ゆかりの伝承をもつ古寺である。この寺の創立については、推古紀をはじめ諸説があるが、問題をさらに複雑にしているのは、古縁起の中に寺地の移転伝承が存することである。原広隆寺の候補地として有力視されている北野廃寺址（上京区北野白梅町付近）では推古朝の古瓦が出土するが、他方移転先とされる太秦の現広隆寺境内付近からも同時期（型式は少し新しい）の古瓦が出土し、推古朝には両地ともに寺院が存在していたとされる。しかも北野廃寺址においては、奈良期・平安期の古瓦も出土し、ここには継続的に寺院が営まれていたことが判明している。

このように、広隆寺の創立と移転をめぐる問題状況はかなり複雑な様相を呈している。本章では、従来の諸説をふり返り、文献史料・伝承に近年の考古学的所見を加えてこれを再検討し、創立と移転それぞれの経緯と時期とを考えていきたい。

一　創立・移転についての史料と研究史

はじめに便宜上、創立・移転に関係する文献史料を掲げておく。

① 推古紀十一年十一月己亥朔条
皇太子謂二諸大夫一曰、我有二尊仏像一。誰得二是像一以恭拝。時秦造河勝進曰、臣拝之。便受二仏像一。因以造二蜂岡寺一。

② 推古紀三十一年七月条
新羅遣二大使奈末智洗爾一、任那遣二達率奈末智一、並来朝。仍貢二仏像一具及金塔并舎利一。且大灌頂幡一具・小幡十二条。即仏像居二於葛野秦寺一。以二余舎利金塔灌頂幡等一、皆納二于四天王寺一。

③ 天平十九年『法隆寺伽藍縁起并流記資財帳』
歳次丁卯、小治田大宮御宇天皇并東宮上宮聖徳法王、法隆学問寺并四天王寺、中宮尼寺、橘尼寺、蜂岡寺、池後尼寺、葛城尼寺乎敬造仕奉。

④ 承和三年「広隆寺縁起」(『朝野群載』巻第二、以下「承和縁起」)
広隆寺縁起 字秦公寺　一名蜂岡寺
謹検二日本書紀一云。推古天皇十一年、冬十一月己亥朔、皇太子上宮王謂二諸大夫一曰、我有二尊仏像一、誰得二此像一、将二以恭敬一。秦造河勝進曰、臣拝之、便受二仏像一、因以造二蜂岡寺一者。謹検二案内一。十一年冬、受二仏像一。小墾田宮御宇、推古天皇即位壬午之歳、奉二為聖徳太子一、大花上秦造河勝所三建立二広隆寺一者。

但本旧寺家地、九条河原里一坪二坪十坪十一坪十三坪十四坪廿三坪廿四坪廿六坪卅四坪。同条荒見社里十坪十一坪十四坪十五坪合拾肆町也。而彼地頗狭隘也。仍遷二□□□五条荒蒔里八坪九坪十坪十五坪十六坪十七坪并六箇坪之内一。即施入陸地肆拾肆町肆段壱陌玖拾弐歩也。又去延暦年中、別当法師泰鳳、竊二取流記資財帳等一逃亡。又去弘仁九年、逢二非常之火災一、堂塔歩廊、縁起雑公文等、悉焼亡。然則此寺縁起資財帳等、共焼亡、或散失。雖レ然或地治開付二図帳一、或地常荒未二開発一、或地入レ京、未二入一其替一。今為二後代一、粗注二其由一、留二置寺家一、以為二累劫亀鏡一。

承和三年十二月十五日

檀越大秦宿祢永道

大別当伝灯大法師位寿寵　法頭朝原宿祢明吉

少別当伝灯大法師位道昌　都維那伝灯満位僧恵最

上座伝灯満位僧賢禎　寺主伝灯満位僧安恵

⑤寛平二年『広隆寺資財交替実録帳』（以下『実録帳』）

右寺縁起、推古天皇治天下世歳次壬午、大花上秦河勝奉二為上宮太子一所二建立一也。

⑥平安初期『上宮聖徳太子伝補闕記』（以下『補闕記』）

(1) 丙子年五月三日（中略）先是。太子巡レ国至二于山代楓野村一。謂二群臣一曰。此地為レ体南弊北塞。河注二其前一。龍常守護。後世必有二帝王建一レ都。吾故時遊賞。即於二蜂丘南下一立レ宮。秦川勝率二己親族一祠奉不レ怠。太子大喜。即叙二小徳一。遂以レ宮預レ之。又賜二新羅国所レ献仏像一。故以レ宮為レ寺。施二入宮南水田数十町并山野地等一。

(2)　斑鳩寺被災之後。衆人不レ得レ定二寺地一。故百済入師率二衆人一令レ造二葛野蜂岡寺一。令レ造二川内高井寺一。百済聞師。円明師。下氷君雑物等三人合二造三井寺一。

広隆寺創立・移転についての本格的研究は、法隆寺再建非再建論争で有名な平子鐸嶺から始まるといってよい。法隆寺非再建論者であった平子は、太子建立七寺院説（史料③）を根拠に、推古紀（史料①）と『実録帳』（史料⑤）とから、推古十一年建立開始、太子薨去の同三十年までに完成したとする。移転については、旧寺家地をその地名から川勝寺村（右京区西京極西川町付近）に比定する。太秦にある蜂岡という地名は、おそくとも文安五年（一四四八）『太子伝玉林抄』まで遡る。移転先の地名が蜂岡であったとみて、その地名にもとづく推古紀の蜂岡寺という寺号は、紀成立以前まで遡るゆえに移転もその時期でなければならないと考えた(1)。

つぎに喜田貞吉は、広隆寺創立については平子とほぼ同様の見解を示したが、移転問題において、葛野郡条里の復原から旧寺家地の位置を推定したことは、平子の見解からの大きな前進であった。喜田は、『類聚三代格』巻第一所収の貞観十四年十二月十五日付太政官符に

応レ充二正一位平野神社地一町一事

在二山城国葛野郡上林郷九条荒見西河里廿四坪一

四至 東限二荒見河一　南限二典楽寮園一
西限二社前東道一　北限二禁野地一

とあることに注目した。この中で平野神社に充てられた「社地一町」は葛野郡の九条荒見西河里にあり、承和縁起が記す旧寺家地の所在地、九条荒見社里や九条河原里とは九条で共通している。葛野郡条里はほぼ南北方向に敷かれ、西から東へと条が進行する。したがって、旧寺家地は「社地一町」の北または南に位置するとみられ

る。九条のこれら三つの里名は、平野神社の東を流れる荒見川（紙屋川）に由来するもので、旧寺家地は平野神社近辺だと推定した。また法隆寺再建論者の喜田は、移転の時期について、『補闕記』（史料⑥⑵）の法隆寺被災（天智九年）後の蜂岡寺造営記事を重視し、これを寺地移転にともなう工事と考えた。[2]

創立・移転問題の研究において画期的であったのは、一九三六年に北野白梅町付近で飛鳥時代の古瓦を出土する寺院址（北野廃寺）が発見されたことである。発掘調査に携った藤沢一夫氏は、この寺址に関してつぎのように論じた。この地は平安京大内裏に近く、『天暦御記』逸文（『拾芥抄』所引）の、「大内裏、秦川勝宅。橘本大夫宅。南殿前庭橘樹。依旧跡殖之。」という伝承によれば、それはもとの秦河勝の邸宅の近所ということになる。またこの寺址は平野神社のすぐ南であるから、喜田説によれば広隆寺の旧寺家地と推定される。広隆寺の移転については、北野廃寺と太秦広隆寺とに発見された「共通の白鳳時代古瓦」を根拠に、喜田説と同様その時期を「白鳳時代」とする。しかし、北野廃寺址からは奈良期・平安期の古瓦も出土するから、そこには一貫して寺院が存在したことは確かである。そこで氏は、「この秦寺の移転は大和に見られた諸寺の例の如く単なる寺籍のそれにしか過ぎないものであったと思はれる」という。その上で、北野廃寺址に継続する寺院は、平安遷都直後から文献に重要な寺院として見出される常住寺＝野寺であるとする。[3]

これまでの研究では、文献に見える蜂岡寺・秦寺・広隆寺が同一寺院であることは自明の前提とされてきたが、蜂岡寺と秦寺（＝広隆寺）とを別寺とする見解が田中重久氏から出された。氏は、『聖徳太子伝私記』の裏書に列挙された太子建立寺院の中に蜂岡寺とウツマサ寺とが別寺として記されていることをもって、蜂岡寺と秦寺とは本来別寺であったと主張する。その上で、蜂岡寺の創立については、『補闕記』のいう法隆寺被災後の蜂岡寺造営を充て、その時期は天智九年頃、その場所は北野廃寺址とした。他方秦寺の創立については、承和縁起の推古三十年説をとり、推古紀（史料②）の新羅献上仏が安置されたという葛野秦寺はこの寺であるという。その旧寺家地は葛野郡九条で紙屋川の岸にあたることは間違いないが、北野廃寺址は八条であるからそれには該当しないという(4)。つぎに移転については、「元来十四坪もあった寺地が「頗ル狭隘」となるのは恐らく延暦十三年平安奠都によって、寺地の一部が削られたためと推定されるから、現地への移建年代は延暦十三年前後」と考えた(5)。

戦後になって、毛利久氏は「自分の寺の起源をなるべく古い時代に置きたがる一般普通の寺院縁起の行き方」に照して、推古十一年創立説をとらず推古三十年説を「堂々と挙げてゐる」承和縁起に「信憑性」を認める所論を出した。この年は太子薨去の年にあたり、史料②推古三十一年は岩崎本『日本書紀』では三十年であるから、「この年に「奉為聖徳太子」に広隆寺が建立されたとあるのは、必ずしも偶然のこととはいへないやうに思へる」という。また推古三十年あるいは三十一年における新羅献上仏の安置は、広隆寺建立と密接な関係があるとする。つぎに寺地の移転については、寺地の一部が平安京に収用された結果狭隘となり太秦へ移転したという田中説をうけつぎ、その傍証として「本尊の変動」を挙げる。いずれものちの史料から、広隆寺の本尊は創建当初の弥勒像(宝冠弥勒)より薬師像に変化したとし、延暦十六年五月五日に本尊如来像が金堂に安置されたと推定する。本尊の変動は「寺にとっては重大な事件であり、何か特別深い理由があったものと考へられ」、「その可能性の最も大きい事件は、何といっても寺地の移転を除いて他に挙ぐべきものがなからう」と氏はいう(6)。

ほぼ同時期に、向井芳彦氏は長大な論文を発表し、それまでの研究史に批判を加えた。まず創立問題については、毛利氏同様承和縁起に信憑性を認める。とくに寛平二年『実録帳』の中で、縁起文(承和縁起と軌を一にする)にすぐ続けて「彼願文乃至財帳等。弘仁九年逢二火災一。皆悉焼亡。因茲更立二件帳一如レ之。」とあることから、承和縁起を遡ることわずか二十年ほど前まで「彼願文」すなわち「河勝が広隆寺を建立したその願文」が寺家に伝わっていたことを承和縁起の信憑性の傍証とした。すなわち、推古三十年太子のために河勝によって始めて発願起工されたものと解した。田中氏の蜂岡寺・秦寺(広隆寺)別寺説に対しては、田中氏が根拠とした『聖徳太子伝私記』裏書の「蜂岡寺」の右側に顕真自筆の「広隆寺」という傍注があるが、この点については、すでに宝亀二年『七代記』に広隆寺の俗号を蜂岡寺と記しているという。また移転について、その時期は「天智天皇の御代頃」とし喜田説を想起させるが、「延暦年中の泰鳳逃亡事件や弘仁九年の火災で関係資料を悉皆亡失したにも拘らず、旧寺家地が承和年間において、各里の坪付に至るまで明瞭に知られてゐるといふことは、その地が平安京に入ることなく、そのまま残存してゐたことを想はせるもの」で、旧寺家地は「京城一条通り以北紙屋川沿岸の地」に求めるべきで、北野廃寺址は条里の点から妥当でないという。(7)

一九五〇年代頃までの研究は文献中心であったが、その後北野廃寺址及び太秦広隆寺境内地の発掘調査がそれぞれ断続的に行われ、古瓦をはじめ新しい発掘資料が加わった。とくに出土瓦の編年研究が進み、文献と考古資料との対比によって、創立・移転問題について、より蓋然性のある立論が可能となった。

この観点から創立・移転問題を論じたのが稲垣晋也氏である。氏は、北野廃寺出土の七世紀の瓦を二期に編年区分し、第一期は飛鳥寺よりややのちの時期、第二期は天武朝頃とする。他方現広隆寺境内出土瓦も二期に区分するが、前者の第一期と第二期の中間に後者の第一期と第二期とが位置づけられるという。また広隆寺の第一期第二類の瓦は、北野廃寺の瓦を模倣して作られている。こうしたことから、「北野廃寺の創建瓦は推古十一年に仏像をもらい受けて造営のはじまった蜂岡寺の瓦とするにふさわしいし、その二十年後に新羅からもたらされた仏像を安置した秦寺はこの間に、またはこれを契機に造営がはじまったとみておかしくはなかろう」として、秦寺は推古三十一年前後に、おそらく太子薨後の追善のために新たに広い地を求めて造営されたと考える。また広隆寺では塔心礎と回廊の一部が検出されているが、この遺構に伴うのが第二期の瓦で、これは『補闕記』の法隆寺被災後の葛野蜂岡寺造営に対応するとみる。(8)

ついで、ごく最近網伸也・林南寿の両氏が、文献・考古資料を含めて創立・移転問題に、それぞれ包括的検討を加えた。

まず網氏は、「北野廃寺は秦氏の建立に関わる寺であるが、豊浦寺に供給した隼上り瓦窯と同笵関係を持つ飛鳥寺系統の軒瓦を創建瓦とし」、「八世紀においても興福寺式軒瓦のセットを寺域近辺の北野廃寺瓦窯で焼成しており、中央勢力との密接な関わりが想定できる」という。しかし、太秦の広隆寺では「七世紀前半の瓦の出土はあまりみられず、大伽藍の存在を推定することができない」として、七世紀後半から八世紀初頭の瓦が多く出土するのは、『補闕記』の法隆寺被災後の蜂岡寺造営と対応するという。蜂岡寺と葛野秦寺とをもともとは別寺と考え、「蜂岡寺は太子に縁の深い弥勒像を安置し供養するために建立した私的性格の強い寺院であるのに対し、葛野秦寺は新羅からの貢献仏を四天王寺と共に安置するような公的性格の強い寺」とし、前者を現広隆寺（蜂岡地名もその傍証とする）、後者を北野廃寺に比定する。移転については、平安遷都直前に北野廃寺瓦窯へ、寺院統制の結果として「旨」銘軒平瓦笵が頒布され、同瓦窯の操業の最終段階で焼成された同軒平瓦が広隆寺にも運ばれていることから、「北野廃寺からの移建が事実だとすればこの段階しか考えられない」とし、遷都にともない「北野廃寺伽藍は野寺として再生し、旧来の寺籍は密接な関係にある広隆寺に移動した」という。[9]

つぎに林氏は、推古十一年と同三十一年の異なる寺号を重視して、蜂岡寺・葛野秦寺別寺説をとる。稲垣氏の瓦編年をもとに、推古十一年の蜂岡寺は葛野郡最古の瓦を出土する北野廃寺址であり、天智九年頃、当初の「住宅式仏堂」が「本格的な伽藍」に整備（史料⑥⑵の葛野蜂岡寺造営に対応）されたとし、他方の秦寺は推古三十年秦河勝が太子の菩提を弔うため発願したもので、その寺地は葛野郡で北野廃寺址につぐ古い瓦を出土する現広隆寺境内地であると推定した。移転については、「北野廃寺址にあった蜂岡寺が平安遷都によって寺領地すべてを収用されたが、寺院には代替地を与えないとする延暦十二年七月の勅によって経済的基盤を失い、勅が発せられてからほどなく、同じく秦氏を檀越とする秦寺に寺籍を移して合併に至った」という。[10]

以上、研究史[11]を概観したところから、広隆寺創立・移転問題を究明するためには、現段階で大体つぎの諸論点が提示できるのではないかと思う。

①創立については、推古十一年(史料①)の蜂岡寺が建立された場所の確定が必要である。その場所は、出土古瓦の編年から推測して北野廃寺址の可能性が強いが、「蜂岡」地名を重視して太秦とする説もあるから、確定するには別の傍証が必要となる。それと関連して、戦前の田中説のあと近年になって復活しつつある蜂岡寺・葛野秦寺別寺説(網・林氏)の当否も検討する必要があろう。

②古瓦や平安初期の墨書土器銘(後述)など出土資料からみて、北野廃寺＝原広隆寺とする説は有力であるが、寺址は葛野郡条里の八条であって、承和縁起で「旧寺家地」のあったという九条ではない。この難点は、最近の諸説においても解決されず、何らかの説明が必要である。

③移転の経緯についても、田中氏の提起以来ほぼ通説化している寺家地平安京収用説は、移転という結果からみた憶測にすぎないと思われる。手がかりは少ないけれども、北野廃寺を野寺(常住寺)が引き継いだことはほぼ確実であるから、野寺の性格・機能から逆に広隆寺移転の経緯・理由を探っていく視角も重要ではなかろうか。

二　蜂岡寺と太秦広隆寺

推古十一年に造られたという蜂岡寺は、葛野郡最古の古瓦の出土する北野廃寺址とみてよい。北野廃寺第一期の古瓦のうち、推古朝前半と推定される素弁十葉蓮華文軒丸瓦がその創建瓦とされる。[12]しかし、蜂岡という地名は太秦の広隆寺付近にあり、これがおそくとも十五世紀まで遡るところから、蜂岡寺の所在地を現広隆寺に比定する説もある[13]。これに対して、蜂岡寺が太秦に移転してきたことにより、この地に「蜂岡」地名が発生したと考えることもできる[14]。

そこで『補闕記』（資料⑥⑴）の伝承に注目したい。この部分は、「後世必有帝王建都」とあることから、平安遷都後に書かれたものであることは明らかである。しかし、この中に河勝が「小徳」に叙せられた（承和縁起では「大花上」とするが、これは大化五年の官位制）という独自の所伝を記すことから、これは山城国の秦氏（広隆寺に関わる）の古伝承をもとにしたものと考えられる[15]。

むろん太子の「山代楓野村」行啓などは信ずるに足りないが、現地秦氏の伝承であれば、その舞台設定が由来するところの地理的認識は正当なものとみてよい。すなわち、のちの平安京（それもその中心部であろう）に近く「蜂丘」という丘があり、その南麓に河勝一族の拠点があって、ここに寺が建てられたことは確かだと考えられる。

蜂岡寺の二つの候補地、北野廃寺址と現広隆寺境内とを比較するに、平安京中心部との遠近という点からみて、前者に分がある。また地形から両地を比較するに、後者は「岡と称すべき形勢のものなく、ことに宮をその南下（南麓の義か）に立つといふべき地形にあらざるなり[16]」との指摘があるように、蜂岡という地形には不適当である。これに対して前者は、衣笠山の裾が緩傾斜で南方へ展開する地であり、後者よりも適している。

『天暦御記』の伝承にいうように、河勝の邸宅がのちの大内裏の場所にあったとすれば、北野廃寺址はそのすぐ西北である。丘陵を背後にして居館と氏寺とが並び配されるのは、たとえば聖徳太子の斑鳩宮と斑鳩寺（法隆寺）のセットと共通のレイアウトであり、また飛鳥時代寺院の一般的立地であった[17]。

さて広隆寺史におけるつぎの画期は、推古紀三十一年（史料②）新羅が仏像・仏具を奉献し、仏像を葛野秦寺に、仏具を四天王寺に納めたという記事と、承和縁起（史料④）の「推古天皇即位壬午之歳、奉為聖徳太子、大花上秦造河勝所建立広隆寺者」とに関わる。

蜂岡寺の建立は、北野廃寺址出土の古瓦からみて、推古十一年頃としてよいことはすでに述べた。にもかかわらず、承和縁起は「案内」により推古十一年には河勝が仏像を受けただけとし、建立を推古三十年（壬午）、太子の「奉為」とするが、それはなぜだろうか。毛利氏、向井氏らは、縁起が、創立をより遡った推古十一年とせず三十年としていることから、逆にこの縁起の創立説に信憑性を認めたのであるが、それは北野廃寺の古瓦の年代が明らかになった現在では、正当な蜂岡寺（広隆寺）創立説としては認めがたい。

承和縁起では、紙屋川の岸にあったとみられる原広隆寺は、太秦の現広隆寺の地へ移転したという。現広隆寺境内からは、推古朝後半とみられる有稜素弁八葉蓮華文軒丸瓦が出土しており、これが創建瓦と推定される。したがって、この地に推古朝後半頃寺院が建立されたことは事実である[18]。

林氏は、この寺院を推古三十一年の葛野秦寺（史料②）に比定し、蜂岡寺（史料①）とは別寺とするのであるが、蜂岡寺と葛野秦寺とを別寺とする根拠は、推古紀において両寺が異名で記載されていること以外にはない。両寺が記されている推古紀の史料①と②とを比べると、明らかにその原史料の性質の相違が看取される。その文からみて、前者は葛野秦氏の伝承と考えられ、そのため寺名を地名で呼んだのであろう。蜂岡という地名は葛野郡現地でしかあまり知られていないであろうからである。これに対して後者は、奉献された仏像・仏具の詳細な記載の仕方からみて、「政府の公の記録」に出るものと判断される。同じ蜂岡寺を、冠する地名も大づかみに葛野といい、氏族名を付して呼んだとすれば、それは中央政府の立場にふさわしい。葛野の秦氏が自己の氏寺を「葛野秦寺」などと呼ぶことはほとんどあり得ないであろう。

研究史でふれたように、網氏によると、北野廃寺は出土瓦からみて創建以来八世紀においても中央勢力との密接な関係が想定されるが、これに対し広隆寺（太秦）では七世紀前半の大伽藍の存在を推定できないという。この考古学的所見によるなら、北野廃寺（蜂岡寺）こそ「新羅からの貢献仏を四天王寺と共に安置するような公的性格の強い寺」すなわち葛野秦寺であるということになり、ここで網・林氏の別寺説は否定されるのである。

太秦広隆寺（創立当時の寺名は不明なので、以下一応「太秦某寺」という）は、蜂岡寺につぐ葛野秦氏の二次的な氏寺（蜂岡寺より私的性格が強い）として建立されたものと考えられる。その創立は推古朝後半頃としてよく、これは縁起「案内」のいう「壬午の歳」（推古三十年）とよく合う。このことと、「案内」が、事実と考えられる推古十一年の蜂岡寺創立を、仏像を受けただけとし、「建立」を「壬午の歳」と記すこととを合わせ勘案するなら、この「案内」は、あくまで太秦某寺の立場からの主張とみることができよう。のちにみるように、平安遷都の前後、蜂岡寺は太秦某寺に寺籍を移し、合併したと考えられ、「合併によって成立した広隆寺という単一寺院の創立伝承を記すために」[19]両寺の創立伝承が結びつけられたと推測される。ただし、「案内」で「奉為聖徳太子」とするのは太子信仰による潤色で、太子が推古三十年薨じたので逆に建立年を正確にこの年に合わせた可能性が捨て切れない。

なお『補闕記』（史料⑥⑵）の法隆寺被災後の蜂岡寺造営は、北野廃寺第二期の古瓦、単弁八葉の子葉付蓮華文軒丸瓦（天智朝末）に対応させることができ、林氏は、この造営は当初の「住宅式仏堂」から「本格的な伽藍」への整備にあたるという。[20]両者の遺構が明確に検出されたわけではない（後者は瓦積み基壇に対応か）ので積極的にはいえないが、同時期何らかの造営があったことは確かであろう。

三　「旧寺家地」と寺地狭隘説

承和縁起によると、広隆寺は「旧寺家地」の九条河原里・同条荒見社里から五条荒蒔里へ移転した。五条荒蒔里が現在の広隆寺境内であることは確かであるが、「旧寺家地」の場所が問題である。

研究史の示すところ、その有力な候補地は、平野神社と紙屋川とに近い北野廃寺址である。ここが出土瓦や地形から推古朝の蜂岡寺と考えてよいことは前に述べたが、またこの寺址からは「野寺」とともに「秦立」「鵤室」などの墨書銘のある土器（いずれも平安初期）が出土している。[21] この地にあった寺は平安期に野寺と呼ばれていたらしいが、その段階においても秦氏創立の伝承が残り、太子信仰に関わる施設「鵤室」が存在したことは、この寺址を原広隆寺（蜂岡寺）とする蓋然性をますます強めるものである。

ところが、万全のようにみえるこの説にも小さくない弱点がある。それは早くから指摘されていることだが、この寺跡は葛野郡八条であって、縁起のいう九条ではないことである。この点から、かつて原広隆寺は北野廃寺址ではなく、京北の紙屋川沿岸のどこかの地だとする説（田中・向井氏ら）があった。しかし、近時の発掘担当者は、この地域に「別寺院が存在するならば、周辺の発掘・立会調査において瓦分布などの痕跡が認められるはず」であるが、「その可能性は極めて低い」という。[22]

葛野郡条里については、戦前に福山敏男氏の復原案[23]が出されていたが、現在では福山説を若干修正した金田章裕氏の復原案[24]が妥当である。金田説によるなら、八条と九条の界線は北野廃寺址と紙屋川西岸との間を通る。八条の、平安京域とその北郊とにまたがる里をかりに八条A里としよう。北野廃寺址は一応四町域と想定され

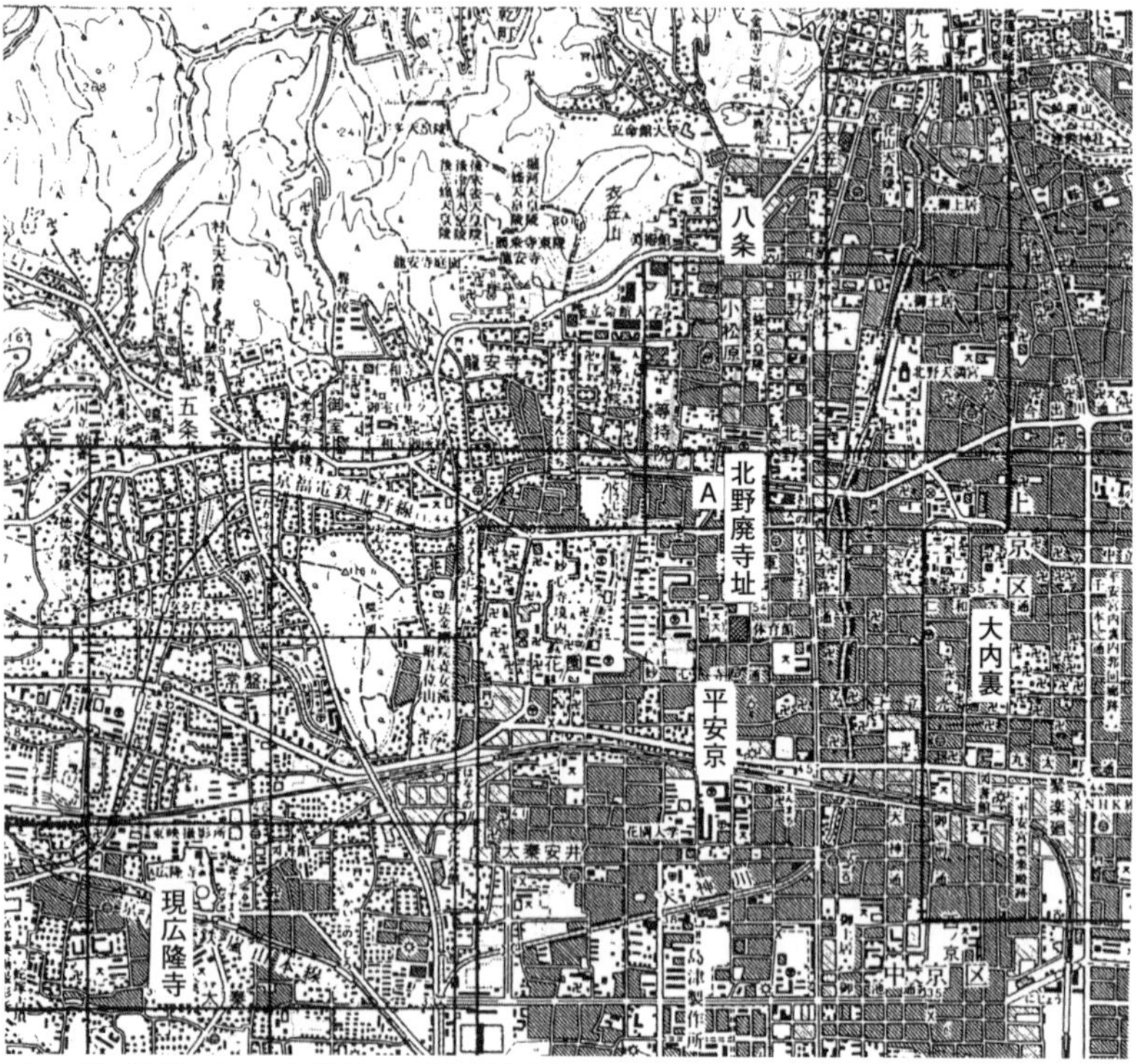

図1　葛野郡条里と北野廃寺址・現広隆寺

る[25]から、その位置はA里の東北隅五・六・七・八坪にほぼ比定される。これは縁起にいう「旧寺家地」と比して、占める坪にもまったく共通点がなく、たとえば縁起が条を誤記したというようなことではないのである。この寺址は縁起にいう「旧寺家地」の近くではあろうが、それとはまったく別の地である。この矛盾をどう理解すればよいか。

これを理解しようとすれば、「旧寺家地」十四町はもっぱら寺領地であって、意外なことだが境内地の条里坪付は「旧寺家地」の記載から脱落していると判断せざるを得ないのである。承和縁起に記す延暦年中の別当法師泰鳳の事件や弘仁九年の火災により関係文書が失われ、すでに所管外であった「旧寺家地」については正確な情報が伝わっていなかった可能性が考えられよう。

つぎに太秦移転の理由を考えたいが、ここではまず平安遷都時に寺家地が京に収用されたためとする従来の説について検討しよう。この説は、一節でふれたように田中氏以来のもので、縁起の「彼地頗狭隘」を「狭隘になった」と解釈し、そうなった契機として平安京遷都時の寺地収用を想定するのである。この説は現在では通説化しているといってもよいが(26)、田中氏は寺家地のどの部分が収用され、その収用がなぜ移転につながったのか具体的に説明していない。

そこで最近この点の説明を試みたのが林氏である。氏は藤沢氏にならって、「旧寺家地」のうち九条荒見社里の四町を原広隆寺の境内地(=北野廃寺)とする。この想定自体すでに条里の点で矛盾があることは前に述べたが、今は一応措いておく。その上で、氏はこの荒見社里を九条の、平安京と北郊とにまたがる里(さきの八条A里の東隣の里)とする。こうすれば、氏が想定した境内地四町はかろうじて京域には入らない。そこで氏は、九条河原里は荒見社里の北か南かのどちらかであるから、平安京に収用されたとすれば荒見社里の南方に位置していたことになるとして、河原里の十町の寺領地すべてが収用されたと解釈し、蜂岡寺は「経済的窮地に陥ったであろうことは想像に難くない」という。それは、『類聚国史』巻百五十九「口分田」条

九条荒見社里

1	2	3	4	5	6
12	**11**	**10**	9	8	7
13	**14**	**15**	16	17	18
24	23	22	21	20	19
25	26	27	28	29	30
36	35	34	33	32	31

九条河原里

1	**2**	3	4	5	6
12	**11**	**10**	9	8	7
13	**14**	15	16	17	18
24	**23**	22	21	20	19
25	**26**	27	28	29	30
36	35	**34**	33	32	31

五条荒蒔里

1	2	3	4	5	6
12	11	**10**	**9**	**8**	7
13	14	**15**	**16**	**17**	18
24	23	22	21	20	19
25	26	27	28	29	30
36	35	34	33	32	31

図2　広隆寺新旧寺家地の坪付図
（林、註（10）前掲書より）

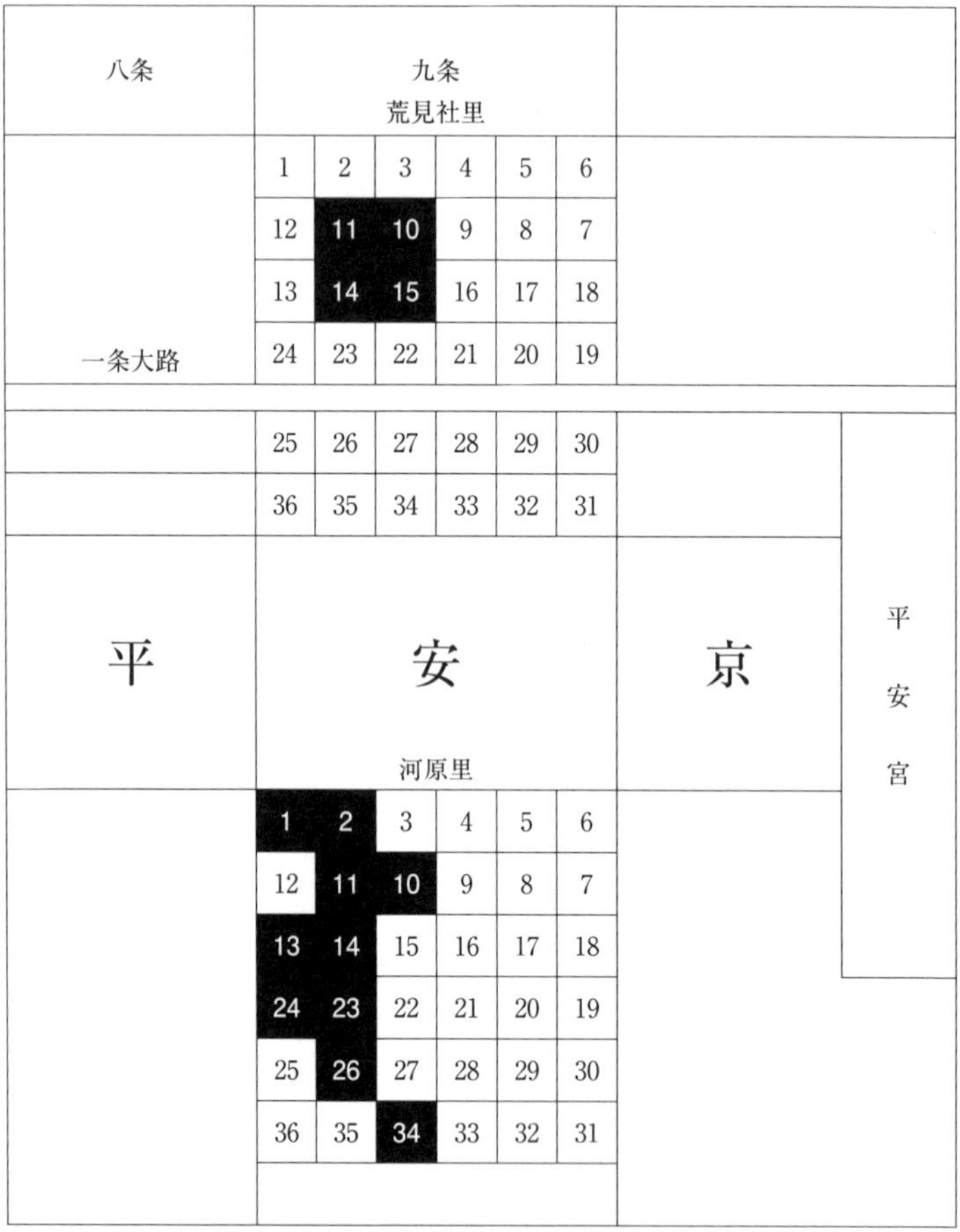

図3　北野廃寺址周辺概念図（林、註（10）前掲書より）

の延暦十二年七月辛卯「勅」により、葛野郡において「都中」に入る寺田にはその代替地を充てない方針であったことからうかがわれるとする。

この窮状から脱するため蜂岡寺は、同じ秦氏の氏寺であった太秦の秦寺（本論では太秦某寺）へ移転・合併したという[27]。

しかし、この説は〝はじめに平安京収用ありき〟というべき一種の循環論であり、氏のいうところの境内地のある九条荒見社里、寺領地のある同条河原里の位置比定に独自の史料的根拠はなにもない。たしかに、平安京に収用された寺領には代替地が充てられなかったことは、承和縁起の「或地入京未入其替」、貞観十五年『広隆寺資財帳』の「水陸田章」七条牛養里二町余の注記「既入京。其替于今未給。」により明らかである。後者は太秦某寺の本来の寺領と思われ、前者もこの土地を指す可能性がある。だが蜂岡寺（北野廃寺）の寺領が平安京に収用されたとは考えられない。なぜなら、この寺址は次節にみるように平安遷都の直後から野寺（常住寺）に引き継がれているからである。野寺を維持するにも寺領が必要なはずで、それは蜂岡寺の寺領をそのまま継続したと考えるのが自然であろう。いいかえれば、蜂岡寺はあたかも寺家地をそのまま野寺に譲ったかのように太秦某寺へ寺籍を移転・合併したと想定されるのである。

以上述べたように、平安京収用による寺地狭隘化を移転の理由とみる説にはほとんど確かな根拠はない。この時代における〝土地狭隘により移転〟という説明は、一般に施設が移転する場合の「決まり文句」であって、本当の理由を示すものではない。たとえば、それまで葛野にあった山城国府が、平安遷都後の延暦十六年八月「長岡京南」に移されたが、その理由は「以二葛野郡地勢狭隘一也」[28]とされている。しかし葛野郡の「地勢狭隘」には十分な説得力はなく、実際には国府と京城とをつねに離間させる措置がとられていたことが移転の理由とみられる[29]。

四　野寺（常住寺）の性格

寺地狭隘化を理由とする移転説が成立しがたいとすれば、他の視角から移転の理由を探っていかねばならない。そこで注目したいのは、すでにふれたように、蜂岡寺移転のあと北野廃寺址に、重要な寺院とみられる野寺が営まれていることである。蜂岡寺の太秦移転と、その跡地を野寺が継承していることとの間には、何か重要な関係があるとみるべきではなかろうか。

そこでまず史料から、野寺はいかなる寺院であったか、その性格を探ってみよう(30)。その前に野寺はその法号を常住寺と称したことを、年代はやや降るが、つぎの史料から確認しておく。

保延六年(一一四〇)『七大寺巡礼私記』元興寺条

斯像鼻穴不似普通仏鼻孔

如常住寺中尊在皇域乾方、桓武天皇遷都之時御願也、世俗号野寺是也

野寺の国史における所見は『日本後紀』延暦十五年十一月辛丑条の、つぎの記事である。

始用㆓新銭㆒。奉㆓伊勢神宮。賀茂上下二社。松尾社㆒。亦施㆓七大寺及野寺㆒。

平安遷都直後であるから、ここでいう七大寺は南都七大寺のことであろう。ここに挙げられた社寺のうち、国家的奉祀・祈願の対象として伊勢神宮と七大寺とが対応するなら、平安京(周辺)の有力な寺社では賀茂上下二社・松尾社と野寺とが対応することになる。このことは、野寺が当時平安京でおそらく唯一の寺院として重要視されていたことを物語っている。後述のように、東西両寺はこの頃着工の途についたばかりであった。

つぎに『日本霊異記』下巻の「仮㆓官勢㆒非㆑理為㆑政得㆓悪報㆒縁」第卅五では、遠江国榛原郡の人、物部古丸は生前、白米の綱丁として官の威をかりて百姓を不当に搾取したため悪報を受け、冥界で苦しんでいる。このことを聞いた桓武天皇は、その事実を調査・確認して、

天皇信悲、以㆓延暦十五年三月朔七日㆒、始召㆓経師四人㆒、為㆓古麿㆒、奉㆑写㆓法花経一部㆒、充㆓経六万九千三百八十四文字㆒、勧㆓率知識㆒、挙㆓皇太子大臣百官㆒、皆悉加㆓入其知識㆒也、天皇勧㆓請善珠大徳㆒為㆓講師㆒、請㆓施皎僧頭㆒為㆓読師㆒、於㆓平城宮野寺㆒、備㆓大法会㆒、為講㆓読件経㆒、贈㆑福救㆓彼霊之苦㆒

也

という。

　まずこの史料に平城宮野寺とあるが、平城京に桓武と関係ある野寺なる寺が存在したという証拠はどこにもない[31]。『霊異記』では、桓武天皇に冠する治天下宮号に、平城宮・長岡宮・平安宮の三つがあって、しかもその記事がかけられた年次と宮号表示とがいずれも一致しない[32]。下巻第三十八や第三十九には延暦十六年あるいは十七年のことを記すのに、「平城宮治天下」天皇と記しているから、明らかに『霊異記』の筆者は「平城宮」を「平安宮」の同義語として取扱っていることがわかる[33]。したがって、ここでいう野寺は、平安宮の近く、「野寺」墨書土器が発見された北野廃寺址にあった寺にちがいない。

　さて、この記事の内容であるが、天皇が物部古丸なる物故した地方の無名の人物のために法華経を講読する大法会を催したということは、にわかに史実とは認めがたい。しかし、年紀が具体的で、講師善珠・読師施皎の両僧とも、つぎにみるように桓武と関係深い僧侶であることから、遷都間もないこの日、その目的はかならずしも明らかではないが、野寺において両僧を請じて大法会が行われたことはあるいは事実かも知れない。

　両僧ともその経歴からみて、桓武天皇の仏教信仰に少なからぬ寄与をした僧侶だといえよう。

　まず善珠は、姓阿刀氏で、興福寺に入り玄昉より法相を習った。比叡山根本中堂落慶供養には最澄から請われて導師をつとめ[34]、延暦十六年正月僧正となり、時に伝灯大法師位であった[35]。

　善珠について注意されるのは、廃太子となった早良親王との関係である。『日本紀略』延暦十六年四月丙子条には

　　僧正善珠卒年七十五皇太子図像安㆓置秋篠寺㆒

とある。

この記事について福山敏男氏は、「皇太子」以下を善珠の卒伝中の一節と考え、その事実はこの時以前のこととする。皇太子早良親王は、延暦四年九月藤原種継の事件に坐して廃され、同年十月淡路に流される途中で薨じ、淡路に葬られる。同十一年六月、時の皇太子安殿親王（のちの平城天皇）が久しく病気であったのを卜したところ、廃太子の祟であるとされ、勅使を遣してその霊に謝せしめ、その家を警衛せしめた。こうした事情のもとで、この頃善珠は廃太子の図像を秋篠寺に安置してその冥福を祈り、兼ねて現皇太子の病気平癒を祈念したのではないかと氏は推測する(36)。

これに対して直木孝次郎氏は、『扶桑略記』延暦十六年四月丙子条の

皇太子図二其形像一、置二秋篠寺一

という文は、『日本紀略』の問題の文よりも『日本後紀』の原文に近いとして、安殿皇太子が善珠の像を図して、これを秋篠寺に安置したと解する。善珠は早良親王の祟から安殿皇太子をまもるために修法していたから、死後も生けるがごとく秋篠寺（秋篠は土師氏の本居の一つで、早良の外祖母は土師真妹）で修法を続けるようにという願いをこめて善珠の像が作られたと氏は説く(37)。

しかし、いずれにせよ善珠は、桓武天皇が非常に恐れた早良親王の怨霊に対する慰撫に力を注いだ僧侶だといえよう。

つぎに施皎は、通常施暁と表記される(38)。行基の孫弟子、光信の弟子で(39)、延暦五年桓武が近江に梵釈寺を創建した際、勅によりその住持となり(40)、延暦十六年正月少僧郡、時に伝灯大法師位であった(41)。

施暁について注目されるのは、『類聚国史』巻百八十七、延暦十一年正月庚午条の

伝灯大法師位施暁奏曰（中略）又山背国百秦忌寸刀自女等卌一人。倶発二誓願一。奉二為聖朝一。自二去宝亀三年一。迄二于今年一。毎年春秋。悔過修福。顧二其精誠一。実可二随喜一。伏望従二其心願一。咸令二得度一。並許レ之。

の記事である。宝亀三年といえば、この年五月に他戸皇太子が廃され、山部親王（桓武）の存在がクローズアップしてきた時（立太子は翌年正月）である。ここには桓武と山背秦氏の長年にわたる密接な関係がうかがわれ、しかもその仲介の労を施暁がつとめている。

以上みたように、遷都直後に桓武天皇が野寺において、自身と関係深い両僧を請じて大法会を催したこと、あるいはそのように伝えられていることは、野寺の性格を示唆するものと考えてよいであろう。

つぎに、間接的ではあるが、野寺＝常住寺の性格をうかがう上で注目されるのは、同寺と梵釈寺の関係(42)である。平安初期の史料には両寺がしばしば相伴って登場する。国史には、両寺はつぎのように見える。

a　『日本紀略』弘仁十一年閏正月丁卯条

先レ是。鋳二銅四天王像於常住寺一。至レ是功成。遷二近江国梵釈寺一。

b　『続日本後紀』承和二年十二月丙戌条

四天王寺十禅師准二梵釈常住両寺僧一。毎年一口預二宮中金光明会聴衆一。

c　『同』承和四年四月丁巳条

僧綱奏言。出家入道。為レ保二護国家一。設レ寺供レ僧。為二滅レ禍到一レ福。（中略）宜レ令下梵釈。崇福。東西両寺。東大。興福。新薬。元興。大安。薬師。西大。招提。本元興。弘福。法隆。四天王。延暦。神護。聖神。常住等廿ヶ寺。毎旬輪転。自二五月上旬一。迄二八月上旬一。誓願薫修上。

また『延喜式』玄蕃寮にもつぎのように見える。

d　御斎会

凡毎年起二正月八日一、迄二于十四日一。於二大極殿一設レ斎。講二説金光明最勝王経一。（中略）聴衆者。均択二六宗学業有レ聞者一次第請之。天台宗僧及四天王。梵釈。常住等寺。十禅師各一人亦預之。前レ斎四日。録レ名

申レ省。省申レ官。事見二儀式一

e　別当三綱

凡四天王。梵釈。常住。仁和等寺三綱。各以二十僧内一補之。

梵釈寺は、長岡京遷都の二年後、延暦五年近江国滋賀郡に創建された。仏教・寺院統制の厳しい「光仁・桓武朝期を通じて唯一の創建勅願寺[43]」とされる。同寺は、『類聚国史』巻百八十、延暦十四年九月己酉の詔に

真教有レ属、隆二其業一人王、法相無辺、闡二其要一者仏子、（中略）思レ弘二無上之道一、是以披二山水名区一、草二創禅院一、（中略）名曰二梵釈寺一、仍置二清行禅師十人一、三綱在二其中一（史料f）

とあるように、①山林禅行寺院であること、②清行禅師十人止住の寺院組織（十禅師制）であること、③この十僧中から三綱を選出すること、の諸特質をもつ勅願寺であった[44]。

常住寺についても、『類聚三代格』巻三所収の承和十四年閏三月八日付太政官符「応レ令下常住寺十禅師共検二校寺家雑務一并糺中正濫行上事」に

件寺迫二近皇城一男女多レ濫、仍去天長年中特簡二諸大寺僧一始置二十禅師一、尋二其本意一将下誓二護国家一住中持伽藍上（史料g）

とあるが、史料f・gに史料bを勘案すれば、常住寺の十禅師は梵釈寺の先例にならって置かれたものと考えられよう。さらにこの官符で、三綱の補任は十禅師の相互推挙によるべきことが主張されているが、史料fを考慮すると、史料eの規定はこれが一つの契機となって成立したと考えられる。

史料bによれば、四天王寺十禅師が宮中金光明会聴衆に預るようになったのは梵釈・常住両寺の十禅師の先例による。史料dから、四天王・梵釈・常住三寺の十禅師は、「六宗学業有レ聞者」や天台宗僧とは異なる範疇の僧であると判断される。いずれも三寺の性格の共通性を示すものであろう。

この点をさらに具体的に示すのが史料ａである。四天王銅像が常住寺で鋳造され梵釈寺へ移されたというが、『延暦僧録』「長崗天皇菩薩伝」によれば、梵釈寺は当初「四天王寺」と呼ばれていた。ところが、『日本紀略』天慶三年三月十日丙子条によると、野寺(常住寺)にも「四王院」があった。奈良時代に東大寺・国分寺が「金光明四天王護国之寺」と公称したように、四天王信仰は鎮護国家・護国機能と深い結びつきがある。常住寺も、前に引用した承和十四年官符に「誓護国家」「護国之営」とあり、宮中金光明会聴衆にも預る「護国之寺」であった。

常住寺を梵釈寺と同様に桓武勅願寺とする伝えは、さきにみた『七大寺巡礼私記』まで降らないと確認できない。しかし史料にみたように、両寺は朝廷においてほぼ同等の扱いを受けている。このようにみてくると、常住寺は、平安京において東西両寺と同様官寺であったと考えてよいのではなかろうか。

五　蜂岡寺＝葛野秦寺(北野廃寺)の官寺化

統制色の強い桓武朝の仏教・寺院政策をもっとも象徴的に示すのは、平城遷都の際と異なり、南都の寺院を長岡・平安京へ移建させなかったことである。平安京内には原則として寺院を建てさせなかったが、その例外は官寺である東西両寺であった。ただ、その建立された位置が問題である。官寺は国家が経営する天皇・貴族の仏教信仰の場であるから、大内裏に近い場所に建設されるのが自然である[45]。このことは、平城京の東大寺・法華寺・西大寺・西隆寺などを想起すれば十分了解できるであろう。ところが、この両寺は京内ではもっとも大内裏から遠い九条大路に接して建てられており、その正門(南大門)は京外に向かって開かれている。京外から京に入ってくる何者かを対象としてこの配置がなされたとしか考えられない[46]。わずか十年で長岡京を棄て平安遷都がなされた理由については諸説あるが、なかでも有力なのは廃太子早良親王の怨霊説[47]である。東西両寺のこの配置は、平安京内へ早良の怨霊が侵入するのを防ぐためではなかったかと推察されるのである[48]。

しかし、官寺である東西両寺の期待された機能は以上のようであったとしても、その地理的位置は偏っており、やはり天皇・朝廷の仏事の便宜上、平安宮に近い場所にも官寺が必要であったのではなかろうか。

東西両寺が造営着工されたのは、延暦十五年大納言藤原伊勢人が造東寺長官となり(『東宝記』一)、同十六年に笠朝臣江人が造西寺次官に在任していたことから[49]、この頃のことと考えられる。だが野寺は当時すでに機能しており、遷都後新規に建てられたのではなく、伽藍そのものは以前よりこの場所(北野廃寺址)にあったと考えられるのである。

以前からこの場所に存在した寺は、秦氏の氏寺である蜂岡寺である。野寺は遷都早々にこの寺の伽藍を引き継いで、いわば手っ取り早く官寺＝勅願寺とされたものではないかと推察される[50]。秦氏氏寺が官寺化されたとすれば、それはこの寺に近い秦氏伝来の土地が大内裏となったこと(伝承ではあるが)と軌を一にするものであろう。平安遷都時、蜂岡寺はその伽藍を官へ譲って、移建ではなくその寺籍のみを太秦某寺(同じく秦氏氏寺)へ移し、それが以後現在までの広隆寺になったと想定される。

天皇・朝廷が遷都早々新宮に近い寺院を必要としたであろうことはすでに述べたが、ではなぜ渡来系豪族秦氏の氏寺であった寺院が、官寺＝勅願寺となることができたのであろうか。ここでは、そのための条件ないしその背景を考えてみよう。

そこで注目されるのは、秦氏[51]の、宮都造営とくに山背諸京造営への関与・協力である[52]。

まず恭仁京造営の際、造宮録正八位下秦下嶋麻呂が「大宮垣」を築いたことにより、従四位下を授けられ太秦公の姓と物を賜った[53]。長岡京造営の時には、山背国葛野郡人外正八位下秦忌寸足長が「宮城」を築くのに貢献して従五位上を授かり[54]、その翌年には従七位上大秦公忌寸宅守が「太政官院垣」を築くことにより従五位下を授けられている[55]。

こうした山背の諸宮都造営に対する秦氏の貢献の性格について、喜田貞吉はこれを財政的「寄附行為」とし、平安京についてもその造営に同氏の貢献があったとみて、①その造営に重要な役割をはたした藤原小黒麻呂は、その妻が秦嶋麻呂の女であること②秦河勝の邸宅が大内裏に転用されたことから、「富豪の秦氏の女を妻とせる小黒麻呂を勧め、この秦氏を促して、ここにその少なからざる出資のもとに、新京の成立を見るに至った」とする[56]。

その後、岸俊男氏は、平城京・難波長柄豊埼宮・百済大宮・大寺などの造営において倭漢氏が「大匠」をつとめていることから、渡来人が造都に対して都城制プランの施工をはじめ技術的側面から貢献していることを指摘した[57]。また、それより早く、大石良材氏はつぎのように論じた。「秦氏の都城経営の際の財的寄与が、実際には宮城の宮垣や院垣の築造という形をとっておこなわれた」のであり、それは高度の版築技術を必要とし、渡来系氏族秦氏の伝統的技術であった。また宮垣の築造は、「宮城および京城の地割を前提」とし、「都市計画の立案と建築に関した知識と経験が要請せられる」のであって、秦氏は垣の築造だけではなく、宮都全体のプランに関与したことが推測される[58]。

秦氏の平安京造営への技術面での直接的関与については、外従五位下秦都岐麻呂の「造宮少工」への任命と、同人がのちに「造西寺次官」にも任命されたという史料[59]があるだけである。史料に明らかなのは、秦氏と関係深く、しかも桓武の股肱の臣ともいうべき人物が平安京造営を主導していることである。

平安京造営の中心人物は藤原小黒麻呂[60]である。小黒麻呂は延暦三年、すでに長岡遷都に先立って、藤原種継

（母は秦朝元女）らとともに「乙訓郡長岡村之地」を視察したが[61]、同十二年正月には、平安遷都に先立ち「山背国葛野郡宇太村之地」を左大弁紀古佐美とともに視察した[62]。時に大納言正三位で中務卿・皇后宮大夫であり[63]、時期は定かでないが、その女上子は桓武女御となり滋野内親王を生む[64]など、天皇と親しい関係にあった。また、その長子葛野麻呂（秦嶋麻呂女の所生）は、その名からみて平安京が営まれた葛野郡の地と関係深い。小黒麻呂は遷都直前の延暦十三年七月薨じた。そのあとをうけて平安京造営を主導した和気清麻呂も桓武の信任厚く、秦氏と関係深いことが指摘されている[65]。

『掌中歴』によると、延暦十三年十一月二十一日、菅野真道、藤原葛野麻呂、和気広世らが、平安京のプランに関わる「京中大小路并築垣、堀溝条坊」を記した「造京式」を「奉詔検録貢奏」した。これより前、同十二年九月には真道・葛野麻呂に「新京宅地」を班給させた[66]。平安京プランの立案・実施に、渡来系氏族菅野真道とともに、小黒麻呂の子葛野麻呂、清麻呂の子広世らが関わっていることは興味深い。

以上のことから、平安京造営に際しては、秦氏と関係深い人物（小黒麻呂・清麻呂）の主導下に、あまり表面には出ないものの、秦氏が財政面、技術面から種々の貢献をしたと想定してよいのではないだろうか。それは、財政面では土地の提供、技術面では宮都プランの立案・施工などであり、しかもこの両面は密に関連していたと考えられるのである。

こうしてみると、大内裏が秦河勝の邸宅跡だという伝承も、その信憑性は大きいと思われる。葛野麻呂の外祖父秦嶋麻呂は葛野の秦氏に違いないであろうし、またそうであれば太秦公の姓を賜ったことは、かれが河勝直系の後裔であって、その土地を継承したという可能性も少なくない[67]。その土地が、秦氏の造都への協力の一環として官へ提供されたとすれば、その土地と一体であった氏寺蜂岡寺も、その寺家地と伽藍とが同様に官へ提供されたとみることは十分可能ではないだろうか。またその背景には、前に述べた桓武天皇と山背国秦氏との長年にわたる親密な関係も重要な要因として考えられるのである。

おわりに

以上、残された比較的少ない史資料をもとに広隆寺の創立と移転について長々と述べてきた。最後にかいつまんで結論を述べておこう。

まず創立については、北野廃寺跡において推古朝前半に秦氏の氏寺蜂岡寺として建立されたことは間違いない。その経緯については、秦河勝による建立は事実と認められるが、聖徳太子との関わりは、推古紀の伝承に後世の太子信仰が影響している可能性があり、かならずしも明確ではない。

つぎに太秦移転については、平安遷都時、①新宮に近い場所に天皇・朝廷の仏事に便宜な官寺が必要であったこと、②秦氏が平安造都に財政面（用地）・技術面（都城プラン）から関与・協力したこと、③桓武天皇と山背秦氏とは長年親密な関係にあったこと、の諸条件から、大内裏に近い位置にあった蜂岡寺（原広隆寺）は、その寺家地と伽藍を官へ譲って、同じ秦氏氏寺である太秦某寺へその寺籍を移した結果、現在まで続く広隆寺が成立した。蜂岡寺の伽藍は野寺（常住寺）に引き継がれ、それは官寺＝勅願寺となった。またこの移転の結果、太秦に蜂岡地名が生じた一方で、野寺にも秦氏関連伝承（太子伝承を含めて）が残ったのである。

註

(1) 平子鐸嶺「太秦広隆寺の草創及その旧地について」(『学燈』十一―一〇、一九〇七年)。
(2) 喜田貞吉「山城北部の条里を調査して太秦広隆寺の旧地に及ぶ」(『歴史地理』二五―一・二、一九一五年)。
(3) 藤沢一夫「山城北野廃寺」(『考古学』九―二、一九三八年)。
(4) 田中重久「広隆寺創立の研究」(『聖徳太子御聖蹟の研究』全国書房、一九四四年)。
(5) 同「広隆寺移建の研究」(註(4)前掲書)。
(6) 毛利久「広隆寺本尊と移転の問題」(『史迹と美術』一八九、一九四八年)。
(7) 向井芳彦「広隆寺草創考」一～四(『史迹と美術』二二九～二三二、一九五三年)。
(8) 稲垣晋也「聖徳太子建立七箇寺院の創建と成立に関する考古学的考察」(『半跏思惟像の研究』吉川弘文館、一九八五年)。
(9) 網伸也「広隆寺創建問題に関する考古学的私見」(『古代探叢』Ⅳ、早稲田大学出版部、一九九五年)。
(10) 林南寿『広隆寺史の研究』(中央公論美術出版、二〇〇三年)。
(11) このほか広隆寺に関する研究は枚挙にいとまなく、林、註(10)前掲書「参考論著目録」参照。
(12) 林、註(10)前掲書、第三章。
(13) 網、註(9)前掲論文。
(14) 梅原末治「広隆寺礎石及古瓦」(『京都府史蹟勝地調査会報告』一、一九一九年)。
(15) 新川登亀男『上宮聖徳太子伝補闕記の研究』(吉川弘文館、一九八〇年)二九七頁以下。
(16) 喜田、註(2)前掲論文。
(17) 石田茂作『総説飛鳥時代寺院址の研究』(第一書房、一九四四年)三七頁以下。
(18) 林、註(10)前掲書、第四章。
(19) 林、註(10)前掲書、第五章。
(20) 林、註(10)前掲書、第三章。
(21) 井上満郎「墨書土器銘「鵤室」の文献学的考察」(京都市埋蔵文化財研究所編『北野廃寺発掘調査報告書』

一九八三年)。
(22) 網、註(9)前掲論文。
(23) 福山敏男「山城国葛野郡の条里について」(『歴史地理』七一―四、一九三七年)。
(24) 金田章裕『条里と村落の歴史地理学研究』(大明堂、一九八五年)二〇九頁以下。
(25) 久世康博「山城国北野廃寺の寺域について」(『考古学論集』四、一九九二年)。
ただし、氏は金田説と異なって、葛野郡における独自の地割を想定する。
(26) 川尻秋生「内閣文庫所蔵『広隆寺縁起』について」(『千葉県立中央博物館研究報告―人文科学―』一、一九八九年)。
加藤謙吉『秦氏とその民』(白水社、一九九八年)第五章。
(27) 林、註(10)前掲書、第五章。
(28) 『日本紀略』延暦十六年八月戊寅条。
(29) 『京都の歴史』I(学芸書林、一九七〇年)第三章第一節(村井康彦)。
(30) 野寺については、つぎの論文参照。
福山敏男「野寺の位置について」(『史迹と美術』八七、一九三八年)。

藪田嘉一郎「野寺考」上・中・下(『史迹と美術』三六三・三六七・三六九、一九六七年)。

なお、田中、註(4)前掲論文は、野寺という号は葛野寺の略とするが、葛野秦寺の略と考えることもできよう。
(31) 足立康「野寺移建説に就いて」(『史迹と美術』八九、一九三八年)。
(32) 新日本古典文学大系『日本霊異記』(岩波書店、一九九六年)一九四～五頁脚註。
(33) 福山、註(30)前掲論文。
(34) 『本朝高僧伝』第一。
(35) 『日本後紀』延暦十六年正月辛丑条。
ただし、『僧綱補任』延暦元年条には「正月日任。天皇勅授僧。依二御持僧労一也。」とある。

(36) 福山敏男『奈良朝寺院の研究』(高桐書院、一九四八年)秋篠寺。
(37) 直木孝次郎「秋篠寺と善珠僧正」(『奈良時代史の諸問題』塙書房、一九六八年)。
(38) 註(32)前掲書、一八一頁脚註。
(39) 『僧綱補任』延暦十二年条。
(40) 註(34)前掲書。
(41) 『日本後紀』延暦十六年正月辛丑条。
(42) 舟ヶ崎正孝『国家仏教変容過程の研究』(雄山閣出版、一九八五年)第三編第三章。
(43) 同右。
(44) 同右。
(45) 井上満郎『京都よみがえる古代』(ミネルヴァ書房、一九九一年)第四章。
(46) 同右。
(47) 佐伯有清「長岡・平安遷都とその建議者達」(『日本古代の政治と社会』吉川弘文館、一九七〇年)。
(48) 井上、註(45)前掲論文。
(49) 『類聚国史』巻百七、延暦十六年四月己未条。
(50) 常住寺を勅願寺だとする史料が平安初期に見られないのは、『日本後紀』の欠失によると一応考えられるが、また、この寺が「秦立」の墨書銘にみられるように、当時秦氏建立との認識が流布しており「創建勅願寺」でなかったことに起因するとも考えられる。
(51) 秦氏については、つぎの論著参照。
平野邦雄「秦氏の研究」一・二(『史学雑誌』七〇—三・四、一九六一年)。
大和岩雄『秦氏の研究』(大和書房、一九九三年)。
加藤、註(26)前掲書。
井上満郎『古代の日本と渡来人』(明石書店、一九九九年)。

(52) 井上満郎「秦氏と宮都造営」(『古代の日本と東アジア』小学館、一九九一年)。
(53) 『続日本紀』天平十四年八月丁丑条。
(54) 『同』延暦三年十二月乙酉条。
(55) 『同』延暦四年八月乙酉条。
(56) 喜田貞吉『帝都』(日本学術普及会、一九三九年)二四五頁以下。
(57) 岸俊男『日本の古代宮都』(日本放送出版協会、一九八一年)一三六頁以下。
(58) 大石良材「秦氏の宮城垣築造」(『古代文化』九―六、一九六二年)。
(59) 『日本後紀』延暦十五年七月戊戌条。
『同』弘仁二年四月戊辰条。
(60) 『尊卑分脈』には「造平京使」とあるが、これは「造平安京使」の誤りであろう。
(61) 『続日本紀』延暦三年五月丙戌条。
(62) 『日本紀略』延暦十二年正月甲午条。
(63) 『公卿補任』延暦十二年条。
(64) 『文徳実録』天安元年四月甲戌条。
(65) 平野邦雄『和気清麻呂』(吉川弘文館、一九六四年)。
なお、同書「略年譜」では清麻呂の造宮大夫就任を延暦十五年とする。
(66) 『日本紀略』延暦十二年九月戊寅条。
(67) 喜田、註(56)前掲書、二四五頁以下。
『延喜式』神名帳には、宮内省坐三座として園神社、韓神社二座を記すが、これは、すでに『新抄格勅符抄』大同元年牒に
園神廿戸　韓神十戸 並讃岐国同年奉レ充
とあるもので、「同年」とは天平神護元年(七六五)である。この二神は『江家次第』『古事談』などが伝えるよう

に、遷都以前から、のちの大内裏付近に祀られていた。

上田正昭「大年神の系譜」（『古代伝承史の研究』塙書房、一九九一年、初出一九八〇年）は、この「韓神は平安遷都以前から秦氏らの渡来系氏族によってまつられていた神」とする。であれば、この神が『天暦御記』にいう秦河勝邸に結びつく可能性があろう。

（後記）

後出の西本昌弘「平安京野寺（常住寺）の諸問題」（『仁明朝史の研究』思文閣出版、二〇一一年）は、本論にふれてはいないが、本論で説いた平安初期の、特に東西両寺が整備されるまでの平安京野寺の性格・機能を野寺専論の立場から詳しく説いている。北野廃寺を野寺に比定し、それを秦氏の氏寺蜂岡寺が桓武朝廷により「接収」され、御願寺とされたものとする点で本論と一致している。

第六章　大宮に直に向かへる野倍（山部）の坂

はじめに

『日本後紀』大同元年四月庚子条の桓武天皇崩伝に、かつて山部親王登極の予兆として流布したという「童謡」が掲げられている。

A於保美《〔大宮》野邇。多太《直》仁武賀倍流《向》。野倍《山辺》能佐賀《坂》。伊太《痛》久那布美《勿踏》蘇。都知《土》仁波阿利登毛《有共〕》。

（国史大系本、〔　〕は「校勘者の新に加へたる傍注」）

また『日本霊異記』下巻第三十八話にも、同様の趣旨でほぼ同じ歌がみえる。

B大宮ニ直向山部之坂痛奈不レ践曽土ニハ有トモ

両歌にみえる「野倍（山部）の坂」は、従来、桓武登極との関連においてではなく、主として『三代実録』元慶四年十月二十日庚子条の、舒明朝百済大寺（「十市郡百済川辺」に所在）を、天武朝に「高市大官寺」として移建したという「高市郡夜部村」と関連づけてその位置比定が論じられてきた。

本章では、この「野倍（山部）の坂」の位置についての諸説を整理・検討し、その上で私見を述べてみたい。

一　従来の諸説

①香久山から南に下る中ツ道の坂とする説(岸俊男氏[1])

大官大寺址は香久山のすぐ南にあるから、付近を夜部村と称したらしい。『万葉集』の「阿倍女郎の屋部坂の歌一首」(巻三―二六九)にも「屋部坂」があるが、屋部＝夜部とすると、屋部坂を香久山越えの中ツ道と想定することもできる。「野倍(山部)の坂」もこの屋部坂と同一とみれば、大宮は飛鳥の宮に考えればよいことになる。

②日高山丘陵を北に下る藤原京朱雀大路の坂とする説(小澤毅氏[2])

夜部村は『和名抄』高市郡遊部郷に相当するとみられるが、その範囲は明らかでない。「屋部坂(野倍の坂)」は、「大宮に直に向かへる」という表現からみて、藤原宮の南正面に位置する日高山丘陵の坂と解すべきであろう。大宮の比定には藤原京と平城京の二説があるが、この歌意に該当する坂は平城京にはない。

③「歌姫の坂」とする説(板橋倫行氏[3])

奈良山を越えるいわゆる歌姫越えの坂を南に下ると平城宮に至り、大宮は平城宮のこととなる。

以上の諸説について、つぎに検討しよう。

①説については、以下のような指摘ができる。

大官大寺跡付近が高市郡夜部村であったことは確実であろう。岸氏の想定のように、香久山以南に中ツ道が通じていたとすれば、それを南に下ればすぐ大官大寺跡(寺域東限)に達し、さらに飛鳥宮を望むことができる。

しかし、中ツ道が香久山北麓付近まで延びていたことは明確になっている(出合・膳夫遺跡[4])が、香久山を含めてそれ以南にも通じていたことは、現在のところ否定せざるを得ない。

発掘調査により、大官大寺の寺域東限北半分の想定中ツ道の部分は、少なくとも同寺がこの地で経営されていた時期(八世紀冒頭前後)まで、南北方向の流路(検出部分だけでも幅約一〇m、南北約一〇〇米)として存続していたことが確認されている。また大官大寺の南約一kmに位置する石神遺跡においても、中ツ道想定位置に道路らしい遺構の形跡はなく、のみならず七世紀後半には、遺跡全体を南北に区画する東西塀が作られていることが知られる。また、そもそも急峻な尾根や谷が複雑に入り組んだ香久山山中を直線状の道が通じていたとは考えにくい(5)。

したがって、香久山から大官大寺跡にかけて交通路としての「野倍(山部)の坂」を想定することは困難である。

②説に対しては、つぎのように考えられる。
小澤氏は、やはり井上和人氏の所論(6)によって①説を否定し、かつ「この歌意に該当する坂は平城京にはなく」とし、残る可能性として藤原宮に「大宮」をもとめ、当該坂を日高山丘陵に比定する。しかし、この地が夜部村に属するという根拠は示されていない。

香久山以南、山田道あたりまでの大官大寺跡を含む一帯は小墾田という地名であったと考えられる。推古朝小墾田宮はこの一帯の南辺、雷丘東方遺跡に比定され(7)、小墾田屯倉・小墾田兵庫も大官大寺跡近辺に想定される(8)。寺院寺跡の東南約四〇〇mの奥山久米寺も、その寺域から「少治田寺」と記した墨書土器が出土したことから、寺院名は小治田寺であった可能性が強い(9)。

したがって大官大寺が建立されたという夜部村は、小墾田地域の中の狭域地名とみなすほかないであろう(10)。この狭域地名が、同寺跡から約一二〇〇mも西北の日高山丘陵(香久山西方にあたる)まで広がっていたと想定するのはかなり困難ではなかろうか。

①②両説とも「野倍(山部)の坂」を高市郡夜部村と関係づけたため、「大宮」は飛鳥宮または藤原宮となった。しかし両説とも成立しがたいとすれば、残る可能性は平城宮である。

また問題の「童謡」は、桓武天皇登極の前兆の歌として掲げられているのであるから、桓武が即位する平城宮を「大宮」に当てるほうが蓋然性が大きいという考え方もできよう。

③説の提唱者もおそらくこのように考えたのであろう。ただし、この説はこれ以上詳しく説明されてはいないので、つぎにその成立可能性を探ってみよう。

二　野倍・山部と山辺

まず確認しておきたいのは、A歌「野倍」とB歌「山部」の関係である。というのは、両者の異同について若干疑問も感じられるからである。

天平十九年『法隆寺伽藍縁起并流記資財帳』の寺領「山林岳嶋等」には「平群郡屋部郷一地」がみえる。他方、同寺に献納された命過幡には「山部五十戸婦」(年紀辛酉は天智二年または養老七年)や「山部連」(年紀不明)などの墨書があり、法隆寺周辺は平群郡山部郷(里)であって、山部連一族が居住していたことが確認される。[11] 山部郷は、延暦四年五月、天皇の諱山部を避けて山と改められ、『和名抄』では平群郡夜麻郷となっている。

屋部は山部であった。藤原宮出土木簡には山部門を屋部門と記したものがあり、桓武自身についても、時代はやや下がるが屋部親王(屋部王)という表記が存在する。[12] 野倍もまた屋部・山部と同一とみてよいであろう。[13]

ところで冒頭で注意したように、『日本後紀』国史大系本のA歌には、音仮名で記された問題の「野倍」の左に「山辺」という傍註がある。しかし、校勘者がどのように考えて野倍を山辺と解したのか、むろん不明である。

ここで、③説の当否を検証するため、試みに『和名抄』大和国添上郡を参照すると、はたして山辺郷がみえる。この山辺郷とはどこか。

『大和志』添上郡「郷名」は、山辺巳廃存二佐保法華寺二村一とする。ここでいう佐保村は、同じ『大和志』の「村里」の項になく、位置が不明確だが、いずれにしても法華寺村に隣接する地であろう。

また和田萃氏は、『和名抄』添上郡八郷すなわち山村・楢中・山辺・楊生・八嶋・大岡・春日・大宅のうち、東方山中の楊生郷を除く七郷はいずれも平地部に位置するとし、七郷のうち比定の根拠を示すことができる六郷を除いて最後に残る山辺郷については、消去法的に奈良山丘陵の南側に想定されている[14](図1)。

山辺郷についての史料はきわめて乏しい。「和邇部氏系図」の大島臣の譜文に「大倭添県山辺郷住」とあるものがほとんど唯一のようである[15]。なお同「系図」に、大島臣の子の健豆臣は「山上臣祖」とあって、山上氏(憶良の出身氏族)の氏名が、添上郡山辺郷の地にもとづくことを示しているのは興味深い。山上は本来「やまのへ」と訓むのであろう[16]。以上から、おそくとも奈良時代には添上郡に山辺(山上)という地名(郷名はともかくとして)存したことがわかる。

また、伝承ではあるが、垂仁記に登場する、サホヒメ所生のホムツワケ命(ホムチワケ御子)のために諸国に鳥を追いもとめた山辺之大鶙という人物も注目される。この人物は、サホヒメの実家の側から出されたホムツワケの近習とみることができ、山辺は大鶙の「本貫」の地名と考えられる。そうであれば、山辺は佐保(サホ)の地域と密接な関係があったことになろう。

佐保という地名は、とくに『万葉集』に「佐保(の)山」「佐保の山辺」「佐保川」などと頻出する。東大寺転害

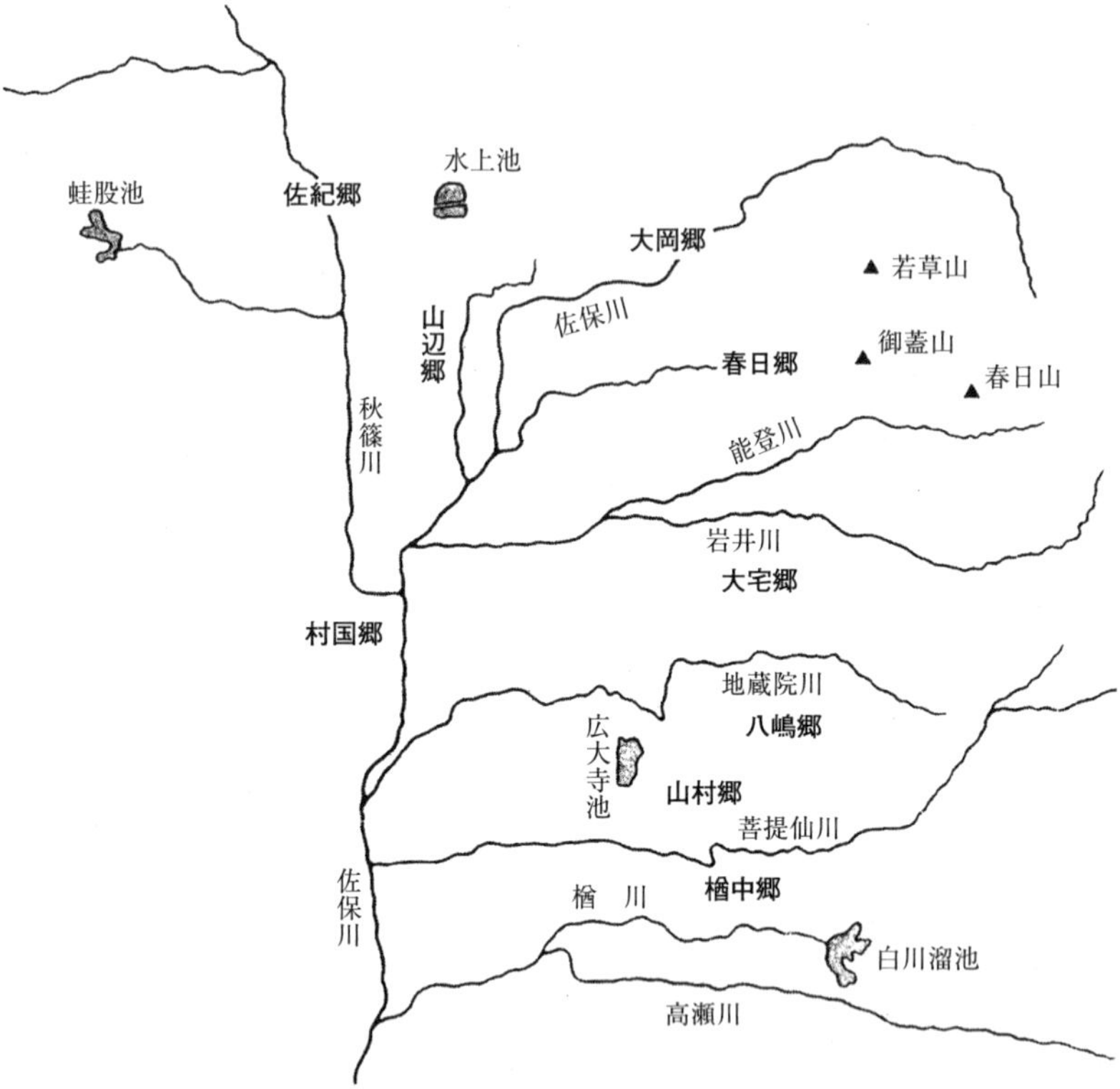

図１　山辺郷の推定位置（和田説）
和田、註(14)前掲論文より提出。

門は、左京一条南大路に西面し、佐保路門（天平勝宝八歳「東大寺山堺四至図」）ともいわれたから、佐保という地は東大寺以西の比較的広い地域と考えられる。

また、以前に述べたので[17]くり返さないが、佐紀盾列古墳群の東群（歌姫の坂以東）は、記紀伝承上のサホヒコ・サホヒメに相当する勢力の奥つ城と想定される。佐保の西限は歌姫の坂あたりと判断され、それ以西は佐紀（添下郡佐紀郷）であろう。

佐保はかかる広大な地域である。山辺之大鶙がサホヒコ・サホヒメ一族の従者であったとすれば、その「本貫」とみられる山辺郷もおそらく佐保の地に含まれ、さらにいえば、それは佐紀盾列古墳群東群の地ではないだろうか[18]。

以上の私見により、『大和志』・和田説とも山辺郷を佐保地域の西部に比定したことは、結果的に首肯することができる。

ただし山辺郷の存在は、『和名抄』以前にさかのぼって確認することはできない。しかし興味深いことに、奈良時代には添上郡に山君（公）郷があり、これがのちの山辺郷につながるのではないかという推測[19]もあるので検討しよう。

「正倉院丹裏古文書[20]」には、大倭国添上郡山君郷戸主大初位下山君平奈弥戸口山君岐波豆とあり、また宝亀四年四月六日付「山辺千足借銭解[21]」によると、経師山辺千足は添上郡山公郷に「家一区」を所有していた。山辺千足は、天平二十年正月十二日始「千部法華経充本帳[22]」では山部とも表記されている。山部と山辺とが通用する場合があることは、これも奈良時代写経関係文書に多出する経師山部花万呂（山部花）が山辺花とも記されていることからもわかる[23]。

山君（公）郷は、山部の地方的伴造山君や配下の山部の民が居住していた地であろう。ここは山部が居住し、かつ「佐保の山辺」で山辺（山上）の地名も存したので、のちに山辺郷と改められたのではないだろうか[24]。

この山辺郷は平城宮北辺の地を含むとみてよいから、朱雀大路（下ツ道）の北への延長いわゆる歌姫越えの坂を「野倍（山部）の坂」と呼んだことは想定可能であろう。

この道は、平城宮造営以前から山背・近江へ通じる交通路として存在していた。平城宮朱雀門付近の道路側溝の宮造営以前の層から一つの過所木簡が出土しているが、これは近江国蒲生郡阿伎里の阿伎勝足石のもとに出作に来ていた伊刀古麻呂と大宅女が、藤原京の左京小治町に帰る際に阿伎里の里長尾治都留伎が発行し、両人が携行したものであった[25]。両人がこの時、歌姫の坂を南へ下ったことは明らかであろう。

おわりに

「童謡(わざうた)」とは、何らかの具体的な「事変」が起こった後に、その前からあった独立歌謡をそれに結びつけて、その「事変」を予言した歌であったと解釈したものである[26]。したがって、前からある歌謡が「童謡」となるには、その歌の中に「事変」の状況にある程度合うような解釈(付会)可能な要素があればよいということになる。その付会の程度はさまざまであろう。

桓武の父光仁天皇(白壁王)登極の予兆を示したという「童謡」も、『続日本紀』光仁即位前紀と『日本霊異記』同話にある。この両歌には「桜井に白壁(白玉)しづくや」という文句がみられる。これが、光仁龍潜時すでに聖武皇女井上内親王を妃に擁し、皇位継承上有利な位置にあったことを示すと解釈されたのである。しかしこれは、この歌そのものに対してはかなり迂遠な解釈であって、直ちに光仁登極の予兆の歌として理解されるものではない。歌に桜井や豊浦寺が出てくることから、両歌(その原形)が飛鳥宮の時代に作られた古歌である可能性も強い。

これに対して「野倍(山部)の坂」の歌は、以上で考証したように、この坂が平城宮真北の歌姫の坂であるならば、比較的新しく奈良時代に作られた歌ということになる。山部親王登極の状況によく適合し、十分示唆的なのである。前者光仁の場合と異なり、この歌が桓武登極前に実際に流布した可能性もあろう。

註

(1) 岸俊男「大和の古道」(『日本古代宮都の研究』岩波書店、一九八八年、初出一九七〇年)。
(2) 小澤毅「吉備池廃寺の発掘調査」(『仏教芸術』二三五、一九九七年)(A)。
(3) 同「寺名比定とその沿革」(『吉備池廃寺発掘調査報告書』奈良文化財研究所、二〇〇三年)(B)。
(4) 板橋倫行校註『日本霊異記』(角川書店、一九五七年)一九八頁脚註。
(5) 和田萃『飛鳥—歴史と風土を歩く—』(岩波書店、二〇〇三年)。
(6) 同「中ツ道—現況と歴史的背景—」(『明日香風』一一四、二〇一〇年)。
(7) 井上和人「飛鳥京域の検証」(『考古学雑誌』七一—二、一九八六年)。
嘉元元年(一三〇三)「大和国東喜殿荘近傍図」に「中ツ道」という南北道路がみえ、現在の小山集落の位置を通っている。香久山を通過するのを避けたのであろう。
(6) 井上、註(5)前掲論文。
(7) 小澤毅「小墾田宮・飛鳥宮・嶋宮」(『文化財論叢』Ⅱ、同朋舎出版、一九九五年)。
(8) 千田稔「小墾田・飛鳥・橘」(『古代日本の歴史地理学的研究』岩波書店、一九九一年)。
(9) 小笠原好彦「奥山久米寺の性格と造営氏族」(『日本古代寺院造営氏族の研究』東京堂出版、二〇〇五年、初出一九九九年)。
(10) 百済大寺移建に関する研究の現段階では、『大安寺伽藍縁起并流記資財帳』の高市大寺と大官大寺とは別けて考えるべきで、後者は文武朝のもの(従来の大官大寺址)であり、天武朝移建の前者は別の場所にあったとされている。その場所は、小澤氏によると、大官大寺址のすぐ西方、飛鳥川との間の地が有力という(小澤、註(2)前掲論文B)。両寺が近接していたという想定は『三代実録』元慶四年十月条の「高市大官寺」という両寺を合わせたかのような表記とともに、夜部村を小地名とみなすことと整合的であろう。
(11) 岸俊男「山部連と斑鳩の地」(『日本古代文物の研究』塙書房、一九八八年)。
(12) 西本昌弘「藤原宮と平城宮の宮城十二門号」(『日本古代の王宮と儀礼』塙書房、二〇〇八年、初出二〇〇五年)。

(13) 音は、部(へ甲類)、倍(へ乙類)であるが、時代が平安期に降るので同一とみなしてよいであろう。ちなみに、辺(へ甲類)である。
(14) 和田萃「遷都以前」(直木孝次郎編『古代を考える奈良』吉川弘文館、一九八五年)。
(15) 池辺弥『和名類聚抄郡郷里駅名考証』(吉川弘文館、一九八一年)二一〇頁。
(16) 太田亮『姓氏家系大辞典』三、(角川書店、一九六三年)「和邇」の項。
(17) 佐伯有清「山上氏の出自と性格」(『日本古代氏族の研究』吉川弘文館、一九八五年、初出一九七八年)。
(18) 拙稿「ホムツワケ王について—その説話像から実像へ—」(『日本古代の伝承と歴史』思文閣出版、二〇〇八年)。
(19) さきに山上氏に関して「和邇部氏系図」に言及したが、開化記をみると、サホヒコ・サホヒメがワニ氏の系譜に連なっていることも留意される。
(20) 『奈良県の地名』(平凡社、一九八一年)四〇頁。
(21) 『大日本古文書』編年文書二十五。
(22) 同右、六。
(23) 同右、三。
(24) 『日本古代人名辞典』六(吉川弘文館、一九七三年)。
(25) 宝亀五年「大和国添下郡京北三条班田図」には、同郡佐紀郷の人山部布美麻呂がみえる。山辺郷の西隣と考えられる佐紀郷にも山部が居住していた。これも参考になろう。
(26) 狩野久・木下正史『飛鳥藤原の都』(岩波書店、一九八五年)一三八頁以下。
(27) 土橋寛『古代歌謡の世界』(塙書房、一九六八年)二六四頁以下。

第七章　桓武天皇陵と仁明天皇陵の所在地
―両陵の位置関係から―

はじめに

桓武天皇柏原陵は、桃山丘陵の西麓、京都市伏見区桃山町永井久太郎の地に治定されているが、この位置には従来から疑問がもたれている。現在学界には、ここから遠くない桃山丘陵上に比定する説と、その二㎞以上北方の稲荷山南麓に比定する説とが出されている。

他方仁明天皇深草陵は、稲荷山南麓の同区深草東伊達町に治定されている。この治定に対しては、若干の位置のずれが指摘されるものの、桓武陵の場合ほど懸隔した異説があるわけではない。これは、位置を考定する史料に乏しい桓武陵に対して、仁明陵は関係史料に比較的恵まれているからであろう。

本章では、両陵が近接していたと解される史料があることに注目し、まず史料豊富な仁明陵のできるだけ精確な位置比定を試み、つぎにそれをもとに桓武陵の位置を考えてみたいと思う。

一　仁明天皇陵の位置

仁明天皇は、嘉祥三年(八五〇)三月廿一日(己亥)、清涼殿に崩じた。翌廿二日(庚子)、「縁葬諸司」すなわち装束司、山作司、養役夫司、作路司、前・後次第司が任じられた。ついで廿五日(癸卯)、山城国紀伊郡深草山陵に葬られた。葬礼は「薄葬」と「倹約」に従えとの遺詔であった。[1] 崩御から埋葬までわずか四日であったことから、その山陵は比較的簡素なものであったことがうかがわれる。

さて、問題は深草陵の位置と規模であるが、以下関係史料により考えよう。

まずその重要な手がかりは、嘉祥寺の存在である。

嘉祥寺は、文徳天皇が父仁明天皇の追福のために建てた寺で、[2] 山陵の傍に設けられた「陵寺」[3] であった。その文献上の初見は、『文徳実録』仁寿元年(八五一)二月丙辰条の

是日。移二清涼殿一。為二嘉祥寺堂一。此殿者。先皇之讌寝也。今上不レ忍レ御レ之。故捨為二仏堂一。

である。しかし、同寺開山真雅(空海の実弟)の『故大僧正法印大和尚位真雅伝記』によると、それより早く、仁明の崩じた嘉祥三年中には創建されていたようである。[4]

近世の地誌類に、現在の伏見区深草瓦町に「嘉祥寺畑」と称する地があったことを伝え、同町にある善福寺境内付近から古い礎石や瓦、それに古銭「長年大宝」(嘉祥元年発行)が出土している。これらを嘉祥寺の遺跡・遺物と考えて、同寺付近が嘉祥寺の旧地の一部であるとみて大過ないであろう[5](図1―1)。

では嘉祥寺と仁明陵との位置関係はどうであったか。

その前に、まず仁明陵の北域を示す史料をあげておくと、つぎの三点である。

①『三代実録』貞観三年(八六一)六月十七日庚申条

詔定二仁明天皇深草山陵四履一。東西限一町五段。南限純子内親王家地。北限峯。

②同貞観八年(八六六)十二月廿二日癸巳条

勅。改二定深草山陵四至一。東至二大墓一。南至二純子内親王家北垣一。西至二貞観寺東垣一。北至レ谷。

③『延喜式』諸陵寮

深草陵平安宮御宇仁明天皇。在二山城国紀伊郡一。兆域東西一町五段。南七段。北二町。守戸五烟

つぎに、嘉祥寺と仁明陵の位置関係を示す史料は以下の三点である。

④『西宮記』巻六、荷前(6)

深草仁明天皇、在嘉祥寺中、使納言以下

⑤『中右記』天仁元年(一一〇八)二月廿二日癸卯条

下官依レ可レ勤二深草山陵使一、(中略)行向二山陵一、下官所二相具一之次官為綱也、此外共人三四人、用二網代車一向二嘉祥寺一、従二西大門一南行、更頗東行、下居二山陵前一、先再拝(以下略)

⑥同保安元年(一一二〇)十二月廿五日辛卯条

荷前也(中略)各行向二山陵一(中略)柏原、深草、予(中略)予相具二共人等一共人、六人、先向二柏原一、只今無レ知レ道、出二深草南一入レ従レ路東西(向二カ)松原一、此間秉レ燭、令レ焼二弊物一、殊心中祈請、両段再拝了、下人申云、先々使如レ此者陵守不レ見也次行向二嘉祥寺一、其路車不レ通、仍乗二共人馬一、従二大門前一南行、又東行、合五六町許、至二鳥居前一、陵守敷レ畳儲二手洗一、且洗レ手居レ座、令レ焼二幣物一、両段再拝之間、心中殊祈念(以下略)

まず兆域から考えよう。

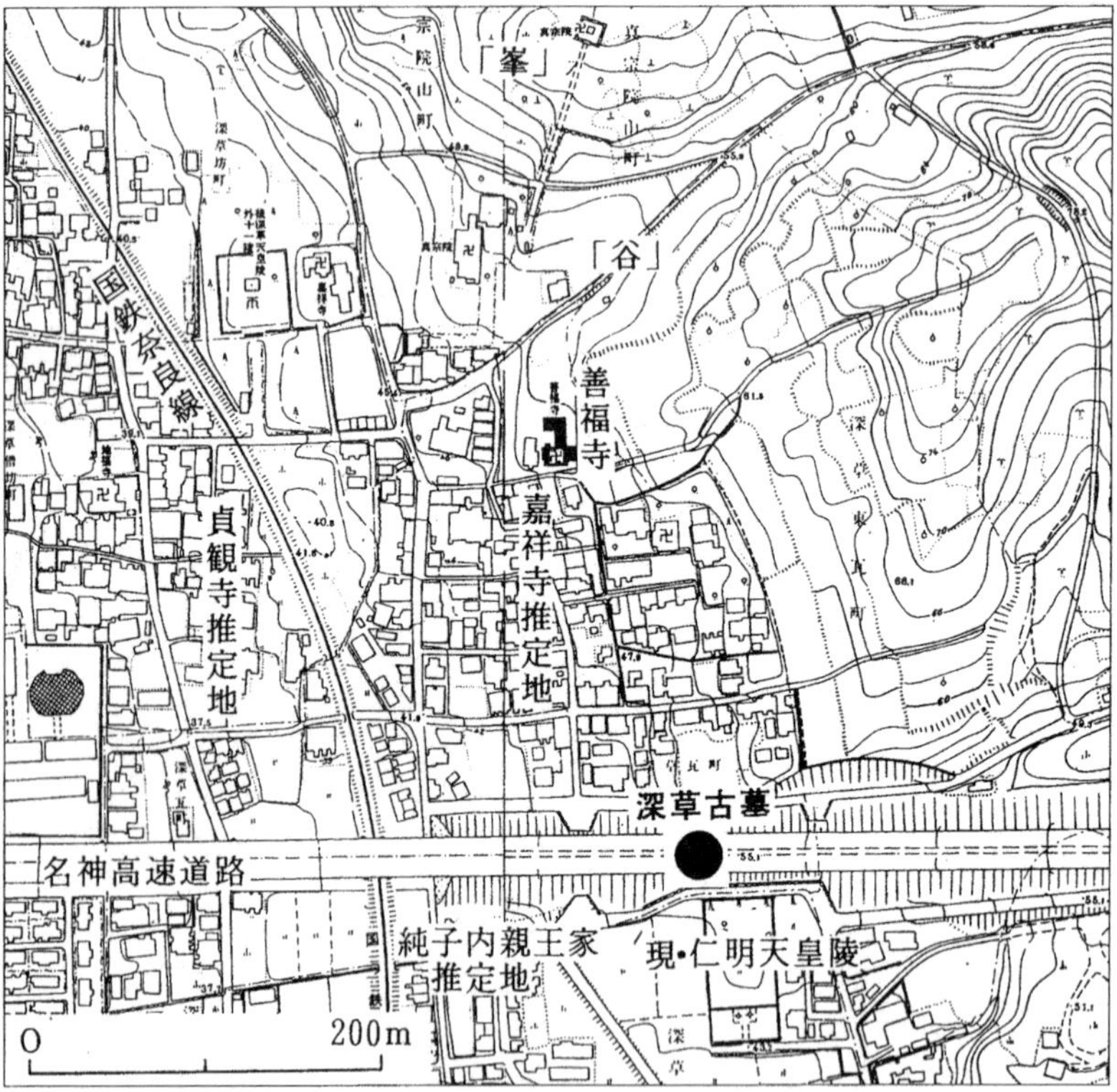

図1-1　仁明陵関係図（山田、註⑨A論文より掲出）

史料①から②へと「改定」された北域が、そのまま史料③となった（その可能性は大）とすれば、東西幅はともに一町五段であるから、東限・西限に変更はなかったことになる。南限も①②ともに純子内親王家で変更はなく、ただ北限が①の「峯」から②の「谷」へと変わっただけである。

したがって仁明陵北域の西限は、②でいう「貞観寺東垣」であった。貞観寺とは、貞観四年七月廿七日に嘉祥寺西院をもって貞観寺と号することにしたものである[7]。同寺は、清和天皇加護のため、その外祖父藤原良房がやはり真雅と図って成立した。良房ら外戚の尽力により、貞観年中にたちまち膨大な寺領を集積し、その勢威は本寺たる嘉祥寺を凌駕して、やがてこれを検知・支配するようになる。[8]両寺のこのような一体的関係を考慮すると、②の「貞観寺東垣」は、本来的には「嘉祥寺東垣」と理解してよいと思われる（なお後述）。

すなわち仁明陵は、「陵寺」たる嘉祥寺の東に接して、換言すれば、現在の善福寺を含む深草瓦町集落の東に存在したことになろう。集落のすぐ東は、稲荷山から南へ派生した舌状の丘陵（深草東瓦町）である。嘉祥寺（貞観寺）の推定位置から判断して、仁明陵が設けられた場所はこの丘陵上以外にはほとんど考えられない。

この丘陵の東西幅は、史料①③にみえる東西一町五段（約一六三m）にほぼ見合う。この丘陵を利用して、その上に簡素な埋葬施設を設けたとすれば、「薄葬」の遺詔にも合致する。

仁明陵の位置に多少とも精しく言及したのは、管見の限り山田邦和氏の所論だけである。[9]氏はこの中で、「貞観寺は独立の寺院とみなされていたが、嘉祥寺は仁明天皇陵と表裏一体の存在と扱われていた」、「つまり、嘉祥寺の寺域は仁明天皇深草山陵の兆域と同一のもの[10]」と述べ、嘉祥寺寺域すなわち仁明陵兆域を図1―2の位置に比定している。

氏は仁明陵兆域の規模を図2のように理解しているが、この解釈は妥当と思われる（『延喜式』「兆域」記載の解釈については後述）。しかし、このように兆域と寺域とを「同一のもの」とすると、史料⑤⑥の記す山陵使宗忠らのたどった行程と矛盾するのではなかろうか。

嘉祥寺から「山陵前」（史料⑥「鳥居前」）に達するのに、史料⑤では「従二西大門一南行、更頗東行」、⑥では「従二大門前一南行、又東行、合五六町許」と記している。そこで、仮に山田説（図1―2）のように寺域と兆域（図2）とが完全に重なり合うとした場合、「西大門」（史料⑥「大門」）を寺域西辺の中点付近とすると、ここから南西角まで南行一・三五町、さらにここから東行し南辺中央（「山陵前」「鳥居前」）まで〇・七五町、合わせて二・一町の行程となる。これは、史料⑤の「（南行後）頗東行」とも違和感があるし、史料⑥の「（南行・東向）合五六町許」

図1-2　仁明天皇深草山陵想定復元図（山田説）（山田、註⑨B論文より掲出）

とは大きくくい違う。

以上から、少なくとも山田氏のように嘉祥寺寺域と仁明陵兆域とを「同一のもの」とすることはできない。寺域の規模は不明であるが、その位置は善福寺のある瓦町集落から大きく動かすことはできない。とすれば、〝行程〟との矛盾を回避するには、この集落からさらに東行しなければならず、やはり私見のように寺域つまり集落の東外の東瓦町丘陵に兆域を想定するほかないと思うのである。

その際に問題となるのは、兆域西限が「嘉祥寺東垣」ではなくて「貞観寺東垣」（史料②）とされていることである。しかしこれについては、貞観・嘉祥両寺の先述したような一体的関係、それも前者が当代加護の寺として優勢であったことから、本来的には「嘉祥寺東垣」であるのをあえて「貞観寺東垣」と記したものと考えられるのである。

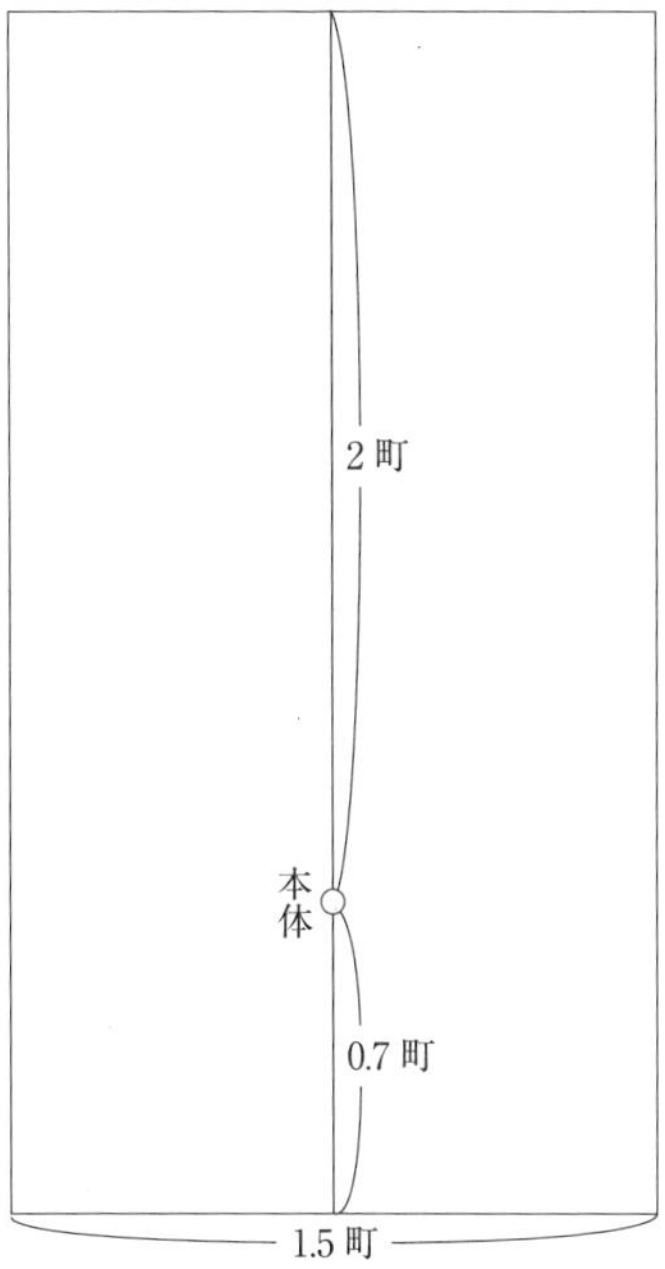

図２『延喜式』深草陵の兆域（山田説）

なお史料④の記載は、深草陵が実体的に嘉祥寺境内にあることを意味するのではなく、その所在が「陵寺」たる嘉祥寺と強く結びついて認識されていたことを示すにすぎない。

兆域の北限は、貞観三年には「峯」であったが、同八年には「谷」に改められた。山田氏は、この「峯」と「谷」を「伏見区深草真宗院山町の丘陵およびその南側の谷」と推定している（図１―１および図１―２）が、そうすると兆域は「改定」により北部を削減されたことにな

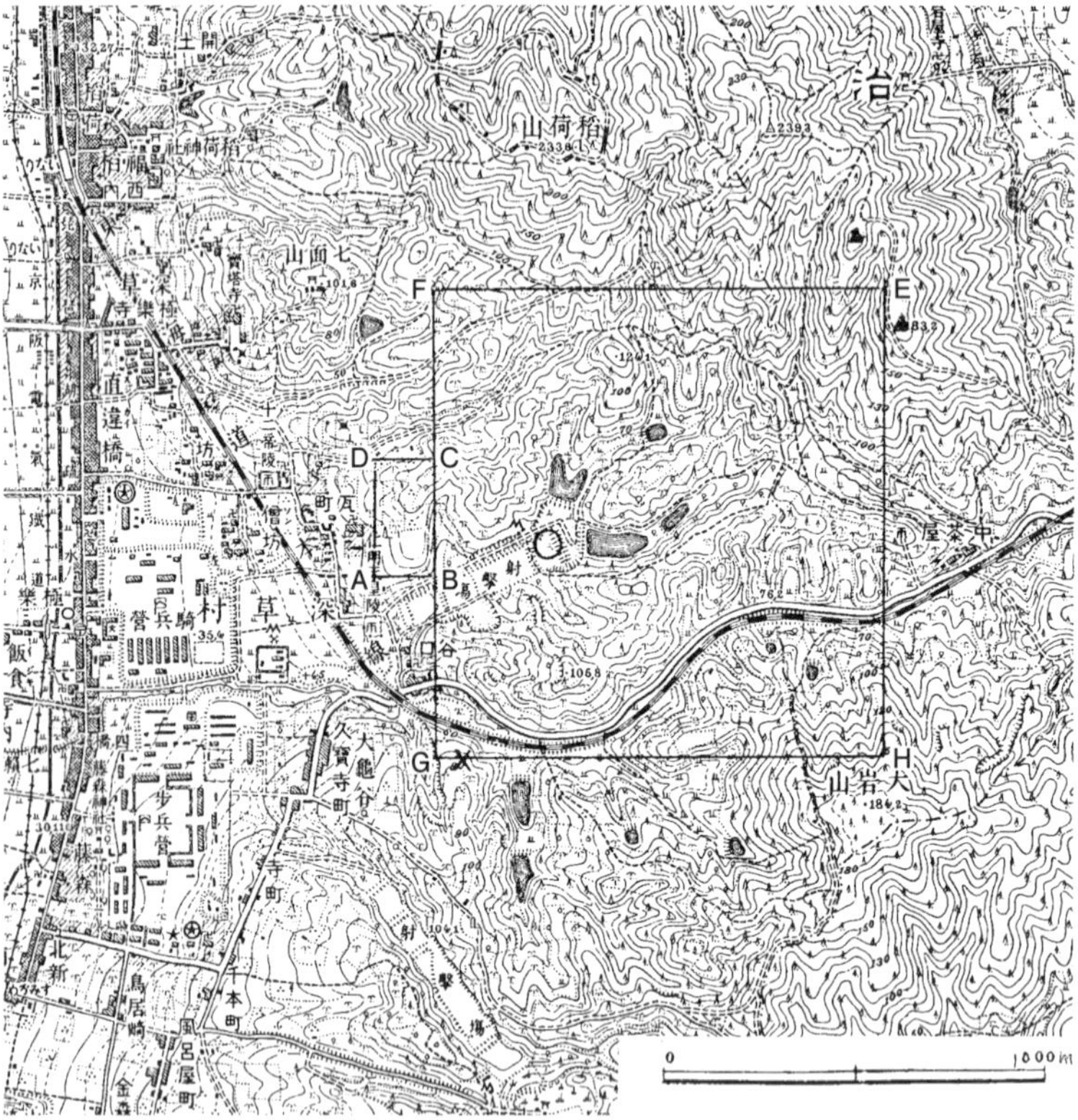

図3　柏原陵と深草陵の位置（私見）
ABCD　深草陵北域　　▲　二嶺
EFGH　柏原陵北域　　×　がんぜんどう廃寺
○　　同　本体

る。しかし、本体部の位置が、北域南限まで七段に対し、北限まで二町とかなり南へ偏していることを考えると、北域はむしろ「峯」から「谷」まで北へ拡張されたとみるほうが適当ではなかろうか。このようにみた場合、「谷」はやはり山田氏想定の谷と同一の谷でよいが、「峯」には、私見で北域と想定した東瓦町丘陵の頂部を当てることができる。こうすれば、丘陵の南端(想定北域南限)から「谷」(同北限)までの距離は、図2の『延喜式』北域から算出される南北二・七町(約二九四m)にほぼ見合う。

以上要するに、仁明陵北域は、現陵の北北東に当たる深草東瓦町の丘陵上、図3のＡＢＣＤと想定される。

二　桓武天皇陵の位置をめぐる諸説

桓武天皇は、延暦廿五年（八〇六）三月十七日（辛巳）「正寝」に崩じた。翌十八日（壬午）、御装束司、山作司、養役夫司、作方相司、作路司が任じられ、左右京五畿内、近江、丹波等から役夫五千人が発せられた。

しかし、天皇が陵に埋葬されるまでには、いささか複雑な経過があった。まず翌十九日（癸未）、山城国葛野郡宇太野が山陵の地と定められたが、この日から京周辺で不審火や天文の異常が相次いだ。そこで廿三日（丁亥）、山陵の地が賀茂神に近いための祟りではないかと卜筮させたところ、はたしてその通りであった。葬地を変更し、四月七日（庚子）天皇は山城国紀伊郡柏原山陵に葬られた[11]。

ところがそれにとどまらず、『日本紀略』大同元年（八〇六）十月辛酉（二日）条には「改㆓葬桓武天皇於柏原陵[12]㆒」とあり、最初の葬から約半年後改葬されたのである[13]。ただし、その葬地は、最初の「柏原山陵」と同義の「柏原陵」としていることから、遠く隔った場所ではなかったであろう。念のためにいえば、以下の探求は「改葬」後の陵の位置（兆域・本体を含めて）ということになる。

まず桓武陵の位置・兆域に関する史料をつぎに掲げる。

⑦『三代実録』貞観九年（八六七）十二月十八日癸未条

庶人伴善男建立道場。在㆓山城国紀伊郡柏原山陵兆域之内㆒。勅令㆓移却㆒。

⑧『延喜式』諸陵寮

柏原陵平安宮御宇天皇。在二山城国紀伊郡一。兆域東八町。西三町。南五町。北六町。加二丑寅角二岑一谷一。守戸七烟。

⑨『西宮記』巻六、荷前

柏原桓武天皇、在稲荷山南野、使納言以下、

⑩『江家次第』巻十一、荷前事

柏原納言以下、此使或兼二深草一、人数三四人時、桓武天皇在二稲荷山南野一、

⑪『中右記』保安元年十二月廿五日条

前掲史料⑥に同じ

⑫『拾芥抄』下、十陵部(14)

柏原桓武天皇、在二伏見山一、従二東辺二一町許入、在二稲荷南野一、

つぎに、桓武陵の位置についての近年の説をとりあげ検討しよう。

A桃山丘陵に比定する説（山田邦和氏(15)）

山田氏は、陵制史の上で元明天皇陵を画期に、天皇陵は、旧来の「古墳型陵墓」から、自然の丘陵を利用した「山丘型陵墓」へと転換していったとする。桓武天皇の場合も、中国風の革命思想にもとづく「事実上の新王朝の創始者」としての自負から、その陵は中国皇帝陵の影響を受けた「山丘型陵墓」の形態をとった可能性が強いと考え、文永十一年（一二七四）、桓武の柏原山陵が盗掘された際の実検使の報告（『仁部記』文永十二年二月十七日・二十一日条）に「抑件山陵登十許丈、壇廻八十余丈」とあることをその傍証とする。

その上で氏は、「伏見の丘陵で「山丘型陵墓」の候補地を求めた場合、最も可能性が高いのは、（中略）後に伏見城の内郭（中略）となった伏見区桃山の丘陵」で、「『延喜式』に記された桓武天皇陵の兆域の一辺約一・二㎞という規模は、桃山丘陵をすっぽりおさめるものである」が、ただし「陵の本体は伏見城の建設にともなってまっ

たく削平されてしまっている可能性が高い」とした。

この説に対して、私見ではつぎのように考える。

後述するように、桓武天皇陵は、文永十二年をさかのぼる一五五年前の保安元年（一一二〇）頃には、すでに管理がなおざりにされ、兆域のおよその位置くらいしか分からなくなっていた。正治二年（一二〇〇）「諸陵雑事注文」は、治承年間（一一七七〜一一八一）の「注文」に拠ったもので、当時諸陵寮が管理していたと思われる諸陵が書き上げられている。[16]この中で桓武天皇陵（「柏原御陵」）については、栗前（『和名抄』山城国久世郡栗隈郷）にあるとも、また深草にあるとも判然としない記載がされている。山陵の管理がこのような有様であるから、文永十二年の実検使の報告が、はたして真の桓武陵についてのものであったかどうか疑いが残る。

また山田氏が、この報告のみを「基本的な史料」としてとりあげ、陵の位置に関する史料（それが乏しいのはもちろんであるが）を具体的に検討していないことにも疑問を感じる。

たとえば、史料⑨⑩⑫に「稲荷（山）南野」とあるが、桃山丘陵は稲荷山の三㎞も南で、その間には大岩山から西へ派生する丘陵が介在しており、二つの谷を隔てている。桃山丘陵の地を指示するのに、はるか北の稲荷山を引き合いに出すだろうか。「稲荷（山）南野」は、稲荷山の南斜面としか受け取れないであろう。

B稲荷山南麓に比定する説（来村多加史氏[17]）

来村氏は、史料⑦⑧⑩⑪⑫に、これらに関連する若干の史料も加えて、かなり詳細に検討している。

まず氏は史料⑦を重要な手がかりとする。氏は、伴善男が建立し、配流後「移却」された「道場」（『三代実録』貞観八年九月廿五日丁卯条では「仏堂」）を、同人が紀伊郡深草郷の「別墅」を捨てて建立した報恩寺（同貞観四年十月七日壬寅条）と解し、また同人が嘉祥寺に建てた食堂も配流後「破棄」（同貞観八年九月廿五日条）されたことから、「嘉祥寺と移築前の報恩寺は伴善男が荘園を構えていた同一地域にあった可能性が高い。（中略）つまり柏

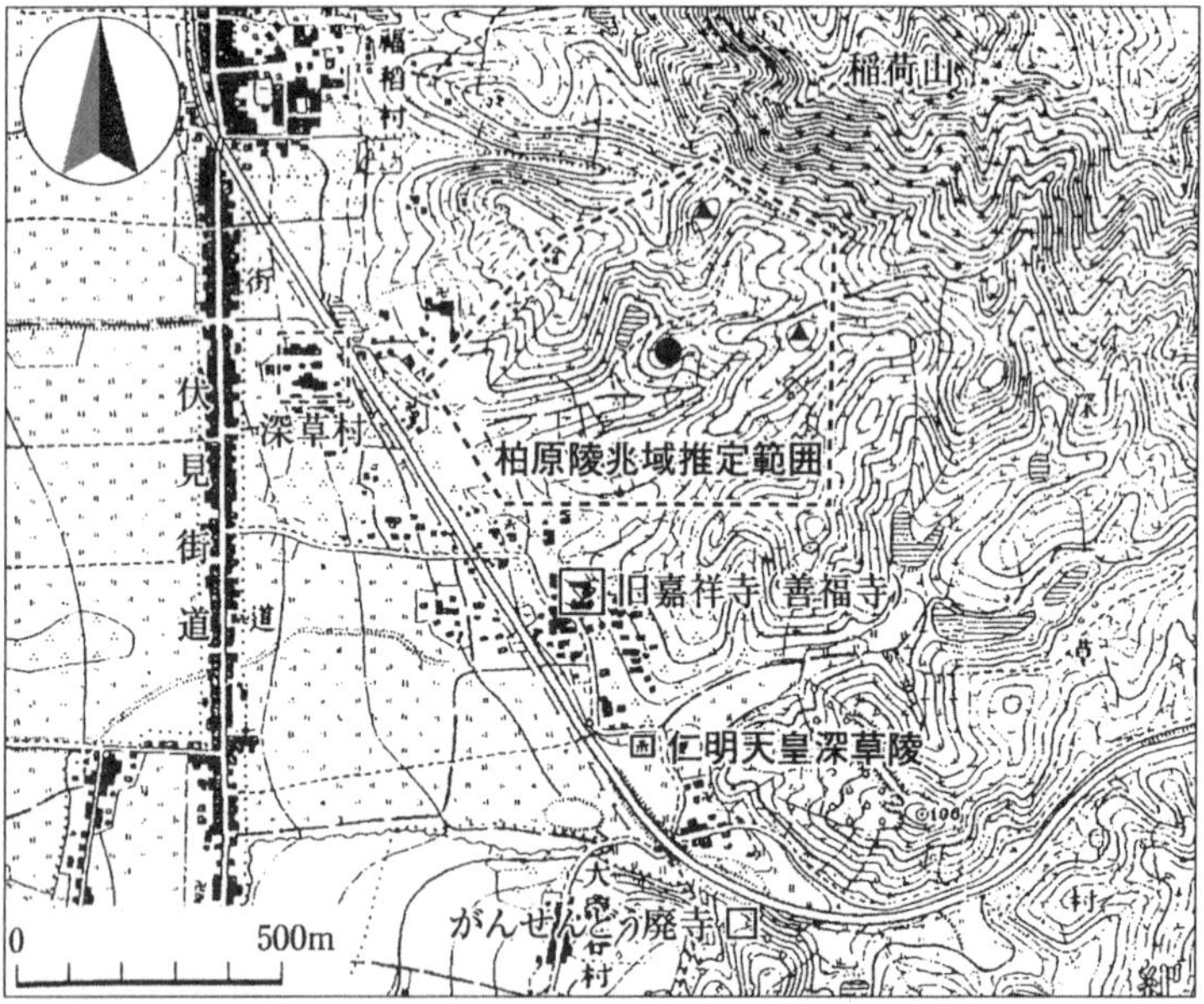

深草村周辺の旧地形（明治時代）

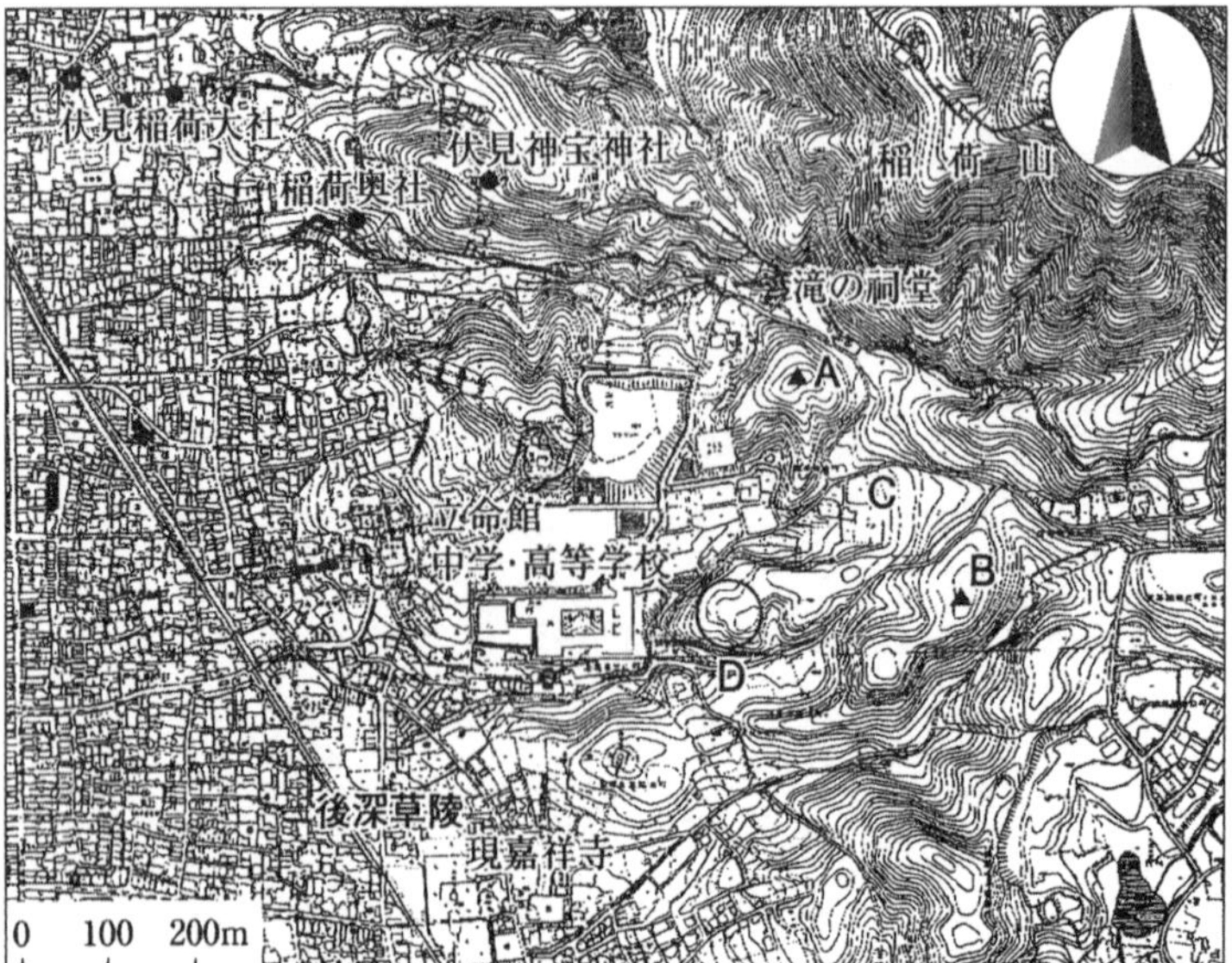

稲荷山南麓の地図　　図4　来村説（来村、註⑰書より掲出）

原陵は深草陵の近くにあったものと思われる」と述べた。移築後の報恩寺の遺跡を、現深草陵の南にある「がんせ（ぜ）んどう廃寺」と想定している。

史料⑩では、柏原陵は「稲荷山南野」にあり、同陵への荷前使は深草陵への使を兼ねることを記す。『江家次第』の撰者大江匡房と同時代の公卿藤原宗忠が、実際に両山陵使を兼ねて参拝した際の状況（史料⑪）から判断して、「柏原陵は深草陵の隣接地にあったと考えるべきである」と氏はいう。

さらに氏は、兆域と墳丘の場所をつぎのように考える。

『延喜式』柏原陵兆域（史料⑧）が四辺不等となっているのは、「丑寅の角」（北東部）に「二つの嶺と一筋の谷を加えたことによる変形」とみなし、また史料⑫の「従二東辺一二町許入」を山麓の道より二町（約二一八ｍ）入ったところに「兆域の入口」があったと解して、図４（上）のような兆域を想定する。この兆域内で、陵本体については「谷奥突出型の選地」と考え、現在の立命館高校の東隣の尾根先端（図４下のＤ）に比定する。

三　兆域からみた桓武天皇陵の位置

来村説は、柏原陵を稲荷山南麓、深草陵の近くに比定するもので、大体の方向性は首肯できる。しかし、いくつかの点で異なる史料解釈も可能であり、したがつて若干異なる結論にもなろう。以下、来村氏の見解にふれながら私見を述べよう。

まず氏の兆域についての見解から検討する。

氏は、柏原陵の兆域（史料⑧）の数値、東八町・西三町・南五町・北六町を各辺の長さとみて、不等辺四角形となったのは、北東角への付加部分による「変形」と考えた。

ここで、『延喜式』諸陵寮における兆域の数値記載の解釈について確認しておこう。その表示にはつぎの四つのパターンがある。

a東西○町南北○町
b東○町西○町南○町北○町（柏原陵が該当）
c東西○町南○町北○町（深草陵が該当）
d東○町西○町南北○町

aは一般に考えられているように、矩形の東西長・南北長の数値を記したものである。

しかしbは、来村氏が解したように東・西・南・北各辺の長さを記したものではなく、「陵の本体が兆域の中心からずれている場合に、陵の本体を基準としてそこから兆域の辺までの距離を記載したもの[18]」という山田氏の説が支持される。なぜなら、そのように解さないとc・dのようなパターンが存在することが理解できないからである。この解釈のもとでc・dはaとbの混合型と考えられる。

したがってb型の柏原陵兆域の規模は、山田氏の想定のように十一町四方となる（図5）。なお、c型の深草陵の規模は、すでに図2で示した通りである。

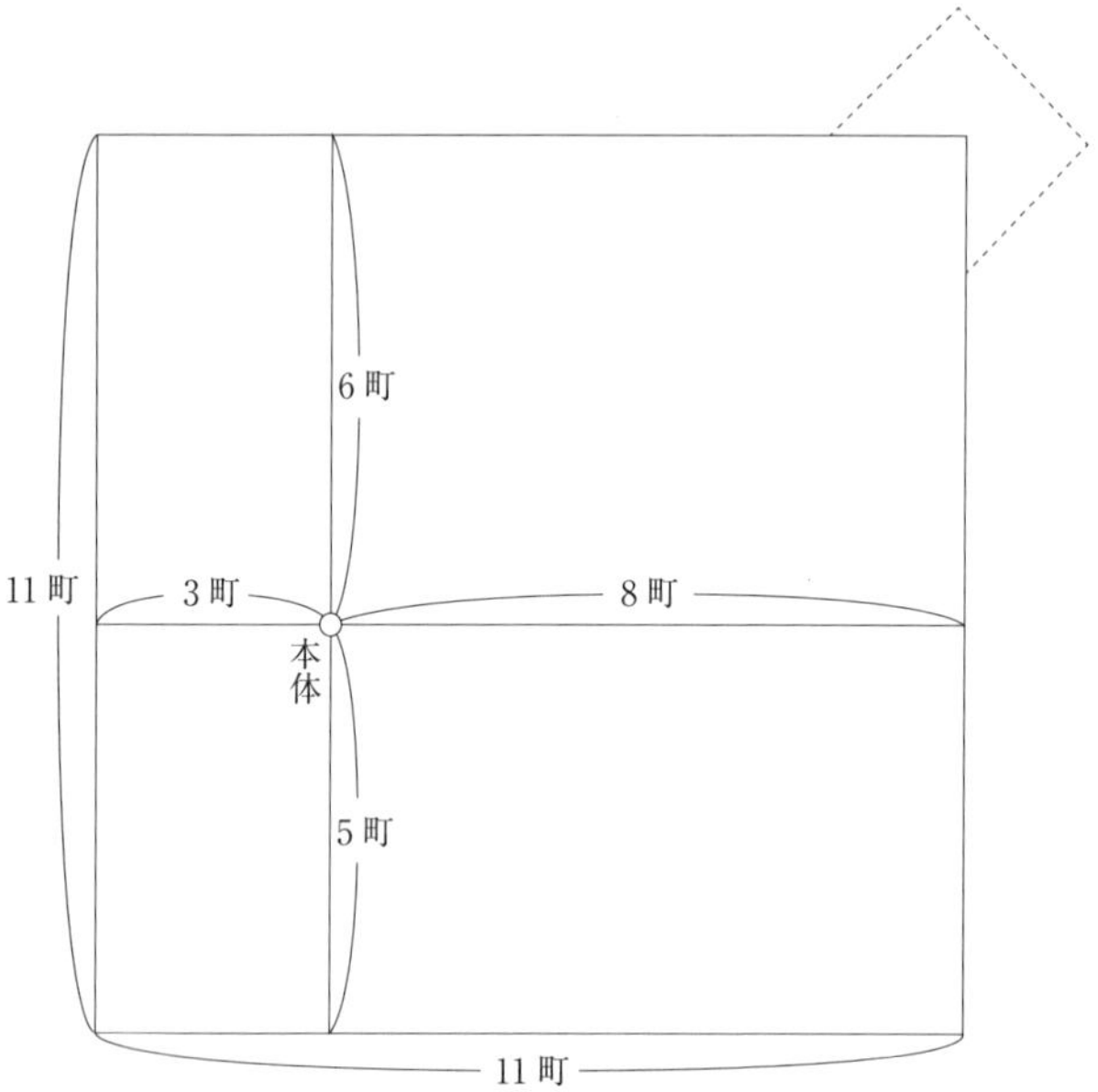

図5　『延喜式』柏原陵の兆域（山田説）

以上は、陵墓の兆域があくまで矩形であることを前提とするものである。その上で柏原陵の兆域北東角の付加部は別に想定すればよいのであって、その付加により矩形が変形されたとみる必要はない。このように考えると、柏原陵兆域は、来村氏想定の「東西五、六町」ではなく方十一町（約一・二㎞）の広大なもので、これを稲荷山南麓に収めるとすれば、その位置はおのずから限定される。

そこでまず現地比定の基準点として、例の北東角を定めてみよう。そのためには、この「角」に加えられた「二岑一谷」が重要な情報となる。来村氏は、これを「二つの嶺が谷を抱えている地形」と解したが、きわめて自然な理解と思われる。だが稲荷山南麓において、そうした地形は氏が指摘した個所（立命館高校東北方）以外にもある。たとえば、図3の二つの嶺（▲印）とその間の谷である。試みに、この谷筋付近Eに北東角を置いて、方十一町の兆域を描いてみると図3のEFGHとなる。

こうすると、まず兆域西辺は、私見で想定した深草陵兆域東辺とほぼ接する。また兆域南辺のうち西寄りは、北から下る稲荷山丘陵と南からの大岩山丘陵との間の谷口付近（現在の地名も深草谷口町）に当たる。

柏原陵兆域のこの想定が妥当であることについては、以下のようにいくつかの傍証が得られる。

第一に、貞観八年に改定された深草陵兆域（史料②）に「東至大墓」とある。深草・柏原両陵兆域が接するとすれば、この「大墓」は柏原陵、もしくは同じ兆域内にあったと考えられる「改葬」以前の柏原陵と解することができるのではなかろうか。ただし、天皇陵を「大墓」と呼んだ例はないと思われるので、後者の可能性が大きい。

第二に、史料⑥に記された両陵への参拝経路が注意される。

来村氏は、史料中の「出㆓深草南㆒入㆑従㆑路東西（向カ㆓）松原㆒」を「宗忠らは深草村を通り抜けて、村の南から東へ折れ、柏原陵の兆域に広がる松原へ向かった」と解したが、ここでの「深草」は漠然と「深草村」を指すのではなく、深草陵のことではなかろうか。史料⑥には、この部分以前に「柏原」が二度、「深草」が一度出てくるが、これらはいずれも柏原陵と深草陵のことである。

宗忠ら一行は、柏原陵への道については「只今無レ知レ道」とあまり自信がなかったが、深草陵が同陵に近く、およその見当になることを知っていたのであろう。深草陵が嘉祥寺や陵守によりきちんと管理されていたことは、この史料からうかがわれる。

以上のように解すると、宗忠らは深草陵の南の方に出て、東へ折れて、柏原陵の拝所（と思われる場所）へ向かったと判断され、両陵の位置関係はいっそうリアルに感じられる（図3）。もっとも、北域は荒廃していたらしく、陵守も見えず、拝所と確信される場所にたどり着けなかったことは来村氏の解する通りである。なお、深草陵より先に柏原陵へ向かったのは、道順の便宜ではなく、礼儀として始祖天皇陵への参拝を先としたのであろう。

第三に、北域南辺がほぼ「大津道」（現在の大岩街道）となり、北域西辺の東瓦町から谷口町付近は、史料⑫の「東辺」すなわち深草平野東辺から二町ほど東へ入った場所となる。

第四に、「がんぜん堂廃寺」（深草谷口町）の位置に注目したい。

この遺跡からは、礎石その他の遺構は未確認であるが、平安期の古瓦、土器類が出土し、また昭和初期に古銭「饒益神宝」（貞観元年発行）が出土したことが報告されている[19]。

来村氏は、伴善男配流後、同人建立の「仏堂」「道場」（報恩寺）が「移却」され、それを移築したものがこの廃寺だとする[20]。しかし、これを「移却」前の報恩寺に当てることも十分可能であろう。

この遺跡は、私見で想定した柏原陵北域の南西隅にかかるかどうかの微妙な位置にある（図3）。いまや罪人となった善男が、かつて山陵兆域を犯し、域内に「仏堂」を建てたと言いがかりを付けられてもおかしくない場所なのである。

以上にあげた傍証から、桓武陵北域を私見のように想定してよいとすれば、その本体は○印の位置となる（図3、現在の深草中郷山町）。

この地点は、図3の「射撃場」が出来る以前の地図（図4上）によれば比較的幅のある谷であり、そのすぐ北には南に張り出した丘陵端部がある。

平安初期の天皇陵の構造などはほとんど不明である。したがって推測になるが、その本体部は一定の広がり（とくに南北に）をもち、墳丘など埋葬施設である主体部と祭祀施設である拝所（鳥居など）とから成っていたのではないだろうか。村上天皇陵の場合には、まず「鳥居」があって、そこから五、六段ほどのところに「御在所」（陵墳）があったという。[21]

本体部をこのように解するなら、桓武陵本体については、谷に拝所があり、すぐ北の丘陵端部に主体部が設けられたと想定することができよう。[22]

なお山田氏は、来村・山中両説に対して、桓武・仁明両陵が「隣接していたとすると、桓武天皇の陵号も「柏原陵」ではなく「深草」を冠した名称で呼ばれるのが自然[23]」と批判する。この批判は同様に私見にも向けられる可能性があるので、地名「深草」と「柏原」の関係について説明しておきたい。

「深草」とは文字通り草原の意で、古典にもあるように「草が生い茂り鶉（うずら）が鳴く野」であった。稲荷山などに降った雨は、伏流水（地名「伏見」の原義は「伏水」）となり、地下水位の低い「深草」には森林は育たない。[24]

鴨川左岸から東辺山際までの比較的低平な土地が「深草」であったと推定される。深草陵（私見）のあたりがその東限であったであろう。「深草山」という史料も散見されるが、[25]それは〝深草野から立ち上がる山〟という意で、山自体がかならずしも「深草」であったわけではない。

これに対して「柏原」は、低平な「深草」の東、稲荷山丘陵の比較的標高の高い場所であったと考えられる。稲荷山の、人手が入らない本来の植生は、常緑広葉樹(いわゆる照葉樹林をなす)である(このことは桃山においても同様)[26]。「柏原」の「柏」を「かしわ」(落葉喬木)に当てるのは「国訓」であって、「柏」は本来「常緑喬木の総称」である[27]。したがって、稲荷山南麓を「柏原」と呼んだとすれば、それは本来の植生にふさわしい地名なのである。

「深草」には別荘や寺院がいくつも営まれたが、人里離れた「柏原」は、地名として後世に残ることはなかった。

おわりに

桓武・仁明両陵の所在地と規模は以上述べた通りである。

両陵の位置関係とそれぞれの規模は、平安初期の皇位継承の次第と歴代の葬のあり方とに関連して、つぎのように理解することができよう。

桓武は、事実上の新王朝の創始者にふさわしく、広大な柏原山陵に葬られた。

第二代平城は、失脚後、都から離れた平城旧宮に崩じた。崩御から埋葬までわずか五日であった(『日本紀略』天長元年七月条)ことをみると、その陵も簡素なものであったであろう。その楊梅陵は、おそらく旧宮のすぐ東、楊梅宮の跡地と考えられる[28]。

三代嵯峨と四代淳和（淳和が先に崩）はいずれも自己の薄葬を遺命した。弘仁・天長期は「儒教的傾斜」をもつ薄葬思想の存在した時代であるが、[29]両帝の遺命のモチーフには、兄平城の不遇な晩年とその崩・葬への深い思いもあったのではなかろうか。淳和は崩の五日後「大原野西山嶺上」から散骨され、嵯峨は崩の翌日、嵯峨院付近の「山北幽僻之地」に葬られた（『続日本後紀』承和七年五月条および同九年七月条）。『延喜式』に両帝の山陵は存在しない。

第五代仁明が「薄葬」を遺詔したのも、父嵯峨・叔父淳和の先例に倣ってのことだと思われる。しかし、皇位を継承した六代文徳（道康親王）は、当初皇太子に立てられていた恒貞親王（淳和皇子）を廃して立太子し、父仁明の後継者となったのである。この廃太子事件（「承和の変」）の背後には外戚藤原良房らの暗躍があったとはいえ、文徳の立場では、仁明―文徳の系統こそ始祖桓武の正統であることを示す必要があったであろう。仁明の場合に、両先帝と異なり、比較的小規模ながら山陵が営まれ、しかもそれが桓武陵に隣接して設けられた大きな理由は、ここにあったのではないだろうか。

註

（1）以上は『続日本後紀』『文徳実録』による。
（2）『三代実録』貞観元年三月十九日乙亥条。
（3）「陵寺」については、西山良平「〈陵寺〉の誕生―嘉祥寺再考―」（『日本国家の史的特質』古代・中世、思文閣出版、一九九七年）参照。
（4）竹居明男「嘉祥寺と貞観寺」（『日本古代仏教の文化史』吉川弘文館、一九九八年、初出一九八三年）。
（5）西田直二郎「嘉祥寺址」（『京都史蹟の研究』吉川弘文館、一九六一年）。

(6)『江家次第』第十一（荷前事）と『拾芥抄』下（十陵部）にも同様に記す。
(7)『類聚三代格』巻二、貞観十四年七月十九日付太政官符。
(8) 竹居、註(4)前掲論文。
(9) 山田邦和「平安貴族葬送の地・深草」（『考古学と信仰』同志社大学考古学シリーズ刊行会、一九九四年）A。
同「太皇太后藤原順子の後山階陵」（『皇太后の山寺』柳原出版、二〇〇七年）B。
(10) 山田、註(9)前掲論文A。
(11) 以上は『日本後紀』による。
(12)『類聚国史』巻三十五、諒闇、同日条にも柏原陵への「改葬」を記す。
(13)「改葬」の経緯とその背景については、西本昌弘「桓武改葬と神野親王廃太子計画」（『続日本紀研究』三五九、二〇〇五年）に興味深い考察がある。
(14)『兵範記』仁安三年四月三十日条にも「稲荷南野」、また『山槐記』治承四年七月廿一日条にも「伏見山松原中也」とある。
(15) 山田邦和「桓武天皇柏原陵考」（『文化学年報』四八、一九九九年）。
(16) 和田萃「日本古代・中世の陵墓」（『天皇陵古墳』大巧社、一九九六年）。
(17) 来村多加史『風水と天皇陵』（講談社、二〇〇四年）第六章。
以下、同氏の見解はすべてこの書の同章による。

なお、山中章「日本古代宮都の周辺―宮都と葬地―」（『国立歴史民俗博物館研究報告』一三四、二〇〇七年）も、仮に桓武陵が「宮都との関係を意識して営まれたとすると」、長岡京、平安京、それに加えて桓武の始祖天智の山科陵への「眺望」という点で、稲荷山周辺説が桃山丘陵説よりも「有利」と述べている。しかし陵の場所を特定しているわけではない。
(18) 山田、註(15)前掲論文。
(19) 星野猷二「ガンゼンドウ」（『古代学研究』一五・一六合併号、一九五六年）。

(20)『京都府埋蔵文化財発掘調査概報』(京都府教育委員会、一九六六年)。伏見城研究会『器瓦録想』(同会、二〇〇四年)。
(21) 伴善男については、佐伯有清『伴善男』(吉川弘文館、一九七〇年)参照。
(22)『小右記』永観二年十月廿七日癸卯条。
(23) 仁明陵の場合は、本体が兆域南辺中央から近い(七段)ので、後者の位置に拝所(鳥居)があったと考えた。
(24) 山田邦和「長岡京・平安京と陵墓」(『桓武と激動の長岡京時代』山川出版社、二〇〇九年)。
(25) 久米直明「伏見・深草の自然環境」(『伏見学ことはじめ』思文閣出版、一九九九年)。
(26) たとえば『日本紀略』延暦十一年八月丙戌条。
(27) 久米、註(24)前掲論文。
(28) 服部宇之吉・小柳司気太『修訂増補詳解漢和大字典』(冨山房、一九五二年)。
(29) 拙稿「超昇寺・楊梅陵・宇奈太理神社をめぐって」(『日本古代の伝承と歴史』思文閣出版、二〇〇八年、初出一九九七年)。
(30) 池田源太「嵯峨・淳和朝の対仏姿勢―いわゆる「薄葬令」の平安朝への影響力と仏教との相関―」(『奈良・平安時代の文化と宗教』永田文昌堂、一九七七年、初出一九七五年)。

第八章　光孝天皇陵と仁和寺の成立

―陵の位置を中心に―

はじめに

仁和寺が光孝天皇陵と密接に結びついて成立した「陵寺」[1]であることは、一般に認識されているところであろう。しかし、寺の成立の具体的経緯については諸説があり[2]、必ずしも明らかではない。それを解明するための一つの定点となり得るのが陵の位置ではないかと思うのである。

現在治定されている光孝陵の位置(仁和寺の西南、京都市右京区宇多野馬場町にある「天王塚」)に疑問があることは、従来から指摘されている。かつて福山敏男氏は、関係史料の整理から陵の位置を再検討し、それを双ヶ岡西麓の右京区常盤付近に比定するとともに、仁和寺についても、当初双ヶ岡東南麓の現在の法金剛院の地にあったが、のちに宇多野の現在地に移転し、陵も、必ずしも同時にではないが、やはり現在の仁和寺付近に移されたと想定された[3]。いささか複雑な説であるが、陵の位置比定を文献史料から試みたものは、管見の限り福山説以外には存在しない。

本章では、福山説を再検討するとともに陵の位置についての私見を述べ、それをもとに寺の成立過程についても初歩的考察を試みることとしたい。

なお仁和寺には、その周辺に多くの院家（子院）が設けられたが、それらの位置や成立経緯なども上述の課題の解明にとって参考になる。この面では、杉山信三[4]、古藤真平[5]、上村和直氏[6]などの業績があり、資するところは大きい。

一　福山説への疑問

光孝陵の位置についてのもっとも古い史料は、『延喜式』諸陵寮の、

A後田邑陵（光孝天皇。在二山城国葛野郡田邑郷立屋里小松原一。陵戸四烟。四至。西限二芸原岳岑一。南限二大道一。東限二清水寺東一。北限二大岑一。）

である。

福山氏は、この記載のうち「小松原」と「立屋里」に注目し、初期の光孝陵（本体）の位置をつぎのように推測された。

まず「小松原」については『仁和寺諸堂記』に小松寺があり、同寺が大聖院御所の西辺にあったと記されていることが手がかりになる。大聖院は、保延四年（一一三八）に高野御室覚性が移り住んだところで、『仁和寺諸院家記』（顕証本）によると双ヶ岡の一ノ岡の西にあったから、小松寺も一ノ岡の西方にあったということになる。

つぎに「立屋里」は葛野郡条里の五条立屋里のことであるが、これについては『中右記』長治三年（一一〇六）二月二十八日条に、仁和寺の僧が「立屋里」は広隆寺の辺にあると言ったと記されていることが注意される。このことと、『山城名勝志』巻之八に所載の治承二年（一一七八）三月十三日の僧慶耀の文書に「立屋東保」内の家

地の四至を記して、東は長尾大路、西は大路、南は円乗坊中垣、北は清太中垣を限るとあることから考えて、「立屋里」は五条荒蒔里（広隆寺所在地）の北隣の里に比定することができる。

氏は、このように比定した立屋里に小松原・小松寺も所在したと理解して、小松寺付近すなわち双ヶ岡（一ノ岡）西麓に光孝陵本体を想定し、「これが初期の光孝天皇陵についての一応の推測」とされた。

福山氏は一方、仁和寺の建立についてはつぎのように考えられた。

『仁和寺諸堂記』が円堂院について、

B寛平法皇御建立、本者被レ造ニ大内山一後被レ渡ニ仁和寺内一也。

と記すこと、また法助（一二二七～一二八四）の『開田准后記』（『本要記』所引）に、

C寛平法皇、池尻ニ堂塔アリケル時、令レ修ニ一法界ソリ耶法一給、是法ハ理趣経法也、理趣三昧ノ濫觴自レ此起、大内山ト云此所也、大内山ノ御三昧ト云此事也。

とあること、それに法金剛院付近に池尻・池上の地名があり、同院後山の五位山がかつて「内山」とも呼ばれていたことなどから、上記B・C史料の「大内山」（一般には現在の仁和寺の後山とされるが）を五位山に比定することができ、ここに当初円堂院が建てられたと想定される。

昌泰三年（九〇〇）十一月二十九日太政官符「応レ置ニ仁和寺円堂院分声明業年分度者一人一事」（『類聚三代格』巻二）や、「仁和寺円堂」が寛平法皇の勅願により昌泰二年に供養されたことを記す守覚の『北院御室拾要集』などから、円堂も「仁和寺の内かその近くか関係の深い位置にあったらしい」、すなわち、円堂だけでなく当初仁和寺本寺も五位山（すなわち「大内山」）付近にあったと考えられる。

しかし、延喜四年（九〇四）三月二十六日にも仁和寺円堂院の供養が宇多法皇によって行われた（『日本紀略』）。これについては、昌泰二年に建立したものを五年後に同じ場所で改造したとは考えにくいので、「仁和寺本寺も

円堂院も大内山から宇多野の地にこのとき移された」と想定される。

また氏は、必ずしもこのとき同時に陵も移されたわけではないが、「十世紀から後の記録にあらわれる光孝天皇陵（主体部）」は、初期の陵とは別の場所にあったとする。それについてはのちにふれることにする。

ここではまず、初期における陵と本寺・円堂院の位置についての福山氏の説を検討したい。

①仁和寺の事実上の初出とみられるのは、『日本紀略』仁和四年（八八八）八月十七日条の、

　於二新造西山御願寺一。先帝周忌御斎会。准二国忌之例一。

である。

福山氏は、最初の仁和寺は法金剛院付近に建立されたと想定したが、双ヶ岡東南麓の同院付近を「西山」とは呼ばなかったと思われる。「西山」は、現在の仁和寺後山（大内山）とその西に連なる山なみとその裾部であろう。ちなみに『更級日記』では、作者の父菅原孝標が東国の国司の任を終えて帰京、「西山なるところ」に落着いたとし、その情景をつぎのように記す。

　東は、野のはるばるとあるに、東の山ぎはは、比叡の山よりして、稲荷などいふ山まで、あらはに見えわたり、南は双の岡の松風、いとみみちかう、心ほそくきこえて（以下略）

②寛平二年（八九〇）十一月二十三日太政官符「応レ置二仁和寺年分度者二人一事」（『類聚三代格』巻二）の引く仁和寺別当権律師幽仙の奏状には、「伽藍在二山陵内一」「聖主陛下。近為レ荘二厳山陵一。遠為レ興二隆仏法一。建二立精舎於山陵一」とある。

しかし、氏の想定する双ヶ岡（一ノ岡）西麓の陵と、岡の東南麓の寺との位置関係では、間に巨大な双ヶ岡が介在し、陵と寺とが分断されてしまう。寺から陵を望むことはできないのである。これでは、奏状が述べるように陵と寺とが密接な関係にあるとはいえないであろう。

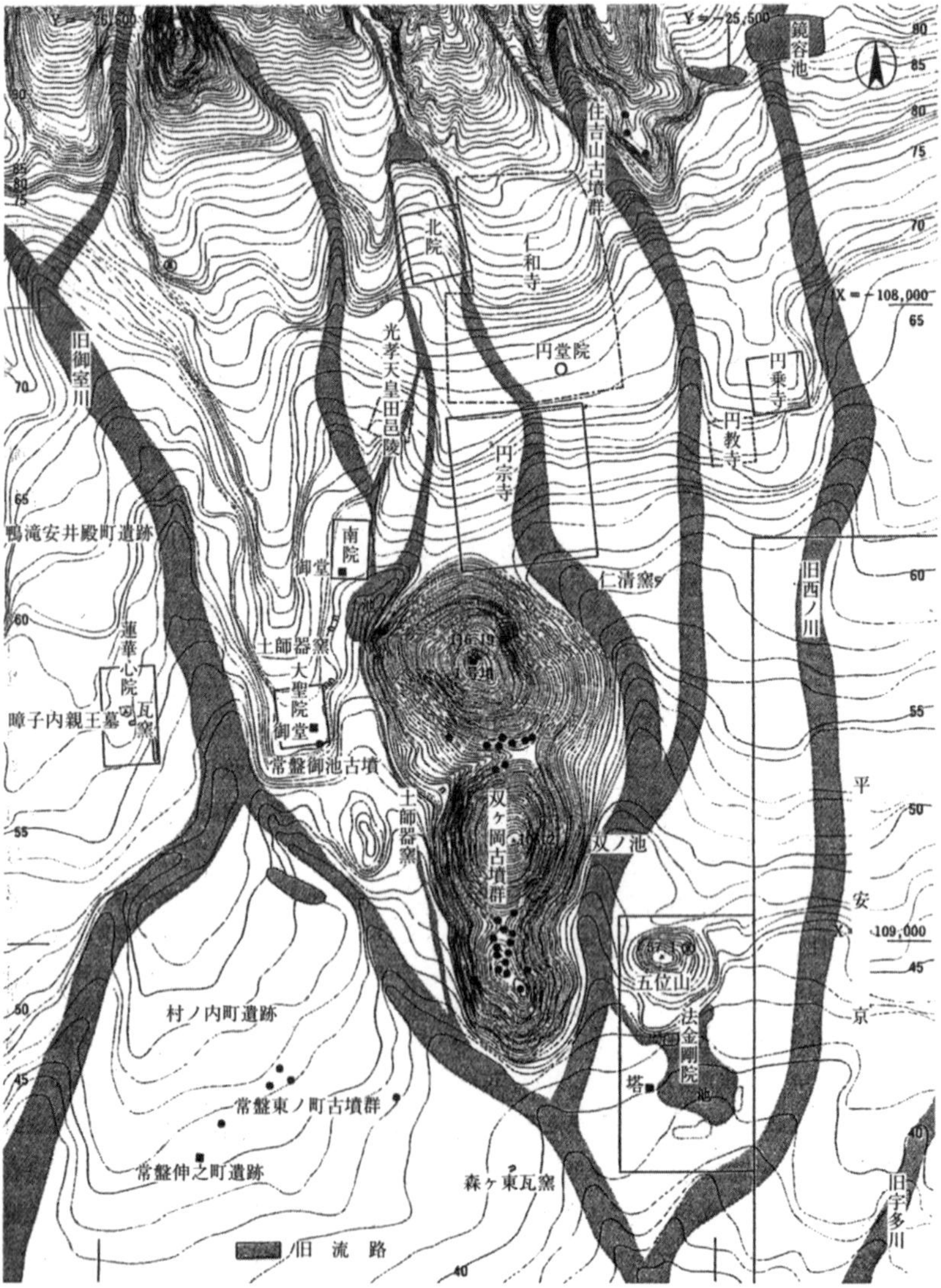

図1　双ヶ岡地域の旧地形等高線図（1：20,000、註⑮報告書より掲出、縮小）

③陵の「四至」（兆域）のうち、「北限二大岑一」は現在の仁和寺後山すなわち大内山とみるほかない。では「南限二大道一」はどうか。

洛西を東西に過ぎる古代の幹線路は、(i)二条大路末を西行して広隆寺南側を通り嵯峨・大堰河畔へ到る「南路」、(ii)近衛大路末を西行し双ヶ岡南麓をまわり嵯峨野離宮南辺に到る「北路」、(iii)一条大路末を西行し広沢池南側を通り嵯峨野に到る路、の三路が想定される。[7]

「大道」を(ii)とすれば、兆域の南北は十三～四町で、しかも双ヶ岡を含むことになり過大であろう。光孝の異母兄文徳の田邑陵兆域は方四町であった。そこで「大道」を(iii)に比定すれば、兆域の南北は約六町となる。また東西についてはのちにふれるが、やはり六町程度と想定される。このように「四至」の南限「大道」を一条末路とすれば、福山氏の陵本体比定地は兆域から南に外れてしまう。

④かりに仁和寺創建の場所を法金剛院付近ではなく、通説のように宇多野の現在地としても、陵が福山説のように常盤付近であれば、それは双ヶ岡の陰となって寺から見通しにくい場所である。

いずれにしても、福山氏の光孝陵双ヶ岡西麓説では、陵と寺とが大きく離れ、また想定される兆域からも外れてしまうので、氏の説の成立は困難であろう。「陵寺」の初例は、光孝の父仁明の深草陵の傍に文徳によって建てられた嘉祥寺である。ここでは陵と寺とが隣接していた。[8]

二　大教院・円宗寺と光孝陵の位置関係

そこで、あらためて諸史料から陵（本体）の位置を考えよう。

『延喜式』以降の史料で、光孝陵の位置を直接指示するのはつぎの三点である。

(1)『西宮記』巻六(荷前事)、後田邑

小松、在二仁和寺西一。

(2)『江家次第』巻十一(荷前事)、後田邑

在二仁和寺西大教院艮一。

(3)『拾芥抄』下、十陵部第三、後田邑

在二仁和寺内大教院丑寅一。

(1)(2)の「仁和寺西」と(3)の「仁和寺内」とは、「仁和寺」を本寺と解するか、子院を含めた広義に解するかの違いである。したがって、陵(本体)は仁和寺(本寺)の西にあり、かつ大教院の北東にあったということになろう。

大教院は、永保三年(一〇八三)、後三条天皇皇女聡子内親王が亡父天皇のために建立した寺で、「一品宮仁和寺御堂供養願文」(『江都督納言願文集』巻二、『本朝続文粋』巻十三)にはつぎのように記されている。

方今仁和寺傍有二一形勝一。天与二煙霞一。地富二水石一。東則先帝之仁祠也。晨二昏於鐘声之響一。北則嚢祖之精舎也。凮二雲於香花之縁一。便卜二此処一。新造二一寺一。

このなかで、「先帝之仁祠」とは後三条御願になる円宗寺である。[9]「嚢祖之精舎」については、北院とする説[10]と光孝陵とする説[11]とがある。仁和寺関係で「嚢祖」といえば光孝であるが、陵を「精舎」と呼ぶかどうか疑問である。後段に「香花之縁」とあることから、これは光孝陵の香花寺たる仁和寺(北院含む)を指すと考えられる。ただし、この文章に記す「東」「北」という方角は、真東・真北ではなく柔軟に解する必要がある。

円宗寺の位置については、「円宗寺鐘銘」(『本朝続文粋』巻十一)に、

択二地於仁和寺勝形之左一。卜二処於古先帝山陵之前一。

とし、また『扶桑略記』延久二年（一〇七〇）十二月二十六日条に引く供養願文には、

仁和寺之南傍。有二一吉土一。

とある。

この両方の史料から円宗寺の位置を、杉山氏は「仁和寺の前、東側（本寺に向って右側）」すなわち「仁和寺東南」と解し、福山氏も「仁和寺（本寺）の東南」としたが[12]、これでは仁和寺西方にあったとされる陵や大教院の位置から離れてしまう。そのため福山氏は大教院の移転を想定し、図2のような位置関係を示したが、そのような「移転」を示唆する史料は存しない。

「仁和寺勝形之左」というときは、仁和寺（本寺）の寺観という「勝形」を見ているのであるから、その視点は寺の境内にあるのではなく、その外部つまり寺の南、双ヶ岡北麓あたりに置かれていると考えられる。したがって円宗寺の位置は仁和寺に向かって左、つまりその西南ということになる。しかもそれは「古先帝山陵之前」であった。「古先帝」とは光孝以外に考えられないから、円宗寺は光孝陵の南の方であった。

以上から、大教院・陵・円宗寺はたがいに比較的近い位置にあったことがわかる。すなわち、大教院の北東に陵、

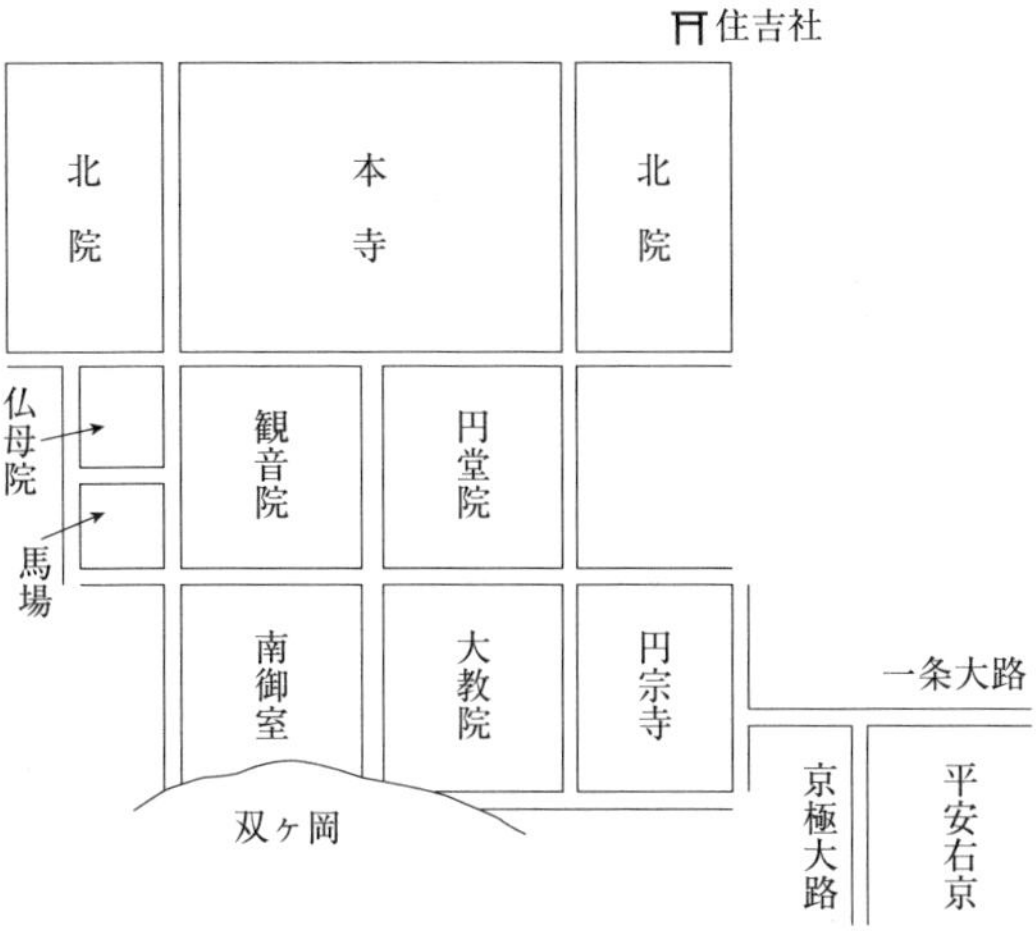

図2　仁和寺諸院位置推定概略図
（福山説、福山、註③前掲論文より掲出）

同院の東方に円宗寺があり、同寺はまた陵の南方にあったと解される。

さて、これまでたどってきた位置関係の出発点は大教院であった。その位置はどこか。

安政元年（一八五四）の『聖蹟図志』には光孝陵関係の二葉の図面、「光孝天皇御陵四辺古跡田字之図」（以下『図志』Ⓐとする）と「後田邑陵并最寄指図」（以下『図志』Ⓑとする）とが収められている。いずれも現治定と同じく天王塚を光孝陵に比定するものであるが、それを中心とする仁和寺周辺地域についての興味深い記載が多く見られる。

『図志』ⒶⒷともに、福王子神社の東南あたりに「宇大教院藪」と記している。『図志』Ⓐには、これとは別に天王塚の南西に「古大教院之地」と記されているが、これは天王塚を光孝陵とみて、『江家次第』（前掲(2)史料）から逆に大教院の地を推定して書き込んだもので、問題にならない。

「宇大教院藪」の地は現在の宇多野福王子町南東部（府道以南）にあたる。この地は、現状では府道の載る段丘から一段低くなったところで、江戸期には田地であったと伝えられる[13]から、供養願文の「地富二水石一」にふさわしい。この地に大教院を想定してよいと思われる。

つぎに、大体を示した円宗寺の位置をさらに限定してみよう。

その手がかりは、つぎの二つの史料である。

a『兵範記』仁平三年（一一五三）三月二十七日条

若宮渡二御仁和寺宮一（中略）自二一条末一又西行、経二円宗寺南西両面一、着二御北院一。

b『光台院御室御灌頂記』（『仁和寺諸院家記』[14]顕証本所引）

一条大路西行南折、円宗寺南大路西行、成就院東大路北行西折、馬場北行、到二仏母院西門一云々。

a・bはほぼ同一の経路であると考えられる。

bをみると、一条大路と円宗寺南大路との間にはやや南北に段差があったかも知れないが、後者を一条大路末とみなしてよいと思われる。現地を踏査すると、以下に示すように、それは現在も双ヶ岡北麓を東西に通じる道と同定される。

『仁和寺諸院家記』顕証本・顕証尊寿院本どちらにも「円宗寺図」（図3）が載っているが、いずれも寺域西南隅に近いところに「塚在之」と記している。『図志』ⒶⒷとも双ヶ岡北麓の道の北側に「車塚」を記し、ここで北方向への「福王子高雄往環」と南西方向への「嵯峨道」とが分岐している。「車塚」は『山州名跡志』巻之七に、

在㆓光孝帝陵南二町許嵯峨道北㆒。

とある。現状では、この分岐点東北側に塚らしい高まりがあり、上部がある程度削平されたらしく、その上にアパートが建てられている。この高まりは、まさに現光孝陵の「南二町許」にあたる。また『図志』Ⓐには、車塚のすぐ東の路傍に鳥居のマークを描いているが、これはやはり現在も小さな祠として存在する。

以上の考察から、円宗寺の南限は現在双ヶ岡北麓を東西に通る道（一条末路）であり、車塚のところで北折する道が寺域

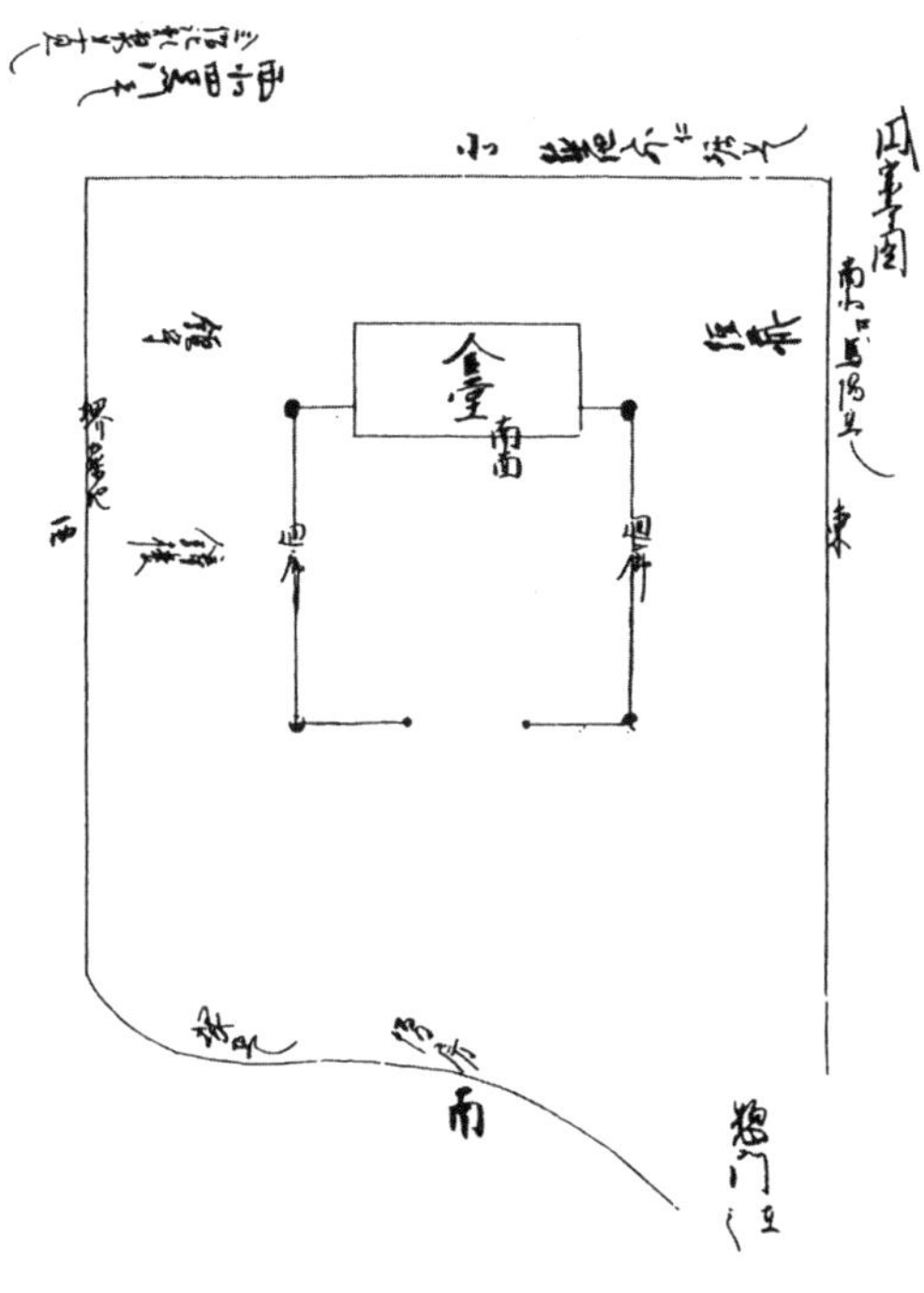

図3　「円宗寺図」
（『仁和寺諸院家記』顕証本より掲出）

の西限で、その道をbの成就院東大路と解してよいであろう。

発掘調査により、円宗寺の西辺・北辺・東辺を画する溝を現地比定したとされ[15]、西辺はほぼ仁和寺現境内西限を府道以南へ延長した線、北辺は仁和寺前の府道の南側の線とされている。「円宗寺図」には、北辺について「築地之外ニ堀在之」と記すが、比定される東西溝も平安後期のものであるから、この比定は妥当であろう。ところが、西辺に比定される南北溝は平安中期のものであるから、時代が合わないのではなかろうか。やはりさきに「図」から考察したように、車塚から北に向かう道を円宗寺西辺と想定することに妥当性がある。この道沿いに平安後期の南北溝も一部検出されている[16]。

そうすると、円宗寺西辺は従来の比定（杉山説・福山説・発掘による説）よりもかなり西寄りとなり、寺域の西北角は現光孝陵の東南隅付近にあたる。

円宗寺は「寺在㆓仁和寺南㆒、荘麗冠㆓都下㆒」（『元亨釈書』巻二十五）といわれたように、その規模もおそらく方二町以上で、子院のレベルをはるかにこえ本寺に匹敵するものであった[17]。その位置は、西は宇多野柴橋町、東は御室芝橋町、さらに小松野町の一部にもおよぶと想定される。

三　北院と光孝陵の位置関係

光孝陵の位置を考定するためのもう一つの重要な史料は、同陵と北院との位置関係を示すものである。

北院は、寛和元年（九八五）四月二十八日、左大臣源雅信（宇多の孫）とその兄大僧正寛朝とが協力して「仁和寺西」に建立した「精舎」（『日本紀略』）に始まり、「代々御室御本房」（『仁和寺諸堂記』など）となったものである。

康和五年(一一〇三)に焼失するが、長治二年(一一〇五)に再建された。

『中右記』嘉承元年(一一〇六)二月十九日条によると、この再建時、中御室覚行法親王が北院の僧房を造作した際、その築垣が光孝陵の「山陵四至」に入り、その東辺を「掘破」したという事件が起こり、そのせいか山陵がしきりに鳴動し、まもなく法親王も入滅した。最近の「玉体不予」も「祖廟」の祟りではないかとされ実検使が派遣された。

その報告が二十八日条に記されている。それによると、北院僧房の西築垣が陵の東辺を三ヵ所にわたって破損していた。その長さはいずれも南北一五丈五尺、八丈三尺、二丈二尺、合わせると二六丈となる。

寺側は実検に対して、『延喜式』の「山陵四至」は「不分明」であり、「清水寺」はまったくその跡はなく、「立屋里」は「広隆寺辺」にあると述べている。しかし「清水寺」は陵北域に、「立屋里」は陵本体にかかわるものである。ここでは実検使側も寺側も「山陵四至」について、兆域と陵本体の範囲とを混同しているようである。僧房の西築垣が陵東辺を「掘破」したのは兆域に対してではなく、あくまで陵本体に対してである。

ともかくこの報告から、陵本体は北院(僧房)の西辺にあり、その規模は東辺において少なくとも二六丈(約七八メートル)あったことになる。

この報告のなかでもう一つ留意されることは、この僧房工事で光孝陵だけでなく、邑上陵(村上天皇陵)も破損された疑いがかけられていたことである。これは実検の結果「全無㆓破損㆒」とされたが、寺側はやはり「四至不分明」を申し立てている。しかし、このことから村上陵は光孝陵の近くにあったことがわかる(18)。

村上天皇は康保四年(九六七)六月四日、山城国葛野郡田邑郷北中尾に葬られた(『日本紀略』)。これは『山槐記』治承四年(一一八〇)七月二十一日条の「在㆓仁和寺長尾㆒」と同所である。長尾(中尾)とは、福王子交差点の北方から南へと続く国道一六二号線の載る長い尾根である。この交差点の北約四〇〇mのところにある妙光寺は、もと鎌倉末期の公卿藤原師継の北長尾山荘であった[19]。

現在、村上陵は妙光寺の後山に治定されている。『小右記』永観二年（九八四）十月二十七日条は、円融上皇が村上陵を拝した時、「鳥居外」で下車し、また「鳥居」から五、六段のところに「御在所」があったと記すから、本来の陵は現治定のような急峻な場所ではなく、車の通行可能なもっと南のなだらかな地点（ただし交差点以北）であろう。

村上陵のこの位置からみて、光孝陵そしてその東に隣接する北院が仁和寺（本寺）の西にあったことは明らかである。あらためてそれを確認するのは、福山氏に「二つの北院」説の主張があり、またそれが氏の光孝陵「移転」説にも結びついているからである。

氏は『本要記』に載る「北院御廟所図」に、北院の北に大御室（性信）廟、その西に住吉社（現在の住吉大伴神社と想定）が描かれていることを主な根拠として、当初北院は本寺東側に建てられたが、やがて本寺西側の現在の宇多野北之院町付近に移転、ないしは一時両者が併存していたと説いた（図2）。そして、円宗寺の位置を本寺東南に想定することと、『兵範記』の記事（前節a史料）とさきの『中右記』嘉承元年二月条の記事とを東側の北院に結びつけて、陵本体の位置（双ヶ岡西麓から「移転」後の）を「現在の御室大内つまり仁和寺とその東辺の蓮華寺のあたりに及ぶ地域の内」とした。

しかしすでに述べたように、氏には円宗寺の位置に誤解がある以上、この陵比定説は成り立たない。「二つの北院」説の是非にかかわらず、本寺西側に北院が所在したことは確実であり、また陵の位置に関係するのは西側の北院だけである。

以上から、光孝陵（本体）は本寺の西にあり、さらに西の北長尾（北中尾）には村上陵（本体）があったことになる。すると光孝陵の「四至」のうち西限とされる「芸原岳岑」は、「芸原」の地名が不明ではあるが、長尾であると考えざるをえない。なお村上陵兆域についてはまったく史料がないが、それはおそらく北長尾を中心に、光孝陵兆域四至の西に接して小規模に営まれたのではなかろうか。

では、北院の位置はどこまで限定できるだろうか。

仁和寺境内西辺内外にあった諸院の位置関係は、およそつぎのように想定される[20]（時期は、おおむね鳥羽院御願の仏母院が成立した天養元年〈一一四四〉以降）。

境内の南西部、現本坊付近に宇多法皇の御在所であった南御室、その北に観音院（観音堂・灌頂堂など）があった。また仏母院仏母堂は観音院灌頂堂の西にあり、両堂は廊で結ばれていた。北院は観音院の西北に位置していた。

この位置関係を念頭に、さきの『光台院御室御灌頂記』（前節b史料）の記事にもどろう。

ここに「馬場」とあるが、これは諸説ともに北院付属の馬場と解する[21]。そうであれば、馬場と北院とは南北に接続していた可能性が強い[22]。とすると、この記事から仏母院と馬場とは一部東西に相対することになろう。仏母院は南北に長い規模であった（『本要記』）から、馬場も南北に長いとすれば、こう考えることは可能であろう。そうすると、仏母院と馬場の北方に北院が想定される。

現在の光孝陵の地から府道を北へ越えた寺の西外は宇多野馬場町、その北が北之院町である。この両地名（『図志』Ⓐの「字」と対応）は、馬場と北院の想定位置関係とまったく対応するといってよい。したがって、やはり北之院町に北院が存在したことは疑いない。発掘調査によるその比定地の寺域の規模（再建後とみられる）は、南北約一〇九m、東西約九五mとされる[23]。

光孝陵の位置は北院の西辺であるから、現在の宇多野芝町からその北の御室八十八ヶ所霊場の南部にかけての地ということになろう。図1の旧地形等高線図でみると、北院（この位置はほぼ妥当）のすぐ西に南へ張り出した

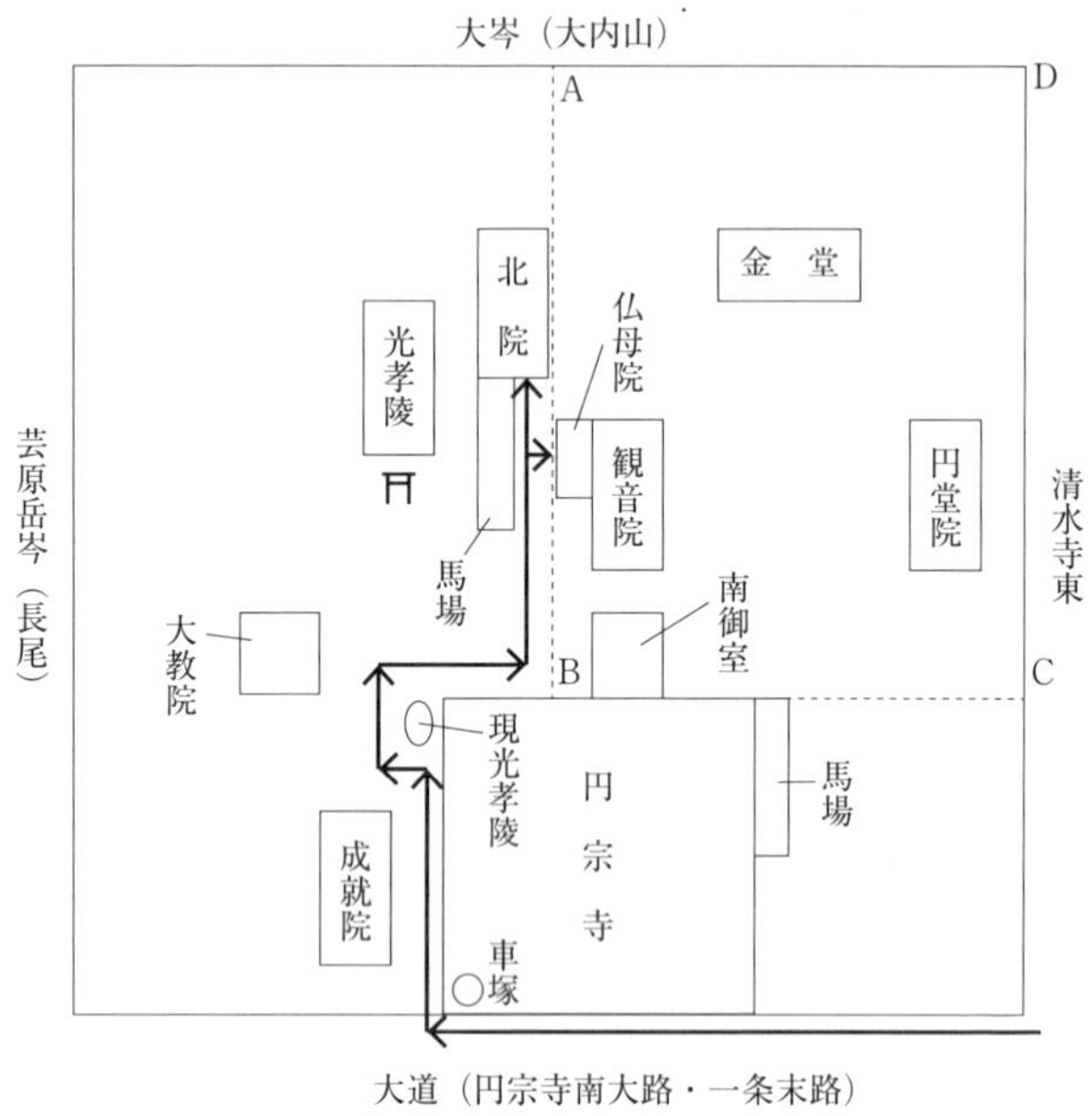

図４　光孝陵四至と本体と諸院家（概略図）

ABCD　仁和寺本寺寺域

⟵　第２節ａ・ｂ史料における進路

小規模な尾根があるが、これがほぼ芝町北半にあたる。地形からみれば、陵本体を営む場所はこの地点しかないと思われる。

ではこの位置は、前節で考えた大教院や円宗寺との位置関係を満たすであろうか。

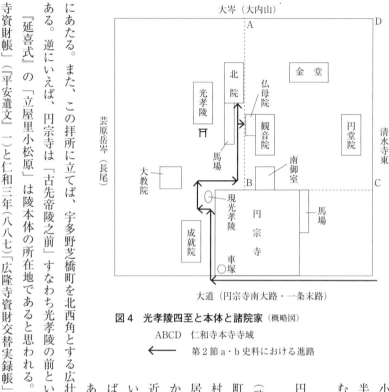

陵本体の規模は少なくとも南北二六丈（破損された部分）、おそらく実際には一町（三六丈）程度あったと思われる。また村上陵の例では、「御在所」（陵墳）は「鳥居」から五、六段のところにあったというから、この例によるなら宇多野芝町南辺付近に光孝陵の「鳥居」（拝所）を想定してよいであろう。拝所を陵の位置の基準とすれば、宇多野芝町南辺は、福王子町南東部にあった大教院からみて、まさにその「艮」にあたる。また、この拝所に立てば、宇多野芝橋町を北西角とする広壮な円宗寺の甍が南東方向に見えたはずである。逆にいえば、円宗寺は「古先帝陵之前」すなわち光孝陵の前といってよい位置にあったのである。

『延喜式』の「立屋里小松原」は陵本体の所在地であると思われる。「立屋里」は、貞観十五年（八七三）「広隆寺資財帳」（『平安遺文』一）と仁和三年（八八七）「広隆寺資財交替実録帳」（同）にみえる同寺領の存在した葛野郡五条立屋里である。しかし、その位置を考定する史料は乏しい。

福山氏は、第一節で紹介した治承二年文書にみえる「立屋東保」内の家地の四至の記載「東限二長尾大路一」から立屋里の位置を考証したが、『図志』ⒶⒷによると、「長尾筋」（これが「長尾大路」であろう）は現在の宇多野長尾町あたりがその南端であって、氏のいう「五条荒蒔里（広隆寺所在地）の北隣」まではおよんでいない。した

図5　光孝陵本体と兆域四至
A＝大教院　BCDE＝円宗寺　F＝北院　◯＝本体　GHIJ＝兆域四至

がって立屋里は、「長尾筋」が通過する、もっと北方でなければならない。「長尾筋」は、福王子交差点の北方から南へと続くのだから、光孝陵拝所と想定した宇多野芝町南辺も立屋里に含まれる可能性は否定できない。

なお、さきの『中右記』の記事には、実検使に対して寺僧が「立屋里在二広隆寺辺一之由」を言ったとあるが、寺側は実検に対し「四至不分明」の一点張りで非協力的であったから、この寺僧の言も言い逃れのための空言であった可能性が強い。

「小松原」については『帝王編年記』(十四世紀成立)に、

仁和四年戊申。(中略)八月十七日。供二養仁和寺金堂一。葛野郡小松郷奉二為先帝一所二創立一也。

とあり、また寛永二十一年(一六四四)の福王子神社棟札には「葛野郡小松里福王子大明神」とある[24]から、仁和寺境内から西のあたりを「小松」と呼んだ可能性はあるだろう。

四　陵の位置と初期仁和寺

さて以上で述べたように、光孝陵本体が宇多野芝町付近にあったとするならば、陵のこの位置は仁和寺の成立との関連でどのような意味をもつだろうか。

仁和四年(八八八)八月十七日、新造西山御願寺(仁和寺)で行われた光孝先帝の周忌御斎会は、阿弥陀三尊像(国宝、現在仁和寺霊宝館に安置)を本尊とする金堂の供養を兼ねてなされた可能性が高いが、金堂供養はそれ以前にさかのぼる可能性も皆無ではない。

しかし、仁和寺が光孝の御願により建立されたとする説は、のちに寺説として出て来たものであろう[25]。同寺は別当幽仙の奏状にあるように、あくまで宇多が先帝のためにその山陵に建立したものであり、延喜七年(九〇七)五月二日太政官符(『類聚三代格』巻二)に引く仁和寺別当律師観賢の奏状も重ねて述べるところである。

以下、このことを光孝崩御以後の経過から検証してみよう。

仁和三年八月二十六日、光孝は崩じた(『三代実録』)。同九月二日、小松山陵に葬られた(『日本紀略』)。同八日には、参議左大弁橘広相らが小松山陵に向い、その「兆域四至」を定め、その域内にあった「八寺」を壊さしめた(同)。

この時定められた「兆域四至」が『延喜式』後田邑陵の「四至」であろう。その「四至」のうち、すでに述べたように、北限「大岑」は大内山、南限「大道」は一条末路、西限「芸原岳岑」は長尾であり、兆域の南北はほぼ六町と推定される。東限は「清水寺東」であるが「東」とすることに注意すると、清水寺は「兆域四至」内にあって除却された「八寺」のうち、もっとも東辺にあった寺ではないだろうか。

延喜四年供養の円堂院の位置は、『本要記』に引く「小野僧正記」に「仁和寺巽方」とあるが、その遺構は現境内のやはり東南隅にある御室会館付近の発掘調査(一九六二年)により確認されている。[26] したがって現境内東辺(南辺も)は、創立時のそれをほぼ引き継いでいることになる。

かりに寺域東辺が山陵兆域東限であったとすれば、兆域東西もほぼ六町となり南北六町とのバランスも適当であろう。

「兆域四至」を以上のように比定すれば、推定した陵本体は兆域の西半分内にあり、寺域は兆域の東半分北寄りを占め、陵本体と寺とは西東に相対する位置になる。おそらく「兆域四至」は、その東半分に寺を建てる計画で設定されたのではないだろうか。その設定の際、域内「八寺」が除却された。『西宮記』巻十二(天皇崩)には、「山陵事」として「四至中寺破却給二料物一」とあるから、山陵兆域から寺を除却するのは一般的なことであった。しかし、設定された兆域内に、その「八寺」と並んですでに光孝御願の寺があった、あるいは建設中であったなどとは想定しがたい。やはり「西山御願寺」（仁和寺）は、「八寺」除却の後、宇多により建立に着手されたのであろう。

まず兆域東半分中央に金堂が建てられた。金堂は、寛永年間の再興時の史料（『本要記』）などから、「現金堂と中門とのほぼ中間に位置[27]」していたと推定される。その成立時期は仁和四年八月か、それを何ヵ月かさかのほる可能性がある。

寛平九年（八九七）七月三日、皇太子敦仁親王に譲位した宇多天皇は、昌泰二年（八九九）十月二十四日、仁和寺にて権大僧都益信を戒師として落髪入道した（『日本紀略』）。

その後の延喜四年三月、宇多法皇は仁和寺内西辺に御所（御室）を設けた。これは、のち敦実親王に附属され、親王の手で観音院とされた。のちに、この御所の南に設けられたのが南御室である。位置は寺域西南辺に近い[28]。また、ほぼ同時と思われる延喜四年三月二十六日、円堂院の供養を兼ねた斎会が行われた（『日本紀略』『扶桑略記』など）。これは、前述した寺域東南に建てられたものである[29]。その供養願文（『本朝文集』巻三十二）に、

追二山陵之近辺一。望二松栢之荒色一。是猶下思二古人一廬二墓側一之意至上也。

とある。

ここに到って、寺地中央を占める金堂とその付属堂宇に加えて、寺地西南には法皇の御在所たる御室、東南にはその念誦堂たる円堂というふうに寺観も整備され、名実ともに「古人」（先帝）を思い「廬二墓側一」する結構が出来上ったのである。

おわりに

現光孝陵の位置が、『中右記』の記事から判明する北院西辺という条件を満たさないことは明らかである[30]。また福山説の主張するような陵の「移転」を示唆する史料はないし、「移転」の前と後のそれぞれの位置比定にも、史料に照らして大きな難点があることは上来述べたとおりである。

杉山・古藤両氏も光孝陵の位置に言及している。杉山氏は、光孝陵の位置を「北院との関係から今の地点（現陵—渡里）からやや西北と思われる」と正しい見当を示し、これについて古藤氏も「傾聴すべき見解[31]」と評したが、両氏ともそれ以上の追究をされなかった。

従来の説が正鵠を得なかったのは、主として円宗寺の位置について誤解や躊躇があったためだと思われる。本章では、「円宗寺図」と現地踏査、発掘調査結果の解釈により、同寺の位置を従来説よりかなり西寄りに比定できることを示した。それにより同寺の位置が、大教院「艮」かつ北院西辺にあった光孝陵の前（「古先帝山陵之前」）にあたることを説いた。ここが重要なポイントである。以上により、陵や諸院の「移転」などを想定しなくとも、光孝陵の位置にかかわる諸史料は整合的に解釈できると思うのである。

一方、兆域についていえば、文徳田邑陵の方四町を上まわる光孝後田邑陵の広大な兆域は、文徳の系統に代わり、光孝こそ仁明の正統であることを宇多が示そうとしたものではなかろうか。むろん、それは宇多自身の立場の強化につながるはずである[32]。

また陵本体の位置と設定された兆域の広さからみて、兆域内に「陵寺」を建立する予定があったと思われる。「陵寺」という点では、宇多による仁和寺の建立は、文徳による嘉祥寺の建立を先蹤としたものと考えられる。ただ嘉祥寺が山陵の傍に建てられた(33)のに対して、宇多が仁和寺を広大な「山陵内」に建てたことに、より積極的な意味が見いだされるかも知れない。

註

（1）「陵寺」については、西山良平「〈陵寺〉の誕生―嘉祥寺再考―」（『日本国家の史的特質』古代・中世、思文閣出版、一九九七年）参照。

（2）下坂守・小林弘侑「仁和寺の歴史」（『仁和寺大観』法蔵館、一九九〇年）は光孝御願説。紺野敏文「創立期仁和寺阿弥陀三尊像の造立年代の検討」（『日本彫刻史の視座』中央公論美術出版、二〇〇四年、初出一九七九年）は宇多御願説。

（3）福山敏男「仁和寺の創立」（『同著作集』三、中央公論美術出版、一九八三年、初出一九七九年）。以下言及する福山氏の見解はすべてこの論文による。

（4）杉山信三「仁和寺の院家建築」（『院家建築の研究』吉川弘文館、一九八一年、初出一九六二年）。以下言及する杉山氏の見解もすべてこの論文による。

（5）古藤真平「仁和寺の伽藍と諸院家（上）（中）（下）」（『仁和寺研究』一～三、吉川弘文館、一九九九～二〇〇二年）。

(6) 上村和直「御室地域の成立と展開」（『仁和寺研究』四、吉川弘文館、二〇〇四年）。
(7) 同右。
(8) 拙稿「桓武天皇陵と仁明天皇陵の所在地―両陵の位置関係から―」（本書第二編第七章）。
(9) 杉山、註(4)前掲論文。
(10) 同右。
(11) 古藤、註(5)前掲論文(下)。
(12) 上村、註(6)前掲論文も仁和寺東南とする。
(13) 『山城名勝志』巻之八。
(14) 本章で参照する仁和寺関係史料は、奈良国立文化財研究所編『仁和寺史料』寺誌編一に「仁和寺諸院家記」「仁和寺諸堂記」、同二に「本要記」を所収。
(15) 京都市埋蔵文化財研究所調査報告書第十四冊『京都嵯峨野の遺跡』（同研究所、一九九七年）、一二〇頁。
(16) 同右、二〇頁。
(17) 杉山、註(4)前掲論文。
(18) 上野竹次郎『山陵』新訂版（名著出版、一九八九年）、村上天皇村上陵。
(19) 『増補大日本地名辞書』二、山城葛野郡。
(20) 古藤、註(5)前掲論文(上)。津々池惣一「仁和寺西端域の子院小考」（『京都市埋蔵文化財研究所研究紀要』八、二〇〇二年）。
(21) 「円宗寺図」には、同寺の東側に「南北ニ馬場在之」と記されている。杉山、註(4)前掲論文は、この「馬場」が「仁和寺本寺のもので、北院にもあった馬場ではない」可能性を述べている。この位置は本寺の前とみられるから、これを本寺の馬場と解するのが妥当であろう。とすれば、ここで問題となっている「馬場」は北院のものと考えてよいと思われる。
(22) 「馬場」が北院付属であれば、福山氏の想定（図1）のように北院と離れているのはやや疑問である。

(23) 註(15)前掲書、一二二頁。
(24) 福山、註(3)前掲論文。
(25) 同右。
(26) 杉山、註(4)前掲論文。
(27) 古藤、註(5)前掲論文(上)。
(28) 同右。
(29) 昌泰二年供養の円堂については、大内山山中に設けられた小規模なものとする古藤、註(5)前掲論文(上)に従っておきたい。その円堂のあった場所が『開田准后記』(第一節史料C)にみえる「池尻」と考えられる。
(30) なお、仁和寺北に「御室陵墓参考地」があり、ここに光孝陵を比定する見解が一部にある。たとえば『平安時代史事典』本編下(角川書店、一九九四年)「後田邑陵」(角田文衛)。しかし、これもこの条件に適合しないことは明らかである。
(31) 古藤、註(5)前掲論文(下)。
(32) 宇多は、陽成朝で侍従をつとめ「王侍従」と呼ばれた。また父光孝践祚時には臣籍に降下した。こうした経歴から、皇位継承の正統性にやや疑問を投げかける世評もあったらしい。陽成院が「当代は家人にあらずや」と言ったというのは有名な話である(『大鏡』)。
(33) 註(8)前掲拙稿。

(後記)
第二節の「曩祖之精舎」の比定については、再検討の必要がある。次章第三節参照。

第九章　円融寺(院)の所在地

はじめに

京都洛西にある仁和寺は、九世紀末の光孝天皇の崩後、その菩提を弔うため、宇多天皇によって、陵の兆域内に建立された[1]。光孝は、その父仁明から文徳・清和・陽成と続いた皇統に対して、いわば新皇統の祖となった。以後仁和寺周辺には、この皇統に連なる天皇・皇族らによって多くの院家(子院)が営まれた。早い時期に建てられた院家が、寺号に「円」を共有する天皇御願の四円寺、すなわち円融天皇の円融寺、一条天皇の円教寺、後朱雀天皇の円乗寺、後三条天皇の円宗寺である。

四円寺の宗教的また政治的意義については先学の論[2]に譲ることにして、ここで問題にするのはその所在地である。以下にみるように、円教・円乗・円宗の三寺の位置は、さらに限定していく必要はあるものの、従来の説により大方の見当はついている[3]。

ところが円融寺については、確かな根拠はないにもかかわらず、現在の龍安寺辺をその故地とする説が通説化し、ごく最近に至るまで疑われたことがない[4]。ここでは通説を疑問とし、その真なる故地について大体の見当を示してみたい。

一　通説への疑問

円融寺の位置については、『山城名勝志』巻八に、つぎのような関連記事がある。

①円融寺

仁和寺僧云伝云此旧地在二龍安等持両寺山傍一云云

②龍安寺

仁和寺僧説云今龍安寺昔日円融寺旧趾云云、当寺者元徳大寺公有公別荘之地也

③徳大寺

拾芥抄諸名所部云衣笠岡坤左大臣実能公家

これらを通じて、円融寺の寺地は、円融寺→徳大寺→龍安寺と継承されてきたとするのが通説である。

龍安寺の寺地は、細川勝元が徳大寺公有から譲渡されたものであることは、②の項に掲げる長禄二年（一四五八）二月十日付の古文書によってわかり、勝元は義天玄承を請じてここに龍安寺を建立した。このように徳大寺から龍安寺への寺地の継承関係は明らかだが、円融寺から徳大寺への継承、あるいは両寺がたがいに近傍にあったことを示す史料は存しない。

円融寺は、もと僧正寛朝（九一五〜九八）の住房であった（「仁和寺諸院家記」）。それが円融天皇（九五九〜九一）の御願寺として永観元年（九八三）三月二十二日、寛朝らを導師として供養されたもので、七仏薬師像を安置し、

池の東には法華堂が建てられていた。永延二年（九八八）三月二十日には五重塔が供養された（以上、『日本紀略』『扶桑略記』同日条、以下『紀略』『略記』という）。天皇は永観二年（九八四）八月二十七日譲位し、翌寛和元年八月二十九日出家、同年九月十九日、従来の御在所堀河院より円融寺へ遷御、正暦二年（九九一）二月十二日、同寺にて崩じた（以上『紀略』同日条）。同寺は、のちにみるように、おそくとも嘉承二年（一一〇七）には機能しており、別当が管理していた。

これに対し徳大寺の初見は、『左経記』長元八年（一〇三五）八月六日条の、参議右兵衛督源隆国の母が卒去し入棺後、徳大寺に移されたという記事である。隆国の母は、藤原師輔の男忠君（?～九六八）の女であった。その後『台記』久安三年（一一四七）六月五日条によれば、藤原実能（一〇九六～一一五七）が「徳大寺辺」に堂を供養した。以後、実能の家系を徳大寺家という。

したがって円融・徳大両寺の存続期間は重なっており、少なくとも円融寺の廃絶後に徳大寺がその跡を襲ったという関係ではない。しかし、両寺の間には浅くない関係があったようである。『仁和寺諸院家記』には徳大寺の住持七代の名がみえるが、最初の三代、朝寿・賢尋・頼観は円融寺別当であったとされる。朝寿（?～一〇一七）は忠君の男で、円融寺と縁の深い寛朝の付法の弟子であった。こうしたことから、徳大寺は「円融寺別当の住房的な性格」を有していたのではないかという推測もある。[5] もしそうであれば、両寺がたがいに近傍にあった可能性も出てこようが、通説の根拠としてはなお弱いというべきであろう。むしろ、両寺の以上のような関係から、後世に通説のごとき誤解が生じたのではなかろうか。

仁和寺周辺に営まれた多くの院家の場所は、最初は本寺の近くに、時代が降るにしたがって遠くへ、という傾向がある。[6] 天皇御願の四円寺は早期に成立した院家であるから、本寺を望む好位置に建てられたはずである。そのことを、大体の位置がわかる円教・円乗・円宗の三寺について検証してみよう。

まず円教寺は、長徳四年(九九八)正月二十二日、供養された(『紀略』『略記』同日条)。その位置は、『中右記』保安元年(一一二〇)三月十八日条によれば、「従二西大宮一条辻一至二円教寺東築垣一十二町、右京西京極大路西辺件寺被レ立也」であった。つぎに円乗寺は、御願の後朱雀崩後の天喜三年(一〇五五)十月二十五日、「仁和寺南有一形勝」(『略記』同日条)に「円教寺新堂」(『百錬抄』同日条)として供養された。したがって、円教・円乗両寺はほぼ一体とみてよい。一条西京極は条坊復原図(7)によると、大体現在の嵐電妙心寺駅に当たり、同駅の西の御室小学校の地や駅の南には谷口円成寺町、駅の北西には花園円成寺町の地名が分布する。「円成寺」は円乗寺の遺称地名と考えられるから、両寺は同駅の西辺に想定される。

また円宗寺は、延久二年(一〇七〇)十二月二十六日に円明寺として供養され、同三年六月三日に円宗寺と改名された。(『百錬抄』同二年十二月二十六日条)その故地については、前章で従来よりもかなり限定したところで、「円宗寺鐘銘」に「仁和寺勝形之左」、同寺供養願文に「仁和寺之南傍」とあること、それに「円宗寺図」などから、仁和寺本寺の南西の地、現在の御室芝橋町から宇多野芝橋町あたりと考えられる。

現在の仁和寺境内は、平安期の本寺寺域をほぼ踏襲していることも前章で説いたところである。してみると、円教・円乗・円宗の三寺は、いずれも本寺の前面至近の地にあり、本寺を望む好位置にあったといえよう。

これに対して、通説で円融寺の故地とされる現龍安寺の地はどうであろうか。この地は、三寺よりも仁和寺から離れているだけでなく、仁和寺との間に住吉山丘陵が張り出しており、ここから本寺を望むことはできない。これは、四円寺の嚆矢というべき円融寺の位置としてふさわしくないのではないだろうか(8)。

二　村上陵・後村上陵と円融寺

そこで以下、あらためて円融寺の真の位置を追究しよう。そのための手がかりは、つぎの二つの史料である。

A『紀略』正暦二年(九九一)二月十九日条

　葬㆓太上法皇於円融寺北原㆒。置㆓御骨於村上陵傍㆒。

B『左経記』寛仁四年(一〇二〇)六月十六日条

　故一条院遺骨為㆑避㆓方忌㆒、年来奉㆑置㆓円成寺㆒。而依㆓方開㆒、主計頭吉平朝臣奉㆑仰、可㆑奉㆑置㆓御骨㆒之処、卜㆓鎮円融寺辺㆒、今日奉㆑渡(中略)以㆓戌剋㆒奉㆑遷㆓御骨於円融寺北方㆒円融院御陵辺也。

Aは円融法皇崩後の、火葬と遺骨の埋葬を示すものである[9]。火葬された「円融寺北原」はともかくとして、埋葬された場所(陵)と考えられる「村上陵傍」とはどこか。

　村上天皇は、康保四年(九六七)六月四日、山城国葛野郡田邑郷北中尾に葬られた(『紀略』同日条)。これについても前章に記したように、「中尾」は「長尾」で、福王子交差点の北から南へと伸びる長い尾根であり、村上陵は現在この尾根上の妙光寺裏山の急峻な場所に治定されているが、円融上皇が村上陵を拝した際の状況(『小右記』永観二年(九八四)十月二十七日条)を考慮すると、陵の位置はもっと南のなだらかな場所でなければならない。その場所を宇多野福王寺町北西部に比定すれば、現在やはり同町北西部に治定されている円融天皇後村上陵の位置は、まさに「御骨」を置いた「村上陵傍」となり、当たらずとも遠からずの位置といえよう。

　つぎにBについては、若干補足すれば、一条天皇は生前、「円融院法皇御陵辺」に土葬するようにとの遺志を

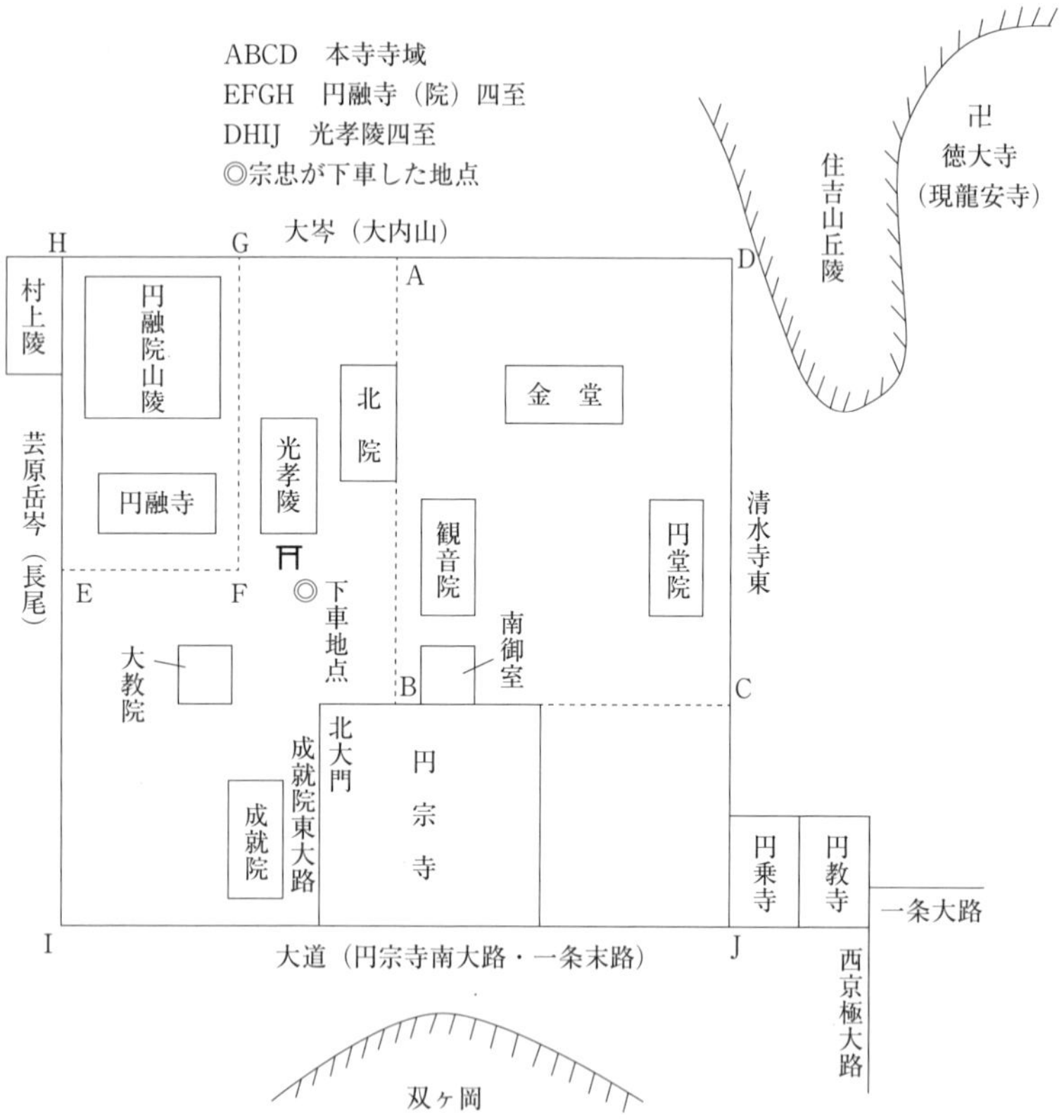

図1　仁和寺諸院と山陵（第二編第八章図4を改訂・増補）

伝えていたが、周囲はそれを忘失して火葬してしまった[10]。しかも「方忌」のため、その遺骨は東山の円成寺に置かれていたが、この度「方開」たので、先帝の希望通り「円融寺北方」に遷した。そこは「円融院御陵辺」であったとする。

ここでいう「円融院御陵」を円融天皇後村上陵と考えれば、円融寺はその南方に所在したことになる[11]。つまり円融寺の場所は、現龍安寺の地ではなく、仁和寺西側の宇多野福王子町付近に求めなければならない。

私見ではそのように考えるのであるが、山田邦和氏は、「ここに記されている「円融院御陵」というのは、村上天皇陵の傍に造られた円融天皇の遺骨の埋葬所のことではなく、円融寺境内に存在した天皇の火葬所のことを指しているのは明らか(12)」という。たしかに、そう考えれば円融寺の位置は通説の場所であっても差しつかえない。

山田氏は『帝王編年記』において、清和天皇の火葬所を「粟田山陵」、朱雀天皇のそれを「来定寺」または「中尾南原陵」としていることを挙げて、火葬所を「陵」と呼ぶ場合があったことをその根拠とする。しかし『帝王編年記』は十四世紀頃の成立であり、より同時代に近い史料では、清和の火葬所を「上粟田山」、対して遺骨(「御骸」)を置いた「水尾山上」を「水尾山先太上天皇山陵(13)」と記し、朱雀の火葬所を「愛宕郡山(14)」とし、いずれも火葬所を「陵」とは記さない。

黒羽亮太氏も山田説を批判し、「遺骨の置かれた場所を陵とする認識」の存在を強調する。ただし、氏も「堀河の頃から火葬所を一時的に山陵と称する例が登場する」として、『中右記』嘉承二年(一一〇七)七月二十五日条の、堀河天皇の火葬所(香隆寺辺)において「令ㇾ作二山陵一」が「おそらく火葬所を山陵と呼んだ最初の例ではなかろうか」という(15)。

そこで、葬所(火葬所)と墓所(陵)のそれぞれの意味についての当時の認識を探るため、大外記中原師元が摂関家の藤原忠実(一〇七八～一一六二)の談話を筆記した『中外抄』に載るつぎの記事に注目しよう。

『中外抄』上(六二(16))

康治二年(一一四三)九月廿五日。御前に候ふ、仰せて云はく、「我、先年故殿の御供に法輪寺に参りし時、小松の有りしに、馬を打ち寄せて手を懸けむとせしかば、故殿の仰せて云はく、「あれは鷹司殿の御葬所なり。そもそも墓所には御骨を置く所なり。所放也。葬所は烏呼事なり。また骨をば先祖の骨を置く所に置けば、子孫の繁昌するなり。鷹司殿の骨をば雅信大臣の所に置きて後、繁昌す」と云々」。

ここで「故殿」とは忠実の祖父師実(一〇四二～一一〇一)、「鷹司殿」は道長の室源倫子(師実の祖母)、「雅信大臣」は倫子の父源雅信である。倫子は、天喜元年（一〇五三）六月十一日薨去（『略記』同日条）、京から嵐山の法輪寺へ参る道の途中の「広隆寺北[17]」で火葬された。これが「鷹司殿の御葬所」である。

師実の談では、葬所は火葬所であるのに対して、墓所は「御骨を置く所」である。「所放也」は「はぶる所なり」、つまり墓所は死者を埋葬する、ほうむる所だというのであろう。つぎの「葬所は烏呼事なり」は、墓所を葬所というのは、あるいは両者を区別しないのは「をこの事」つまり愚かなことであるという意と考えられる。

さらに師実は、骨を先祖の骨を置く所、つまり先祖の墓所に置けば子孫は繁昌するとし、倫子の骨も、父雅信の墓所に置いてのち子孫は繁栄したという。倫子の骨は「仁和寺北[18]」に埋葬されたが、この場所は雅信の墓所[19]の至近であったらしい。現実に倫子の子孫は摂関家として繁栄してきたし、また同時に師実の頭には、宇治木幡山の藤原氏墓地（浄妙寺）のこともあったであろう。

以上要するに、師実は、火葬所と墓所とは別の概念であって、両者を混同する傾向が出てきたのをたしなめ、しかも先祖の墓所に子孫の骨を置くことが家の繁栄につながることを説いたと考えられる。これは摂関家の人々の説であるから、当時の正統的な考えであろう。

とするならば、一条天皇がそこに埋葬されることを望み、のち実際にそこに遺骨を遷された「円融寺北方」「円融院御陵辺」は、山田氏の主張する円融の火葬所ではなく、後村上陵の「辺」でなければならない。ただし、その場所は火葬所の「円融寺北原」とは至近であったといえよう。

以上から、円融寺は、宇多野福王子町に想定される後村上陵（現治定はかならずしも正確ではなく、もう少し東か）の南辺、おそらく同町内の府道以北に所在したと考えられる。

三　円融寺の立地環境

以上説いてきた宇多野福王子町府道(周山街道)以北に円融寺を想定する説に対する傍証をつぎにいくつか挙げよう。

その一つとして、嘉承二年(一一〇七)、堀河天皇の病が後三条天皇の祟りではないかとして、藤原宗忠が後三条の円宗寺陵に謝罪に遣わされた際の、つぎの記事を取り上げよう。

C『中右記』嘉承二年七月十二日条

於二冷泉院堀川辻一乗レ車、(割注略)従二円宗寺北大門一大路北行一許町、下レ従レ車向二其所一、而円融院別当法眼浄意送レ僧令二前行一、示二其路一、(此山陵在二円融院四至一、彼別当沙汰也。仍作日(ママ)兼告示也)山陵寂寂、松柏森々、円融院以後之陵五六代相共不レ知二何処一、而問レ僧、云、後三条院陵下可二行向一、相二従僧一払二荊棘一、敷二畳一枚一、近向二彼先帝陵一、(西向)先両段再拝、次指レ笏読二告文一、又両段再拝、次焼二告文一、(院仕丁一人持二参火一、件火切出也、次官相共検察)心閑以詞又以申了退帰、

宗忠は、まず円宗寺北大門より大路を北へ一町ばかり行ったところで下車し、その陵所に向かった。円宗寺北大門とはどこか。円宗寺の位置については、前章で従来よりかなり限定することができたことはさきに述べた。その際参考になった「円宗寺図」(『仁和寺諸院家記』顕證本)には、門として、境内の南東角の「惣門」と北西角の「四足門」とが描かれている。後者を「北大門」に比定できよう。また、円宗寺とその西にあった成就院との間の道が「成就院東大路」(『光台院御室御灌頂記』)であるから、その北延長をここでいう「大路」とすれば、宗忠が下車した地点は、現在の仁和寺伽藍の南西辺と考えられる。ここから陵所に向かったのであるが、後三条陵

は「円融院四至」内にあったという。後三条の陵ばかりか「円融院以後之陵五六代」がここにあると伝えられていたのである。

Cの記事から状況的に判断して、後三条陵のあった「円融院四至」は、宗忠が下車した地点から近かったであろう。円融寺(院)の位置が想定される宇多野福王子町は、この地点から西へ指呼の間である。これに対して、この下車した地点から通説の現龍安寺の地には、東に仁和寺本寺域を越え、さらにその東北の住吉山丘陵の裾を回ってやっと達するのであり、この間直線距離でさえ一㎞位あろう。

つぎに、永保三年(一〇八三)、後三条皇女聡子内親王が亡父天皇のために建立した大教院に関する史料に注目しよう。福王子神社の東南の「字大教院ヤプ」(『聖蹟図志』)は、宇多野福王子町南東部(府道以南)に当たり、ここに大教院の位置を想定してよいことは前章に述べた。同院の「一品宮仁和寺御堂供養願文」(『江都督納言願文集』巻二、『本朝文粋』巻十三)にはつぎのように記されている。

方今仁和寺傍有二一形勝一。天与二煙霞一。地富二水石一。東則先帝之仁祠。晨二昏於鐘声之響一。北則曩祖之精舎也。風二雲於香花之縁一。便卜二此処一。新造二一寺一。

ここで「先帝之仁祠」とは、明らかに後三条御願の円宗寺である。ところが前章では、「曩祖之精舎」を光孝陵の香花寺たる仁和寺(北院含む)を指す」としたが、ここで再検討してみたい。いま掲げた願文の前段に、すでに「仁和寺傍」とあるから、「曩祖之精舎」を仁和寺とすると重複の感があって落ち着きが悪い。それにまた、仁和寺は大教院の「北」というよりも東北に当たる。それゆえ、この「精舎」は、聡子にとって光孝よりもより近い「曩祖」たる円融の建てた円融寺と考えるべきであろう。それは、さきにもふれたように、その「四至」内に円融以後数代の天皇の眠る「香花」寺であった。

なお付け加えると、『聖蹟図志』には、「字大教院ヤプ」の北に道(現府道に相当)を隔てて池が描かれ、その東北に「字ヤクシ堂」と記されている。円融寺には、池の東に法華堂が建てられていたが、七仏薬師像が安置されていたことも考えると、あるいはこの池は円融寺の池の名残かと思われる。この池は明治期の陸地測量部地図にも見え、その位置は現在の市バス福王子停留所のすぐ北に当たる。この地点は、宗忠が下車したと想定される地点から西へ百数十m位であろう。

さらに以下では、円融寺とその周辺を詠んだ漢詩が『本朝無題詩』に何首かあるので、そこからうかがわれる同寺の立地環境が、宇多野福王子町付近の地形環境などと整合するかどうか検証してみよう。

この詩集の六七一〜六八三番と七六五番の計十四首が円融寺に関わる詩である。[20]

このうち、六七一〜六七四番は「暮春遊㆓円融寺㆒即事」の題のもとに、それぞれ藤原敦基・敦宗・敦光・基俊が詠んだものであるが、『中右記』永長元年(一〇九六)三月十三日条に、数人が誘い合わせて「行㆓向円融院㆒、欲㆑尋㆓残花㆒」した中に、この四名が見えるので、この時の作であろう。

以下、これらの詩の中の留意される表現を取り上げよう。

まず六七一番の

高閣参差夕日斜

は、この地に寺閣が高低に立並ぶさまを表現する。当時の院家の分布密度[21]からみて、こうした表現は、龍安寺のある衣笠地区よりも、本寺以西の宇多野地区にふさわしい。本寺内の諸堂をはじめ北院・円宗寺・大教院などが「高閣」に当たろう。

六七四番の

江南雨過青山近

の「青山」は、宇多野福王子町からすぐ南に見える双ケ岡で、「江」は岡の西を流れる御室川と考えられる。龍安寺の地では、南に眼前に見える「青山」はない。

六七七番の

雁行一道斜過レ塞

の「塞」は「辺塞」すなわち国境の意で、この地が丹波国境へと向かう周山街道の起点であることを意識しているのではなかろうか。

また「冬日遊二円融寺一」の題で詠まれた六八二番の

孤峯隠径入二寒雲一

の「孤峯」は六七四番の「青山」と同じで双ケ岡と解されよう。仁和寺付近には、双ケ岡以外に孤立丘陵はない。

三宮（後三条皇子輔仁親王）作の七六五番「暮春遊二西山古洞一」には、つぎのような興味深い表現がある。

棠梨嶺遠雲霄雪
楊柳寺深天禄塵
　山脚有二円融寺一。故云。

この表現は、明らかに白楽天「寒食野望吟[22]」の、つぎの表現を意識している。

古墓塁塁春草緑
棠梨花映白楊樹
尽是死生離別処

棠梨は春に白い花をつけるカラナシで、棠梨と白楊（七六五番では「楊柳」）は、ともに墓辺に植える木である。両詩を対照してみると、七六五番は、円融寺の背後に墓地を抱えていることを示唆していると考えられる。また宇多野福王子町の地は、北の大内山の峰から南へゆるやかに傾斜する地形であるから、背後(北)を振り返れば、まさに「嶺遠」である。対して龍安寺の地は、すぐ背後に山が迫っているので、かかる表現には合わない。

なお、この円融寺(院)背後の墓地が、史料Cでみた「円融院四至」内にあった「円融院以後之陵五六代」で、円融後村上陵、一条円成寺陵、後朱雀円乗寺陵(陽明門院陵含む)、後冷泉円教寺陵、後三条円宗寺陵、堀河後円教寺陵[23]がそれに当たり、「仁和寺山陵[24]」「円融院山陵[25]」などと総称されていた[26]。

おわりに

本章の結論はくり返すまでもあるまい。仁和寺西の宇多野福王子町府道以北の地区は、本寺至近で、比較的広いにもかかわらず、従来の研究でここに想定される院家はなく、空白地帯である[27]。この地は、円融寺とその背後の山陵群を想定するに十分な条件を備えていると考えられる。

註

(1)　拙稿「光孝天皇陵と仁和寺の成立―陵の位置を中心に―」(本書第二編第八章)。仁和寺とくに諸院家についての先行研究にはつぎのものがある。杉山信三「仁和寺の院家建築」(『院家建築の研究』吉川弘文館、一九八一年)、古藤真平「仁和寺の伽藍と諸院家」上・中・下(『仁和寺研究』一・二・三号、吉川弘文館、一九九九・二〇〇一・二〇〇二年)、上村和直「御室地域の成立と展開」(『仁和寺研究』四、吉川弘文館、二〇〇四年)。
(2) たとえば平岡定海「四円寺の成立について」(『日本寺院史の研究』吉川弘文館、一九八一年、初出一九七八年)。
(3) つぎに示す私見と若干の相違はあるが、杉山・古藤、註(1)前掲論文。
(4) 最近この通説に対して疑問を呈したのは、黒羽亮太「円融寺と浄妙寺─摂関期のふたつの墓寺─」(『日本史研究』六三三、二〇一五年)。なお円融寺成立の意義については、所京子「円融寺の成立過程」(『平安朝「所・後院・俗別当」の研究』勉誠出版、二〇〇四年、初出一九六七年)の専論がある。
(5) 杉山・古藤、註(1)前掲論文。
(6) 諸院家の成立年代については、古藤・上村、註(1)前掲論文。
(7) 角田文衛総監修『平安京提要』(角川書店、一九九四年)付図。
(8) 目崎徳衛「円融上皇と宇多源氏」(『貴族社会と古典文化』吉川弘文館、一九九五年、初出一九七二年)は円融上皇について、「在位当時の円融寺建立以来、出家は上皇にとって予定されたコースで」、「宇多上皇の先例を追おうとする志向がみられる」とし、その間に、寛朝、源雅信ら宇多源氏の介在を強調する。このことも、円融寺が本寺の至近に建てられたことを示唆しよう。
(9) 平安期の天皇・貴族の葬送全般については、朧谷寿『平安王朝の葬送』(思文閣出版、二〇一六年)参照。
(10) 『小右記』寛弘八年(一〇一一)七月十二日条、『権記』同年七月二十日条。
(11) 黒羽亮太「〈円成寺陵〉の歴史的位置─律令山陵制度の転換─」(『史林』九六─二、二〇一三年)も、この観点から「後村上陵が円融寺とそう遠くない場所にあったことは疑いない」という。
(12) 山田邦和「平安時代天皇陵研究の展望」(『日本史研究』五二一、二〇〇六年)。
(13) 『三代実録』元慶五年(八八一)十二月二十七日条。
(14) 『扶桑略記』天暦六年(九五二)八月十五日条。
(15) 黒羽、註(11)前掲論文。
(16) テキストは、新日本古典文学大系『江談抄・中外抄・富家語』(岩波書店、一九九七年)による。

(17)『定家朝臣記』天喜元年六月十二日条。
(18)同右。
(19)『大日本史料』二―二、正暦四年(九九三年)七月二十六日条。
(20)本間洋一『本朝無題詩全注釈』三(新典社、一九九四年)参照。
(21)古藤・上村、註(1)前掲論文。
(22)『白楽天詩集』二(国民文庫刊行会、一九二九年)二三四頁。
(23)史料Cの時点では堀河天皇は在世。
(24)『中右記』嘉保元年(一〇九四)二月五日条。
(25)『中右記』嘉承二年(一一〇七)七月二十五日条。
(26)黒羽、註(11)前掲論文。なお、これらの陵は現在龍安寺背後の朱山(主山)に治定されているが、これはむろん通説の円融寺の位置を前提とするものである。
(27)古藤・上村、註(1)前掲論文。

付章　山城国葛野郡条里と「双ノ池」

『続群書類従』（第二十七輯上、釈家部）に、「広隆寺資財帳」及び「広隆寺資財交替実録帳」が収められている。[1]この二つの文書の「水陸田」の項には、寺が領有する田畑について、その所在する条里、坪、面積などが記されている。いずれも山城国葛野郡に所在する土地であるが、その条里名を後者「実録帳」によって列記すれば、次の通りである。

①四條郊田里　②同條殖槐里　③五條荒蒔里　④同條立屋里　⑤同條市川里　⑥六條竝里　⑦同里（條）上木嶋里[2]　⑧七條牛養里

葛野郡条里に言及した比較的新しい研究として、金田章裕『条里と村落の歴史地理学研究』（大明堂、一九八五年）を参照すると、①〜⑤の里については、遺称地名などから、これまでに現地比定がなされているが、⑥〜⑧の比定については未解決のようである。[3]

ここで問題とするのは、⑥六條竝里の現地比定であるが、改めて前記史料から関係部分を抜き出すと、次のようになっている。

史料一　「広隆寺資財交替実録帳」

六條竝里五段。二段田。二段畠。一段川成。　廿九池尻田四段。二段田。一段畠。一段川成。　卅二岡埼田一段。一段畠。（中略）

池壹處。在六條竝里十七坪。

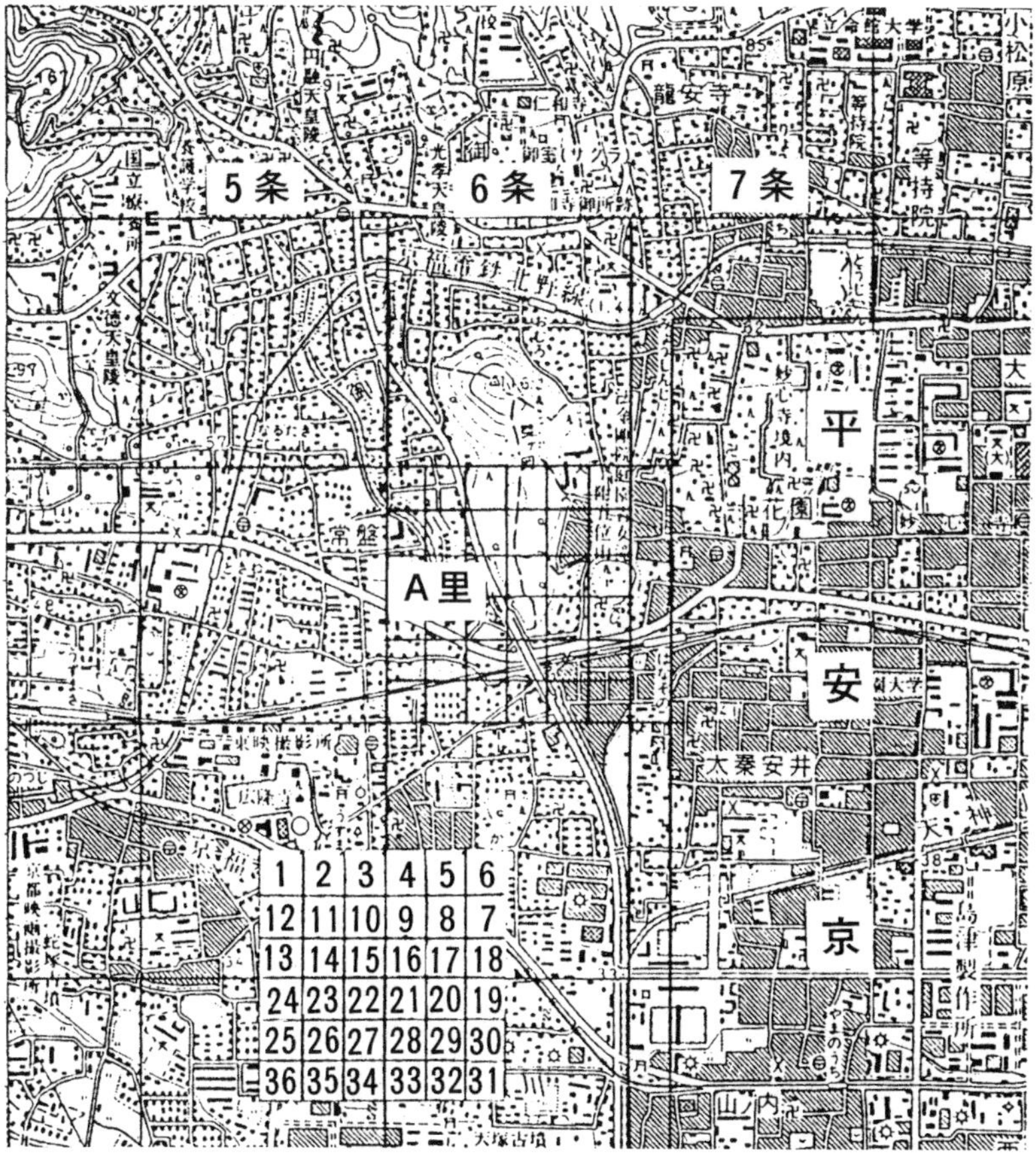

図　双ヶ岡付近の地形と条里

葛野郡条里[4]の六条には双《ナラビ》ヶ岡（「国史」では雙丘、双岡、双岳と記されている）が存在することから、筆者は「竝里」を図のA里に比定することができると考える。「竝里」の「竝」はナラビと読むのであろう。

このように比定するもう一つの根拠は、史料一で六條竝里十七坪にあるとされる池である。

「竝里」をA里と仮定すれば、A里十七坪は、図のように双ヶ岡東方、五位山（後出）との間に位置する。このあたりは、明治初年まで池上村があった地であり[5]、事実、池が存在した。

関係史料を挙げよう。

史料二　『続日本後紀』承和十四年

十月辛亥（十九日）条

授㆓雙丘東墳従五位下㆒。此墳在㆓雙丘東㆒。天皇遊猟之時。駐㆓蹕於墳上㆒。以為㆓四望地㆒。故有㆓此恩㆒。

同壬子（二十日）条

雙丘下有㆓大池㆒。々中水鳥成㆑群。車駕臨幸。放㆓鶺隼㆒拂㆑之。（以下略）

史料三　「仁和寺諸院家記[6]」

池上。双岡東方也。或記伝。池上寺寛忠僧都建立。

史料二より、双ヶ岡の東方に古墳（五位山という）があり、また付近には大きな池があって、仁明天皇が遊猟に行幸したこと、史料三から、宇多天皇の孫である僧寛忠が、この池のほとりに池上寺を建立したことがわかる。この池は、いつしか埋没して現在はないが、平安時代には「双ノ池」と呼ばれ、歌枕ともなっていた[7]。史料一の「池壹處」は、結局この「双ノ池」と同定してよいであろう。とするならば、「竝里」がA里である可能性はきわめて大きいといわねばならない。

また、史料一に「卅二（坪）岡埼田」という記載があるが、一般に岡埼（崎）とは岡の先端の意味である。図によると、A里三十二坪付近は、ちょうど双ヶ岡が平坦部へ東南に突き出ている先端あたりに相当し、「岡埼」にふさわしい地形のようである。この点も「竝里」がA里であることの傍証となろう。

以上により、葛野郡「六條竝里」は双ヶ岡南半部付近に比定され、あわせて、古来有名な「双ノ池」は同里十七坪に所在したと考定するものである。

註

(1)『平安遺文』第一巻では、文書の年代を前者は貞観十五年、後者は仁和三年としているが、後者はその内容から寛平二年以降とすべきであろう。
(2)⑦は「資財帳」にはなく、「実録帳」にのみみえる。
(3)金田、前掲書一五七頁。
(4)葛野郡条里プランの復原については、金田、前掲書二一五頁以下参照。
(5)竹村俊則『昭和京都名所図会』4洛西(駸々堂、一九八三年)。
(6)『群書類従』第四輯　補任部。
(7)竹村、註(5)前掲書。

(後記一)

法金剛院所蔵の「法金剛院古図」(角田文衛『待賢門院璋子の生涯』朝日新聞社、一九八五年、二二三頁)には、同院境外の北西に「雙池」が描かれている。この位置は、同院後山の五位山と双ヶ岡の間であり、まさに「池壹處」のある六条竝里十七坪に当たる。

(後記二)

後出の吉野秋二「平安前期の広隆寺と周辺所領」（『古代文化』六四―三、二〇一二年）も、本論には言及していないが、この「池壹處」が「双ノ池」であり、かつて発掘調査により、同坪付近から池・湿地跡と推測される窪地が検出されたことを述べている。

初出一覧

第一編

第一章　『日本書紀研究』第三一冊　塙書房　二〇一六年

第二章　新稿

　その概要は、二〇一五年十月二十二日の日本書紀研究会例会にて口頭発表

第三章　『古代史の研究』第一七号　二〇一一年

第四章　『古代史の研究』第一八号　二〇一三年

　原題は、「上宮と厩戸―古市晃氏の新説への疑問と私見―」

第五章　『日本書紀研究』第三〇冊　塙書房　二〇一四年

第六章　『日本歴史』第七三四号　二〇〇九年

第七章　『日本歴史』第八〇三号　二〇一五年

　「付論」を含め、その概要は、二〇一三年十一月二十八日の日本書紀研究会例会にて口頭発表

第八章　『政治経済史学』第三八九号　一九九九年

　原題は「桓武天皇の出自について」

第九章　塚口義信博士古稀記念『日本古代学論集』和泉書院　二〇一六年

第二編

第一章　『続日本紀研究』第三八〇号　二〇〇九年　一部改稿

第二章　『続日本紀研究』第三七二号　二〇〇八年

第三章　『古代史の研究』第一六号　二〇一〇年

第四章　『日本歴史』第七〇二号　二〇〇六年　一部改稿

第五章　『政治経済史学』第五〇二号　二〇〇八年　註を一部増補

第六章　『続日本紀研究』第三八五号　二〇一〇年

第七章　『続日本紀研究』第三九八号　二〇一二年

第八章　『日本歴史』第七八五号　二〇一三年

第九章　『史聚』第五一号　二〇一八年

付　章　『ぐんしょ』第一九号　一九九三年

付論・付考・後記はすべて新稿

あとがき

いにしへ　を　ともらひ　かねて　いき　の　を　に
わが　もふ　こころ　そら　に　ただよふ
會津八一「南京餘唱」より

「いにしへ」の人々やその人々のうえに起った出来事は遠く過ぎ去ったが、過ぎ去ることなく現在に持続するものがある。それは歴史の「場」であり、それは現在もその地名とともに存在する。これは当り前のことだが、あらためて刮目すべきことである。

小林秀雄は鷗外について、つぎのように言っている。

晩年の鷗外が考證家に堕したといふ様な説は取るに足らぬ。あの厖大な考證を始めるに至って、彼は恐らくやっと歴史の魂に推参したのである。（「無常といふ事」）

私流に少し敷衍すれば、現代に生きる人間は、歴史の「場」をもととする「考證」によってこそ、実感をもって「歴史の魂」に迫ることができる。それはまた、小林のいう宣長が抱いた思想―解釈を拒絶して動じないものだけが美しい―にも通じるのではなかろうか。

瀬戸内に生まれ育ち、東京にあこがれたが、はからずも近畿の地に永く住むこととなった。最初の居は、京都双ケ岡の北麓、宇多野御池町であった。付近には仁和寺や光孝天皇陵があり、のちに知ったことだが、「御池」

という地名も仁和寺の院家のひとつであった「南院」の池に由来する。当時は経済学徒であり、そうした歴史的環境に強い関心があったわけではないが、近年になって書いた諸論考（本書第二編第八章以下）などは、はるかな往時をかえりみて、たいへん感慨深い。また、現在住む吹田市にある式内垂水神社に関する〝秘史〟にふれたこともある（同第二編第二章）。こうして本書を編んでみて、古都であり古代史的「場」の豊かな近畿の地と出会った僥幸をつくづく思わざるを得ない。

本書は、前著刊行以降に発表した諸論考を中心にまとめたものである。内容は、その時々に抱いた問題意識と関心によって論じたものであるが、さきに強調した「場」をもととする「考證」という立場は、第二編の諸論はむろんのこと、「氏族と人物」としてまとめた第一編の諸論考にも通底している。本書を『日本古代の歴史空間』と題した所以である。

十年前に前著『日本古代の伝承と歴史』（思文閣出版、二〇〇八年）を刊行した時には、再度自著を出す日があろうなどとは思いもかけなかった。

前著に対しては、平林章仁氏（『古代文化』六一―一、二〇〇九年）と鈴木正信氏（『日本歴史』七三五、二〇〇九年）から、それぞれ誌上にて懇切な紹介・書評を頂いたのをはじめ、多くの方々からご高評・ご感想が寄せられた。またその後も、拙稿の抜刷をお送りするたびに、貴重なご指摘・ご感想を頂いた先学の方々が少なからずおられる。独学で斯界に「推参」した者にとって、それはこの上ない励ましであり、拙書が成るに当たっても強い後押しとなったことは疑いない。お一人ひとり、お名前を挙げることはさし控えるが、あらためて深く感謝する次第である。

渡里 恒信（わたり　つねのぶ）

〈略　　歴〉
1946年　広島県に生まれる
1969年　東京大学工学部船舶工学科卒業
1972年　立命館大学経済学部卒業
2008年　博士（文学・立命館大学）

〈著　　書〉
『日本古代の伝承と歴史』
（思文閣出版　2008年）

日本古代の歴史空間

2019年 3 月 5 日　初版発行
著　者　渡 里　恒 信

発行者　前 田　博 雄
発行所　清文堂出版株式会社
〒542-0082　大阪市中央区島之内2-8-5
電話06-6211-6265　FAX06-6211-6492
ホームページ＝http://www.seibundo-pb.co.jp
メール＝seibundo@triton.ocn.ne.jp
振替00950-6-6238

組版：六陽　印刷：朝陽堂印刷　製本：免手製本
ISBN978-4-7924-1100-8　C3021